JOHANNA PAUNGGER
THOMAS POPPE

Fragen an den Mond

250 Antworten zu Gesundheit,
Haushalt und Garten
im Einklang mit dem Mond

Mosaik bei
GOLDMANN

FSC

Mix

Produktgruppe aus vorbildlich
bewirtschafteten Wäldern und
anderen kontrollierten Herkünften

Zert.-Nr. SGS-COC-001940
www.fsc.org
© 1996 Forest Stewardship Council

Verlagsgruppe Random House FSC-DEU-0100
Das FSC-zertifizierte Papier *Munken Premium* für dieses Buch
liefert Arctic Paper Munkedals AB, Schweden.

1. Auflage
© 2010 Wilhelm Goldmann Verlag, München,
in der Verlagsgruppe Random House GmbH
Umschlaggestaltung: Eisele Grafik-Design
Fotos: Gerhard Eisenschink
Redaktion: Manuela Knetsch
Satz: Barbara Rabus
Druck und Bindung: GGP Media GmbH, Pößneck
Printed in Germany
CH · Herstellung: IH
ISBN 978-3-442-39188-2

www.mosaik-goldmann.de

Inhalt

Vorwort 17

Mondwissen – Die Grundlagen 21

    Gestern und heute 21

    Wache Augen 22

    Meister des richtigen Zeitpunkts 23

    System und Werkzeug 25

    Die kurze Unterbrechung 26

    Neustart in eine gute Zukunft 27

    Grundtabelle 29

Fragen zur Gesundheit, zum Vorbeugen & Heilen 31

    CRASHKURS MONDWISSEN
    Grundregeln Gesundheit, Vorbeugen & Heilen 32

    Eine Mondkur zum Abnehmen? 33

    Gutes für die Füße 35

    Übungen für die Sehkraft 36

    Verschobene Operationen 38

    Impfen im Mondrhythmus 39

    Kaiserschnitt 40

    Zum Essen Wasser trinken? 41

    Volkskrankheit Migräne und die versteckten Auslöser 42

Umstellung auf gesundes Mehl 45

Altes und neues Wissen 47

Laufende Nase durch falsche Ernährung...................... 48

Amalgamplomben austauschen 49

Der richtige Zeitpunkt für Operationen 51

Die Wirkung von Massagen 52

Der Umgang mit Narben 54

Homöopathie nach dem Mondrhythmus 54

Fußreflexzonenmassage zum richtigen Zeitpunkt 56

Erdbeeren und Ohrenschmerzen 58

Zahnspangen regulieren 59

Ist es schädlich, Kaltes zu trinken? 60

Behandlung von Sonnenbrand 61

Wissenschaft und Kräuterkunde 62

Akupunktur und Mondrhythmus 63

Hausstauballergie 65

Kieferimplantate 66

Aufwachsen ohne Milch 67

Knieumschläge und Eingriffe am Knie 70

Besenreiser 70

Die Ursache von Augenringen 71

Teekochen, aber richtig! 74

Kälteempfinden beim Fasten 75

Vom Umgang mit Quengelkindern 76

Kaffee und Vollkornbrot 78

Die Löwenzahnkur 78

Weizenmehl und Rückenschmerzen 79

Kuhmilch für Babys? 80

Schuppenflechte behandeln 81

Operationen im Tierkreiszeichen Löwe 82

Mandeloperation zum richtigen Zeitpunkt 83

Eisenmangel beheben 84

Die liebgewordene Gewohnheit 85

Warzen entfernen 86

Rheuma und Farnkraut 88

Abstillen zum richtigen Zeitpunkt 89

Frühjahrskur mit Tee 90

Migräne vorbeugen 91

Die Kraft des Neumonds 92

Die Schilddrüse und der Mond 93

Eingewachsene Zehennägel 94

Hühneraugen behandeln 94

Probleme mit der Prostata 95

Milch und Kaffee 97

Süchtig nach Schokolade 98

Die Bedeutung der Rachenmandeln 100

Die unterschiedlichen Ernährungstypen 103

Fragen zu Körperpflege & Kosmetik 123

CRASHKURS MONDWISSEN
Grundregeln Körperpflege & Kosmetik 124

Haare entfernen 125

Zahnfleischentzündungen behandeln 126

Haare färben im Mondrhythmus 128

Wo finde ich Buchenholzasche? 128

Nägel schneiden und massieren 129

Zahnverfärbungen 130

Permanent Make-up 131

Haare nur bei zunehmendem Mond schneiden? 132

Sonnenbaden 133

Schwangerschaftsstreifen verhindern 134

Tägliches Haarewaschen 136

Gesichtspackungen zum richtigen Zeitpunkt 137

Mit scharfer Klinge 137

Der Saft der Birke 138

Hilfe, ich nehme nicht zu! 139

Rückkehr der Locken 140

Das Geheimnis des Haareschneidens 140

Fettweg-Spritzen im Mondrhythmus 141

Cellulitis und Knochenschwund 142

Die Pflege von Naturlocken 144

Erfahrungen einer Friseurin 145

Fragen zu Haushalt & Alltag 147

CRASHKURS MONDWISSEN
Grundregeln Haushalt & Alltag 148

Hausputz zum richtigen Zeitpunkt 149

Do it yourself – Grundsätzliches 150

Lebensmittel einfrieren 151

Ostereier färben 152

Die Herstellung von Sauerkraut 153

Himalaja-Salz 154

Der Magnetit im Wasserkrug 155

Mondkalender und Tierhaltung 156

Wollverarbeitung im Mondrhythmus 157

Schafwolle auf Babyhaut? 158

Mond und Wetterregeln 158

Die Einstellung zum Kochen 160

Wegräumen von Saisonkleidung 161

Abbeizen und Restaurieren 162

Haustiere kastrieren und sterilisieren 163

Wäsche waschen nach dem Mond 164

»Ernten günstig« auch im Winter? 165

Schuhkauf zum richtigen Zeitpunkt 166

Umzug ins Kinderzimmer 167

Hartnäckiger Rauchgeruch 168

Plätzchen und Kekse 169

Nähen und Sticken 170

Die ganz kleinen Tierchen 170

Fenster tauschen und Giebel streichen 171

Die Pflege von Holzböden 173

Mond und Maschinen 175

Kräuter in der Wohnung 175

Verspiegelte Kleidung retten 176

Mit Tieren (und Menschen) umziehen 176

Was tun bei einer Fliegenplage? 178

Verfärbte Kleidung 179

Fleckenentfernung zum richtigen Zeitpunkt 180

Schutz vor Elektrosmog 180

Holzterrasse in Planung 181

Vom Umgang mit Erdstrahlen 182

Wenn Katzen haaren 183

Rezept für Beinwellsalbe 184

Darf man Gemüse aufwärmen? 185

Die Grundregeln des Bügelns 186

Marmelade einkochen 187

Entsaften zum richtigen Zeitpunkt 188

Öko-Hausbau 188

Joghurt herstellen 189

Erdkeller errichten 190

Schimmel in den Ecken 191

Salat lagern 192

Apfelessig ansetzen 193

Marmeladen ohne Zucker herstellen 193

Silber reinigen 194

Wenn die Wolle riecht 195

Teppichreinigung 196

Brot backen 197

Der Pulli ist eingegangen! 199

Pflanzen im Schlafzimmer 200

Ableger von Zimmerpflanzen 201

Bonsaipflege 201

Fragen zum Garten, zur Land- & Waldwirtschaft 203

CRASHKURS MONDWISSEN
Grundregeln Garten, Land- & Waldwirtschaft 204

Gewinnung von Pflanzensamen 205

Rasensprengen und Blumengießen 205

Giersch, Löwenzahn und Spitzwegerich 207

Mondregeln in der Holzwirtschaft 208

Christbäume und der elfte Vollmond 209

Weinbau und Mondrhythmus 211

Mondrhythmus und Klimaerwärmung 213

Sturmschäden im Wald 214

Unkrautjäten 215

Veredeln von Obstbäumen 216

Industrielle Landwirtschaft 217

Natürliches Düngen nach dem Mond 219

Umstieg auf einen Naturgarten 221

Kleintierställe ausmisten 222

Zimmerpflanzen auf Reisen 223

Warum funktioniert Düngen zum richtigen Zeitpunkt? 224

Mond und Wasserbrunnen 225

Geranien vor dem Winter 226

Geranien mit neuen Trieben 228

Umgang mit Geranien und anderen Kübelpflanzen 228

Umbau eines Bauernhofs 229

Gutes für die Bienen 230

Blumenzwiebeln zum richtigen Zeitpunkt 231

Drückende Wurzeln 232

Vom richtigen Umgang mit Tomatensamen 233

Vertikutieren eines Rasens 234

Tipps für die Kräuterspirale 235

Feine Pellets für die Hackschnitzelheizung 236

Das Unkraut muss weg! 237

Der 18. Juni und das Jäten 238

Anlegen einer Blumenwiese 238

Johanniskrauternte nach dem 24. Juni 239

Hat Bio-Diesel eine Zukunft? 240

Kompostieren ohne Mühe und ohne unangenehme Gerüche .. 241

Wenn Brennnesseln zur Plage werden 243

Pflege von Hainbuchenhecken 244

Brennholz einlagern 245

Harter Boden – was tun? 246

Obstbäume schneiden 247

Kupfer im Garten 248

Die gute Walnussernte 249

Hochbeete und Bewässerung 250

Rasenmähen 251

Tomatenanbau 252

Rückschnitt eines alten Baumes 253

Die Hufpflege bei Pferd und Esel 254

Letzter Termin für die Kartoffeln 255

Steinplatten im Garten reinigen 256

Vom Umgang mit Wühlmäusen 257

Baumschnitt zum richtigen Zeitpunkt 258

Das Märchen vom zehnten Bauern 262

Fragen zu allerlei Themen

Fragen zu allerlei Themen 279

Der Siegeszug des Mondkalenders 280
Die Skepsis der Wissenschaft 281
Mondkalender im Alltag eines Betriebes 282
Berechnung des Mondkalenders 283
Die Herkunft des Mondwissens 284
Vom Umgang mit Skepsis 285
Original und Kopie 285
Sonnenzeichen und Mondkalender 286
Der richtige Zeitpunkt für den Kindergarten 287
Kinder mit Schlafstörungen 288
Das Tiroler Zahlenrad im Alltag 289
Raus aus den Windeln! 291
Mond und Schwangerschaft 292
Das Rauchen aufgeben 293
Das Tiroler Zahlenrad und talentierte Kinder 294
Lernen im Biorhythmus 295
Schnuller abgewöhnen 296
Tipps für den Umgang mit Babys 297
Halten Sie sich persönlich immer an den Mondkalender? 299
Schade! 300
Werbung im Abreißkalender – muss das sein? 301
Wann genau herrscht Vollmond und Neumond? 302
Der Mond und die Liebe 303
Christen und der Mondkalender 304
Die Farbe der Tierkreiszeichen-Symbole 306
Heiraten zum richtigen Zeitpunkt 307
Ist der Mondkalender überholt? 308

Mondkalender und Wahlausgang 309

Mondwissen und Astrologie 310

Mädchen oder Junge –
hat der Mond Einfluss auf die Zeugung? 311

Verträge und Geldangelegenheiten
zum richtigen Zeitpunkt? 312

Das Mondwissen auf der Südhalbkugel 313

Auf- und absteigender Mond 314

Der Zeitpunkt der Berührung 315

Vollmond und Weihnachtsstress 316

Die geheimnisvolle Kraft des Vollmonds 318

Biorhythmus in der Schule 320

Mit Kindern reisen 322

Die Adventszeit mit Kindern 323

Kinder und Ernährung 325

Wassergeheimnisse 326

Die Genauigkeit des Mondkalenders 327

Unterschiede zwischen den Mondkalendern 329

Der Brief aus dem Gymnasium 334

**Fragen der Medien –
Interviews der besonderen Art** 349

Mann und Frau im Mond –
Interview mit einem Literaturmagazin 351

Vor dem Vortrag –
Interview mit einer Schweizer Tageszeitung 360

Schlüsselerlebnis in den Bergen –
Interview mit einer TV-Zeitschrift 369

Erfahrungsberichte:
Leben mit den Mondrhythmen 373

Anhang 389

Was uns noch am Herzen liegt 389

Unsere Bücher 391

Unsere Mondkalender 396

Mondkalender-Software 398

Mondmusik 398

Unser Service: Wir ermitteln Ihren Ernährungstyp! 399

Die Jahresübersichten 2010–2014 402

Über die Autoren 422

Register 423

Vorwort

Es ist so angenehm, zugleich die Natur und
sich selbst zu erforschen, weder ihr noch dem
eigenen Geist Gewalt anzutun, sondern beide
in sanfter Wechselwirkung miteinander ins
Gleichgewicht zu bringen.   *J. W. von Goethe*

JOURNALISTIN: »*Haben Sie eigentlich geahnt, dass Sie eines Tages
auf einen Berg von mehr als hunderttausend Zuschriften zurückbli-
cken würden?*«

JOHANNA PAUNGGER: »Geahnt sicher nicht, aber gehofft, dass wir
viele Leser erreichen, die zum Experimentieren bereit sind und das
Wissen und die Erfahrungen weitergeben! Ich habe gewusst, dass
diese Informationen wichtig sind, aber so viele Leserbriefe habe ich
natürlich nicht erahnt, geschweige denn mit ihnen gerechnet. In
E-Mail-Zeiten ist es natürlich leichter geworden, schnell einmal zu
schreiben und manchmal auch unüberlegt. Dafür kann die Antwort
ebenfalls schnell und knapp ausfallen. Im Brief wirkt eine knappe
Antwort in meinen Augen unhöflich, deshalb geben wir uns da
mehr Mühe. Wichtig ist, dass es uns gelungen ist, die Menschen zu
informieren und zum Experimentieren zu ermutigen. Der Einzelne
verändert die Welt.«

THOMAS POPPE: »Dass es so viele Zuschriften werden würden, damit haben wir wirklich nicht gerechnet. Aber es ist ein schöner Ver-
trauensbeweis, der uns ermutigt weiterzuschreiben. Es gibt ja noch
so viel zu sagen, aber alles braucht seinen richtigen Zeitpunkt.«

Und der ist wieder einmal gekommen, liebe LeserInnen! Für das Vertrauen in unsere Arbeit möchten wir uns ganz herzlich bedanken. Die Dankbarkeit für alles, was wir bisher verwirklichen durften, sollte niemals zu kurz kommen. Diese gute Medizin stärkt uns jeden Tag. Alles wäre so einfach: Wenn wir uns alle öfter auf das besinnen, was in unserem Leben gut läuft, und für dieses Gute auch dankbar sind, dann wird das Leben zu meistern sein. Dann wird eine Zukunft voller Energie und Optimismus auf uns warten, unabhängig von der jeweiligen wirtschaftlichen Lage. Auch deshalb möchten wir uns mit großer Freude bei Ihnen bedanken, und gleichzeitig hoffen wir, dass wir auch in Zukunft für Sie da sein können. Zum Beispiel mit diesem Buch, das wir nicht nur für unsere Stammleser geschrieben haben, sondern auch für alle diejenigen, die sich noch nicht mit dem Thema vertraut gemacht haben.

Für die Prognose eines Wahlausgangs genügen wenige hundert Anrufe bei Wählern, um das Verhalten von Millionen bis auf wenige Prozent genau vorherzusagen. Wenn wir also davon ausgehen, dass hinter jeder Zuschrift Hunderte von Lesern dieselbe Frage stellen würden, aber den Gang zum Postkasten scheuen, dann bleibt uns gar keine andere Wahl, als Ihnen dieses Buch ans Herz zu legen. Es enthält die »Hitliste der Mondfragen« und beantwortet etwa 95 Prozent aller Fragen, die uns seit 1991, seit Erscheinen unseres ersten Buches *Vom richtigen Zeitpunkt*, erreicht haben. Auch wenn nur zwei oder drei dieser Themen Sie persönlich zu irgendeinem Zeitpunkt beschäftigt haben, sind wir sicher, dass Sie aus dem größten Teil des Frage-und-Antwort-Spiels dieses Buches viel Freude und Gewinn haben werden. Das gilt auch dann, wenn Sie hier zum ersten Mal von unserer Arbeit hören!

Nicht nur »bestellte« Antworten werden Sie finden. Manchmal kam es vor, dass wir Feedback zu unseren eigenen Antwortbriefen erhielten und man uns ausführlich und manchmal rührend erzählte, was danach alles geschah und wie sich auswirkte, was wir empfohlen hatten. Auch für solche Berichte finden Sie einige Beispiele am Schluss des Buches. Besonders im Gedächtnis geblieben ist uns eine ältere Dame aus der Schweiz, die wegen eines Zahnarzttermins geschrieben hatte. In einem Nebensatz bat sie uns, ihre Handschrift zu entschuldigen, sie leide unter Arthritis. Wir gaben ihr die gewünschte Auskunft und erwähnten in einem PS, dass wir uns an ihrer Stelle vielleicht einmal vier Wochen lang ohne tierisches Eiweiß ernähren würden, einfach so, als Experiment. Ein halbes Jahr später kam ein Brief von der Dame, in dem sie uns schrieb, dass sie jetzt schon seit drei Monaten keine Medikamente mehr brauche. Mit sehr gut lesbarer Handschrift.

Wir hoffen, dass auch für Sie die eine oder andere Antwort dazu beiträgt, Ihr Leben ein wenig leichter, schöner, fröhlicher und erfüllter zu machen. Dafür schreiben wir unsere Bücher, dafür arbeiten wir.

Johanna Paungger und Thomas Poppe

Mondwissen – Die Grundlagen

Gestern und heute

Crashkurs – Schnellkurs – Blitzlektion: Damit Sie nicht das Gefühl haben, eines oder alle unsere Bücher zum Thema Mondwissen kaufen zu müssen, um voll und ganz von diesem Buch und der »Kunst des richtigen Zeitpunkts« profitieren zu können, haben wir in den folgenden Zeilen und jeweils am Anfang der folgenden Kapitel die Grundregeln für den jeweiligen Lebensbereich zusammengefasst. Viel Spaß beim Lesen!

In seinem klassischen Werk *Die Abstammung des Menschen* schreibt der Naturforscher Charles Darwin: »Der Mensch ist gleich den Säugetieren, Vögeln und sogar Insekten jenem geheimnisvollen Gesetz unterworfen, wonach gewisse normale Prozesse, wie Schwangerschaft, Pflanzenwachstum und Reife, Dauer verschiedener Krankheiten, von den Mondperioden abhängig sind.« Und Hippokrates bemerkt in seinen Tagebüchern unverblümt: »Wer Medizin betreibt, ohne den Nutzen der Bewegung der Sterne zu berücksichtigen, der ist ein Narr.« Dass an diesem Gesetz nichts Geheimnisvolles ist, dass seine Wiederentdeckung und Anwendung einen großen Beitrag zu unserer eigenen körperlichen und geistigen Ganzwerdung und Gesundung (und damit automatisch zur Gesundung unseres Planeten) leisten kann, diese Einsicht haben heute Millionen unserer Leser im Alltag gewonnen – in allen Lebensbereichen. Und das haben sie erfahren dürfen:

Mit der Anwendung von Darwins »geheimnisvollem Gesetz«

- erhöht sich die Wahrscheinlichkeit, dass Operationen erfolgreich und Heilungsphasen schnell verlaufen und eine übermäßige Narbenbildung verhindert wird.

- erhöht sich die Wirksamkeit von Heilkräutern, besonders bei chronischen Krankheiten.

- verringert sich beim Gartenbau und in der Landwirtschaft die Menge der benötigten Düngemittel und Pestizide um ein Vielfaches – bei gleichen Erträgen und einer höheren Qualität der Erntefrüchte.

- gesunden kränkelnde Pflanzen, und chemische Holzbehandlung wird überflüssig, unabhängig von der Verwendung des Holzes.

- verringert sich der Waschmittelverbrauch im Haushalt um die Hälfte, und die Lagerfähigkeit von eingemachten Früchten, von Gemüse und Getreide wird erhöht. Gleichzeitig verringert sich die Anfälligkeit für Schimmel und Schädlinge.

Und das ist erst der Anfang der Liste mit positiven Auswirkungen dieses Gesetzes. Hunderte von Generationen vor uns haben es sorgsam geachtet und gepflegt und mit stets gleichbleibendem Erfolg angewandt. Sie haben es mit Liebe und Sorgfalt an die nachfolgende Generation weitergegeben, damit der Schatz niemals verloren geht. Dieser Schatz, das ist die Kunst, die Dinge zum richtigen Zeitpunkt zu tun.

Wache Augen

Jahrtausendelang lebten Heilkundige, Jäger, Bauern und viele andere Menschen weitgehend in Harmonie mit den vielfältigen Rhythmen der Natur, um ihre Aufgaben zu erfüllen und ihr Überleben und das ihrer Angehörigen zu sichern. Sie beobachteten mit wachen Augen und gehorchten Notwendigkeiten, ohne sich sonderlich für das Warum zu interessieren. Priesterärzte, Schamanen und Medizinmänner handelten und heilten im Bewusstsein, dass wir Menschen keine Maschinen sind. Dass wir mehr sind als ein schlecht und recht aufeinander eingespieltes Sammelsurium von Knochen, Nerven, Muskeln und Organen, zusammengeflickt vom Zufall der Evolution. Dass Körper, Geist und Seele in unauflöslicher Verbindung mit sich selbst stehen und mit allem, was uns umgibt – mit anderen Menschen, mit der Natur und mit den Sternen.

Nicht allein den Zustand und die Dynamik der Dinge beobachteten unsere Vorfahren genau, sondern auch, welche Wechselbeziehung zum Zeitpunkt des Beobachtens besteht – die Tages-, Monats- und Jahreszeit in Verbindung mit dem Stand von Sonne, Mond und Sternen – und welche Wirkung von einer Handlung zu einem bestimmten Zeitpunkt ausgeht. Viele archäologisch bedeutsame Gebäude aus alter Zeit bezeugen, welch hohen Stellenwert die Menschen damals der genauen Beobachtung der Gestirne und der Berechnung ihres Laufs beimaßen. Nicht aus wissenschaftlichem Interesse, sondern weil sie einen praktischen Nutzen aus der Kenntnis davon zogen, welche Einflüsse zur Zeit des jeweiligen Gestirnsstands vorherrschten.

Meister des richtigen Zeitpunkts

Jeder Heilkundige, jeder Bauer wusste, dass er bei der Ausübung seiner Kunst oder seiner Arbeit diese rhythmisch wiederkehrenden Einflüsse nicht ungestraft ignorieren durfte. In Zeiten, in denen eine einzige fehlgeschlagene Heilbehandlung, eine erfolglose Jagd oder eine einzige Missernte den Hungertod der ganzen Familie, des ganzen Stammes bedeuten konnte, waren die Menschen gezwungen, ihre Sinne in einem viel höheren Maße zu schärfen, als es heute nötig erscheint. Die »Meister des richtigen Zeitpunkts« entdeckten nach und nach,

- dass zahlreiche Naturphänomene – Ebbe und Flut, Geburten, Wettergeschehen, der Zyklus der Frauen und vieles mehr – in rhythmischer Beziehung zur Mondwanderung stehen.

- dass sich viele Tiere in ihrem Tun nach dem Mondstand richten – Vögel sammeln beispielsweise das Nistmaterial immer nur an bestimmten Tagen, sodass die Nester nach einem Regen rasch trocknen.

- dass Wirkung und Erfolg zahlloser alltäglicher und weniger alltäglicher Aktivitäten – Holzschlagen, Kochen, Essen, Haareschneiden, Gartenarbeit, Düngen, Waschen, die Anwendung von Heilmitteln, Operationen und vieles mehr – den Rhythmen in der Natur unterworfen sind.

- dass manchmal Operationen und Medikamentengaben an bestimmten Tagen hilfreich sind, an anderen Tagen nutzlos oder gar schädlich – oft unabhängig von Dosis und Qualität der Medikamente oder der Kunst des Arztes.

- dass Pflanzen und ihre Teile von Tag zu Tag unterschiedlichen Energien ausgesetzt sind, deren Kenntnis ausschlaggebend für einen erfolgreichen Anbau und eine gute Ernte der Früchte ist, und dass Heilkräuter, die zu bestimmten Zeiten gesammelt wurden, ungleich wirksamer sind als die anderer Zeiten.

Mit einem Satz: Das »geheimnisvolle Gesetz« Darwins beruht auf der Tatsache, dass der Erfolg eines absichtsvollen Tuns nicht nur von den nötigen Fähigkeiten und Hilfsmitteln abhängt, sondern entscheidend auch von seinem Zeitpunkt.

System und Werkzeug

Natürlich waren unsere Ahnen bestrebt, ihr Wissen und ihre Erfahrungen an ihre Söhne und Töchter weiterzugeben. Dazu war es nötig, ein einfaches und einleuchtendes System zu entwerfen, das immer und überall die Beschreibung der Kräfte und vor allem die Vorausschau auf das Kommende ermöglicht – und damit die sorgfältige Planung des Tagwerks.

Sonne, Mond und Sterne waren es, die sich von Natur aus als äußerer Rahmen, sozusagen als »Zeiger« und »Zifferblatt« einer Himmelsuhr anboten. Aus einem sehr einfachen Grund: Wenn man beobachtet, dass die günstige Zeit zur Durchführung einer bestimmten Therapie oder zum Ansäen oder Beschneiden einer bestimmten Pflanze monatlich genau zwei bis drei Tage währt und der Mond dabei immer die gleichen Sterne durchwandert, dann liegt es nahe, diese Sterne zu einem »Bild« zusammenzufassen und der Sternenkonstellation einen der jeweiligen Eigenart des Einflusses angemessenen und einleuchtenden Namen zu geben. Das Sternbild wird zur Ziffer auf dem Zifferblatt des Sternenhimmels.

Unsere Vorfahren isolierten unter anderem zwölf Kraftimpulse, die jeweils unterschiedliche Qualität und Färbung besitzen. Den von der Sonne (im Lauf eines Jahres) und vom Mond (im Laufe eines Monats) während einem dieser Impulse durchwanderten Sterne gaben sie zwölf verschiedene Namen: Widder, Stier, Zwillinge, Krebs, Löwe, Jungfrau, Waage, Skorpion, Schütze, Steinbock, Wassermann, Fische. Mit den Namen versuchten sie auch, die besondere Beschaffenheit der jeweiligen Kraft prägnant einzufangen – gemäß dem damals herrschenden Weltbild. So hatte sich der Mensch eine »Sternenuhr« geschaffen, ein Kalenderwerkzeug, mit dem er jetzt berechnen konnte, was die Zukunft an förderlichen und bremsenden Einflüssen für seine Vorhaben bringen würde.

Noch bis kurz vor dem Ersten Weltkrieg enthielten weltweit fast alle Kalender die Angabe des Mondstandes im Tierkreis und die Mondphase – wie es auch heute noch viele Bauernkalender und Schreibkalender tun.

Die kurze Unterbrechung

Gegen Ende des 19. Jahrhunderts geriet das Wissen um die besonderen Rhythmen der Natur fast über Nacht in Vergessenheit. Einer der Hauptgründe dafür war, dass uns die moderne Technik und Medizin schnellere »Lösungen« für alle Probleme des Alltags versprachen. In kürzester Zeit gelang es, den Menschen die Illusion zu geben, diese Versprechungen auch einlösen zu können – gegen »geringe Unkosten«. Politik und Wirtschaft entwickelten ein immer größeres Interesse, das Wissen um die Naturrhythmen zu diskreditieren, weil es keinen Geld- und Handelswert hatte. Die Beobachtung und Beachtung der Naturrhythmen schien mit einem Schlag überflüssig geworden zu sein und wurde als »Aberglauben« abgestempelt.

Im Bereich der Medizin festigten die Fortschritte in der Chemie und Pharmazeutik die Überzeugung, die Wellenbewegung und Ganzheit des Lebens ungestraft missachten zu können. Mit der Folge, dass heute die schnelle Schmerz- und Symptombeseitigung als ein mögliches Endergebnis der Therapie gilt. Vieles ging dabei verloren: die Einsicht, dass ein Arzt einem Menschen nur helfen kann, sich selbst zu heilen, schonende, aber längerfristige Heilweisen, die Ursachenforschung und Vorbeugung, die Geduld und Bereitschaft zu einem gleichberechtigten Miteinander von Arzt und Patient und vor allem die Selbstverantwortung des Menschen. Obendrein ist die Gültigkeit der Mondrhythmen mit den heutigen wissenschaftlichen Methoden zwar beweisbar, aber kaum zu begründen, die Frage nach dem »Warum« muss vorläufig unbeantwortet bleiben: im linearen Denken der meisten Wissenschaftler ein legitimer Grund, sie gänzlich zu ignorieren.

Junge Bauern, Forstwirte und Gärtner lachten über ihre Eltern und Großeltern und begannen, sich fast ausschließlich auf den übertriebenen Einsatz von Maschinen und Instrumenten, Dünger und Pestiziden zu verlassen. Lange Zeit schienen ihnen die steigenden Erträge recht zu geben, die Nachteile ließen sich mühelos verschweigen oder ignorieren. So verloren viele unter ihnen den Kontakt zur Natur und begannen, anfangs unbewusst, den Raubbau an unserer Umwelt mit zu betreiben, immer unterstützt von der Industrie, die es verstand, das Vertrauen in ihre Fähigkeit, alle Probleme lösen zu können, aufrechtzuerhalten. Das Wissen vom »richtigen Zeitpunkt« überlebte nur in kleinen Oasen, die vom allgemeinen Tempo der Industrialisierung und vom Seziermesser der Wissenschaft fast unberührt blieben und in denen man Erfahrung und »inneres Gefühl« höher schätzte als die Schlafmittel der modernen Zeiten.

Neustart in eine gute Zukunft

Heute steckt die industrielle Landwirtschaft in einem Teufelskreis der Abhängigkeiten, und kaum jemand kann die Augen vor dem hohen Preis verschließen, der für die Missachtung der Rhythmen und Naturgesetze und die Ausbeutung bezahlt werden muss. Erträge sinken, und Schädlinge bekommen leichtes Spiel, weil der Boden verarmt, ohne sich schützen und regenerieren zu können. Innerhalb weniger Jahrzehnte hat sich der Einsatz von Pestiziden und Düngemitteln vervielfacht – mit kurzlebigem Erfolg und langfristigen Folgeschäden. Die Qualität und der Gesundheitswert heutiger Erntefrüchte sprechen eine deutliche Sprache. Der Irrsinn der Genmanipulation an Kulturpflanzen ist nur ein weiterer Beweis dafür, wie sehr wir uns in eine Sackgasse manövriert haben. Glücklicherweise mehren sich die Anzeichen für eine Umkehr, sowohl aufseiten der Landwirtschaft als auch aufseiten aufgeklärter Kunden.

Sie, liebe Leserin und lieber Leser, gehören zu den Pionieren, die dieses Wissen zurückerobern wollen, langsam, nach und nach, ohne Hast und Eile. Denn es ist keineswegs zu spät, die alte Kunst wiederzubeleben. Sie wartet nur auf Menschen, die sich nicht damit entschuldigen, dass sie »allein ja doch nichts ausrichten können«. Jede noch so kleine Handlung zählt – und wirkt manchmal viel tiefgreifender und unmittelbarer als die großen Gesten und vor allem die großen, leeren Worte.

Vielleicht haben Sie es in Ihrem Alltag schon erfahren: Das Mondwissen kann dazu beitragen, der Weisheit und Vernunft in der Medizin, im eigenen Garten, in der Landwirtschaft und in der Natur wieder zu ihrem Recht zu verhelfen. Alle Regeln beziehen ihre Gültigkeit aus direkter Erfahrung und Wahrnehmung, nicht aus Willkür, Vermutung, Theorie oder Glauben. Der Mondstand letztlich ist nur ein Uhrzeiger – das Gefühl dafür, was er anzeigt, tragen wir in uns. Dieses Wissen soll auch dazu beitragen, die Wahrnehmung wieder zu wecken und Vertrauen zu ihr zu gewinnen, den Mut zu haben, auf sie zu horchen. Es ist überall auf der Erde gültig und aktuell, doch unsere Felder und Böden genau wie unsere Körper haben sich an sehr viel Negatives gewöhnen müssen, und die Rückkehr zum Natürlichen, zum Einklang mit den Rhythmen der Natur und zur Selbstverantwortung erfordert eine klare Absicht und Geduld. Die Natur arbeitet langsam, in ihrem eigenen Tempo. Sie lässt sich nicht drängen. Wenn Sie das stets im Auge behalten, wird sich Ihnen das Wissen um die Mondrhythmen von selbst erschließen – wie ein schönes Stück klassischer Musik, das, je öfter man es hört, immer mehr Farben, Tiefe und Sinn gewinnt.

Grundtabelle

Tierkreis-zeichen	Körperzone	Organ-system	Nahrungs-qualität	Pflanzen-teil	Tages-qualität	Element
Widder	Kopf, Gehirn, Augen, Nase	Sinnes-organe	Eiweiß, Frucht	Frucht	Wärme-tag	Feuer
Stier	Kehlkopf, Schild-drüse, Zähne, Kiefer, Mandeln, Ohren	Blutkreis-lauf	Salz	Wurzel	Kältetag	Erde
Zwillinge	Schulter, Arme, Hände (Lunge)	Drüsen-system	Fett	Blüte	Luft-/Lichttag	Luft
Krebs	Brust, Lunge, Magen, Leber, Galle	Nerven-system	Kohlen-hydrate	Blatt	Feuchte-tag	Wasser
Löwe	Herz, Rücken, Zwerchfell, Blutkreis-lauf, Schlagader	Sinnes-organe	Eiweiß, Frucht	Frucht	Wärme-tag	Feuer
Jungfrau	Verdauungsorgane, Nerven, Milz, Bauch-speicheldrüse	Blutkreis-lauf	Salz	Wurzel	Kältetag	Erde
Waage	Hüfte, Nieren, Blase	Drüsen-system	Fett	Blüte	Luft-/Lichttag	Luft
Skorpion	Geschlechtsorgane, Harnleiter	Nerven-system	Kohlen-hydrate	Blatt	Feuchte-tag	Wasser
Schütze	Oberschenkel, Venen	Sinnes-organe	Eiweiß, Frucht	Frucht	Wärme-tag	Feuer
Steinbock	Knie, Knochen, Gelenke, Haut	Blutkreis-lauf	Salz	Wurzel	Kältetag	Erde
Wassermann	Unterschenkel, Venen	Drüsen-system	Fett	Blüte	Luft-/Lichttag	Luft
Fische	Füße, Zehen	Nerven-system	Kohlen-hydrate	Blatt	Feuchte-tag	Wasser

Die Grundtabelle ist ein wichtiges Handwerkszeug und gibt einen Überblick über die unterschiedlichen Wirkungsimpulse des Mondstandes in den einzelnen Tier-kreiszeichen – auf Körperzonen, Pflanzenteile, Nahrungsqualität und Ähnliches. Zur ausführlichen Erläuterung dieser Impulse eignen sich für den Anfang unsere Bücher *Aus eigener Kraft* und *Der lebendige Garten* am besten.

Fragen
zur Gesundheit,
zum Vorbeugen
& Heilen

CRASHKURS MONDWISSEN

Grundregeln Gesundheit, Vorbeugen & Heilen

Fragen zum Thema Gesundheit, Gesundwerden und zum richtigen Zeitpunkt für Operationen und Ähnliches gehörten naturgemäß zu den häufigsten, die uns im Laufe der Zeit gestellt worden sind. Hier der Crashkurs »Gesundheit und Mond«.

● Alles, was man für das Wohlergehen einer Körperregion tut, ist immer an den Tagen wirksamer, in denen der Mond gerade das Tierkreiszeichen durchschreitet, von dem die Körperregion regiert wird. Mit Ausnahme von chirurgischen Eingriffen. Beispiel: Eine Fußmassage im Tierkreiszeichen Fische ist sinnvoll, während eine Operation an den Füßen eher ungünstig ist.

● Alles, was die Körperregion, die von dem Zeichen regiert wird, das der Mond gerade durchschreitet, besonders belastet oder strapaziert, ist schädlicher als an anderen Tagen. Chirurgische Eingriffe an diesen Tagen sollte man, wenn möglich, vermeiden. Notoperationen gehorchen einem höheren Gesetz.

● Nimmt der Mond gerade zu, wenn er das jeweilige Zeichen durchläuft, sind alle Maßnahmen zur Zuführung aufbauender Stoffe für das von ihm regierte Organ erfolgreicher als bei abnehmendem Mond.

● Nimmt der Mond gerade ab, sind alle Maßnahmen zum Entgiften und Entlasten des jeweiligen Organs erfolgreicher als bei zunehmendem Mond.

Chirurgische Eingriffe dienen zwar letztlich dem Wohlergehen des jeweiligen Organs und damit dem des ganzen Körpers, wirken sich aber zum **Zeitpunkt der Operation** belastend für das Organ aus. Operationen gehören immer in die Phase des abnehmenden Mondes, wenn man ihren Zeitpunkt planen kann.

Eine Mondkur zum Abnehmen?

Meine Freundin hat letztes Jahr mit einer Mondkur eine Frühjahrs-diät gemacht, bei der sie fünf Kilo abgenommen und nicht wieder zu-genommen hat. Der Jojo-Effekt ist ausgeblieben. Wie funktioniert diese Kur? Ich möchte das jetzt im kommenden Frühjahr unbedingt ausprobieren!

Das ist eine prima Idee, denn der Lauf des Mondes lädt zu einer ganz natürlichen Ernährungsweise ein, die es Ihnen leicht macht, zu Ihrem persönlichen Wohlfühlgewicht zu gelangen und vor allem, es ohne Kraftaufwand zu halten.

Beginnen Sie die Mondkur etwa zwei oder drei Tage vor Voll-mond. Der Körper nimmt jetzt besonders schnell auf, was man ihm zuführt. Sie würden folglich besonders leicht zunehmen, ganz spe-ziell am Vollmondtag selbst. Beginnen Sie ganz behutsam mit sich selbst und essen Sie in diesen drei Tagen einfach nur etwas weniger als gewohnt und ab 18 Uhr gar nichts mehr. Ganz Mutige können dann zu Vollmond einen Obst- oder Fasttag einlegen, was auch im-mer »Fasten« für Sie bedeutet: Essen Sie für Ihre persönlichen Ver-hältnisse viel weniger oder etwas anderes als gewohnt.

Während der zwei Wochen des nun folgenden abnehmenden Mondes könnten Sie eigentlich normal essen, wie Sie es gewohnt sind, solange Sie kein echtes Übergewicht haben (sonst müsste zu-sätzlich Ihr Ernährungstyp festgestellt werden, siehe Interview am Ende dieses Kapitels, Seite 103, und Fragebogen im Anhang). Der Körper nimmt nicht so gut auf, das Gewicht bleibt meist gleich oder sinkt gar ein wenig. Die 14 Tage des abnehmenden Mondes könn-ten Sie erfolgreich mit einem blutreinigenden Tee begleiten, am besten mit Brennnesseltee. Auch an Neumond und vielleicht ein oder zwei Tage vorher sind dann wieder Obst- oder Fasttage ideal.

Der Körper entgiftet sehr stark, und diesen Prozess kann man durch die kurze Zeit der Enthaltsamkeit nachhaltig unterstützen. Der Körper zehrt von der (überflüssigen) Substanz.

In den zwei Wochen des folgenden zunehmenden Mondes sollten Sie mit der Nahrungsaufnahme generell etwas kürzer treten als gewohnt, weil der Körper alles besser aufnimmt und speichert. Versuchen Sie insgesamt weniger zu essen, und hören Sie etwa fünf Minuten vor dem gewohnten Sättigungsgefühl auf. Letzteres ist von entscheidender Bedeutung und lässt sich mühelos erlernen. Trinken Sie zwischen 15 und 17 Uhr besonders viel Wasser, und nehmen Sie die letzte Mahlzeit des Tages etwa ein bis zwei Stunden früher ein als üblich, spätestens aber um 18 Uhr.

Wir freuen uns mit Ihnen, wenn Sie das Gefühl erleben, dass sich nach kurzer Zeit des Achtens auf Mondkalender und Speiseplan einstellt. Sie werden erfahren, dass die Ernährung im Mondrhythmus letztlich keine »Kur« ist, sondern eine ganz natürliche Ernährungsweise – in Harmonie mit den Rhythmen unseres Körpers und der Natur. Jeder Mensch spricht auf seine ganz persönliche Art auf Speisen und Getränke an – ob der Mond gerade im Widder oder im Steinbock steht, ob die Nahrungsmittel echte Lebensmittel sind oder nur Stopfblähfüllmittel. Wer an manchen Tagen nur Lust auf Salat oder Früchte hat und ein anderes Mal nur auf Brote oder Wurzelgemüse, der muss keineswegs fürchten, sich einseitig zu ernähren: Vielleicht ist es nur jemand, dessen natürliches Gespür erwacht ist.

> ## *In Kürze* Mondkur und sanftes Abnehmen
> Bei Vollmond und Neumond Obst- oder Safttag oder Fasten, bei abnehmendem Mond normal essen, bei zunehmendem Mond etwas weniger – so einfach ist das!

Gutes für die Füße

Nachdem ich Ihr Buch Aus eigener Kraft *gelesen hatte und (privat) bestimmte Dinge umgestellt habe, sind mir und meiner Familie tolle Sachen widerfahren.*

Ich habe beispielsweise bei einem Gefäßchirurgen (Venenerkrankungen) im OP gearbeitet, dabei die Patienten in der Vorbereitung, während der OP und in der Nachbehandlung gesehen und ein kleines Tagebuch geführt. Es war beeindruckend, wie deutlich man Unterschiede erkennen konnte. Der Chef wollte zwar während der Operation oft wissen, welcher Mond gerade aktuell ist und welche Bedeutung das haben würde, die Termine jedoch wurden je nach Praxisauslastung vergeben. Er ist eben Schulmediziner. Ich jedoch sah, dass es an manchen Tagen während der Operation sehr geblutet hat und die Patienten danach Beschwerden und blaue Flecke hatten, dass dies an anderen Tagen aber wiederum kaum vorkam.

Dann hatte meine Tochter einen eingewachsenen Nagel, dessen Behandlung nach Auslastung terminiert wurde und eine spätere Nagel-OP an einem von mir nach Ihrem Buch ausgesuchten Termin. Der Unterschied dürfte Ihnen klar sein: Nach dem ersten Termin hatte sie furchtbare Schmerzen und Nachwehen und beim zweiten Mal nichts, bis auf einen klitzekleinen Wundschmerz!

Ich werde demnächst als Fußpflegerin arbeiten, nun habe ich eine Frage: Die Fischetage sind einerseits gut für die Füße, andererseits sollte man keine Operationen zu diesem Zeitpunkt durchführen. Bei einer Fußpflegebehandlung kommen ja verschiedene Maßnahmen am selben Tag zum Tragen: Waschung, Entfernen von Hühneraugen oder Abhobeln und Kürzen der Nägel usw. Die wenigsten Kunden werden zu verschiedenen Terminen kommen wollen. Haben Sie eine Idee, welche Tage sinnvoller sind? Für Ihre Antwort bedanke ich mich schon jetzt herzlich.

Herzlichen Dank für Ihre E-Mail! Wir freuen uns immer sehr, wenn unsere LeserInnen von den guten Erfahrungen berichten, die mit dem Mondwissen gemacht werden können, besonders im Bereich Heilen und Gesundheit.

Was Ihr Anliegen betrifft: Sie müssen natürlich Ihre Praxis auch bei zunehmendem Mond öffnen. Wir würden in dieser Zeit einfach alle »normalen« Füße behandeln. Das tut Ihren KundInnen gut, und mit Komplikationen und Nachteilen ist nicht zu rechnen. Bei abnehmendem Mond empfangen Sie dann alle Problemfälle, etwa bei wiederkehrenden Hühneraugen, wenn Hornhaut ständig nachwächst und Ähnliches. Die Ausnahme bilden eingewachsene Zehennägel: Weder Sie noch ein Arzt sollten sie bei abnehmendem Mond behandeln und schon gar nicht an Fischetagen. Was die Fischeenergie generell betrifft, so sind alle Fußpflegemaßnahmen sinnvoll, mit Ausnahme von Eingriffen. Wir denken, dass Sie selbst genug Erfahrung haben, um beurteilen zu können, was als Eingriff zu gelten hat. Wenn jemand sehr schmerzempfindlich ist, sollten Sie ihn ebenfalls nicht an Fische in die Praxis bestellen. Alles Gute!

Übungen für die Sehkraft

Gibt es eigentlich auch einen richtigen Zeitpunkt für Übungen gegen Sehschwäche? Ich habe gehört, dass man damit manchmal sogar das Tragen einer Brille verhindern kann.

Ja, es gibt tatsächlich Übungen, die eine Brille verhindern können. Speziell in den Widder-, Löwe- und Schützetagen sollte man sie nicht versäumen, weil dann die Sinnesorgane beeinflusst sind. Wir selbst verwenden oft eine ganz einfache Technik: Lassen Sie Ihre Augen rollen! Beginnen Sie mit dem Rollen im Uhrzeigersinn, ganz

36

langsam, wobei Sie sich bemühen, wirklich den letzten Winkel zu erfassen, der Ihrem Auge möglich ist. Sieben Mal im Uhrzeigersinn, sieben Mal gegen den Uhrzeigersinn.

Dann machen wir auch oft folgende Übung: Führen Sie eine Zeitung so nahe an die Augen, dass Sie gerade noch gut sehen können. Bemühen Sie sich dabei, die Augen scharf zu stellen. Dann die Zeitung weglegen, in die Ferne schauen und versuchen, dort alles scharf zu sehen. Wiederholen Sie diese Nah-Fern-Übung einige Male.

Reiben Sie auch öfters die Hände fest aneinander, so als ob Sie sich über ein gutes Geschäft oder den erfolgreichen Abschluss eines Vorhabens freuen. Reiben Sie, bis die Hände richtig warm sind. Halten Sie sie dann nebeneinander senkrecht nach oben ans Gesicht und berühren mit den warmen Handballen die geschlossen Augen, wobei die Finger über den Haaransatz hinaus am Kopf anliegen.

Eine weitere gute Hilfe bei Sehschwäche – etwa in einem Einkaufszentrum, wenn Sie Preise und Material nicht mehr erkennen können – ist folgende Übung: Schauen Sie mit offenen Augen extrem nach oben, dabei nur die Augen bewegen, nicht den Kopf. Meistens zieht es etwas unangenehm, aber danach können Sie für kurze Zeit besser sehen.

Solche Augengymnastik und Sehübungen helfen sogar dann sehr gut, wenn man schon eine Brille trägt. Brillen zementieren häufig eine Sehschwäche, die mit entsprechenden Übungen und der Fähigkeit, der Wirklichkeit direkter ins Auge zu schauen, oftmals zu beheben wäre. Zumindest an Widdertagen sollten Sie diese Übungen niemals versäumen!

Verschobene Operationen

Mittlerweile verschieben Menschen sogar Operationen, weil sie sich in einer ungünstigen Mondphase glauben. Geht Ihnen das nicht eigentlich zu weit? Wo sehen Sie die Grenzen der Mondeinflüsse, vor allem in Hinblick auf die Tatsache, dass in vielen Mondbüchern offenkundig falsch von Ihnen abgeschrieben wird beziehungsweise Mondtermine frei erfunden werden?

Wir würden niemals auf die Idee kommen, uns bei einem Eingriff, dessen Termin frei wählbar ist, **nicht** nach dem Mond zu richten! Jeder Zahnarzt und jeder Chirurg macht laufend die Erfahrung, dass bei zunehmendem Mond Wunden länger bluten und schlechter verheilen als bei abnehmendem Mond. Glücklich sind wir über die immer größer werdende Zahl von Heilkundigen, die ihrer persönlichen Erfahrung mehr vertrauen als ausschließlich dem, was sie gelernt haben. Der Mondkalender ist in den Praxen dieser Ärzte und Heilpraktiker ein vertrautes Werkzeug.

Wenn Sie nach den Grenzen des Mondwissens fragen: Wir würden niemals auf die Idee kommen, uns in eine Terminvergabe oder dergleichen einzumischen. Trotzdem hat jeder das Recht, von diesem in vielen Lebensbereichen ungemein wertvollen Hilfsmittel zu erfahren und zu profitieren. Auf das Mondwissen gibt es kein Patent, es ist ein Menschheitserbe, auf das niemand Besitzansprüche anmelden kann. Natürlich wird in der Eile manches falsch kopiert oder gar erfunden, weil die persönliche Erfahrung fehlt. Aber auch gegen Schlampigkeit und Etikettenschwindel können wir nichts unternehmen. Wir vertrauen darauf, dass sich langfristig das Echte und Brauchbare durchsetzt.

Impfen im Mondrhythmus

Mit großem Interesse und Vorfreude aufs Ausprobieren lese und studiere ich gerade Ihre Bücher. Wir haben einen zehn Monate alten, sehr gesunden Sohn, den ich bisher noch nicht impfen ließ. Nie war ich so verunsichert wie bei diesem Thema. Es wird jedoch so sein, dass wir mit unserem Sohn die Welt bereisen möchten. Außerdem soll er später die Möglichkeit haben, im Ausland seine Ausbildung zu machen, wenn er das möchte. In einigen Ländern (USA) gibt es ja eine Impfvorschrift. Auch ist die Frage, ob er ungeimpft in den Kindergarten gehen sollte. So haben wir uns schweren Herzens entschieden, ihn mit etwa einem Jahr doch impfen zu lassen. Wann ist der richtige Zeitpunkt dafür?

Einen richtigen Impfzwang gibt es nur in wenigen Ländern, die USA gehören nicht dazu. Der Zwang entsteht meist eher durch die Angst vor dem, was man sich selbst vorwirft, oder vor den Anklagen, wenn ein nicht geimpftes Kind doch einmal krank wird. Es ist eine schwierige Entscheidung. Wussten Sie aber, dass bei öffentlich angekündigten Grippewellen mit wahren Impforgien etwa doppelt so viele Menschen erkranken wie bei Epidemien, die aus irgendeinem Grund verschwiegen werden und bei denen deshalb auch keine Impfhysterie verbreitet wird?

Es wird auch noch einige Zeit dauern, bis bekannt wird, wie viele unserer heutigen Zivilisationskrankheiten Spätfolgen von Impfungen sind. Es existieren keinerlei wissenschaftliche Studien darüber, welche Wirkung das Überschwemmen eines Babykörpers mit Giftstoffen hat, wenn das Kind erst einmal das Pensionsalter erreicht hat.

Buchtipp: Was es sonst noch zum Thema Impfen zu wissen gibt, hat unter anderem Fernand Delarue in seinem Buch *Impfungen, der unglaubliche Irrtum* zusammengefasst.

Wenn man dennoch sich oder sein Kind impfen lassen will oder muss, dann gibt es auch dafür eine Mondregel: Erfahrungen mit den Folgeerscheinungen von Impfungen haben gezeigt, dass man Impftermine nicht auf die drei Tage vor Vollmond und besonders nicht auf den Vollmondtag selbst legen sollte. Die Gefahr von starken Impfreaktionen ist dann größer als sonst. Am besten bei abnehmendem Mond impfen lassen.

Wichtig ist darüber hinaus, geimpfte Kinder einige Tage lang so zu behandeln, als ob sie krank wären: keine größeren sportlichen oder sonstigen Belastungen, kein Barfußlaufen auf kalter Erde und so weiter. Die Impfentscheidung kann Ihnen niemand abnehmen, aber wir haben sehr gute Rückmeldungen, wenn auf den Mondstand geachtet wird.

> ## *In Kürze* Impfen
>
> Vor dem Impfen gründlich nachdenken und das Für und Wider abwägen. Entscheidet man sich dafür, die drei Tage vor Vollmond und den Vollmondtag selbst meiden und am besten bei abnehmendem Mond impfen lassen!

Kaiserschnitt

Ich bin nun zum zweiten Mal schwanger und muss aufgrund von Problemen und einem bereits vorangegangenen Kaiserschnitt nun wieder einen Kaiserschnitt machen lassen. Sollte der Kaiserschnitt in einer bestimmten Mondphase gemacht werden? Hat der Mond Einfluss auf mein Befinden (Heilung) bei dieser Operation oder auf das Befinden meines Babys und seine »Verarbeitung« von dieser Art der Geburt? Ich möchte, dass es meinem Baby gut geht dabei. Ich würde mich sehr über Ihre Hilfe und Nachricht freuen.

Es ist von Vorteil, bei einem Kaiserschnitt auf den richtigen Zeitpunkt zu achten. Natürlich nur unter der Voraussetzung, dass es sich dabei nicht um eine Notoperation handelt. (Bei Notoperationen sollten Sie an den Einfluss des Mondes nicht einmal denken!) Günstig wäre bei einem planbaren Kaiserschnitt der abnehmende Mond. Die Wundheilung verläuft günstiger, ebenso die Vernarbung. Für das Baby ist die Mondphase nicht so wichtig. Weil der abnehmende Mond ja nur 14 Tage dauert, kann oft nicht auf den richtigen Zeitpunkt gewartet werden. Es wäre sehr wichtig, sich dann nach dem Baby zu richten, der zunehmende Mond kann mit Geduld durchaus ausgeglichen werden. Alles Gute für Sie und Ihr Kind!

Zum Essen Wasser trinken?

Ich habe Ihren Ratschlag gelesen, dass man beim Essen zwischen den Bissen nicht trinken soll. Gilt das für alle Getränke? Sollte ich während des Essens nicht einmal ein Glas Wasser trinken? Ist es besser, vor oder nach dem Essen zu trinken?

Im Wesentlichen geht es darum, die Verdauungsarbeit des Magens nicht mit Flüssigkeiten zu stören. Die Magensäfte werden verdünnt, können die Nahrung nicht mehr so gut aufspalten, die enthaltene Information wird verfälscht, der Körper weiß nicht mehr so genau, was tun (daher auch der Vorteil von Trennkost!). Trinken während des Essens gehört zu den wichtigsten versteckten »Dickmachern«, besonders wenn Säfte oder Alkoholisches dazu getrunken werden. Flüssigkeiten zu den Mahlzeiten nehmen dem Körper die Chance, mit dem Essen »korrekt« umzugehen und klare Signale zu setzen, wann es genug ist und ob das Aufgenommene überhaupt gut verträglich ist. Sie müssen sich vorstellen, wie es ist, zwei Musikstücken gleichzeitig zu lauschen. Sie hätten keine Chance, die Qualität beider Stücke zu fühlen und zu beurteilen.

Das Getränk zum Essen (»Darf ich schon mal die Getränkebestellung aufnehmen?«) hat sich derart durchgesetzt, dass es sehr schwer sein wird, diese Gewohnheit wieder aufzugeben. Manchmal hat man das Gefühl, dass sich hier die Ernährungswissenschaft ihre Fördergelder direkt von der Getränkeindustrie holt. Wie so oft hilft da nur die persönliche Erfahrung, die unbestechlich macht und Gewissheit bringt. Wir empfehlen, einfach einmal spätestens zehn Minuten vor dem Essen nichts mehr zu trinken und frühestens zehn Minuten danach. Viel trinken sollten Sie zwischen 15 und 17 Uhr, während der gesamten übrigen Zeit nur nach Durstgefühl. Wenn Sie diese Empfehlung zwei Wochen lang einhalten und sich dann auf die Waage stellen und auch Ihr generelles Wohlbefinden betrachten, werden Sie erleben, wie sich Ihr Körper mit Vergnügen an den Sinn der Sache erinnert. Wir wünschen viel Freude beim Experimentieren!

Volkskrankheit Migräne und die versteckten Auslöser

Meine Freundin hat einen Ihrer Vorträge besucht und dabei erfahren, dass Schokolade als Migräneauslöser in Frage kommt. Sie hat dann darauf verzichtet und seither keine Anfälle mehr. Bei mir hat es leider nicht funktioniert, ich kann immer noch nicht erkennen, was bei mir die Migräne auslöst. Ich lese heute bei Ihnen, dass ätherische Öle Migräne auslösen können. Ich dachte bislang, ätherische Öle seien etwas Natürliches. Was ist darin enthalten, das diese

Schmerzen auslöst? Bei Parfümölen ist mir das klar, sie werden ja künstlich hergestellt.

Das wahllose Verdampfen von aromatischen Düften auf Messen, in Supermärkten oder Buchläden ist vergleichbar mit dem wahllosen Verteilen von Medikamenten, denn erstens hat jeder Duft einen speziellen Anwendungsbereich, und zweitens sind die meisten dieser Öle chemisch hergestellt. Nicht vergessen: Kopfschmerz und Migräne stellen sich oftmals erst viele Stunden nach dem Kontakt mit dem Auslöser ein – einer der Hauptgründe für den starken Konsum von Kopfschmerzmitteln, denn sie bekämpfen fast ausschließlich das Symptom.

Ansonsten haben Kopfschmerz und Migräne in vielen Fällen einen der folgenden Gründe (abgesehen von seelischen Ursachen!):

- **Zu starke Sonnenbestrahlung** Besonders bei zunehmendem Mond kann zu wenig Sonnenschutz am Kopf fatale Folgen haben und Ihnen unangenehme Stunden bringen. Jetzt sind Sie jedoch gewarnt und können auf sich aufpassen.

- **Würzsoßen** Die meisten Würzsoßen verdienen einen Blick aufs Etikett. Da wimmelt es nur so von Chemie, von künstlichen Aroma- und Farbstoffen. Die meisten davon sind Allergie- und Migräneauslöser. Fertigsoßen enthalten meist eine solche Unmenge an chemischen Stoffen, dass es wirklich sinnvoll wäre, gänzlich auf sie zu verzichten.

- **Vanillin** Wo »Vanillin« draufsteht, ist ein chemischer Aromastoff drin, der – außer dem ähnlichen Geschmack auf der Zunge – nichts mit echter Vanille gemeinsam hat. Im Körper richtet er Unheil an.

- **Glutamat** Dieser Stoff dient fast immer als »Geschmacksverstärker«, damit niemand merkt, wie fade das jeweilige Fertigge-

43

richt ohne ihn schmecken würde. Leider geht die chinesische Küche sehr großzügig damit um.

● **Zerstörerische Musik** Zu allen Zeiten gab es Musik, die aufbaut und belebt, und Musik, die zerstört, die nervös und unruhig macht. Finden Sie heraus, was Ihnen gut tut und was nicht – und dann handeln Sie.

● **Parfum** Wenn auf vielen Kosmetika und Ähnlichem »Parfüm« draufsteht, hat die chemische Industrie einen Stoff hergestellt, der zwar vielleicht gut riecht, aber in Ihrem Kopf Unheil anrichten kann.

● **Kaffee mit Milch** Kaffee und tierisches Eiweiß sind bei vielen Menschen ein starker Kopfschmerzauslöser.

● **Weintrauben und Käse** Diese beliebte Kombination ist ein starker Migräneauslöser, ebenfalls meist erst Stunden später beziehungsweise am nächsten Morgen.

● **Nicht-Bio-Schokolade** Ein noch wenig bekannter Migräneauslöser. Besonders stark wirken cremige Vollmilchschokolade und weiße »Schokolade«. Besonders wichtig auch hier: Der Kopfschmerz beginnt oftmals erst viele Stunden später.

● **Künstliche Aromastoffe** Wenn in Inhaltsstoffangaben »Aroma« steht, ist Chemie drin. Chemie, die in den seltensten Fällen auf ihre Langzeitwirkung auf den Körper hin untersucht worden ist. Weigern Sie sich, Versuchskaninchen zu spielen!

● **Dauerverspannungen der Halswirbelsäule** Ein guter Chiropraktiker ist manchmal der Einzige, der chronische Kopfschmerzen beseitigen kann.

● **Zu selten duschen, zu selten die Hände waschen** Beobachten Sie beispielsweise die Adern auf Ihrem Handrücken nach längeren Telefonaten. Wir laden uns im Laufe eines Tages auf. Lassen Sie als Abhilfe ab sofort öfters kaltes Wasser über die Hände laufen. Fließendes Wasser entstrahlt Ihren Körper, die Adern senken sich sofort.

● **Ausdünstungen neuer Möbel** Es wäre sehr sinnvoll, beispielsweise in Schlafzimmern mit neuen Möbeln einige Tage zu warten, bevor sie bezogen werden. Zwar verwendet man heute weniger giftige Leime und Kleber als früher, die Rückstände und Ausdünstungen gibt es jedoch immer noch in wirksamer Menge.

● **Gehärtete Fette** Der Körper kann mit diesen Chemiebomben nichts anfangen und hat größte Mühe, sie wieder loszuwerden. Dem Verbot durch die Politik können Sie im Interesse Ihrer Gesundheit zuvorkommen und solche Fette meiden.

Einer der wichtigsten Kopfschmerzauslöser zum Schluss:

● **Zu wenig klares Wasser trinken** Manchmal hilft es schon, Kopfschmerzen mit einem oder zwei Gläsern davon zu beseitigen!

Die Liste enthält vielleicht überraschende Elemente, aber die Detektivarbeit lohnt sich in jedem Fall.

Umstellung auf gesundes Mehl

Mit Ihrem Buch Aus eigener Kraft *habe ich eine Antwort auf meine Beschwerden gefunden. Ich bin mir auch schon länger bewusst, dass »Nichtlebensmittel« absolut ungesund sind. Dennoch schaffe ich es nicht, einen Ersatz dafür zu finden.*

Der braune Zucker ist ja angeblich auch nur gefärbt und nicht gesund. Von richtigen Vollkornprodukten bekomme ich Blähungen, obwohl ich täglich drei Liter Wasser trinke. Außerdem beschwert sich meine Familie über die graue Farbe der Biskuitrolle oder der No-

ckerl, die zum Beispiel vom Dinkelmehl entsteht. Vielleicht hätten Sie einen Tipp für mich, damit die Umstellung besser gelingt, denn ich möchte meinem Mann, den Kindern und mir ein gesundes Essen bereiten.

Wie schon früher gesagt sollte man allen Weißzucker durch Roh-Rohrzucker ersetzen. »Brauner« Zucker ist tatsächlich nur gefärbt und ebenso ungesund wie Weißzucker. Von Vollkornprodukten bekommt man Blähungen, wenn man zu viel durcheinander auf den Tisch bringt, also beispielsweise zu viel Brot und Gemüse gleichzeitig.

Drei Liter Wasser pro Tag trinken – das ist zu viel, auch wenn Sie es anders gelernt haben. Damit schwemmen Sie nur viele wertvolle Mineralien aus dem Körper. Der natürlichste Rhythmus wäre, zwischen 15 und 17 Uhr viel zu trinken, um die Tätigkeit von Nieren und Blase zu unterstützen. In der übrigen Zeit würden wir raten, nur nach Durstgefühl zu trinken.

Um Ihrer Familie das sehr gesunde Dinkelmehl optisch schmackhafter zu machen, können Sie es während einer Übergangszeit einfach noch einmal aussieben. Es verliert dann ein wenig an Gesundheitswert, ist aber heller – und das macht es leichter, die Gewöhnungszeit zu überbrücken. Schließlich werden Ihre Lieben an der Wirkung der gesunden Kost merken, wie gut sie dem Körper tut. Sie werden nach dem Essen nicht mehr so müde sein und sich rundum fitter fühlen. Alles in allem sollten Sie sich nicht vom richtigen Weg abbringen lassen. Wer ihn nicht mitgeht, lernt eben auf andere Weise.

Altes und neues Wissen

Einige Ihrer Tipps habe ich schon im Alltag umgesetzt, obwohl ich als Berufsskeptiker anfangs meine Schwierigkeiten hatte. Aber ich kann meine Augen nicht vor den Erfolgen verschließen, besonders, was Ihre Gymnastik zum richtigen Zeitpunkt betrifft. Dass »Abnutzungserscheinungen« oft nur Schmerzen aufgrund von Vernachlässigung von Muskeln und Knochen sind, das habe ich erfreulicherweise jetzt auch gemerkt. Wenn ich so an meine früheren Zweifel denke, frage ich Sie, wie Sie denn die Zukunft sehen: Haben wir überhaupt die Chance, althergebrachtes Wissen mit der heutigen Medizin zu verbinden?

Da sind wir ganz zuversichtlich, denn das heutige Gesundheitswesen ist ein »Krankheitswesen«. Wir können es uns bald nicht mehr leisten, nur noch Krankheiten und Symptome zu bekämpfen, statt das Hauptgewicht auf Vorsorge und Information zu legen. Selbst heutige »Vorsorgeuntersuchungen« sind nur »Symptomuntersuchungen«, und da lässt sich ja immer etwas finden, nicht wahr?

Der Zusammenhang ist eigentlich recht einfach: Solange Industrie, Ärzteschaft und Krankenkassen die Umsätze mit Krankheit und nicht mit Gesundheit machen, so lange besteht ein bewusstes oder unbewusstes Interesse am Kranksein und -bleiben. Das heißt, es besteht ein verdecktes Interesse daran, die wahren Ursachen von Krankheit und körperlichen Störungen nicht zu erkennen. Sicherlich 80 bis 90 Prozent aller Krankheiten, Allergien und Ähnlichem haben ihre Ursache in unserer Ernährungsweise, daran besteht kein Zweifel. Werfen Sie dennoch einmal einen Blick auf die Kost in den meisten Krankenhäusern und auf die Ausbildung der Ärzte. Wenn Sie mit chronischen Kopfschmerzen zum Arzt gehen, werden Sie nur selten gefragt, wovon Sie sich ernähren oder was Sie trinken, stimmt's?

Die Heilkunde der Zukunft wird eine gegenseitige Bereicherung, ein Zusammenfließen uralter Heilweisen mit dem Besten der modernen Medizin sein. Eine Kunst, in der Magie und Medikament, liebevolle Berührung und Skalpell, heilende Gedankenarbeit, Gebet und Meditation nach Jahrhunderten der naturwidrigen Trennung wieder zu einer Ganzheit verschmelzen, die auch den Menschen wieder als Ganzes sieht. Das wäre ein wunderbarer Weg.

Laufende Nase durch falsche Ernährung

Ich kann mich erinnern, bei Ihnen einmal gelesen zu haben, dass der Mondrhythmus sich auch auf das Auftreten von Allergien auswirkt. Meine Tochter hat das Problem, dass ihre Nase ständig verstopft ist, aber ohne Schnupfen zu haben oder erkältet zu sein. Ich vermute, es hat etwas mit der Ernährung zu tun, und würde mich über einen Anruf freuen.

Es wundert uns immer wieder, dass es so wenig bekannt ist, aber die »Rotznasen« vieler Kinder sind fast immer das Symptom einer Nahrungsmittelunverträglichkeit. Bei Ihrer Tochter sind mit großer Wahrscheinlichkeit die Verursacher Nummer eins am Werk, nämlich die Milchprodukte. Einfach einmal eine Woche lang Milch, Joghurt und Quark weglassen, und Sie werden klarer sehen. Milchprodukte sind sehr viel weniger gesund als man glaubt, und das berühmte warme Glas Milch vor dem Schlafengehen hat eher eine betäubende, leberschädigende Wirkung als dass es gesunden Schlaf schenkt. Sie sollten auch den Ernährungstyp Ihrer Tochter feststellen lassen. Fast immer ist danach die Nase wieder frei.

Vielleicht sind diese Zusammenhänge in Vergessenheit geraten, weil man ihnen nicht so leicht auf die Spur kommt. Denn jeder

Mensch reagiert anders: Mancher hat eben »die Nase voll«, andere reagieren auf dasselbe Nahrungsmittel mit Schlafstörungen oder Kopfschmerzen, mit Kreuzschmerzen oder Kopfschuppenbildung oder sogar mit Gelenkproblemen und Haarausfall. Erinnern möchten wir auch daran, dass Müdigkeit nach dem Essen fast immer eine Art Miniallergie auf einen Inhaltsstoff der Kost ist. Zusammengefasst: Verzicht auf tierisches Eiweiß und Milchprodukte verbunden mit der Kenntnis des eigenen Ernährungstyps – das wäre ein gewaltiger Schritt in Richtung Allergievermeidung sowie Gesundwerden und Gesundbleiben aus eigener Kraft.

In Kürze **Laufende Nase**

Eine ständig laufende Nase ist meist eine Allergie gegen Kuhmilchprodukte!

Amalgamplomben austauschen

Nach langem Überlegen und ausgiebiger Recherche habe ich mich entschlossen, meine Amalgamplomben austauschen zu lassen. Ich bin sicher, einmal gehört zu haben, dass es auch dafür einen guten Mondstand gibt. Können Sie mir Genaueres sagen?

Einen guten Mondstand gibt es, und es wäre wirklich sehr sinnvoll, ihn zu beachten. So lauten die Grundregeln:

Erstens Lassen Sie die Arbeit bei abnehmendem Mond vornehmen, und gehen Sie dabei den Tierkreiszeichen Widder und Stier aus dem Weg. Der Körper nimmt alle eingeatmeten und verschluckten Stoffe lange nicht so gut auf wie bei zunehmendem Mond.

49

Zweitens Lassen Sie in Absprache mit Ihrem Zahnarzt pro Termin nur wenige Füllungen beseitigen und erst nach längerer Pause (frühestens nach einem Monat) die nächsten.

Drittens Lassen Sie sich von einem Heilpraktiker oder Arzt Ihres Vertrauens ein auf Sie zugeschnittenes, homöopathisches Mittel verschreiben, das die freigesetzten Gifte neutralisieren hilft (Ausleitungen, Eigenbluttherapie und Ähnliches). Beginnen Sie aber mit diesen Maßnahmen erst nach dem Auswechseln der letzten Füllung! Sie würden sonst die noch vorhandenen Füllungen »anlösen« und den Körper mit unnötig viel Gift belasten.

Glücklicherweise setzt sich heute die Einsicht durch, dass Quecksilber im Mund – und damit im ganzen Körper – unserer Gesundheit nicht gerade förderlich ist. In den USA muss herausgebohrtes Amalgam in drei ineinandergestellten, luftdicht verschlossenen, mit einem Totenkopf versehenen Metallgefäßen von einer Spezialabfall-Firma aus der Zahnarztpraxis geholt werden. Soweit wir wissen, kümmern sich inzwischen auch bei uns spezielle Entsorgungsfirmen um den giftigen Füllungsabfall. Ob man sich weiterhin als Versuchskaninchen für das starke Nervengift Quecksilberamalgam zur Verfügung stellt, bleibt jedem selbst überlassen. Wer die Entscheidung trifft, die alten Amalgamfüllungen beseitigen zu lassen, für den kann der richtige Zeitpunkt eine gute Hilfe sein. Auch der Zahnarzt ist dann durch die Dämpfe weniger belastet.

In Kürze **Zahnarztbesuch**

Zum Zahnarzt wenn möglich bei abnehmendem Mond und nicht bei Widder und Stier!

Der richtige Zeitpunkt für Operationen

Im Allgemeinen schätze ich Ihre Ratschläge, die sich auf die Kraft des Mondes beziehen. Ich kann es jedoch einfach nicht verstehen, dass Sie sich immer wieder zu Aussagen hinreißen lassen, die sich auf chirurgische Eingriffe beziehen. Da ich als Chirurgin arbeite, erzürnt es mich jedes Mal, wenn ich von Ratschlägen bezüglich Operationsterminen erfahre. Können Sie sich vorstellen, wie sich eine Person fühlt, die am Morgen vor einer Operation solch eine Empfehlung zu lesen bekommt? Schon mehrmals haben Sie Patienten in Angst und Schrecken versetzt. Vor allem ältere Personen haben dann vor Operationen an ungünstigen Tagen ein unsicheres Gefühl. Das kann doch wohl nicht Ihre Absicht sein, oder?

Bitte verzeihen Sie jetzt schon, wenn manche der folgenden Worte etwas kurz angebunden scheinen. Der Rahmen eines Briefes, dessen Würze in der Kürze liegen soll, lässt die Ausführlichkeit, die dieses Thema verdient hat, leider nicht zu. An Ihrem Brief ist uns aufgefallen, dass Sie ja selbst umfangreiche praktische Erfahrungen besitzen müssten, aber darauf mit keinem Wort eingehen. Ihre Erfahrung müsste eigentlich so sehr für sich selbst sprechen, dass wir rätseln, worin denn genau Ihr Motiv besteht, uns zu schreiben. Wir haben eine kleine Umfrage unter jenen Ärzten, Chirurgen und Zahnärzten gemacht, die wir beraten, und das Echo war eigentlich sehr einheitlich. Man vermutete, dass Ihnen an einer Form der Rückversicherung gelegen ist, bevor Sie Ihren eigenen Erfahrungen trauen wollen. Ein Chirurg machte uns auch zum wiederholten Male darauf aufmerksam, dass der heutige Medizinbetrieb oftmals dazu führt, den Einfluss des richtigen Zeitpunkts zu übersehen, auch deshalb, weil routinemäßig alles getan wird, um mögliche Komplikationen zu vermeiden.

Wie dem auch sei, wir erneuern auch bei Ihnen ein Angebot, das sich aus unseren Büchern ableiten lässt: Wir unterstützen jeden, der persönliche und direkte Erfahrung mit diesem Wissen machen möchte. Denn dann hat die Sache Hand und Fuß und ist von Dauer. Wir möchten auch Ihnen dieses Angebot machen und würden uns freuen, wieder von Ihnen zu hören. An der Gültigkeit der Regel, alle Operationen, deren Termin sich ohne Mühe frei wählen lässt, auf den abnehmenden Mond zu legen, ändert sich nichts. Der Einfluss der Mondrhythmen im Alltag der Menschen ändert sich nicht, nur weil manche Leute Probleme damit haben, ihn in die »modernen Zeiten« zu integrieren. Wir würden niemals jemandem einfach ins Gesicht sagen, dass ein Operationstermin ungünstig liegt, außer wir werden direkt danach gefragt. Dass dieses wertvolle Wissen noch nicht in den heutigen Medizinalltag passt, ist uns bewusst, dennoch sollte es dem Einzelnen möglich sein, davon Gebrauch zu machen.

Die Wirkung von Massagen

Ich habe immer das Gefühl, dass die Massagen, die ich mir manchmal gönne, ganz unterschiedliche Wirkung haben. Manchmal hat die Prozedur eine komplett entspannende Wirkung, ein anderes Mal fühle ich mich bei der gleichen Behandlung richtig belebt als ob ich einen Kaffee getrunken hätte. Hat da der Mond auch mitzureden? Zumindest werde ich ab jetzt einmal drauf achten, vielleicht finde ich es ja selbst heraus.

Es gibt da eine Grundregel: Für Massagen, die der Entspannung, Entkrampfung und Entgiftung dienen, ist die Zeit des abnehmenden Mondes gut geeignet. Soll eine Massage vorwiegend regenerierend und kräftigend wirken, etwa mit Hilfe entsprechender Öle, wird sie bei zunehmendem Mond bessere Resultate erzielen.

Wer auf das Tierkreiszeichen achten möchte: Die ideale Zeit für Massagen sind generell die Zwillingstage, besonders für den Schulterbereich. Oftmals über Jahre bestehende Stauungen und Verspannungen im Körper können sich an Zwillingstagen lösen. Gerade in puncto eingeklemmte Nervenbahnen gibt es endlose Leidenswege. Hier können Massagen, Lymphdrainagen und Chiropraktik an Zwillingstagen oft Wunder bewirken.

Auch an Erdtagen (Stier, Jungfrau, Steinbock) im abnehmenden Mond sind Massagen zur Lösung hartnäckiger Blockaden erfolgreicher als sonst. Der abnehmende Mond an einem der Wassertage Krebs, Skorpion oder Fische eignet sich gut für Lymphdrainagen, weil die Körperflüssigkeiten leichter in Bewegung zu setzen sind. Bei Lymphdrainagen sollte der Mond unbedingt abnehmen. An Waage und Wassermann sind die Lymphbahnen besonders empfindlich, also immer nur ganz leicht massieren.

Massageformen und Körperarbeit werden sicherlich in Zukunft wieder den Platz in der Palette gültiger und wirksamer Therapieformen einnehmen, den sie verdienen. Wenn wir lernen wollen, den Körper als Quelle der Freude anzunehmen und zu meiden, was Schmerz verursacht oder verstärkt, können Massage und Körperarbeit ein wertvoller Schlüssel sein. Sie können uns Informationen über uns selbst geben, von einer Tiefe, die weder Belehrung, ein Rezept noch eine Operation vermitteln können – ein unschätzbarer Gewinn.

Der Umgang mit Narben

Ende August letzten Jahres habe ich eine Fettabsaugung am Bauch machen lassen, und dabei ist die Narbe nicht richtig verheilt. Heute traue ich mich nicht mehr, einen Bikini zu tragen, so unschön ist sie. Eine Freundin riet mir, die Narbe noch einmal operieren zu lassen, das könne helfen. Jetzt würde mich interessieren, ob es dafür einen richtigen Zeitpunkt gibt.

Zum Zeitpunkt Ihrer Operation herrschte zunehmender Mond, also erfolgte sie mit Sicherheit zu einem ungünstigen Zeitpunkt. Wenn Sie sich nun zur kosmetischen Nachbehandlung der Narbe entschließen, dann sollte auf jeden Fall abnehmender Mond herrschen. Den Tierkreiszeichen Jungfrau, Waage und Skorpion sollten Sie dabei aus dem Weg gehen. Was den richtigen Zeitpunkt betrifft, hätten Sie dann günstige Voraussetzungen.

Generell wäre es sehr sinnvoll, bei Schönheitsoperationen, beispielsweise nach Unfällen, auf die Mondrhythmen zu achten. Die Ärzte, mit denen wir zusammenarbeiten, haben gerade in diesem Bereich die besten Erfahrungen gemacht – und mit ihnen natürlich auch die Patienten.

Homöopathie nach dem Mondrhythmus

Macht es Sinn, auch homöopathische Mittel nach dem Mondrhythmus einzunehmen? Mir scheint, dass er hier einen Einfluss hat, aber das ist nur ein Gefühl. Ist in Ihrer Familie auf dem Bauernhof eigentlich die Homöopathie oder auch die Bach-Blütentherapie angewendet worden?

Die Homöopathie und auch Bach-Blüten waren bei uns durchaus bekannt, wenn auch nicht unter diesem Namen. Homöopathie ist ebenso wie die Bach-Blütentherapie uralt. Beide Therapieformen existieren nicht erst seit ihrer Wiederentdeckung durch jene Menschen, deren Namen heute mit ihnen verknüpft sind. Diesen Menschen haben wir ihre heutige große Verbreitung zu verdanken. Dass man Ähnliches mit Ähnlichem kurieren kann, wissen auch viele, die das Wort Homöopathie noch nie gehört haben. Der Feilstaub der eigenen Fingernägel als Heil- und Stärkungsmittel, der eigene Speichel zum Einreiben von Augenlid, Kniekehle oder kleinen Verletzungen, der eigene Urin bei Hautausschlägen, das nochmalige Verbrennen oder Verbrühen bei kleineren Brandwunden zur sofortigen Ausheilung ohne Blasen oder Narben und vieles mehr – alles Dinge, die seit Jahrhunderten erfolgreich angewandt werden.

Auch die Therapie mit Blüten bei bestimmten Krankheiten oder zur allgemeinen Stärkung ist schon lange bekannt: Die Navajo-Indianer Nordamerikas bogen bei Sonnenlicht Blütenköpfe in eine Schale Wasser, ohne die Pflanzen abzureißen, und tranken dann das Wasser – mit derselben Absicht und Wirkung, die wir heute kennen. Und sicherlich wussten sie um den richtigen Zeitpunkt dieser Tätigkeit.

Um Ihre erste Frage zu beantworten: Es wäre sogar sehr sinnvoll, den Zeitpunkt zu beachten, denn die Homöopathie arbeitet ja durch die energetische Information, die ihre Heilmittel enthalten. Und da kann der Mond wie ein freundlicher Windhauch wirken, der die Information zu verbreiten hilft.

Die **Grundregeln** sind sehr einfach.

● Alle Mittel und Methoden zur Entgiftung und Auflösung sind im abnehmenden Mond, alle Mittel zu Aufbau und Stärkung im zunehmendem Mond erfolgreicher.

● Eine vielleicht seltsam klingende Regel, die aber die Erfahrung bestätigt: Die günstigen Zeiten für die Einnahme von Globuli sind Montage und Freitage.

● Auch der Beginn einer längeren Therapie sollte auf diese Tage gelegt werden.

● Bach-Blütenessenzen dienen fast immer dem Aufbau und der allgemeinen Stärkung, aber auch der Fähigkeit, bei Problemen loslassen zu können. Deshalb sollte man sie gleich nach der Wahl der Blüten zu sich nehmen und dann so lange, bis das Fläschchen leer ist.

Fußreflexzonenmassage zum richtigen Zeitpunkt

Gibt es eigentlich auch für die Fußreflexzonenmassage einen guten Zeitpunkt, beziehungsweise einen Zeitpunkt, an dem sie besser wirkt? Und was halten Sie von dieser Massage, die mir immer wieder empfohlen wird?

Der richtige Zeitpunkt kann die Wirkung einer Fußreflexzonenmassage unterstützen, besonders die Kraft der Fischetage wirkt sich spürbar aus, weil Fische die Füße »regiert«. An diesen Tagen sollte man allerdings mit etwas mehr Vorsicht massieren, weil man empfindlicher ist. Wenn Sie zum ersten Mal zum Masseur gehen, um diese Massage zu erhalten, sind Sie unter Umständen gut beraten, wenn Sie den Fischetagen eher aus dem Weg gehen.

Die Fußreflexzonenmassage kann von größtem Nutzen für eine erfolgreiche Entgiftung des Körpers sein. Viele Heilpraktiker, Masseure und Kosmetiker wissen heute, welch tiefgreifende Wirkung sie hat. Jede Körperzone, jedes innere Organ, jeder einzelne Knochen kann durch sanfte Massage der Füße direkt zum Guten beeinflusst, ja sogar manchmal geheilt werden. Jedes Körperorgan und jede Körperregion »endet« in einer ganz bestimmten, eng begrenzten Energiezone in unseren Füßen. Ähnlich wie bei der Akupressur (Druck auf bestimmte Punkte am ganzen Körper) kann man diese Zonen durch sanften Druck und Reibung gezielt reizen und damit die jeweiligen Organe und Körperbereiche mit Energie durchfluten und zu normaler Funktion anregen.

Diese Form der Massage eignet sich sogar als diagnostisches Instrument: Meist sind genau jene Zonen an den Füßen etwas schmerzhafter oder gar durch eine Hornhautverdickung gekennzeichnet, deren entsprechende Organregion geschwächt ist. Mit schlechtem Schuhwerk tun wir also nicht nur unseren Füßen etwas zuleide, sondern dem ganzen Körper. Fußreflexzonenmassage zur Anregung entgiftender und ausleitender Organe sind generell bei abnehmendem Mond wirksamer als bei zunehmendem Mond. Zeitlich gezielte Massagen für die Körperregion, die gerade geschwächt ist, sind hervorragende Hilfsmittel. So sollten beispielsweise die Nieren- und Blasenzonen an Waage und Skorpion intensiver bearbeitet werden oder die Kopfzone an Widdertagen.

Würden die Krankenkassen jedem ihrer Mitglieder einmal im Monat eine Viertelstunde Fußreflexzonenmassage bezahlen, sie könnten sich sehr viel Geld sparen! Aber es ist nicht immer nötig, einen dazu ausgebildeten Spezialisten aufzusuchen. Massieren Sie Ihrem Partner oder Ihrem Kind die Füße, vielleicht mit einem Öl aus der Naturkosmetik, und wechseln Sie sich danach ab. Was den Mangel an Wissen über die genaue Position der Fußreflexzonen mehr als wettmacht, ist die Freude am Tun, die Liebe zum Partner. Die Lehre, was guttut und was nicht, kommt dann ganz von selbst. Ebenso die Erfahrung, welch ein Segen diese Massage ist – nicht nur an den Fischetagen.

Buchtipp: Manchmal freut man sich, ein zeitlos gutes Buch zu finden, das auch noch in hundert Jahren nichts von seiner Qualität einbüßt und auf jeder Seite Informationen von Wert verbreitet – ohne den Leser zu bevormunden. Ein solches Buch zum Thema möchten wir Ihnen ans Herz legen. Es heißt *So spricht die Seele durch die Füße*, ist von Ingeborg Steiner geschrieben und im Peter-Erd-Verlag erschienen. Es befasst sich ausführlich mit den Reflexzonen an Füßen und Händen und ist für Laien gut verständlich.

Erdbeeren und Ohrenschmerzen

Vor längerer Zeit war ich bei einem Ihrer Vorträge und kann mich erinnern, dass Sie über einen Zusammenhang zwischen Erdbeeren und Ohrenschmerzen gesprochen haben. Besonders bei Kindern sei dies wichtig zu wissen. Könnten Sie mir noch einmal die Zusammenhänge beschreiben?

Richtig, zu viele Erdbeeren können bei Kindern, aber auch bei Erwachsenen zu Ohrenschmerzen führen. Praktische Ärzte wissen um diese Zusammenhänge, denn zu Beginn der Erdbeersaison haben sie es häufiger mit solchen Beschwerden zu tun. Das ist einfach eine Sache der Erfahrung, eine Ursache ist noch nicht genau bekannt. Aus eigener Anschauung wissen wir, dass Bio-Erdbeeren diese Wirkung nicht haben, es dürfte also an den verwendeten Spritzmitteln liegen beziehungsweise an der Behandlung der Erdbeeren in der Intensivlandwirtschaft. Kürzlich haben Kinder aus der Verwandtschaft nach dem Genuss von Bio-Erdbeeren Ohrenschmerzen bekommen – später stellte sich heraus, dass das Erdbeerfeld nachts heimlich mit Pestiziden behandelt worden war.

Früher waren Ohrenschmerzen nach dem Erdbeergenuss eher unbekannt, denn dass Kinder große Mengen Erdbeeren auf einmal aßen, das war nicht üblich. Deshalb gab es auch keine Allergieschübe, denn der Körper hatte stets Zeit, sich zu regenerieren. »Erdbeermilch« mit Kuhmilch ist übrigens für Allergiker besonders ungünstig. Wie so oft ist es wohl auch hier die Menge, die den Ausschlag gibt.

Chronische Ohrenschmerzen bekommen Kleinkinder manchmal, wenn sie »Über-Müttern« beziehungsweise Großmüttern ausgesetzt sind, die den ganzen Tag auf sie einreden. Das geht im wahrsten Sinne des Wortes »auf die Nerven«. Ohrenschmerzen stellen sich deshalb oftmals schubweise nach Besuchen solcher Menschen ein.

Zahnspangen regulieren

Fast jeden Abend habe ich Ärger mit meiner Tochter, denn sie soll nachts eigentlich eine Zahnspange tragen. Sie tut aber alles, um dies zu vermeiden, nimmt die Spange mitten in der Nacht wieder heraus und Ähnliches. Kann vielleicht der Mond helfen?

Ganz sicher kann er helfen, und er wäre eine große Hilfe. Beginnen Sie damit, die Zahnspange von jetzt an nur noch bei abnehmendem Mond regulieren zu lassen, am besten kurz nach Vollmond. Bei zunehmendem Mond kommt es nämlich öfters zu schmerzhaften Druckstellen. Am wichtigsten aber ist vielleicht für Sie, dass die Spange manchmal eine der zahlreichen Nervenbahnen in der Mundhöhle negativ beeinflusst, ohne dass man Schmerzen fühlt! Sensible Kinder spüren das und fühlen sich dann scheinbar grundlos unter Druck gesetzt und im Stress. Instinktiv lehnen sie die Spange ab und können nicht einmal die Ursache angeben. Dabei liegen sie mit ihrer Abneigung oft völlig richtig.

Hier können Ihnen die Regeln des richtigen Zeitpunkts erfolgreich beistehen: Generell sollte das Regulieren und vor allem das erstmalige Anpassen bei abnehmendem Mond erfolgen. Dabei sollte gleichzeitig den Tierkreiszeichen Widder und Stier aus dem Weg gegangen werden. Ideal für das erstmalige Anpassen ist ein Zeitpunkt kurz nach Vollmond. Ihre Tochter wird dann sicher ihre Abneigung ablegen.

Ist es schädlich, Kaltes zu trinken?

Vor einiger Zeit habe ich Ihren Vortrag besucht, und Sie sprachen über die beiden Ernährungstypen Alpha und Omega. Mir hat es dabei geholfen, bei meinen Kindern zu erkennen, dass sie zu unterschiedlichen Typen gehören und es deshalb auch »verdienen«, unterschiedlich behandelt zu werden. An eines erinnere ich mich aber nicht mehr, nämlich daran, was es mit den kalten Getränken auf sich hat. Sind diese nun ungesund oder nicht? Oder verträgt es der eine und der andere nicht? Bis jetzt habe ich immer gepredigt, dass man nicht zu kalt trinken sollte, aber vielleicht liege ich da falsch.

Kaltes trinken bei großer Hitze ist tatsächlich nicht immer so ungesund, wie es oft dargestellt wird. Omega-Typen vertragen Kaltes viel besser als Alpha-Typen, für sie gilt diese Regel nicht. Alpha-Typen dagegen reagieren unterschiedlich negativ auf allzu Kaltes wie Getränke, Eis und Ähnliches. Manche bekommen relativ schnell Halsoder Kopfschmerzen und Bauchweh. Diese Personen sind fast die »Glücklicheren«, denn sie lernen schneller, den Griff in den Kühlschrank zu unterlassen. Wer Pech hat (und das sind sehr viele Menschen, wenn man beispielsweise nach Amerika hinüberschaut!), merkt anfangs nichts und reagiert dann längerfristig mit einer Störung des Fettstoffwechsels.

Kalte Getränke zählen so zu den zahlreichen noch unerkannten Dickmachern auf unserer Erde. In heißen Ländern südlich des Mittelmeeres ist der heiße Tee ein sehr beliebtes Getränk, weil man dort in vielen Bevölkerungsschichten noch um die Zusammenhänge weiß. Als Alpha-Typ muss man jedoch nicht unbedingt immer auf das köstliche Eis und kalte Säfte verzichten. Wenn man es nicht zu oft tut und danach eventuell wieder auf einen heißen Tee zurückgreift, gleicht man vieles wieder aus. Vermeiden Sie als Alpha-Typ jedoch an Stiertagen Kaltes.

Behandlung von Sonnenbrand

Dass man bei zunehmendem Mond leichter Sonnenbrand bekommt, habe ich schon vor Jahren gelesen und inzwischen in Italien, der Heimat meiner Eltern, auch öfter erlebt. Nachdem ich in der Stadt aufgewachsen bin, kenne ich keine Mittel, mit denen man Sonnenbrand behandelt – außer in die Apotheke zu gehen und etwas Chemisches zu verwenden, aber das will ich nicht mehr. Kennen Sie ein gutes natürliches Mittel?

Ja, es gibt ein Mittel, das wunderbar funktioniert, und das ist der Saft von frischen Bio-Zitronen. Einfach auf die Haut träufeln, ganz zart auf den heißen Hautstellen verteilen und eintrocknen lassen. Dann eventuell einige Minuten später noch einmal wiederholen. Wichtig ist nur, dass die Zitronen unbedingt Zimmertemperatur haben sollten, vielleicht sogar noch wärmer. Aus dem Kühlschrank genommen können Kinder fast einen Schock bekommen, wenn man den Saft direkt aufträgt.

Zur Sonnenbrandgefahr noch ein Tipp: Bei zunehmendem Mond im Tierkreiszeichen Löwe und in den Lichtzeichen (Zwillinge, Waage, Wassermann) ist die Sonnenbrandgefahr am höchsten.

In Kürze **Sonnenbrand**
Nicht bei Löwe und an Lichttagen in der Sonne braten. Sonnen-brand mit dem Saft von Bio-Zitronen behandeln!

Wissenschaft und Kräuterkunde

Kürzlich hat ein Wissenschaftler behauptet, dass die Arzneimittel-industrie selbstverständlich auf künstlich-chemische Produkte und Genmanipulation angewiesen ist, um den Herausforderungen durch Krebs, AIDS usw. zu begegnen. Wörtlich sagte er:»In Wirklichkeit ist es falsch, dass Gott gegen jede Krankheit ein Kraut wachsen ließ.« Was ist Ihre Meinung dazu, denn ich habe mit Kräutern immer sehr gute Erfahrungen gemacht und weiß von Ihnen, dass auch Sie viel Erfahrung damit haben.

Die Wissenschaft gibt selbst zu, dass erst etwa ein Zehntel aller Kräuter der Welt auf ihre mögliche Heilwirkung hin untersucht sind. Bilden Sie sich hierzu Ihr eigenes Urteil. Sicher ist: Es gibt kaum ein körperliches Gebrechen, kaum eine Krankheit, die nicht durch Blätter, Blüten, Früchte oder Wurzeln eines in der Natur vor-kommenden Krauts gelindert oder geheilt werden kann.

Wer in der Küche weise mit Kräutern umgeht, tut nicht nur viel, um den Geschmack der Speisen zu verbessern, sondern sorgt auch dafür, dass vielen Krankheiten vorgebeugt wird. Immer noch wächst das Staunen über unsere Vorfahren, die mit sicherem Instinkt die bei verschiedenen Krankheiten jeweils wirksame Heilpflanze entdeckt haben. Machen Sie sich einmal den Spaß und nehmen Sie das größte Kräuterlexikon zur Hand, das Sie in der Bücherei finden können. Es beschreibt etwa tausend Wildkräuter aus aller Welt. Nicht ein Kraut ist dabei, das nicht vielfältige heilkräftige Wirkung hat und seit Jahrhunderten verwendet wird. Tausend Kräuter – das ist nur ein winziger Bruchteil aller Kräuter mit Heilwirkung.

Und noch etwas: Kürzlich haben wir ein Lehrbuch für junge Landwirte zum Thema Unkrautbekämpfung in die Hand bekommen. Darin war kaum eine Pflanze aufgezählt, die nicht in allen Kräuterlehrbüchern als heilkräftig beschrieben ist. Es dauert sicher noch lange, bis aufgeklärtes Denken einkehren wird, aber als Einzelner kann jeder sofort beginnen, von einer Minute auf die andere. In manchen Fällen kann auch erst einmal nur die Schulmedizin helfen und Kräuter kommen erst später zum Zug. Wie so oft ist Maß und Ziel das Wesentliche.

Akupunktur und Mondrhythmus

Als Heilpraktiker mit Ausbildung in Traditioneller Chinesischer Medizin habe ich wirklich große Erfolge mit der Akupunktur, speziell bei chronischen Zuständen. Immer wieder aber merke ich, dass wahrscheinlich die Mondrhythmen »mitmischen«, was den Heilungsverlauf betrifft. Hat er nun Einfluss, der Mond, oder nicht? Ihre Meinung würde mich sehr interessieren, und auch, was Sie sonst noch über die Akupunktur wissen. In Kollegenkreisen hat sich inzwischen ja herumgesprochen, dass man sich auf Ihre Ratschläge nicht nur zum Thema Mond verlassen kann.

Wir arbeiten schon seit Jahrzehnten mit Ärzten und Heilpraktikern zusammen, die den richtigen Zeitpunkt in der Praxis erfolgreich anwenden. Deshalb wissen wir auch, dass sich bei einer Akupunkturanwendung das Achten auf den richtigen Zeitpunkt als sehr sinnvoll erweisen kann – je nachdem, welcher Zweck mit ihr verfolgt werden soll. Die wesentlichen Aspekte sind: Akupunktur zur Entgiftung und Blutreinigung bei abnehmendem Mond, zur Kräftigung und zum Aufbau bei zunehmendem Mond.

Darüber hinaus kommt es darauf an, welche Körperregion behandelt werden soll. Dabei ist es zweckmäßig, auch noch auf den Stand des Mondes im Tierkreis zu achten – je nach regierter Körperzone. Soll beispielsweise chronische Migräne behandelt werden, geschieht das am besten an Widdertagen. Wenn es um die Füße geht, an Fische.

Vielleicht für Sie interessant: Gute Erfahrungen hat man mit der Farbakupunktur gemacht, besonders bei Schmerzzuständen aller Art. Dabei wird mit Licht, das durch gefärbte Folien wandert, oder mit farbigen Lampen (Rotlicht!) bestrahlt. Dies wird auch erfolgreich bei Knochen- und Gelenkschmerzen eingesetzt, zur Beschleunigung der Abheilung von Knochenbrüchen, bei Knorpelschäden, zur Nachbehandlung von Operationswunden und nach Transplantationen, bei Verbrennungen und offenen Beinen (offene Beine auch nur bei abnehmendem Mond behandeln!). Bei fast allen Hautkrankheiten (von Herpes über Ekzeme bis zu allergischen Reaktionen) kann die Farbakupunktur lindernd und heilend wirken. Als besonders erfolgreich hat sie sich bei Kopfschmerzen und Migräne erwiesen. Ihr Vorteil gegenüber der klassischen Akupunktur mit Nadeln ist, dass keine Schädigung der Haut eintritt und keine Ansteckungsgefahr besteht.

Vielleicht noch für unsere Leser interessant: Die uralte Erfahrungswissenschaft der Akupunktur stützt sich auf die Tatsache, dass unsere Haut wie ein Verstärker wirkt, der alle erhaltenen Informationen aufnimmt und nach innen weitergibt. Zahlreiche, genau festgelegte Punkte und Zonen auf der Haut wirken dabei wie Zugangstore zu bestimmten Meridianen, Energiekreisläufen, Organen und Körperregionen. Ihre Anregung – etwa durch Massage, Druck, Nadeln, elektrischen Strom oder eben durch Bestrahlung mit bestimmten Farben – wirkt sich günstig auf das jeweilige Organ aus. Was die Farben betrifft, da kann Ihnen sicherlich unser Buch *Das Tiroler Zahlenrad* eine große Hilfe sein.

Hausstauballergie

Vielleicht wissen Sie etwas gegen Hausstauballergie? Es ist schon etwas länger her, da habe ich gehört, dass man auch bei einer solchen Allergie auf den Mond achten sollte. Außerdem habe ich bemerkt, dass es schlimmer wird, wenn ich viel Joghurt esse. Gibt es da einen Zusammenhang?

Eine Allergie gegen Hausstaub können Sie sehr gut in den Griff bekommen, wenn Sie einige wenige Regeln beachten. Wichtig wäre erstens, die Wäsche nur noch bei abnehmendem Mond zu waschen, im Idealfall an Wassertagen (Krebs, Skorpion, Fische). Es ist etwas schwierig, aber nicht unmöglich. Am besten einen größeren Wäschekorb kaufen. Bitte verwenden Sie nur noch Bio-Waschmittel oder Waschnüsse.

Zweitens: Immer bei abnehmendem Mond gründlich abstauben, auch die Matratzenunterlagen absaugen. Wenn Sie bei zunehmendem Mond abstauben, versuchen Sie, so wenig wie möglich aufzuwirbeln, am besten gleich nur den Staubsauger mit Bürstenaufsatz verwenden.

Zuletzt möchten wir noch feststellen, dass Sie ganz richtig mit Ihrer Vermutung in puncto Joghurt liegen. Milchprodukte und damit auch Käse sind an fast jeder Allergieform beteiligt. Allerdings ist die Umstellung nicht leicht, weil Milchprodukte süchtig machen. Mit zunehmend veganer Kost werden Sie fast jede Sucht los.

Kieferimplantate

Demnächst möchte ich mir ein Implantat im Oberkiefer einsetzen lassen. Dabei wird ja dem Körper im Prinzip etwas zugeführt, also ist wahrscheinlich der zunehmende Mond der richtige Zeitpunkt, oder? Zudem möchte ich noch wissen, woher man das Buch Mond und Zähne *bekommen kann, von dem Sie berichtet haben. Bei uns im Buchladen ist es nicht zu bestellen.*

Tatsächlich wird dem Körper mit einem Implantat etwas zugeführt, aber das Einsetzen ist ja mit einer Operation verbunden, das Zahnfleisch wird verletzt. Operationen sind immer sinnvoller und erfolgreicher bei abnehmendem Mond, die Heilungsphase ist verkürzt, was Ihnen die Chirurgen, die sich bei uns Rat geholt haben, inzwischen gerne bestätigen. Zum anderen sollen hier zwei Stoffe verbunden werden, und diese Zusammenführung ist bei abnehmendem Mond auf lange Sicht haltbarer. Zahnärzte und Patienten können vielfach bestätigen, dass einmal alles wunderbar hält, ein anderes Mal beginnen schon nach kurzer Zeit die Probleme, Kronen, Brücken und Plomben werden wacklig und fallen heraus. Hier ist der Zusammenhang besonders deutlich und die Unterschiede zwischen zu- und abnehmendem Mond besonders augenfällig.

Buchtipp: Das Buch *Mond und Zähne* hat ein renommierter Zahnarzt und Kieferchirurg geschrieben, der sich schon immer über die Mutlosigkeit seiner Kollegen geärgert hat, weil sie nicht zu ihren positiven Erfahrungen mit dem Mondwissen stehen wollten. Als Vorstandsmitglied des Zahnärzteverbandes ist ihm das immer wieder aufgestoßen. Schließlich hat er dieses Buch verfasst, um so viele Patienten wie möglich aufzuklären. Als Vertrieb hat er unseren Mondversand gewählt. Sie können also das Buch vorerst nur über uns beziehen. Wir senden unseren Lesern gerne die Informationen dazu per Post oder E-Mail zu (mondversand@t-online.de).

> ### *In Kürze* Implantate
> Implantate im Kiefer am besten immer nur bei abnehmendem Mond! Und dabei Widder und Stier meiden!

Aufwachsen ohne Milch

Frau Paungger, es heißt, Sie seien auf Ihrem Bauernhof ohne Milchprodukte aufgewachsen, ist das richtig? Ist Milch vom Bauern gesünder als Milch aus der Molkerei, und wie verhält es sich mit Käse, Joghurt, Eiern, Butter und Ähnlichem? Ist Kuhmilch weniger ratsam als Schaf- und Ziegenmilch beziehungsweise die Produkte daraus?

Johanna: Dass ich ohne Milchprodukte aufgewachsen bin, ist nicht ganz richtig, aber es gab keine Milch, um sie einfach zu trinken. Wir Menschen sind nicht dafür gebaut, tierisches Eiweiß zu essen. Das wussten wir alle und bekamen es auch zu spüren, wenn man einmal dieser Erkenntnis zuwiderhandelte. Bis zum Ende des 18. Jahrhunderts wurde Kuhmilch nur gewonnen, um daraus Butter zu machen, weil die Hälfte der Menschheit tierisches Fett zum Überleben braucht. Bei uns zu Hause stellten wir täglich etwa einen Liter Milch für unsere 15-köpfige Familie auf die Seite und sparten sie fürs Rahmabschöpfen, für Polenta, Pudding oder eine Mehlspeise mit Milch. Der Rest der Milch kam in die Sennerei. Auch Käse wurde nur als kleiner Happen und möglichst ohne Brot gegessen, weil die Kombination aus Kohlenhydraten und tierischem Eiweiß alle Arbeiten, die auf Ausdauer beruhen, noch mehr erschwert als tierisches Eiweiß allein.

Zur zweiten Frage, ob Milch vom Bauern gesünder ist: Das lässt sich nicht generell beantworten. Ein Bauer, der seinen Kühen Silo- und Kraftfutter gibt, wird mit seiner Milch nicht annähernd die Qualität vom Bio-Bauern erreichen, auch wenn Sie die Milch direkt von diesem Bauern beziehen – das kann man ja auch schmecken und riechen! Und was die Verträglichkeit betrifft: Allergiker vertragen meist Schaf- und Ziegenmilch etwas besser, aber das ändert nichts daran, dass alle Milchprodukte müde machen. Auch in meiner Kindheit haben manche Bauern in weiterer Umgebung mit Silo- und Kraftfutter gearbeitet, und diese Milch war damals schon ungenießbar.

Ob Bio-Milch aus dem Laden gut ist? Eigentlich habe ich da nur Bedenken aufgrund meiner persönlichen Erfahrung. Wenn man weiß, wie lange Milch tatsächlich haltbar ist, fragt man sich einfach, wie Bio-Milch laut Etikett drei Wochen haltbar sein soll. Schon aus diesem Grund verzichte ich auf Kuhmilch. Bio war bei uns damals nicht die Ausnahme, sondern die Regel. Milch von Bergbauern? Gekaufte Milch? Die Entscheidung ist einfach: Die gewaltige Schwemme an weiterverarbeiteten Milchprodukten wie Joghurt mit Geschmacksverstärkern und künstlichen Aromen ist nur deshalb entstanden, weil die normale Milch gar nicht mehr genießbar war und wir eine Überproduktion an Milch hatten und haben. Der Aromaindustrie ist es dann gelungen, diese eigentlich ungenießbare Milch mit Suchtstoffen und Gesundheitsversprechen auf den Markt zu bringen und ihre heutige Marktpräsenz zu festigen. Heute lebt kaum noch jemand, der sich daran erinnert, dass Milch früher fast ausschließlich zu Butter und Käse verarbeitet wurde und nur die Reichen Fleisch gegessen haben, weil sie ja keine körperliche Arbeit verrichten mussten.

Heute ist es nicht anders: Die Schwächung durch Milch und Fleisch spürt ausnahmslos jeder, aber wir arbeiten nicht mehr so schwer, dass sich diese Wirkung nicht durch einen Kaffee hier und ein Schläfchen oder Aufputschmittel dort auffangen ließe. Selbst die Landwirte müssen heute nicht mehr so schwer arbeiten, weil der größte Teil der Arbeit von Maschinen erledigt wird. Die modernen Traktoren sind klimatisiert, haben bequeme Sessel und manchmal Musikanlagen. Es ist eigentlich ganz einfach: Wer in der Saison täglich 12 bis 16 Stunden körperlich hart arbeitet, spürt ganz genau, was ihm beim Durchhalten hilft und was nicht. Die tatsächliche, echte Qualität jedes Lebensmittels wird sofort und unmittelbar wahrgenommen. Und genau deshalb gab es den »Sonntagsbraten« auch nur sonntags. Nicht in erster Linie wegen der religiösen Vorschriften, sondern weil man sich die allgemeine Schwächung nach dem Essen leisten konnte. Es war Feiertag, und man entspannte sich. Wer hart arbeitet, ist unbestechlich gegenüber Werbesprüchen und mancher »wissenschaftlichen Erkenntnis«, die zehn Jahre später wieder das Gegenteil ihrer Ergebnisse propagiert.

Das Beste wäre es, nicht einfach unseren Worten zu vertrauen, sondern sich einmal 14 Tage ohne tierisches Eiweiß zu gönnen, vielleicht anfangs nur einmal im Jahr als eine kleine Erholungskur für den Körper. Diese Erfahrung bringt Ihnen mehr als hundert wissenschaftliche Studien oder hundert Bücher.

Knieumschläge und Eingriffe am Knie

Sie schreiben, dass bei angegriffenem Meniskus die Anwendung von Cremes beziehungsweise Salben für Knieumschläge zum richtigen Zeitpunkt besonders wirksam sei. Welche Cremes oder Salben halten Sie für geeignet? Könnten Sie bitte einige Ihrer Meinung nach wirksamen Salben benennen? Außerdem ist bei mir aufgrund eines Meniskusrisses in naher Zukunft eine Arthroskopie des rechten Knies erforderlich. Könnten Sie mir einen dafür günstigen Zeitpunkt nennen? Eine früher erfolgte Arthroskopie meines linken Knies brachte für mich nicht das gewünschte Ergebnis, und ich habe noch immer Schmerzen. War damals der Zeitpunkt falsch gewählt?

Nach Ihrer Datumsangabe herrschte beim Eingriff zunehmender Mond, es war also ein Zeitpunkt, den wir für eine Gelenkspiegelung (Arthroskopie) eher nicht gewählt hätten. Zwar ist dies ein kleiner Eingriff, bei zunehmendem Mond aber ebenfalls nicht so günstig. Generell würden wir empfehlen, einen Termin bei abnehmendem Mond zu wählen und dem Tierkreiszeichen Steinbock aus dem Weg zu gehen – sowohl für die Arthroskopie als auch für einen Eingriff. Was die äußerliche Behandlung des Knies betrifft: Als vorbeugend und lindernd wirkt am Bein und speziell im Kniebereich eine Beinwellsalbe, aber auch Ringelblumensalbe kann gute Dienste leisten. Wir drücken Ihnen die Daumen.

Besenreiser

Sie schreiben in Ihrem Buch Alles erlaubt!*, dass bei Besenreisern die Pflanze Wasserdost frisch aufgelegt gut wirksam ist. Wie heißt die Pflanze eigentlich noch, weil ich sie in meinem Kräuterbuch nicht* *finden kann? Welche Teile der Pflanze werden verwendet – alle oder nur die Blüten oder Blätter? Wie oft und wie lange sollte man den Brei auflegen? Funktioniert das Ganze nur bei Mond im Schützen, der ja nur die Hälfte des Jahres im zunehmenden Mond steht?*

Die Pflanze heißt auch Kunigundenkraut (lat. *Eupatorium cannabinum*), und sie ist im Sommer sehr weit verbreitet. Sie liebt lichte, feuchte Wälder, Auwälder, Ufer oder Gräben in der Nähe von Gewässern und feuchten Wiesen. Am besten lassen Sie sich von einem Kenner die Pflanze zeigen.

Für eine Behandlung brauchen Sie die frischen Blätter, sie stehen nur vom Sommer bis zum Herbst zur Verfügung. Für die Anwendung sollten sie zerstampft und sofort aufgelegt werden. Den Brei immer bei abnehmendem Mond auflegen oder an Schütze, so oft Sie Lust haben (Schütze taucht im Sommer und Herbst immer bei zunehmendem Mond auf). Besonders wirksam ist der Brei in den Tierkreiszeichen Schütze, Steinbock und Wassermann. Wollen Sie dieses Kraut auch im Winter und Frühling nutzen, müssen Sie auf getrocknete Kräuter aus der Apotheke zurückgreifen. Das Kraut dann einfach überbrühen, Tücher eintauchen, auswringen und warm auflegen. Die Wirkung ist nicht so tiefgreifend wie beim frischen Kraut.

Die Ursache von Augenringen

Seit Jahren lasse ich mich gerne von Ihrem Mondjahrbuch beraten. Nun bräuchte ich wieder Ihre Hilfe: Ich schlafe sehr gut und ausreichend und wache trotzdem morgens oft mit geschwollenen Augen und Augenringen auf. Ich weiß nicht, ob Sie einen Zusammenhang sehen, aber mir schlafen nachts auch oft die Arme und Hände ein,

71

und ich leide beim Aufwachen zeitweise unter einem steifen Nacken. Zu meinen Essgewohnheiten am Abend ist zu sagen, dass ich versuche, möglichst wenig zu essen. Ich komme eigentlich fast ganz ohne Süßigkeiten aus, trinke am Abend allerdings gerne ein, zwei Gläser Rot- oder Weißwein. Bevor ich meine Kosmetikerin dazu frage, würde mich Ihre Meinung sehr interessieren!

In manchen Weltregionen sind Augenringe so »normal«, dass Wissenschaftler schon die Meinung äußerten, sie seien selbstverständliches äußeres Merkmal des jeweiligen Volkes. Wir haben da eine andere Erfahrung.

Im Wesentlichen gibt es **sechs mögliche Ursachen**, die für sich allein oder in Kombination für die dunklen Schatten unter den Augen sorgen. Jeder Mensch reagiert anders, deshalb müssen Sie die Faktoren einfach der Reihe nach betrachten und dabei Erfahrungen sammeln.

Erstens scheint ein Lymphstau zu bestehen, beziehungsweise scheinen die Nieren belastet zu sein. Am besten lassen Sie sich bei abnehmendem Mond einen Termin zur Lymphdrainage geben und sehen, ob Ihnen das guttut.

Zweitens Der Wein ist sicher nicht ungünstig, es sei denn, Sie trinken ihn jeden Tag. Dann ist auch eine sehr geringe Menge schädlich, weil sich die Leber nur nachts regenerieren kann und durch den Alkohol dabei empfindlich gestört wird.

Drittens Hat sich an der Situation Ihres Schlafplatzes etwas verändert? Wachen Sie immer wieder auf, oder können Sie zwischen ein und drei Uhr früh nicht schlafen? Gibt es einen neuen Handymast in der Nähe? Haben Sie einen neuen Radiowecker oder dergleichen? Wenn Sie solch störende Strahlenquellen weder identifizieren noch beseitigen können, dann bringen einige mindestens faustgroße Rosenquarze (natur, die günstigste Sorte) möglicherweise Abhilfe. Einfach im Kopfbereich und verteilt unters Bett legen. Wichtig jedoch: Die Steine gehören in Abständen von etwa 14 Tagen abgewaschen. Am besten bleiben sie danach eine Nacht und einen Tag draußen auf dem Fensterbrett oder dem Balkon, um ihre negative Aufladung wieder abgeben zu können.

Viertens Eine weitere häufige Ursache ist tierisches Eiweiß, das heißt in erster Linie Milchprodukte wie Joghurt, besonders wenn man sich abends damit versorgt. Das berühmte Glas warme Milch vor dem Schlafengehen macht nicht etwa »schön müde«, sondern wirkt auf das gesamte Verdauungssystem wie ein Betäubungsmittel, mit dem sich die Nieren und die Leber die ganze Nacht abplagen. Deshalb sind Augenringe auch bei abnehmendem Mond meist weniger stark sichtbar als bei zunehmendem Mond – der abnehmende Mond unterstützt den Körper bei der Entgiftungsarbeit.

Fünftens kommt, wenn Sie ein Alpha-Ernährungstyp sind, regelmäßiger Kaffeegenuss infrage. Verwenden Sie dann auch noch Milch und Zucker, ist Dauerstress für Nieren und Leber programmiert. Für Omega-Typen ist Kaffee in Ordnung, sie sollten nur die Milch weglassen und hinterher immer die doppelte Menge Wasser trinken.

Sechstens Eine weitere Ursache für Augenringe ist Eisen- beziehungsweise Kupfermangel, der immer dem Eisenmangel vorausgeht (sehr verbreitet in manchen Ländern!). Bis Ende des vorletzten Jahrhunderts bestanden landwirtschaftliche Geräte zum großen Teil aus Kupferlegierungen, Eisen- und Kupfermangel gab es deshalb kaum. Als Abhilfe also am besten im Garten mit Kupferwerkzeug arbeiten, schon winzige Spuren davon genügen!

95 Prozent aller Augenringe ließen sich beseitigen, wenn man Konsequenzen aus dieser Ursachenliste zöge. »Was belastet meine Nieren und meine Leber?« – die Antwort auf diese Frage bringt fast immer die Lösung.

Tee kochen, aber richtig!

Ihre Zeitungsbeiträge sind für mich sehr wertvoll, deshalb möchte ich heute auch eine Frage an Sie richten: Ich trinke sehr gerne Tee jedweder Art und Beschaffenheit. Für diverse gesundheitliche Probleme kaufe ich deshalb in der Apotheke oft lose Produkte (beispielsweise Käsepappel, Salbei oder Thymian). Auf diesen Tüten steht als Anleitung immer: »Mit kochendem Wasser übergießen und nach 10 (!) Minuten abseihen.« Lediglich beim Weißdorntee habe ich entdeckt, dass man ihn 20 Minuten ziehen lassen soll. Beim Thymiantee beispielsweise empfehlen Sie aber, diesen schon nach etwa 30 Sekunden abzugießen.

Meine Frage deshalb: Ist es wirklich günstig, fast sämtliche Teesorten grundsätzlich 10 Minuten ziehen zu lassen? Ich habe nämlich festgestellt, dass viele Sorten dann ziemlich bitter werden und ich sie nicht mehr gerne trinke. Gibt es vielleicht eine gedruckte Empfehlung von Ihnen, welchen Tee man wie lange ziehen lassen und ob er wirklich immer mit kochendem Wasser übergossen werden soll?

Eigentlich müsste auf fast jeder Teepackung eine andere Zubereitungsart stehen, denn jedes Kraut hat seine Eigenheiten und entfaltet erst nach einer bestimmten Art der Zubereitung alle Kräfte. Manchmal entscheidet auch die Zubereitungsmethode über die Art der Anwendung.

Hier eine kurze Kräuterauswahl mit der jeweils besten Methode:

- **Grüntee** Wasser kochen und auf höchstens 80 Grad abkühlen lassen. Tee maximal 90 Sekunden ziehen lassen.

- **Schwarztee** Wasser kochend. Zwei bis fünf Minuten ziehen lassen. Je kürzer die Ziehzeit, desto stärker die Wirkung. Je länger die Ziehzeit, desto intensiver der Geschmack.

- **Schafgarbe, Kamille, Pfefferminze und die meisten anderen Blatt-Heilkräuter** Wasser kochend. Sieben Minuten ziehen lassen.

- **Thymian** Wasser kochend. 30 Sekunden ziehen lassen.

- **Brennnessel** zum Entgiften: Wasser kochend. Zwei bis drei Minuten ziehen lassen. Nur frisch trinken, abgestanden ist der Tee nicht wirksam.

- **Salbei zum Schwitzen** Wasser kochend. Eine Minute ziehen lassen.

- **Salbei gegen das Schwitzen (Nachtschweiß)** Wasser kochend. Sieben bis zehn Minuten ziehen lassen.

- Wenn Sie **Samenkörner** (Fenchel, Kümmel, Anis und Ähnliches) für Ihren Tee verwenden, vertrauen Sie Ihrem Gefühl, und wählen Sie folgende Methode, damit die Körnchen ihre ganze Kraft für Sie entfalten können: Nehmen Sie etwa einen Teelöffel voll Samen pro Tasse (etwa 250 ml) und kochen Sie die Körner auf. Dann die Hitze etwas zurücknehmen und weiterköcheln lassen. Erst wenn der Tee zu duften beginnt, Herd ganz abstellen, noch kurz ziehen lassen und abseihen. Meistens sinken die Samen zu Boden, wenn er fertig ist.

Kälteempfinden beim Fasten

Ich lese jeden Tag in der Zeitung Ihre »Vorhersage«, wenn man das überhaupt so nennen darf. Ich habe unter anderem auch gelesen, dass man an Vollmond und Neumond einen Fasttag einlegen soll. Dieses habe ich nun, mit den guten Vorsätzen fürs neue Jahr, durchgezogen! Doch an diesem Tag war mir unglaublich kalt! Meiner Mutter, die ebenfalls diesen Fasttag durchgeführt hat, war genauso kalt.

Dabei haben wir sogar einen Reisfasttag gemacht, doch der warme Reis hat auch nichts gebracht. Können Sie mir einen Rat geben, was ich machen kann, damit ich an diesen Tagen nicht so irrsinnig friere? Welche Art von Fasttagen gibt es sonst noch? Von Obst habe ich schon gehört, aber das ist ja jetzt gar nicht warm!

Reisfasten ist sicherlich nicht jedermanns Sache. Sie bekommen kaum Vitamine und Mineralstoffe, und Reis wird zudem nur von Omega-Typen gut vertragen, während Alpha-Typen Reis nur sehr schwer verdauen und ihn manchmal wie einen Stein im Bauch empfinden (siehe Seite 103). In den kalten Monaten ist zum Obst-fasten ein warmes Kompott eine feine Sache. Auch hier wäre wichtig, zwischen den Ernährungstypen zu unterscheiden: Alpha-Typen vertragen Kernobst und Zitrusfrüchte gut, während für Omega-Typen Steinobst und Bananen sinnvoll sind (Beerenfrüchte sind neutral). Das starke Kälteempfinden beim Fasten kann verschiedene Ursachen haben, beispielsweise einen niedrigen Blutdruck, der beim Fasten noch stärker absinkt. In der kalten Jahreszeit sind Suppen sinnvoller, im Sommer Früchte.

Vom Umgang mit Quengelkindern

Könnten Sie noch einmal zusammenfassen, mit welchen Maßnahmen Sie die besten Erfahrungen gemacht haben, wenn es um den Umgang mit unzufriedenen und ständig quengeligen Kindern geht? Wir wissen schon aus Ihren Büchern, wie wichtig eine Entgiftung ist, und dass amerikanische Schulen, die auf Bio-Kost umgestiegen sind, keine Zappelphilipp-Kinder mehr kennen. Auch in unserer Bekannt-schaft gibt es Kinder, die jetzt keine Medikamente mehr brauchen.

Ihre Bitte wurde schon so oft von verschiedenen Seiten an uns herangetragen, dass wir sie hier gerne noch einmal erfüllen:

1. **Die Ermittlung des Ernährungstyps** Ist das Kind ein Alpha- oder Omega-Typ? Ein Kind typgerecht und biologisch zu ernähren, ist eine Grundvoraussetzung für eine stressfreie Kindheit – und auch für den Schulerfolg. Genauere Informationen hierzu können wir Ihnen auf Anfrage gerne per E-Mail zukommen lassen (siehe auch Seite 103).

2. **Arbeiten und Leben nach dem individuellen Biorhythmus** Es gibt Tage, die eine Vermittlung von Wissensstoff besonders sinnvoll machen, wie auch Tage, die dafür nicht so geeignet sind. Man muss an solchen Tagen die Kinder nicht gleich zu Hause lassen, aber gut vorbereitet ist halb gewonnen.

3. **Arbeiten und Leben auf strahlenfreien Plätzen** Die Position von Bett, Stuhl am Esstisch und Schulbank sind für Wohlbefinden und Lernerfolg von allergrößter Bedeutung. Konzentriertes Arbeiten und ein erholsamer Schlaf sind auf verstrahlten Plätzen unmöglich. Eine Platzrotation ist in manchen Schulen schon Routine. Punkt 2 und 3 werden ausführlich in unserem Buch *Aus eigener Kraft* behandelt.

4. **Talentförderung nach dem Tiroler Zahlenrad** Die Zahlen des Geburtsdatums sagen viel über die besonderen Talente und Fähigkeiten eines Kindes aus. Für alle Leser ist es ein Segen zu erfahren, welche Talente förderungswürdig sind, beziehungsweise welche Fähigkeiten aktiv erworben werden sollten (siehe unser Buch *Das Tiroler Zahlenrad*). Nicht selten sind »Zappelphilippe« hoffnungslos unterfordert und versäumen dann irgendwann tatsächlich den Anschluss.

Kaffee und Vollkornbrot

In Ihrem Buch Vom richtigen Zeitpunkt *schreiben Sie, dass Kaffee und Vollkornbrot zum Frühstück ungesund sind. Warum das?*

Genaue Auskunft über das Warum können wir leider nicht geben. Die Schädlichkeit dieser Kombination beruht auf langjährigen Erfahrungswerten.

Vollkornbrot und Kaffee zusammen ist schwer verdaulich und erzeugt bei vielen Menschen Stunden später Kopfschmerzen, manchmal auch erst am nächsten Tag. Zudem wirkt die Kombination nicht nur einfach belastend und ermüdend, sondern baut dem Körper eine richtig schwere Hürde auf. Auf Dauer kann sie krank machen und etwa Nieren, Leber und Milz schwächen.

Leider ist dieser Zusammenhang noch nicht erforscht worden. Es wird auch noch einige Zeit dauern, weil die Wissenschaft noch zu sehr auf chemische Vorgänge konzentriert ist und zu wenig auf größere Zusammenhänge. Dass beispielsweise Weizenauszugsmehl für einen Großteil unserer Rückenschmerzen verantwortlich ist, wissen erst wenige Orthopäden. Aber die Anzeichen mehren sich, dass die Ursachenforschung endlich mehr in den Vordergrund rückt und die sinnlose Symptombekämpfung ablöst. Es macht kaum Sinn, Rauch abzusaugen, wenn es brennt.

Die Löwenzahnkur

Ich habe schon oft von einer besonderen Löwenzahnkur gegen Frühjahrsmüdigkeit gehört. Wissen Sie darüber Bescheid? Wie führt man die Kur durch?

Ja, diese Kur kann wirklich sehr segensreich wirken! Am besten beginnt man damit in der Phase des abnehmenden Mondes, kurz nach Vollmond. Diese 14 Tage würden völlig genügen. Dabei sind die Mengen sehr wichtig: Entweder jeden Tag genau drei Stängel vom Löwenzahn essen oder maximal fünf geschlossene Knospen. Nach 14 Tagen dann bei Neumond aufhören. Bei besonders starker Müdigkeit beziehungsweise bei Schlafmangel können Sie zusätzlich jeden Tag drei offene Gänseblümchenköpfchen essen. Manche Menschen meinen, dass mehr stets auch besser ist. Doch hier ist die Dosierung sehr wichtig, sonst wirkt sich das Zuviel negativ auf die Galle aus. Bitte achten Sie darauf, nicht dort zu ernten, wo sich Hunde aufhalten oder wo die Gefahr besteht, dass mit Spritzmitteln gearbeitet wird.

Nebenbei bemerkt: Während des ganzen Frühjahrs beziehungsweise auch wenn der Löwenzahn schon verblüht ist, können Sie seine Blätter essen, dabei ist dann die Menge nicht mehr wichtig. Die jungen Blätter ergeben einen wunderbaren Salat – eine wirkliche Köstlichkeit mit viel Vitaminen und Mineralien, die nur deshalb etwas in Vergessenheit geraten ist, weil sie (wie lange Zeit auch die Pilze) als Arme-Leute-Nahrung galt. Unsere Schweizer Nachbarn ließen sich von solchen Vorurteilen nicht versklaven und bieten Löwenzahnsalat in jedem Nobelrestaurant in köstlichen Variationen an.

Weizenmehl und Rückenschmerzen

Sie schreiben von der Unverträglichkeit von Weizenmehl und von Rückenschmerzen, die oft ihre Ursache darin haben sollen. Worauf reagieren die Betroffenen allergisch? Auf die giftigen Spritzmittel der Weizenfelder, auf den Weizen selbst oder darauf, dass es wertloses

79

Auszugsmehl ist? Wie sehen meine Alternativen aus – Getreide-
mühle kaufen, Bioweizen kaufen, selber mahlen? Reform- oder Öko-
läden gibt es hier bei uns keine. Können Sie mir vielleicht einen (be-
zahlbaren) Internetshop empfehlen für Mehl, Nudeln und Ähnliches
und mir bitte obige Mehlfragen kurz beantworten?

Sie sollten zuerst herausfinden, welcher Ernährungstyp Sie sind. Als
Alpha-Typ vertragen Sie überhaupt kein Weizenmehl, ob biologisch
oder nicht. Roggen und Dinkel wäre »Ihr« Mehl. Als Omega-Typ
vertragen Sie Bio-Weizen und ebenfalls Dinkel. Sie sollten Schritt
für Schritt beginnen und sich eine Getreidemühle anschaffen. Getreide ist ja lange haltbar und frisch gemahlen viel gesünder. Nudeln
selber machen ist keine Hexerei, aber gehen Sie auch einmal zum
Bürgermeister, er möge dafür sorgen, dass sich der Ort gesund ernähren kann! Viele kleine Gemeinden haben schon Dorfläden in Ei-
genregie gegründet. Was die Allergie betrifft: Gegen Industrie-Wei-
zen und Auszugsmehl ist jeder Mensch »allergisch«. Vergessen Sie
nicht, dass Müdigkeit nach dem Essen auch Zeichen einer Allergie
ist, einer Unverträglichkeit bestimmter Inhaltsstoffe der Nahrung –
angefangen bei künstlichen Aromastoffen bis hin zu Geschmacksverstärkern, die unsere Zunge verführen und betäuben.

Kuhmilch für Babys?

Unser Sohn ist gerade sieben Monate alt geworden. Da meine Frau
zu wenig eigene Milch hatte, bekam er von Anfang an Bio-Säuglings-
nahrung aus Kuhmilch und hat bis heute auch nichts anderes geges-
sen. Weil ich in Ihrem Buch gelesen habe, Milchprodukte seien nicht
zu empfehlen, frage ich mich, welche Alternativen für die Ernährung
meines Sohnes bestehen. Vielleicht können Sie mir kurz schreiben,

*welche Einsichten das Mondwissen dazu liefert? Möglicherweise gibt
es ja auch etwas Pflanzliches, das sich eignet?*

Es ist sehr erfreulich, dass Sie sich als Vater auch Gedanken über die
Ernährung Ihres Kindes machen und das nicht als »Frauensache«
abtun. Ich denke, wir können Sie beruhigen. Wenn Ihr Sohn bisher
die Milch vertragen hat und weder unter Bauchweh noch unter
schlaflosen Nächten leidet, dann brauchen Sie sich keine Sorgen zu
machen. Weil Sie Bio-Produkte gewählt haben, wird das Umsteigen
auf Gemüse, Getreide, Obst usw. leichter fallen. Herkömmliche Babykost enthält gewollt oder ungewollt viele Suchtstoffe und macht
Kindern später Probleme. Der Mond hat bei alledem nicht so viel
mitzureden.

Wenn Sie Ihr Kind ganz ohne Ernährungsprobleme versorgen
wollen, ist es das Sinnvollste, bald einmal seinen Ernährungstyp
herauszufinden. Normalerweise bedarf es nur einiger Tage des
Ausprobierens oder eines ausgefüllten Fragebogens (siehe Anhang
des Buches). Bei sehr kleinen Kindern müssten wir eventuell ein Te-
lefonat mit einem Elternteil führen, was gar kein Problem ist. Einfach mailen oder schreiben und uns Ihre Telefonnummer und einige geeignete Termine nennen. Im Gespräch wird es in erster Linie
nur darum gehen herauszufinden, was Ihr Kind verträgt und was
nicht.

Schuppenflechte behandeln

*Ich wollte Sie um Rat bezüglich meiner Schuppenflechte am Kopf bit-
ten. Ich habe momentan wieder einen sehr starken Schub, dabei
würde ich mir am liebsten die ganze Kopfhaut abkratzen. Gibt es irgendein Naturheilmittel oder auch eine homöopathische Behand-*

lung, die Sie mir empfehlen könnten? Vielleicht auch sonstige Vorge-
hensweisen, abgestimmt auf den Mondkalender?

Außerdem hat meine einjährige Tochter schon seit längerer Zeit
starken Milchschorf, der auch nur sehr schwer weggeht! Ich würde
mich freuen, wenn Sie mir eine Antwort zukommen lassen würden!

Wir gehen jetzt einmal davon aus, dass Sie schon ärztliche Hilfe in
Anspruch nehmen. Mittel aus der Homöopathie sind als Begleitung
sehr hilfreich, hier weiß jedoch ein ausgebildeter Homöopath mehr
als wir. Von uns können Sie nur einen Rat in der Hinsicht bekommen, welche Lebensmittel man erfahrungsgemäß meiden sollte,
um eine Verbesserung zu erzielen. Und zwar sind dies Milchprodukte aller Art. Dazu zählen leider auch Käse und Joghurt, aber
glücklicherweise gibt es hier sinnvolle Alternativen, beispielsweise
auf Sojabasis (nur Bio und gentechnikfrei!).

Verwenden Sie auch keine herkömmlichen Haut- und Haarpfle-
gemittel, sondern ausschließlich Produkte aus der Naturkosmetik.
Gleiches gilt auch für den Milchschorf Ihrer Tochter. Auch hier besteht mit ziemlicher Sicherheit eine Unverträglichkeit von Milchprodukten. Besonders bei Kleinkindern hat das Weglassen dieser
Produkte meist Erfolg. Wichtig ist hier, auch die versteckten Milch-
pulverprodukte (Fertig-Kindernahung) und Ähnliches zu meiden.
Mit dieser Methode haben wir beste Erfahrungen gemacht.

Operationen im Tierkreiszeichen Löwe

Ihr Tipp für die Ohren-OP meines Sohnes im vorigen Jahr hat uns
sehr geholfen. Leider bekamen wir aus verschiedenen Gründen ei-
nen Termin im guten abnehmenden Mond im Tierkreiszeichen Löwe.
Die Heilung der Nähte verlief sehr zufriedenstellend, aber die drei-

stündige Narkose vertrug er gar nicht. Übelkeit und Herzrasen waren die Folge, erst am nächsten Tag, als er ein Gegenmittel bekam, besserte sich sein Zustand. Ist Narkose im Zeichen Löwe immer bedenklich?

Tatsächlich, an Löwe haben viele Menschen Probleme mit den Folgen einer Narkose. Die Regel ist ja, dass alles, was Herz und Kreislauf stärker belastet, sich an Löwe umso ungünstiger auswirkt. Und eine Vollnarkose gehört eindeutig zu solchen Belastungen. Wir haben gute Erfahrungen damit gemacht, bei Kindern und älteren Menschen darauf zu achten, Löwe aus dem Weg zu gehen. Auf die Wundheilung und den generell günstigen Verlauf der Operation hat das Tierkreiszeichen Löwe keinen Einfluss, solange auf den abnehmenden Mond geachtet wird.

Mandeloperation zum richtigen Zeitpunkt

Meine Tochter Kerstin ist 15 Jahre alt und sollte noch in diesem Jahr eine Mandeloperation durchführen lassen. Wann ist der geeignete Zeitpunkt dafür? Was sollten wir alles berücksichtigen? Ich wäre Ihnen für eine Antwort wirklich sehr dankbar.

Wir persönlich würden für den Eingriff einen Termin bei abnehmendem Mond wählen und dem Tierkreiszeichen Stier aus dem Weg gehen. Damit würden wir alle negativen Wirkungen meiden, die von den Mondrhythmen ausgehen. Die Mandeln sind übrigens viel wichtiger als viele annehmen, und deshalb ist es vielleicht eine gute Idee, eine zweite Meinung einzuholen. Bei Kindern werden sie oft ohne einen wirklich guten Grund entfernt.

Wir wollen uns hier nicht wichtigmachen, sondern nur eine jahrzehntelange Erfahrung als Denkanstoß an Sie weitergeben: Wenn Ihre Tochter ab sofort alle Milchprodukte stark einschränkt oder weglässt, dann besteht eine gute Chance, dass sich die Mandeln erholen und die Operation überflüssig wird. Es wäre einen Versuch wert. Ständig gereizte Mandeln sind nämlich ein Symptom und keine Ursache. Sie sind ein Zeichen dafür, dass die Mandeln hart arbeiten, um den Körper vor Dingen zu schützen, die er nur sehr schwer aufnehmen und verstoffwechseln kann. Würde man die Mandeln einfach nur vorschnell beseitigen, verlagerte man das Problem weiter in den Körper hinein, und andere Organe müssten die Abwehrarbeit übernehmen. Wir empfehlen, die genauen Zusammenhänge unserem Buch *Aus eigener Kraft* zu entnehmen.

Eisenmangel beheben

Sie schrieben einmal, dass man bei Eisenmangel auf den zunehmenden Mond achten soll, wenn man entsprechende Zusatzmittel einnimmt. Aber es war noch eine Bedingung daran geknüpft, wenn ich mich recht erinnere. Können Sie mich da noch einmal aufklären?

Die Einnahme von Eisenpräparaten hat nur wenig Sinn, wenn gleichzeitig Kupfermangel im Körper besteht. Gleichgültig, welche Mengen Sie schlucken: Das Eisen lässt sich ohne Kupfer nicht aufnehmen. Noch bis kurz vor dem Ersten Weltkrieg war dies kein Thema, denn landwirtschaftliche Geräte zur Bodenbearbeitung enthielten Kupfer, das wir über die Feldfrüchte zu uns nahmen. Heute verwendet die Landwirtschaft ausschließlich Eisen und Stahl, mit den entsprechenden Mangelerscheinungen als Folge.

Im ländlichen Bereich kann man sich mit Kupferwerkzeugen im Garten behelfen (mehr Informationen dazu auf unserer Home-

page). Im Stadtbereich könnten Sie einen Kräutertopf auf Fensterbrett oder Balkon stellen und dabei ein kleines Kupferwerkzeug in
der Erde stecken lassen. Auch ein Kupferarmband leistet gute
Dienste. Die Verfärbung der Haut unter dem Armband ist nichts
Schlimmes. Man sollte das Armband einfach so lange tragen, bis
sich die Haut nicht mehr verfärbt. Mit der Beseitigung des Kupfer-
mangels ist also erst die Voraussetzung geschaffen, um den Eisenmangel zu beheben. Bei biologischer Ernährung sind dann keinerlei
zusätzliche Präparate nötig, weil Eisen in vielen Gemüsesorten enthalten ist. Spinat enthält übrigens entgegen landläufiger Meinung
nicht mehr Eisen als andere grüne Gemüse.

Die liebgewordene Gewohnheit

*Dass man sich gesund ernähren soll, ist ja schon fast ein Mantra,
das wir in jeder Zeitung lesen können. Auch dass eine Entschla-
ckungskur bei abnehmendem Mond erfolgreicher ist als bei zunehmendem Mond, habe ich schon erfahren. Aber wie bringt man Kindern bei, auf liebgewordene Gewohnheiten zu verzichten? Wie lernen
sie, auf den heißgeliebten Hamburger oder die Cola zu verzichten?*

Nichts spricht dagegen, bei Kindern hin und wieder alle fünfe gerade sein zu lassen und ihnen den kurzfristigen Spaß zu gönnen.
Danach allerdings sollte man sie niemals im Unklaren darüber lassen, woher die Reizbarkeit, Nervosität oder Langeweile kommt, die
sich nach etwa einer halben Stunde einstellt und einige Stunden
lang andauert. Das Wichtigste ist, nichts fanatisch zu machen. Zu
viel des Guten ist immer schlecht. Die Menschen haben sich über
Jahrzehnte und Jahrhunderte hinweg an so viel Falsches gewöhnt.
Die Umgewöhnung an das Gesunde und Brauchbare ist vergleich-

bar der Entwöhnung einer Sucht. Sie kann nur langsam und mit Liebe und Nachsicht geschehen. In erster Linie ist Information über die Zusammenhänge nötig, dann die klare Selbsterkenntnis und die Entscheidung für den besseren Weg. Wenn Sie oder das Kind nicht den Sinn und die Tragweite einer Ernährungsumstellung erkennen, wird es ein steiniger Weg, den Sie letztlich nicht erfolgreich zu Ende gehen können.

Ein wichtiger Aspekt: Nur wenn Kinder keine »Snacks« und »Kleinigkeiten« vor dem Essen zu sich nehmen, entwickeln sie Geschmack und Hunger auf gesundes Essen. Wer mit Ungesundem beginnt, hat keine Lust auf Gesundes. Ein Schluck Limonade, ein gesüßter Fruchtsaft, ein Kaugummi oder ein halbes Bonbon genügen, um das beste Essen zu verleiden. Kinder, die ständig Kleinigkeiten zwischendurch essen, haben zudem selten Lust, Wasser zu trinken, was ihre Reizbarkeit noch fördert. Manchmal funktioniert es dadurch besser, dass man die Kinder beim Kochen mit einbezieht. So lernen sie das Essen zu schätzen und freuen sich darauf, weil sie an der Zubereitung beteiligt waren.

Warzen entfernen

Ich finde Ihre Rubrik einfach toll und habe mir schon einige wertvolle Tipps geholt! Nun habe ich das Problem, dass mein Sohn (acht Jahre) zwei Warzen auf der Fußsohle bekommen hat. Ich würde gerne von Ihnen einen Ratschlag bekommen, wie man diese auf natürliche Weise loswerden kann – unter Mithilfe des Mondes!

Mit Knoblauch und bei abnehmendem Mond lassen sich Dornwarzen an den Fußsohlen gut entfernen. Schneiden Sie dazu abends ein Loch in ein Pflaster und heften Sie es auf die Warze, sodass sie frei bleibt. Halbieren Sie eine frische Knoblauchzehe, fixieren Sie sie mit einem weiteren Pflaster auf der Warze, und lassen Sie es die ganze Nacht drauf. Morgens entfernen, abends mit einer frischen Knoblauchzehe wiederholen und bei Neumond aufhören. Nach und nach färbt sich die Warze dunkel und kann schließlich ganz einfach herausgehoben werden. Bei Neumond unbedingt mit jeder Form der Warzenbehandlung aufhören! Hier ist sogar die genaue Tageszeit des Neumondes wichtig.

Die Behandlung mit Schöllkrautsaft ist ebenfalls ein hochwirksames und bewährtes Warzenmittel. Das Kraut wächst ab dem zeitigen Frühjahr fast überall, auch in Städten. Im Herbst hilft es nur, wenn es öfters abgemäht worden ist. Beginnen Sie mit der Behandlung am Vollmondtag, und streichen Sie die Warzen jeden Tag mit frischem Schöllkrautsaft ein. Es genügt, einen Stängel oder ein Blatt abzubrechen, der Saft ist orangefarben und tritt aus der Bruchstelle aus. Führen Sie die Behandlung ebenfalls bis Neumond fort, auch wenn die Warze schon vorher verschwunden ist! Achten Sie auf Ihre Kleidung, Flecken durch Schöllkrautsaft sind nur sehr schwer oder gar nicht zu entfernen.

Auch das Einreiben der Warzen am Morgen – nüchtern und mit dem eigenen Speichel – ist ein gutes Mittel, jedoch nicht so schnell wirksam wie Schöllkrautsaft. Bei manchen Menschen hilft nur Knoblauch, bei anderen nur Schöllkraut. Am besten beginnen Sie mit der Methode, die Ihnen eher zusagt. Wenn die Warzen bei Neumond noch nicht abgelöst sind, hören Sie trotzdem unbedingt mit der Behandlung auf, und beginnen Sie erst wieder beim nächsten Vollmond! Wenn Sie eine Tinktur aus der Apotheke vorziehen, dann bitte ebenfalls bei Vollmond beginnen und nach 14 Tagen an Neumond aufhören. Würden Sie nach Neumond, also bei zunehmendem Mond weiterbehandeln, würde die Warze wieder voll anwachsen und sich sogar vermehren.

In Kürze **Warzen entfernen**

Warzen dürfen nur bei abnehmendem Mond behandelt werden, unabhängig von der Methode!

Rheuma und Farnkraut

Ich möchte zur Rheumabehandlung gerne Farnkraut im Bett verwenden. Da in meinem Garten mehrere Stöcke wachsen, möchte ich natürlich diese dafür nehmen. Nun hätte ich einige Fragen an Sie und hoffe, Sie können mir weiterhelfen: Zu welchem Zeitpunkt sollte man den Farn abschneiden? Wann sollte man diesen ins Bett legen, und wie lange sollte man ihn dort lassen? Gibt es eine bestimmte Jahreszeit, in der man diese Behandlung am besten durchführt? Wie viele Farnwedel (Blätter) sollte man verwenden?

Farn zur Unterstützung einer Rheumabehandlung ist eine sehr gute Idee! Bitte beachten Sie jedoch, dass Farne in hohem Maße geschützt sind. Als Ernte aus dem eigenen Garten ist es kein Problem. Der allerbeste Erntezeitpunkt wäre die Zeit zwischen dem 8. und 15. August, unabhängig vom Mondstand. Günstig ist der zunehmende Mond an den Erdtagen Stier und Steinbock.

Am besten legen Sie die Blätter sofort zum Trocknen auf Papier unters Bett. Sie tun dort augenblicklich ihre gute Wirkung. Nach dem Trocknen sollten Sie die Farnwedel bei abnehmendem Mond an Stier oder Steinbock zwischen zwei Laken nähen, am besten mit einem langen Steppstich. Über dieses Farnlaken gehört dann das normale Bettlaken. Sie sollten so viele Farnwedel verwenden, wie nötig sind, um eine zusammenhängende grüne Fläche zu bilden.

Die Jahreszeit für die Behandlung ist nicht so wichtig, weil Sie das Laken ja immer drinlassen können.

Nebenbei bemerkt: Der allmähliche Verzicht auf tierisches Eiweiß in der Ernährung hat schon vielen Rheumatikern geholfen!

Abstillen zum richtigen Zeitpunkt

Meine Enkeltochter wird noch gestillt und bekommt seit etwa einem Monat auch Gemüse- und Obstbrei. Meine Schwiegertochter möchte gerne abstillen und dabei alles richtig machen, weil sie beabsichtigt, ihr Studium fortzusetzen. Ich habe ihr erzählt, dass Sie wahrscheinlich wichtige Tipps dazu haben, und wir möchten Sie nun bitten, uns eines Ihrer Bücher zu empfehlen und uns zu schreiben, was meine Schwiegertochter beim Abstillen beachten sollte.

Abstillen zum richtigen Zeitpunkt am Vollmondtag ist einfach und funktioniert ganz ohne Medikamente. Ihre Schwiegertochter legt einfach das Baby in den Tagen und Wochen vor Vollmond immer weniger an und trinkt nicht mehr so viel wie gewohnt. In den letzten Tagen vor Vollmond nur noch abends stillen und am Vollmondtag das Kind ein letztes Mal anlegen und an diesem Tag sehr wenig trinken. Meist funktioniert das Abstillen dann ganz mühelos. Das Kind weint nicht mehr nach der Mutter und beginnt, unkompliziert mit der Beikost alleine auszukommen.

Salbeitee kann den Stillstand der Milchproduktion zusätzlich fördern. Einfach einige Tassen während des Abstillens und danach trinken, das hilft sehr gut. Genau aus diesem Grund ist Salbeitee übrigens für stillende Mütter generell nicht geeignet! Zum falschen Zeitpunkt abzustillen, birgt die Gefahr von Brustentzündungen und Knötchenbildung. Manchmal schwillt die Brust wieder an, schmerzt und läuft unkontrolliert aus, beim Duschen oder bei einer Berührung.

Nach dem erfolgreichen Abstillen sollte man beobachten, wie sich das Kind einige Stunden nach jeder Mahlzeit verhält. Es ist meist nicht schwer herauszufinden, was es verträgt und was nicht. Grundsätzlich haben Babys ein gutes Gespür dafür, was sie mögen und auch vertragen. Niemals sollte man es zu irgendeiner Form der Ernährung zwingen, auch wenn noch so oft in der Zeitung steht, dass dieses oder jenes besonders gesund sei. Dies ist nämlich immer der Augenblick, an dem die Kinder die Orientierung und ihr natürliches Gespür zu verlieren beginnen. Auch sollte man sie niemals zwingen, etwas aufzuessen. Babys haben oftmals längere Phasen, in denen sie relativ wenig essen, dann wieder Phasen, in denen sie sehr viel essen. Das sollte man respektieren.

In Kürze Abstillen

Abstillen am besten auf Vollmond hin und bei Vollmond zum letzten Mal anlegen.

Frühjahrskur mit Tee

Meine Freundin und ich machen alljährlich eine Frühjahrskur mit Brennnesseltee, die uns sehr guttut. Allerdings vertrage ich den Tee nicht so gut wie sie, deswegen wollte ich fragen, ob ich vielleicht etwas falsch mache?

Wenn Sie auf die richtige Zubereitung achten, könnte sich zeigen, dass Brennnesseltee auch für Sie gut verträglich ist. Im Gegensatz zu den meisten Teekräutern sollen Brennnesseln nicht sieben, sondern nur zwei bis drei Minuten lang ziehen, um die größte Wirksamkeit zu entfalten und verträglich zu bleiben. Wichtig ist auch, nur Bio-Qualität zu verwenden, und schließlich sollte Brennnesseltee immer nur frisch getrunken werden. Man sollte ihn weder stehen und abkühlen lassen noch in der Thermoskanne aufbewahren. Sie wissen vielleicht aus Erfahrung, dass der Tee sehr schnell oxidiert und sich fast schwarz verfärbt. Er ist dann weder gut wirksam noch gut verträglich.

Wenn Sie trotz der richtigen Zubereitung den Brennnesseltee nicht vertragen, machen Sie einfach eine Löwenzahnkur im März oder April bei abnehmendem Mond. (Hier sind die Mengen wichtig, siehe Seite 78.)

Migräne vorbeugen

Ich bin chronisch migränekrank, das heißt, ich lebe fast immer mit Schmerzen. Was mir jedoch dank Ihrer Bücher bewusst wurde, ist, dass ich sehr intensiv auf den Mond reagiere. Auch ohne Mondkalender weiß ich genau, wann Widdertage sind. Warum dann nicht auch die heilenden Kräfte nutzbar machen? Meine Frage lautet: Gibt es, außer Wasser zu trinken und auf Süßes und tierisches Eiweiß zu verzichten, noch andere Faktoren, die man hierbei beachten könnte? Gibt es Tage, an denen man vorbeugend etwas tun sollte?

Vorbeugend könnten Sie schon in den Fischetagen kurz vor Widder zwischen 15 und 17 Uhr viel klares Wasser (kein Sprudel und keine Säfte!) trinken, auch wenn Sie keinen Durst haben. Achten Sie auch an Fische auf eine überwiegend basische Ernährung.

Vielleicht noch wichtiger ist jedoch zweierlei: Erstens ist es sehr

91

wichtig herauszufinden, welcher Ernährungstyp Sie sind, beziehungsweise welches Fett Sie vertragen – ob pflanzlich oder tierisch. Vielleicht kann Ihnen unsere Homepage weiterhelfen, denn es ist mit der Tabelle nicht so schwer, den eigenen Ernährungstyp festzustellen. Zweitens haben Sie möglicherweise einen schlechten Schlaf- oder auch Arbeitsplatz, an dem Sie viele Stunden zusammenhängend verbringen. Am besten den Schlaf- beziehungsweise Arbeitsplatz ein wenig verändern oder einen guten Rutengeher beauftragen.

Die Kraft des Neumonds

Ich habe eine Frage zum Mondkalender, im speziellen zu Neumond: Kann es sein, dass man bei Neumond schlechter schläft, schlechte Träume hat und – so wie in meinem Fall – unter einer Herzerkrankung leidet, speziell in der Nacht das Gefühl hat, starkes Herzklopfen zu haben?

Es gibt tatsächlich nicht wenige Menschen, die bei Neumond schlecht schlafen. Das beruht auf verschiedenen Zusammenhängen, beispielsweise auf dem Energiewechsel, der bei Neumond in fast derselben Weise stattfindet wie bei Vollmond. Einer der Gründe für den unruhigen Schlaf ist sicherlich das Problem mit der Herzfunktion. Ein Neumond im Tierkreiszeichen Fische und generell die Löwetage sind für Herzkranke besonders belastend. Auch viele im Tierkreiszeichen Löwe geborene Menschen sind an Neumond und an Löwe empfindlicher in der Herzregion. Das beste Mittel, um solch unruhigen Nächten vorzubeugen, ist eine leichte, gut verträgliche Kost und der völlige Verzicht auf Alkohol an und vor diesen Tagen.

Die Schilddrüse und der Mond

Als treue Leserin Ihrer Spalte beziehungsweise Ihrer Bücher habe ich schon sehr gute Erfahrungen mit Ihren Tipps gemacht. Allerdings hatte ich noch nie etwas über die Schilddrüse gelesen, bis vor Kurzem. An einem zunehmenden Stiertag raten Sie eine Tasse Brunnenkressetee zu trinken. Sollte man das immer an einem zunehmenden Stiertag befolgen? Könnten Sie mir mehr darüber verraten beziehungsweise einen Tipp geben, wo ich über dieses Thema noch mehr erfahren kann?

Es ist grundsätzlich immer eine gute Idee, an Stiertagen etwas für Schilddrüse und Halsregion zu tun – gleichgültig, ob der Mond ab- oder zunimmt. Von Mai bis Oktober taucht der Stier immer bei abnehmendem Mond auf, von November bis Mai immer im zunehmenden Mond. Bei zunehmendem Mond nimmt man die Heilkräfte der Kräuter gut auf, bei abnehmendem Mond helfen die Kräuter, den Körper zu entgiften. Dieses Prinzip gilt für alle Tierkreiszeichen. Wenn Sie zur Heiserkeit neigen, trinken Sie an Stier immer einen Huflattichtee. Wenn Sie beispielsweise zu Rheuma neigen, dann wirkt an Steinbock (regiert die Knochen) ein entgiftender Brennnesseltee besonders gut. Genauer können Sie die Zusammenhänge in unserem Buch *Aus eigener Kraft* nachlesen.

Übrigens: Dass Sie nicht jeden Ärger einfach »schlucken« sollen, ist Ihnen vielleicht schon bekannt. Es wäre eine gute Vorbeugung gegen Schilddrüsenprobleme und Halsbeschwerden. Und zweitens: Schilddrüsenprobleme lassen sich sehr gut mit Homöopathie in den Griff bekommen, oftmals lässt sich so eine Operation vermeiden.

Eingewachsene Zehennägel

Mein Sohn (14 Jahre) hat schon seit Jahren einen eingewachsenen Zehennagel. Das ist ein großes Problem beim Sport, und bis jetzt hat keine Behandlung angeschlagen. Der Nagel wächst immer wieder ein. Haben Sie vielleicht einen Tipp, wie er ihn loswerden kann?

Der Mondstand hat auf das Ergebnis eines solchen Eingriffs einen sehr großen Einfluss. Ausnahmsweise gehört er nämlich in den zunehmenden Mond! Wichtig ist auch, dem Tierkreiszeichen Fische dabei aus dem Weg zu gehen.

Erfahrene KosmetikerInnen behandeln eingewachsene Nägel oft erfolgreich, aber in Ihrem Fall würde ich einen Arzt vorziehen. Vergessen Sie nicht, dass andere Operationen grundsätzlich in den abnehmenden Mond gehören und dass man dem Tierkreiszeichen aus dem Weg gehen sollte, das die jeweilige Körperregion regiert. Eingewachsene Nägel bilden wie gesagt die Ausnahme von dieser Regel, ihre Behandlung gehört in die Zeit des zunehmenden Mondes.

Hühneraugen behandeln

Ich lese tägliche Ihre »Mond-Tipps« und bitte Sie heute um Ihren Rat: Ich habe seit etwa zehn Jahren auf der Fußsohle (am Ballen) ein Hühnerauge, das sehr schmerzt. Ich habe es mir schon einige Male herausschneiden lassen, aber es kommt immer wieder, und zeitweise schmerzt es bei jedem Schritt. Ich weiß zwar, dass heute ein guter Tag zur Behandlung eines Hühnerauges ist, aber vielleicht können Sie mir noch zusätzlich einen guten Rat geben.

Fußgerechtes Schuhwerk, das Sie oft wechseln sollten (auch wenn alles perfekt passt!) – das ist die Basis für die gute Fußpflege. Was weniger bekannt ist: Wählen Sie Strümpfe im Zehenbereich niemals zu eng, sonst nützt nämlich auch ein weiter Schuh nichts. Fuß-Wechselbäder stärken die Abwehrkräfte und fördern die Durchblutung, was auch helfen kann, Hühneraugen zu verhindern. Diese stehen immer in Verbindung mit einem geschwächten inneren Organ, das an dieser Stelle am Fuß einen Meridianpunkt hat. Wenn gleichzeitig auch noch der Schuh zu eng ist, sind Hühneraugen die zwangsläufige Folge.

Sorgen Sie also für Druckminderung im Schuh, legen Sie die Entfernung des Hühnerauges auf den abnehmenden Mond, und gehen Sie dem Tierkreiszeichen Fische aus dem Weg – das hilft langfristig. Finden Sie außerdem heraus, welches Organ belastet ist (am Ballen sitzt unter anderem die Schilddrüse), und tun Sie etwas für dessen Entgiftung und Stärkung.

In Kürze **Hühneraugen**
Hühneraugen bitte nur bei abnehmendem Mond behandeln und dabei Fische auslassen!

Probleme mit der Prostata

Ich lese immer wieder, dass es eine Sache der Natur ist, wenn sich nach dem 50. Lebensjahr die Prostata vergrößert und immer mehr Probleme macht. Das sei ganz normal. Ich kann das nicht glauben und bin sicher, dass Sie für mich ein paar gute Tipps haben, wie man am besten vorbeugt.

Wir sind da leider keine ausgesprochenen Experten. Aus jahrzehntelanger Erfahrung mit Ärzten und Heilpraktikern und aus unserer eigenen Lebenserfahrung können wir Ihnen aber vielleicht einige Anregungen zum Nachdenken mitgeben. Vielleicht tragen sie dazu bei, dass es eines Tages mutige Forscher gibt, die sich der Sache vorurteilsfrei annehmen.

Sie haben durchaus recht, wenn Sie verwurzelten Überzeugungen skeptisch gegenüberstehen, denn viele Ärzte und Heilpraktiker haben die Beobachtung gemacht, dass ein gesundes, aktives Sexualleben bei Männern bis ins hohe Alter nicht nur möglich und wünschenswert ist, sondern als erfreulicher Nebeneffekt auch noch vorbeugend gegen Prostataprobleme wirkt. Wenn man sich der allgemein herrschenden Überzeugung anschließt, dass ab 50 im Bett immer weniger »los« ist, dann wird sich diese Überzeugung auch im Körper durchsetzen und dämpfend und betäubend wirken. Wer diesen Unsinn gar nicht erst in seinen Körper hineinlässt, wird jedoch eine ganz andere Erfahrung machen – und ganz sicher auch keine Medikamente benötigen, um die Freude an der Sexualität lebendig zu halten.

Gedanken werden zu Worten, die Worte zu Taten, die Taten zum Schicksal, das ist nun einmal so. Deshalb sollte man sich sein unbeeinflusstes und unabhängiges Denken unter allen Umständen bewahren. Erinnern Sie sich einfach daran, dass sich ängstliche Menschen immer näher an der Krankheit bewegen als am Leben. Und denken Sie an so manche Männer, die noch im hohen Alter Väter wurden, weil sie keiner Gehirnwäsche in Bezug auf das »Normale« ausgesetzt waren. Zwischen »Normalität« und »Wirklichkeit« bestand zu allen Zeiten ein großer Unterschied. Und erinnern Sie sich stets an das Naturgesetz, dass das, was nicht gebraucht wird, abgebaut wird und verkommt.

Noch eine weitere Beobachtung möchten wir nicht verschweigen, denn vielleicht führt sie ja dazu, dass auch dieser Zusammenhang in einer Studie erhärtet wird: Vor einigen Jahrzehnten haben Männer begonnen, nicht mehr im Stehen, sondern im Sitzen zu urinieren – aus Gründen, die eher im sozialen und psychologischen Bereich zu suchen sind. Wer dennoch im Stehen uriniert, setzt dabei oft keinen Druck mehr ein. Dabei verkümmern die beteiligten Muskeln, deren gesunde Tätigkeit offenbar zur Gesundheit der Prostata beiträgt. Das Sitzen hat einen ungünstigen Einfluss auf den Beckenbereich, auf die Funktion der Schließmuskeln und generell auf die Durchblutung dieser Region. Im Gleichtakt mit diesen neuen »Sitten« hat die Zahl der Prostataprobleme zugenommen.

Milch und Kaffee

Ich habe Sie heute zufällig im Radio gehört, leider nicht von Anfang an. Dabei sagten Sie, dass die Kombination von Kuhmilch und Kaffee eine leberschädigende Wirkung hat. Ich hatte zwar schon davon gehört, aber bis jetzt noch keine Studie darüber gelesen. Woher haben Sie diese Information?

Dieser Zusammenhang ist schon lange bekannt, aber Sie haben recht, es gibt wahrscheinlich noch keine wissenschaftliche Studie darüber. Es wird wohl noch ein Weilchen dauern, bis es sich herumspricht, denn die leberschädigende Wirkung erfolgt schleichend und kaum merklich. Meine Bemerkung im Radio über die Schädlichkeit der Kombination von Milch und Kaffee war vielleicht etwas zu unverblümt. Die Musikpausen lockern zwar solche Gespräche ganz wohlklingend auf, aber das geht öfter zu Lasten der Schilderung der Zusammenhänge. Während des Interviews blieb mir keine Zeit, sie für die Zuhörer jedes Mal ausführlich zu wiederholen.

Beispielsweise haben Milch und Kaffee für sich allein jeweils lange nicht die schädliche Wirkung wie kombiniert. Im letzteren Fall kommt es zu einer chemischen Reaktion, die es der Leber fast unmöglich macht, die entstehenden Produkte zu entgiften. Langfristig schädigt das die Leber in einem Maße, dass sich sogar die Leberwerte erhöhen, ohne dass die Ursache erkennbar wäre. Müdigkeit, Lustlosigkeit und auch Augenringe (oft Zeichen der Nierenbelastung) sind fast immer Symptome einer Unverträglichkeit von Kuhmilch. Genau genommen sind sie bei vielen Menschen zu beobachten, die regelmäßig Kuhmilchprodukte zu sich nehmen. Milch sollte Grundstoff für die Buttergewinnung sein – für alle Alpha-Typen eine gute Sache, denn sie können ohne tierisches Fett nur schwer den Alltag bewältigen. Pflanzliche Fette vertragen sie auf Dauer nicht.

Wie bei vielen langsamen Abläufen in der Natur und im Körper entgehen uns solche tieferen Zusammenhänge oftmals. Einerseits, weil oft starke Interessen gegen ihre Aufdeckung arbeiten, andererseits, weil einfach viel Geduld, Beobachtungsgabe und Unvoreingenommenheit nötig sind, um ans Licht zu bringen, was da im Hintergrund abläuft. Mit dem Verschwinden der Bienenvölker (in den USA in manchen Regionen um bis zu 70 Prozent) ist es ähnlich: Es wird noch lange dauern, bis die wahren Ursachen (nämlich die genetisch veränderten Pflanzen in Kombination mit der Zunahme von Strahlungen, Handymasten und Ähnlichem) zutage treten.

Süchtig nach Schokolade

Wie schafft man es, Kindern Süßigkeiten abzugewöhnen, vor allem die Schokolade? Ich weiß ja, wie schädlich sie ist, sehe es am Gewicht der Kinder, am Zustand der Haut, am Verhalten! Kürzlich ha-

ben Wissenschaftler doch glatt behauptet, dass Zucker den Kindern nicht schadet und ihr Verhalten nicht beeinflusst. Ich weiß es besser und alle meine Freundinnen auch. Man muss wirklich nur nachschauen, wer diese Leute bezahlt! Wie also kann ich Kindern die Süßigkeiten abgewöhnen? Haben Sie Rat? Wie machen Sie es mit Ihren Kindern?

Es ist gar nicht nötig, ihnen die Schokolade unbedingt abzugewöhnen. Das Thema sollte sein: »Wie kann man die Kinder von der Sucht befreien?« Zwei wesentliche Aspekte bei einer echten Lösung dieses Problems sollten beachtet werden:

Erstens Das Weglassen von tierischem Eiweiß. Tierisches Eiweiß hat hohes Suchtpotenzial, und der Verzicht darauf macht einen langsamen Verzicht auf Süßes so viel einfacher. Es gibt beispielsweise vegane Schokolade aus dem Bio-Laden, die ohne jede tierische Bestandteile hergestellt ist. Sie können süße Mehlspeisen mit veganer Schokolade selbst backen. Sie können mit Bio-Trockenfrüchten arbeiten, um die Gewöhnung an Gesundes zu fördern. Langsam ändert sich dann das Essverhalten, die Betäubung des Körpers lässt nach, und das gewonnene gute Gefühl wird den Weg weisen. Hilfreich ist es, den durch Zucker stark übersäuerten Körper mit viel basischer Nahrung beim Entgiften zu unterstützen. Besonders beliebt bei unseren Kindern ist da beispielsweise selbst gemachter Kartoffelbrei.

Zweitens Ein ebenso wichtiger Aspekt: Kinder als vollwertige menschliche Wesen mit hoher Intelligenz zu behandeln. Das bedeutet, es ist schon sehr viel gewonnen, wenn man immer (ohne erhobenen Zeigefinger!) auf die Folgen des Süßigkeitenkonsums hinweist. Auf die Aknehaut, auf die seelische Gestimmtheit, die Reizbarkeit, die Freudlosigkeit, die sich schon ein bis zwei Stunden später einstellt, auf die Kopfschmerzen, die Augenringe am nächsten Tag – und auf die Sucht! Mit anderen Worten: Auf die Tatsache, was geschieht, wenn der Heißhunger nicht gestillt wird. Und wie sehr dies nicht nur die Laune der Kinder, sondern auch die aller Menschen um sie herum beeinflusst. Aus dieser Beobachtung wächst Willenskraft, mit dem Problem verantwortlich umzugehen. Kürzlich hat eine Zwölfjährige, der wir auf diese Weise geholfen haben, gesagt:»Heute ist Samstag, da kann ich mir ein bisschen schlechte Laune leisten und eine halbe Tafel Schokolade essen.«

Wenn Kinder allerdings schon so süchtig sind, dass sie das»Gewohnte« mit allen Mitteln durchsetzen, muss man andere Wege gehen. Da können wir nichts mehr raten.

Die Bedeutung der Rachenmandeln

Ich erinnere mich noch gut an die Zeit vor etwa 30, 40 Jahren und davor, als man Kindern und auch Erwachsenen fast routinemäßig die Mandeln entfernte. Kaum dass eine leichte Rötung sichtbar wurde, hieß es:»Weg damit!« Heute ist man vorsichtiger geworden, aber wahrscheinlich aus den falschen Gründen. Haben Sie hierzu eine bestimmte Meinung oder Erfahrung?

Die Mandeln hatten und haben eine sehr wichtige Funktion, die man in den Fünfziger- und Sechzigerjahren des vorigen Jahrhunderts wohl ein wenig unterschätzt hat. Heute ist man vorsichtiger und operiert nur, wenn es unbedingt sein muss. Die Mandeln sind so etwas wie»Körperwächter« für die Nahrung, die wir zu uns nehmen. Wenn sie entzündet sind, dann fast immer deshalb, weil sie uns vor irgendeinem Stoff warnen, der den Körper regelmäßig belastet.

Bei Mandelentzündungen wäre es dann sehr sinnvoll, die eigene Ernährung unter die Lupe zu nehmen, und meist fällt es nicht schwer herauszufinden, was man wirklich verträgt und was nicht. Eine Liste der Nahrungsmittel anzulegen wäre deshalb eine gute Idee, weil es oft die »Kleinigkeiten« zwischendurch sind, die zu Entzündungen führen. Die Schulmedizin kann manchmal furchtbar stur agieren, aber hier hat sie inzwischen dazugelernt.

Im Traum betrat ein junger Mann im Basar einen Laden. Hinter dem Verkaufstisch stand ein Engel. Hastig fragte der junge Mann: »Was verkaufen Sie bitte?« Der Engel antwortete freundlich: »Alles, was Sie wollen.« Der junge Mann begann aufzuzählen: »Dann hätte ich gerne das Ende aller Kriege in der Welt, Brot für die Hungrigen, Heilung für die Kranken, Trost für die Trauernden, Arbeit für die Arbeitslosen, mehr Liebe in der Welt ...« Da fiel ihm der Engel ins Wort: »Junger Mann, Sie haben mich falsch verstanden. Wir verkaufen hier keine Früchte, sondern Samen!«

(Aus Jordanien)

Die unterschiedlichen Ernährungstypen

Kurz nach Erscheinen unseres Buches *Alles erlaubt!* erregte eines der Kapitel viel Aufsehen. Wir berichteten dort erstmals in der Literatur darüber, dass es bei uns Menschen zwei grundlegend verschiedene Ernährungstypen gibt. Sie unterscheiden sich im Wesentlichen darin, welche Lebensmittel vertragen werden und welche nicht. Eine Journalistin führte mit Thomas Poppe dazu ein Gespräch und stellte so zielgenaue Fragen, dass alle bisherigen Leserfragen zum Thema mit den Antworten im Interview abgedeckt sind. Dass sich eine Medienvertreterin so gründlich auf das Thema einlässt, kommt nicht oft vor, und wir sind froh, das Gespräch hier abdrucken zu können.

Herr Poppe, woher stammt all das Wissen in Ihren Büchern? Und wie erklären Sie sich heute den Erfolg?

Das Wissen ist ein uraltes Menschheitserbe, das in vielen Kulturen verbreitet war und gelebt worden ist. Zum Teil ist es dort heute noch lebendig, wie wir aus zahlreichen Zuschriften aus aller Welt wissen. Meine Frau Johanna ist mit diesem Wissen so selbstverständlich aufgewachsen wie ein Fisch mit dem Wasser. In ihrer großen Familie von Tiroler Bergbauern war es schlicht undenkbar, sich *nicht* danach zu richten. Bergbauernarbeit ist ja zeitweise härteste körperliche Anstrengung. Eine Missachtung dieses Wissens hätte so viel allgemeine körperliche Schwächung, Fehlernten und schnellen Verfall auf allen Ebenen bedeutet, dass es nicht verkraftbar gewesen wäre. Wenn das Überleben ganzer Familien vom Beachten des richtigen Zeitpunkts abhängig ist, dann läuft die Missachtung des Mondkalenders fast auf Selbstzerstörung hinaus. Städter wie ich dagegen konnten lange Zeit die Überzeugung vertreten, ungestraft auf dieses Wissen verzichten zu können.

Der Erfolg der Bücher beruht zweifellos auf dem großen Gewinn, den die Leserinnen und Leser haben, wenn sie den Empfehlungen im Alltag folgen. Alle Empfehlungen machen Sinn, vieles wird leichter, die Dinge werden haltbarer, Kinder leben gesünder, man spart Geld, eine bessere Gesundheit und mehr Lebensfreude stellen sich ein. Wir mussten keine Überzeugungsarbeit leisten, die Erfahrungen mit dem Mondwissen sprechen für sich selbst.

Mich interessiert heute ein besonderer Aspekt Ihres Wissens besonders – nämlich dass es bei uns Menschen offenbar zwei unterschiedliche Ernährungstypen gibt. Was bedeutet erst einmal »Ernährungstyp« Alpha oder Omega?

Es bedeutet, dass Sie persönlich und auch jeder andere Mensch mit größter Wahrscheinlichkeit einem von zwei Menschentypen angehören, die sich dadurch unterscheiden, dass sie jeweils eine ganze Reihe von Lebensmitteln unterschiedlich gut vertragen. Diese Unterschiede sind so enorm, dass man sich großen gesundheitlichen Schaden zufügen kann, wenn man sich über längere Zeit nicht dem eigenen Typ gemäß ernährt – auch dann, wenn man es vollwertig und biologisch tut!

Warum weiß ich als Normalsterblicher nichts davon? Der Unterschied zwischen den Ernährungstypen scheint ja sehr deutlich zu sein, wie ich in Ihrem Buch Alles erlaubt! *nachgelesen habe. Warum geht ein solches Wissen verloren?*

Ja, warum? Manchmal ist es uns wirklich ein Rätsel, warum wertvolles und zeitlos gültiges Wissen unserer Vorfahren sang- und klanglos über die Jahrhunderte in Vergessenheit gerät, bis es schließlich wieder entdeckt oder gar als »neuzeitlich« angepriesen wird. Wir vermuten in diesem Fall, dass die beiden Weltkriege für einen scharfen Bruch in der Weitergabe von Wissen verantwortlich sind. Von den Großeltern über die Kinder bis zu den Enkeln, dieser Fluss ist im letzten Jahrhundert mehrfach unterbrochen worden. Moderne Teenager lachen ja über das Wissen der Großeltern und vertrauen den »Experten« heute mehr denn je. Und die Großeltern verstummen irgendwann einmal und schauen dem Treiben nur noch zu, amüsiert oder traurig oder resigniert.

Und dann ist da natürlich das Aufkommen aller möglichen Industrien, die uns mit zahllosen künstlichen Nahrungsmittelprodukten überschwemmen – hergestellt ohne Rücksicht auf natürliche und biologische Zusammenhänge und natürlich großteils auch ohne Kenntnis der tatsächlichen Abläufe im Verdauungsvorgang. Alles im Namen von »Schmeckt besser!«, »Schnell gemacht!« und »Bequemer!«.

Zahllose solcher »Segnungen« der Technik haben langfristig nur Krankheit und Leid über uns gebracht und tun es immer noch. Es wird noch einige Zeit dauern, bis sich deren Erfinder, Befürworter und Händler bequemen, die notwendige Rückkehr zum Natürlichen, Sinnvollen und Gesunden mitzutragen oder zumindest nicht mehr zu bekämpfen.

Ein Beispiel ist die Kuhmilch. Jahrtausendelang wusste man um den Schaden, den sie im Körper anrichtet. Heute gibt es schon genügend wissenschaftliche Studien, die diesen Schaden auch denjenigen beweisen, die nicht fühlen und sehen wollen. Aber diese Wissenschaftler haben kein Geld für die Verbreitung von Information auf breiter Basis zur Verfügung, während die Milchindustrie Milliarden ausgibt, um uns zu täuschen. Dieselben Milliarden, die wir für die Milchindustrie ausgeben – über Steuern und über den Kauf ihrer Produkte. Mit anderen Worten: Das Wissen ging verloren, weil daran ein mächtiges Interesse besteht. Aufseiten von Menschen, die nicht die Interessen im Namen der Menschlichkeit im Auge haben.

Die Sache mit der Milch muss ich mir später genauer anschauen. Was habe ich nun davon, wenn ich meinen Ernährungstyp kenne?

Zusammenfassend: Sie haben dann viel mehr noch als bisher die freie Wahl, ob Sie Ihren 85. Geburtstag fit wie ein Turnschuh erleben – mit Optimismus in die Zukunft blickend und mit der Frage beschäftigt, mit welchen besonderen Abenteuern Sie die nächsten 20 Jahre füllen wollen. Oder andererseits, ob Sie Ihren 60. Geburtstag müde, mutlos und von Zipperlein geplagt am liebsten ignorieren wollen und der Zukunft eher resigniert entgegensehen. Die Entscheidung liegt dann bei Ihnen.

Das klingt ja vielversprechend. Na gut, also entdecken wir auch das Wissen um den Ernährungstyp heute neu. Sie sagten auch, dass ohne dieses Wissen der Kampf gegen Übergewicht fast aussichtslos ist. Warum das?

Wenn ich mich nach allen Regeln der Kunst und der Natur gesund ernähre, kann es trotzdem geschehen, dass mein Körper nicht bekommt, was er braucht – nämlich dann, wenn ich meinen persönlichen Ernährungstyp ignoriere. Als Folge empfindet der Körper eine Mangelsituation, die ihn »Mehr!« rufen lässt. Nur mit allergrößter Selbstdisziplin lässt sich so das Gewicht halten. Ganz zu schweigen davon, dass eine solch strenge Selbstkasteiung nicht gesund ist. Und auch nicht lustig – ein solcher Mensch ist kein angenehmer Zeitgenosse, wie wir alle wissen. Nicht umsonst heißt unser Buch über gesunde Ernährung *Alles erlaubt!*

Das bringt mich darauf: Worauf führen Sie denn im Wesentlichen die »Übergewichtsepidemie« der heutigen Zeit zurück?

Die Ursachen sind das Nichts, das Zuviel und das Falsche.

Das Nichts Die heutige Nahrungsmittelproduktion – von der industriellen Landwirtschaft bis zur Supermarktkasse – liefert uns entwertete Stopfblähfüllmittel, denen es an allem fehlt: an Nährstoffen, Vitaminen, Mineralien und vor allem auch an Liebe und Hingabe in der Herstellung. Letzteres nährt ebenso, und wo es fehlt, da leidet der Mensch Mangel.

Das Zuviel Im verzweifelten Versuch, diesen leeren Nahrungsstoffen das wirklich Nährende zu entreißen, verlangt der Körper nach »Mehr!« – mit allen bekannten Folgen. Diesen Schrei wiederum hat die Nahrungsmittelindustrie ja programmiert und versetzt im zweiten Schritt ihre Produkte mit Suchtstoffen, an die sich der Körper langsam gewöhnt. Er beginnt zu glauben, dass er die Produkte tatsächlich braucht – wie ein alter Goldgräber, der zwar in der toten Mine fast nichts mehr findet, dafür aber gerade genug, um sich mit Alkohol zu betäuben und seinen wahren Zustand nicht mehr fühlen zu müssen. Solche »Goldgräber« haben zu wenig zum Leben und zu viel zum Sterben – und degenerieren zu idealen Konsumenten für alle möglichen Industrien, deren Hauptzweck es ist, von Betäubung, Verzweiflung, Krankheit und der Sucht nach »Zerstreuung« zu leben.

Das Falsche Wir essen das Falsche. Wie gesagt, manchem nützt nicht einmal eine vollwertige, biologische Ernährungsweise, um sich rundum gesund und wohl zu fühlen. Denn wer sich nicht typgerecht ernährt, erlebt oft ebenfalls Mangelerscheinungen, ohne deren Ursache auch nur zu ahnen. Zum Falschen gehört natürlich auch das neumodische Zusammenmischen von Eiweiß, Kohlenhydraten und Fett auf einem Teller, zugunsten einer angeblichen »Ausgewogenheit«. Das ist lustig, denn in der Vergangenheit war man nicht so expertenhörig. Dieses Gemisch verwirrt den Körper, er kann keine angemessene Verdauungsarbeit leisten, der Stoffwechsel streikt früher oder später.

Beobachten Sie in Ruhe die Dinge, und lassen Sie sich nicht täuschen und ablenken von den wahren Ursachen: Sehr viele der heutigen Industrien leben von Verführbarkeit, Krankheit, Störung, Ausbeutung, Betäubung und Schwäche. Wer dagegen erkannt hat, dass alle wirklich wichtigen Dinge im Leben einfach zu haben, zu behalten und zu pflegen sind, wer erkannt hat, dass gesunde Ernährung biologisch, regional, der Jahreszeit entsprechend und mit Liebe hergestellt sein muss, der ist ein schlechter Konsument, an einem solchen Menschen ist wenig verdient. Deshalb auch das zeitweilige Vergessen des Mondwissens: Die Mondrhythmen sparen Geld, Zeit, Nerven, machen haltbar ohne zu viel Aufwand, machen Menschen unabhängig und mündig und selbstverantwortlich. Starke Interessen stehen dem entgegen. Zusammengefasst: Aktien steigen nur mit Sucht und Abhängigkeit, nicht mit der Genügsamkeit, der Lebensfreude, der Harmonie mit sich selbst und der Natur.

Aber das bringt mich zu einer zentralen Frage. Wie merke ich denn, dass ich mich nicht meinem Typ entsprechend ernähre? Hier muss ja ein Knackpunkt verborgen liegen, denn ich könnte ja sonst alle Verdauungsprobleme auf andere Ursachen schieben. Und wie sonst konnte das Wissen um den Ernährungstyp verloren gehen?

Sie haben recht, das ist sehr wichtig. Und deshalb muss ich ein wenig ausholen und Ihnen einmal kurz beschreiben, was »ein Lebensmittel nicht vertragen« eigentlich bedeutet. Denn hier gibt es das eine oder andere Geheimnis, das es zu lüften gilt und das auch der modernen Medizin verborgen geblieben ist.

Um im Alltag herauszufinden, welcher Ernährungstyp Sie sind, müssen Sie ein klares Gefühl dafür entwickeln, was »vertragen« und »nicht vertragen« eigentlich für Sie persönlich bedeutet. Vor allem müssen Sie aufhören, den Experten zu vertrauen, die Ihnen einreden wollen, dieses sei gesund und jenes sei schädlich. Butter war lange Zeit gesund und dann nicht mehr. Jetzt ist sie es wieder. Pasta galt als Super-Dickmacher, jetzt gibt es die Nudeldiät. Dieses Auf und Ab der wissenschaftlichen Meinung erlebte so gut wie jedes Lebensmittel. Die Wahrheit liegt nicht in der Mitte, sondern in Ihrer ganz persönlichen Erfahrung – und nirgends sonst! Wenn Sie persönlich die Ausnahme sind, hat jede Statistik ihren Wert verloren. Und wir alle sind Ausnahmen, jeder für sich.

Was also bedeutet »nicht vertragen«?

Erstens Sie vertragen ein bestimmtes Lebensmittel wahrscheinlich nicht, wenn sein Genuss Sie regelmäßig ermüdet! Das Gefühl, nach jedem Essen am liebsten ein Schläfchen machen zu wollen, ist ein absolut sicheres Zeichen dafür, dass Sie etwas im Essen nicht vertragen haben und dass es Ihnen langfristig sehr schadet. So verrückt sind die normalen Ansichten über unsere Ernährung und unsere Nahrungsmittel, dass uns sogar schon Ärzte weismachen wollen, man müsse sich nach dem Essen müde fühlen! Das ist eine Frechheit! Vollwertige Lebensmittel, ausgesucht nach Ihrem Ernährungstyp und liebevoll zubereitet, machen niemals müde, selbst wenn Sie ein wenig mehr davon essen, als der Körper verlangt! Sind aber Konservierungsmittel, Farbstoffe, Geschmacksverstärker und künstliche Aromastoffe enthalten, machen Nahrungsmittel immer müde.

Die Ausnahme ist hier die leichte Mattigkeit zwischen 13 und 15 Uhr, unabhängig davon, ob Sie ein Mittagessen hatten oder nicht. Sie ist etwas ganz Natürliches und hängt mit dem Tagesrhythmus der Organe zusammen, den wir in unserem Buch *Aus eigener Kraft* beschrieben haben. Schade, dass die deutschsprachigen Länder hier nichts von den südlichen Ländern lernen wollen, in denen nicht nur wegen der höheren Temperaturen nachmittags eine Siesta eingelegt wird.

Zweitens Sie vertragen ein bestimmtes Lebensmittel wahrscheinlich nicht, wenn Sie regelmäßig unter saurem Aufstoßen, Sodbrennen, Völlegefühl, Blähungen oder Kopfschmerzen leiden. Kopfschmerz und Migräne sind eine sehr häufige allergische Reaktion auf unverträgliche Nahrungsmittel oder Getränke. Schokolade beispielsweise ist für viele Menschen ein starker Migräneauslöser und lange nicht der Glücklichmacher, als der sie uns verkauft wird. Oftmals wird diese Reaktion nicht in Verbindung mit untauglicher Nahrung gebracht, weil sie verzögert eintreten kann, manchmal sogar erst am nächsten Tag.

Drittens Sie vertragen ein bestimmtes Lebensmittel wahrscheinlich nicht, wenn sich etwa 15 bis 30 Minuten nach seiner Aufnahme Ihre seelische Gemütslage stark verschlechtert! Diese Reaktion tritt besonders bei Kindern auf, wenn sie Süßigkeiten gegessen haben, am stärksten vormittags zwischen neun und elf Uhr. Aber auch bei Erwachsenen, etwa nach der Aufnahme von Mehlspeisen mit poliertem Weizenmehl und weißem Zucker, weil dies stets zu einem Mangel an Vitamin B führt, dem Nervenvitamin.

Viertens Sie vertragen ein bestimmtes Lebensmittel wahrscheinlich nicht, wenn Sie häufig Mund- und/oder Körpergeruch haben. Mundgeruch aufgrund von schlechter Zahnpflege ist hier nicht gemeint. Mundgeruch beruht in fast allen Fällen auf einer schlechten Verdauung und einem belasteten Magen. Körpergeruch trotz regelmäßiger Körperpflege ist so gut wie immer ein Zeichen einer Nahrungsmittelunverträglichkeit oder eines gestörten Stoffwechsels. Das gilt auch für den Genuss von Knoblauch. Die Körperausdünstung nach dem Knoblauchgenuss ist kaum spürbar, wenn man sich ausgewogen und gesund ernährt.

Fünftens Sie vertragen ein bestimmtes Lebensmittel wahrscheinlich nicht, wenn sich bei Ihnen ein Pilz findet, innerlich oder äußerlich. Sogar Fußpilz ist ein Signal für eine gestörte Verdauung, weil sie die Hautfunktionen durcheinanderbringt. Pilze werden übrigens durch Süßigkeiten geradezu gezüchtet.

Sechstens Sie vertragen ein bestimmtes Lebensmittel wahrscheinlich nicht, wenn Sie unter unbestimmbaren Rückenschmerzen leiden, besonders im Kreuz. Rückenschmerzen sind eine sehr häufige allergische Reaktion auf polierten Weizen, der ja heute der Normalfall ist. Die überlastete Niere strahlt dann über Nervenbahnen in die Wirbelsäule aus. Kommt immer wieder Weizenmehl nach, wird der Niere die Arbeit schließlich zu viel, und ihr Helferorgan, die Milz, gerät unter Druck – mit allen Folgen. Fachärzte behandeln leider meist jenes Organ, das in der Kette der Schwächung als letztes drankommt, weil dieses zu versagen beginnt. Kaum ein Urologe denkt daran, Nierenprobleme auf die Unverträglichkeit von Weizenmehl zurückzuführen, obwohl das die häufigste Ursache ist.

Mit dieser Aufzählung haben Sie jetzt schon ein gutes Werkzeug in der Hand, um Ihre persönlichen Unverträglichkeiten und dann auch Ihren Ernährungstyp zu entdecken, wobei Müdigkeit das wohl sicherste Anzeichen ist. Die Müdigkeit und die Lähmung nach dem Essen als normal anzusehen – hier verbirgt sich ein Hauptgrund dafür, dass heute keine Rücksicht auf die Ernährungstypen genommen wird.

Unsere »Normalkost« aus Kantinen, Fast-Food-Restaurants und Supermärkten wirkt eindeutig lähmend! Das fühlt jeder, der sich einmal eine oder zwei Wochen lang gesund und typgerecht ernährt – wie wir es beispielsweise in unseren Gesundheitswochen anbieten. Da können Sie diesen Unterschied und Ihren Ernährungstyp genauestens kennenlernen – und auch erfahren, wie mühelos sich das Wissen zu Hause in die Praxis umsetzen lässt. Die Leute sind hinterher meist völlig fassungslos, welche unglaubliche Sinneskraft in ihnen verborgen liegt – zu schmecken, zu riechen, zu fühlen! Auch alle anderen betäubten Gefühle und Wahrnehmungskräfte wachen auf – das macht manchmal Angst und ist sicherlich noch ein Grund, warum sich viele von uns »niederfressen«. Man fühlt weniger, was wirklich ist. Aber ich schweife ab …

Allmählich würde mich nun interessieren, was es bedeutet, ein Alpha- oder Omega-Typ zu sein? Worauf muss ich achten, wenn ich beispielsweise ein Omega-Typ bin?

Das sind Sie wahrscheinlich auch, denn es gibt sogar äußerliche Zeichen, an denen man das erkennen kann, beispielsweise der Körperbau. Natürlich ist hier nicht der Ort, allzu sehr in die Einzelheiten zu gehen, aber eine Zusammenfassung lässt sich geben – und die allein würde schon genügen, um aus dieser Information den größtmöglichen Nutzen zu ziehen.

Denken Sie nun an das, was ich vorher zum Thema Verträglichkeit gesagt habe, und werfen Sie einen Blick auf die Tabelle, die ich Ihnen mitgebracht habe:

	Vertragen:	*Werden geschädigt durch:*
Alpha-Typen	tierisches Fett in Maßen, am besten in Form von Butterschmalz, aber auch als Butter, Sahne, Speck usw., gebratenes Fleisch, gebratenen Fisch	besonders Süßigkeiten, Weißmehl und Zucker **(Dickmacher für den Alpha-Typ!)**, pflanzliche Fette und Öle, gekochtes Fleisch, gekochten Fisch
	Roggenbrot, Roggenmehl	Weißmehle, Weißbrot, Kuchen, zu viel Reis
	Tee (besonders biologischen Grüntee, weniger Schwarztee)	Kaffee, gezuckerte Säfte
	Kernobst (Äpfel, Birnen usw.), Zitrusfrüchte	Steinobst (Pfirsich, Aprikose, Datteln usw.), Bananen
	Gurken, Karotten, Zwiebel	Tomaten und Knoblauch
	scharfe und intensiv schmeckende Gewürze	mehr als drei Mahlzeiten täglich
	zwei bis drei große Mahlzeiten am Tag	zu wenig trinken, zu kalt trinken
	nicht zu kalt trinken, dafür aber viel	
Omega-Typen	pflanzliche Fette und Öle (kaltgepresste Öle aus Sonnenblumen, Distel, Oliven, Mais usw.), pflanzliche Bio-Margarine	tierische Fette, Butter usw. **(Dickmacher für den Omega-Typ!)**
	säurearme Nahrungsmittel	Roggenmehl
	Vollkorn-Weizenmehl, Bio-Weißbrot, Kuchen, Nudeln, Reis	Milch und Milchprodukte wie Käse, Joghurt usw., besonders alle »Light«-Produkte
	mageres, gekochtes Fleisch, gekochten Fisch	Süßigkeiten mit künstlichen Farb- und Aromastoffen und Konservierungsmitteln
	pflanzliches Eiweiß (Tofuprodukte, Bohnen, Erbsen, Linsen)	zu heiße Getränke, zu viel Schwarz- und Grüntee
	Rohrzucker, naturreinen Honig	Karotten, Kernobst, Zitrusfrüchte, Zwiebel, Gurken
	süße Säfte, Bio-Kaffee	scharfe und starke Gewürze
	Steinobst, Tomaten und Bananen	
	mehrere kleine Mahlzeiten täglich	
	Knoblauch, milde Gewürze	

	Vertragen:	Werden geschädigt durch:
Alle Typen	Dinkel und Dinkelprodukte, Dinkel-nudeln, Gerste, Sesam, Feigen, grüne Salate, Feldsalat, generell Bio-Ge-müse und Beerenfrüchte	weißer Zucker, poliertes Getreide, Weißmehl, zu viel Salz, künstliche Aromastoffe, Farbstoffe, Konservie-rungsmittel, bestrahlte Lebensmittel, generell gespritztes Obst und Ge-müse

Ernährungsweise und Nahrungsmittel-Unverträglichkeiten von Alpha- und Omega-Typ

So sehen also die Zusammenhänge aus. Sie sehen beispielsweise, warum Kernobst zusammen mit Steinobst für viele Menschen nicht verträglich ist, vor allem nicht Mischsäfte aus beidem. In dieser Tabelle ist die Erklä-rung verborgen, warum manche Menschen von Torten nicht dick wer-den, während andere buchstäblich schon »beim Hinschauen« Pfunde zulegen. Oder warum viele Menschen das ach so gesunde Glas Orangen-saft am Morgen nicht vertragen und mit Sodbrennen reagieren. Oder warum der »gesunde Apfel« von vielen Kindern in der Schulpause schnell gegen etwas »Besseres« eingetauscht wird. Oder warum manche Menschen sich so richtig satt essen und dann lange nichts mehr brau-chen, während andere ständig Kleinigkeiten essen. Nicht nur, aber auch – hier haben Sie die Erklärung.

Das ist ja fürchterlich! Mischbrot soll ungesund sein? Und kalt gepresstes Bio-Olivenöl soll für Alpha-Menschen schädlich sein? Und Äpfel sind nur für die Hälfte der Menschheit gesund?

Ja. Das ist tatsächlich so. Und es ist für jedermann einfach nachzuprüfen. Lassen Sie sich Zeit, und legen Sie Ihre Vorurteile einmal für kurze Zeit zur Seite – um Ihrer Gesundheit willen. Niemand verträgt Mischbrot, also Brot, das Weizen und Roggen enthält. Was übrigens nichts darüber aussagt, ob Sie es mögen oder nicht! Wenn Sie einmal darauf achten, werden Sie merken, wie Mischbrot sofort für einen unangenehmen Blähbauch sorgt. Oder die Sache mit dem Kaffee: Viele Menschen sagen, dass sie Kaffee sogar noch vor dem Schlafengehen trinken können und »es mache ihnen gar nichts aus«. Das ist lustig, denn gerade daran, dass der Kaffee **nicht** anregend wirkt, könnten diese Menschen erkennen, dass er nicht für sie gedacht ist.

Es kommt noch etwas hinzu: Der Körper ist in der Regel ungeheuer robust. Wir können uns kleinere und auch größere Ernährungssünden scheinbar folgenlos leisten, manchmal über einen langen Zeitraum hinweg. Im Gegenteil: In jungen Jahren können wir uns oftmals regelrecht falsch ernähren, ohne dafür die Rechnung präsentiert zu bekommen. Die Müdigkeit nach dem Essen, die Kopfschmerzen und der Kater hier und da, das Zwicken und Zwacken in den Gelenken morgens, der kleine Hautausschlag, der schnell vergeht, die paar Kilos zu viel – so viele Symptome fürs Nichtvertragen, die wir schlicht und einfach in Kauf nehmen, ohne viel darüber nachzudenken. Erst ab etwa 40 Jahren summieren sich diese Sünden und sind dann nicht mehr so leicht zu ignorieren.

Viele Symptome der alltäglichen Fehlernährung wie beispielsweise Orangenhaut bei Frauen, Haarausfall bei Männern, rheumatische Störungen, Sehschwäche, Neurodermitis, Osteoporose, Arthritis und Ähnliches bringen wir – mit freundlicher Hilfe der Wissenschaft und der Industrie – gar nicht erst mit falscher Ernährung in Verbindung. Oftmals sogar werden uns Krankheiten aufgrund von Ernährungsfehlern als »erblich bedingt« verkauft. Das ist blanker Unsinn, denn was hier vererbt wird, sind Ernährungs-, Verhaltens- und Denkgewohnheiten. Wir übernehmen unsere Süchte von unseren Vorbildern – aus der Familie, der Schule, von den Werbeplakaten, aus dem Fernsehen.

Nun gut, ich akzeptiere das jetzt einfach mal und werde besser darauf achten. Wie finde ich eigentlich auf die Schnelle heraus, welcher Typ ich bin?

Wenn Sie die Zusammenhänge aus der Tabelle im Auge behalten, ist es manchmal möglich, den eigenen Ernährungstyp sofort herauszufinden. Letzte Klarheit verschafft meist ein Sieben-Tage-Experiment: Ernähren Sie sich bei zunehmendem Mond mindestens eine Woche lang nur in die Omega-Richtung und anschließend ebenfalls bei zunehmendem Mond eine Woche lang nur in die Alpha-Richtung – oder umgekehrt. Meist wird dieses Experiment schon nach zwei, drei Tagen ein deutliches Ergebnis bringen. Natürlich kommt es vor, dass man mit dem Ergebnis immer noch nicht klar sieht, aber dafür haben wir mit einem Fragebogen vorgesorgt, den Sie bei uns bestellen können und den wir gegen eine Gebühr für Sie auswerten. (Siehe auch Anhang des Buches.)

Klingt einleuchtend, ich werde es mal ausprobieren. Wenn ich diese Tabelle anschaue, frage ich mich, was »geschädigt« eigentlich genau bedeutet. Es klingt etwas zu bedrohlich für meinen Geschmack. Inwiefern schädigt mich beispielsweise Roggenmehl, wenn ich ein Omega-Typ bin?

Ganz einfach: Sie untergraben Ihre Gesundheit, Sie belasten Ihr Immunsystem. Die Folgen davon sind von Mensch zu Mensch völlig verschieden. Der eine reagiert früher mit einer Erkrankung, der andere später. Der eine bekommt eine Allergie und später Asthma, der andere verschleißt seine Gelenke, der dritte belastet seine Nieren bis zum Zusammenbruch, der vierte reagiert mit erhöhtem Cholesterinspiegel oder mit Depressionen und so fort. Und oft tritt die Schädigung erst nach Jahrzehnten ein. »Nein, der Käse kann nicht schuld an meiner Krankheit sein, den esse ich schon seit 20 Jahren täglich« – Sätze dieser Art bekommen wir oft zu hören.

Hm, was mich jetzt interessieren würde: Wie haben Sie persönlich eigentlich die Unterscheidung zwischen Alpha und Omega kennengelernt? Sie sind ja nicht damit aufgewachsen. Wurden Sie von Ihrer Frau »zwangsbeglückt«?

115

Nein. Das ist nicht ihre Art. Sie kann sehr lange zuschauen, wenn man Fehler macht, einfach weil eine Frau in Tirol so aufwächst. Heute komme ich mir fast ein wenig dämlich vor, wenn ich so zurückdenke. Es hat Monate gedauert, bis ich merkte, dass Johanna eines der größten vergessenen Geheimnisse jeglicher Lebenskunst offen und ohne großes Theater praktizierte. Das Ausmaß dieser Ignoranz ist mir heute fast so unbegreiflich, als ob ich übersehen hätte, dass meine Frau nach dem Mondkalender lebt. Zumindest kommt es mir heute so vor – heute, wo mir die beiden Ernährungstypen vertraut und so selbstverständlich geworden sind, dass ich oftmals schon beim ersten Betrachten eines fremden Menschen dessen Ernährungstyp erraten kann.

Es begann damit, dass ich es als merkwürdig empfand, was meine Frau so in der Küche trieb und was sie für mich und die Kinder kochte. Beispielsweise fiel mir auf, dass sie Pfannkuchen zuerst mit Butterschmalz, dann »normal« mit Pflanzenöl machte. Oder sie sagte zu einer Besucherin: »Kaffee ist nichts für dich«, während eine andere ihn fast aufgedrängt bekam.

Ja, und dann kaufte sie niemals Mischbrot, sondern immer entweder reines Weizenbrot oder reines Roggenbrot oder Dinkelbrot, das für beide Ernährungstypen verträglich ist. Der einen Tochter verbot sie Süßigkeiten, so gut es ging, während sie die andere mit viel mehr Nachsicht behandelte. Diese Ungleichbehandlung von uns allen folgte keinem erkennbaren Muster, und meine leichte Verwirrung blieb unaufgelöst. Manchmal verzweifelte ich etwas, denn wenn meine Frau auf Reisen war und ich für die Kinder kochte, sorgten meine eigenen Künste für einiges Erstaunen, Bauchweh und freundliche, aber bestimmte »Nein-danke«-Reaktionen.

Bis ich dann meine Frau eines Tages festnagelte und ihr im Laufe eines Gespräches von mehreren Stunden Dauer entlockte, dass es zwei grundverschiedene Ernährungstypen gibt. Meine Frau und ich und eines unserer Kinder, so erfuhr ich, waren Alpha-Typen, die beiden anderen Kinder Omega-Typen. Sie erklärte mir schließlich kurz die wesentlichen Unterschiede – und ich bekam eine Gänsehaut. Verzweifelt rief ich aus: »Warum hast du mir das nicht schon früher gesagt! Das ist WICHTIG für die Menschheit! Kein Mensch weiß davon!!!« »Ich dachte immer, die Leute ernähren sich freiwillig so chaotisch«, so die trockene Antwort meiner Frau. Ich war sprachlos. Glücklicherweise nicht lange, wie Sie wissen und in unserem Buch *Alles erlaubt!* nachlesen können.

Es folgten dann Monate des Experimentierens, des Beobachtens, des Fragens und Notierens. Heute weiß ich es und kann allen erzählen: Meine Frau hat mir eine der wichtigsten Säulen guter Gesundheit verraten.

Und woher kommt die Bezeichnung Alpha und Omega?

Was soll ich sagen – das ist unsere eigene Wortschöpfung. Tatsächlich haben wir nirgends aktuelle und zeitgemäße Bezeichnungen gefunden, auch nicht in anderen Kulturen. In Johannas Familie wiederum wurde zwar auf die richtige Ernährung für die beiden Typen geachtet, aber wenn überhaupt darüber geredet wurde, dann gab es nur die Unterscheidung in das »Essen für die Arbeiter« und das »Essen für die Beamten«. Das passt wohl nicht, oder? Alpha und Omega – das hat uns dann ganz gut gefallen, weil jede Wertung vermieden wird. Die gibt es nämlich nicht. Niemand ist besser oder schlechter dran, nur weil er diesem oder jenem Typ zugehört. Mit der Ausnahme vielleicht, dass es Alpha-Typen heute schwerer haben, denn Weißmehl und weißer Zucker sind an den unmöglichsten Stellen in unseren Fertigprodukten versteckt.

Gibt es eigentlich auch so etwas wie »Mischtypen«?

Jaja, viele wünschen es sich, wenigen ist es vergönnt. Nur etwa fünf Prozent aller Menschen sind unserer Erfahrung nach Mischtypen. In der Regel fühlen sich Menschen subjektiv als Mischtyp, wenn sie sich über Jahrzehnte an bestimmte Lebensmittel gewöhnt haben, deren Schadwirkung noch nicht bewusst wahrgenommen wird. Jeder Alpha-Typ fühlt die Reizbarkeit und Müdigkeit nach viel Zucker im Essen, aber er hat niemals gelernt, diese Müdigkeit als Unverträglichkeit zu identifizieren. Und jeder Omega-Typ wird von tierischem Fett dick oder entwickelt chronische Leiden, aber er führt das vielleicht auf die »Vererbung« zurück. Mischtypen haben's etwas leichter, denn sie vertragen alles besser, solange sie auf die Mengen achten, auf Bio-Qualität und darauf, dass Eiweiß und Kohlenhydrate möglichst selten gemeinsam auf den Teller kommen.

Gibt es die Möglichkeit, den Typ zu wechseln?

Nein, den Typ behalten Sie lebenslang.

Wie wende ich dieses Wissen im Alltag an? Beispielsweise in einer großen Familie, in der für beide Typen gekocht werden müsste? Oder als Single, der sich von Fast Food ernährt? Mir scheint das reichlich kompliziert, besonders im Hinblick auf die Tatsache, dass immer weniger Zeit fürs Kochen bleibt.

Erstens müssen wir wieder echte Lebensmittel kaufen. Zweitens müssen wir wieder lernen, wie ungeheuer einfach und schnell Selberkochen geht, wenn man einige wenige Dinge lernt. Nein, »lernen« ist hier der falsche Ausdruck. »Sich erinnern« wäre besser. Wir müssen uns nur an das Gesunde, Einfache, Natürliche erinnern, dann ist Kochen ein Kinderspiel. Haben wir diesen kleinen Schritt getan – zuerst oder gleichzeitig, dann ist das Kochen für zwei Ernährungstypen in der Familie keine Hexerei mehr. In unseren Mondseminaren (eine Woche) konnten alle Teilnehmer lernen, wie einfach es im Alltag und später zu Hause umzusetzen ist. Das ist sehr wichtig, um von den zahllosen »beratenden« Stimmen unabhängig zu werden. Solch kleine Tricks, wie den Kühlschrank nur bei abnehmendem Mond zu reinigen und hinterher alles so zu sortieren, dass

Alpha- und Omega-Lebensmittel getrennt sind – das alles ergibt sich mit der Zeit ganz von selbst.

Nicht nur das Mondwissen, auch viele andere Wissenselemente aus früherer Zeit sind verloren gegangen. So auch die Kunst, schnell, gesund und mit wenigen Zutaten zu kochen. Vielleicht gibt es deshalb so viele Kochbücher, weil sich viele Menschen danach sehnen, endlich wieder etwas wirklich Gutes und Echtes, Unverfälschtes auf den Tisch zu bekommen. Etwas, das sie wirklich ernährt. Das Was und das Wie entscheidet beim Zubereiten unserer Nahrungsmittel, ob wir Medizin und Kraft oder Schwächung und Schädigung zu uns nehmen. Und noch eine Anmerkung zum Nachdenken: Sorgen sich Eltern nicht ohnehin im Laufe des Tages ständig, ob ihr Kind wirklich zufrieden ist? Warum der ständige, aufreibende, endlose Kampf? Kochen Sie dem Typ entsprechend, und alle werden zufrieden, gesund und glücklich.

Nebenbei gefragt, gibt es eigentlich außer der unterschiedlichen Verträglichkeit von Lebensmitteln auch noch andere Unterscheidungskriterien zwischen den Ernährungstypen? Könnte ich beispielsweise äußerlich erkennen, wer Alpha und wer Omega ist?

Solche Unterschiede gibt es. So sind beispielsweise Alpha-Typen in der Schulter meist breiter gebaut als Omega-Typen, dagegen schmaler in den Hüften. Aber das würde hier jetzt zu weit führen, denke ich. Unser Buch gibt da erschöpfend Auskunft.

Können Sie für unsere Leser und für mich zum Schluss noch einmal zusammenfassen, worin der besondere Nutzen der Kenntnis der Ernährungstypen liegt?

Nun, am besten vielleicht so: Was ist wohl das besondere Geheimnis mancher alter Menschen, beispielsweise eines Bergbauern, der mit 80

Jahren früh morgens auf die Alm klettert, den ganzen Tag härteste körperliche Arbeit leistet und abends fröhlich an seiner Pfeife saugt? Der niemals in seinem Leben eine Arztpraxis von innen gesehen hat?

Betrachtet man die Lebensweise solcher Menschen, fällt fast immer
auf, dass sie sich ganz schlicht ernähren – nach Grundregeln, die sich
jahrtausendelang nicht verändert haben. Das fällt ihnen deshalb nicht
schwer, weil sie wissen: Nur eine halbe Tafel Schokolade oder ein Glas
Cola oder eine halbe Pizza oder ein »Fruchtzwerg« – und ihr Körper
wäre in Minuten so geschwächt, dass sie den ganzen Tag zu nichts mehr
taugen.

Wir leben heute in einem undurchdringlichen Dschungel von Ernäh-
rungsratgebern, Diättrends, Jojo-Effekten, Expertenmeinungen und Ähnlichem. Noch niemals in der Geschichte der Menschheit waren die Experten so sehr auf dem Holzweg wie heute. Wussten Sie, dass Ärzte während ihrer Ausbildung so gut wie nichts über gesunde Ernährung
erfahren?! Welches Verbrechen einer modernen »Ausbildung«! Denn
wie ich mich heute ernähre, entscheidet morgen über meine Gesundheit. Fast jede Krankheit kann durch eine Umstellung auf gesunde Ernährung (biologisch, vegetarisch und ohne tierisches Eiweiß) gelindert oder
geheilt werden.

Der Diätdschungel macht uns Angst. Und diese Angst wiederum
treibt uns direkt in den Dschungel hinein, bis wir das Geplapper der Diät-
ratgeber nicht mehr hören können, allergisch auf jeden Ratschlag reagieren und uns an gar nichts mehr halten, auch nicht an die Signale unserer
Körperweisheit.

Dabei wäre alles so einfach. Jeder könnte zurückkehren zum Echten
und Einfachen und Gesunden. Denn wer heilt, hat recht! Niemand muss
warten, bis die Wissenschaft bestätigt, was der Körper schon längst weiß.
Unsere Arbeit an der Erneuerung des Wissens über gesunde Ernährung
und die Ernährungstypen lässt vielleicht im ersten Augenblick den einen
oder anderen ausrufen: »Nicht schon wieder was Neues!« Keine Angst,

es ist nichts Neues. Es ist eine Hilfe, die Spuren der Verwüstung der letzten Jahrzehnte zu beseitigen und eine gute Richtung einzuschlagen. Wir schreiben für jene zehn Prozent unter den Lesern, die sich nur aus Unkenntnis chaotisch und »wissenschaftlich abgesichert« ernähren. Und die jetzt froh sind, wenn man ihnen zeitloses Wissen nahebringt, das aus der Sackgasse führt.

Das Wissen hilft Ihrem Körper, Ihrem Geist und Ihrer Seele, aufzuwachen und die Gewichte abzustreifen, die uns niederdrücken. Es ist eine große Hilfe, um endlich wieder die Zügel in die Hand zu nehmen und ein Leben in Unabhängigkeit und Selbstverantwortung zu führen. Wer nicht fähig ist, sich gesund zu ernähren, ist arm dran – sicher ist es kein Zeichen von großer Intelligenz. Essen Sie, was Ihnen guttut, und nicht, was Ihnen vorgeschrieben wird. Eiweiß beispielsweise ist am hochwertigsten in pflanzlicher Form. Alles andere ist eine Lüge, bewusst oder unbewusst! Die Wissenschaft weiß es schon längst besser. Die Schulmilch beispielsweise ist ein Verbrechen an unseren Kindern! Und Obstsäfte vertragen Kinder oft nicht, weil auf ihren Ernährungstyp keine Rücksicht genommen wird.

Trauen Sie sich, das Wissen unserer Ahnen zu erobern. Es ist unser aller Geburtsrecht. Sie müssen nicht auf den Segen von oben warten. Einfach ausprobieren, und schon erfahren Sie den Segen unmittelbar, spätestens nach ein paar Tagen, wenn Ihr Körper wieder aufgeatmet und Vertrauen zu Ihnen gefasst hat – nach einer langen Zeit der Vernachlässigung. Das ist unser Versprechen: Was Sie dadurch an Lebensqualität und Lebensfreude gewinnen, möchten Sie nicht mehr hergeben!

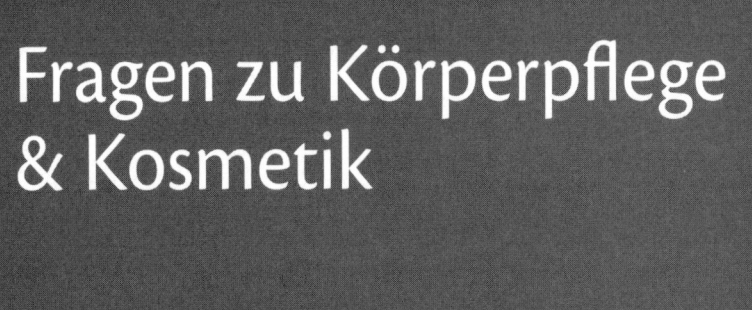

Fragen zu Körperpflege & Kosmetik

CRASHKURS MONDWISSEN

Grundregeln Körperpflege & Kosmetik

● Alles, was Ihre Haut aufbauen, stärken und kräftigen soll, gehört in den zunehmenden Mond.

● Alles, was die Haut reinigen und entgiften soll, gehört in den abnehmenden Mond.

● Ideal für jede Form der Hautpflege ist das Tierkreiszeichen Steinbock.

● Jede Form der Zehen- und Fingernagelpflege ist am günstigsten am Freitagabend nach Sonnenuntergang und am ungünstigsten am Samstag – unabhängig vom Mondstand.

Haare entfernen

Laut der Zeitung vom heutigen Tag steht der abnehmende Mond in diesem Jahr zum letzten Mal im Tierkreiszeichen Steinbock und dann ein halbes Jahr nicht mehr. Da ich mich in puncto Körperhaarentfernung sehr an den Mondphasen orientiere und weiß, dass Steinbock im abnehmenden Mond ideal für das Epilieren ist, würde ich gerne wissen, wie man in der anderen Hälfte des Jahres am besten vorgeht. Außerdem soll auch der 18. Juni zum Enthaaren geeignet sein, was hat es damit auf sich?

Der abnehmende Mond ist grundsätzlich immer geeignet für das Loswerden unerwünschter Körperhaare. Wenn gleichzeitig auch noch Steinbock herrscht, ist das die allerbeste Voraussetzung, dass sie lange nicht nachwachsen. In der Jahreshälfte »ohne Steinbock im abnehmenden Mond« würde es jedoch genügen, den Tierkreiszeichen Krebs, Löwe und Jungfrau aus dem Weg zu gehen. Bei Krebs wachsen die Haare kreuz und quer, bei Löwe werden sie zu dicht, und bei Jungfrau wachsen sie schnell wieder nach. Auch im abnehmenden Mond sollte man diese Tierkreiszeichen nicht wählen. Ansonsten genügt für ein lang anhaltendes Ergebnis, die Haare zu entfernen, wenn gleichzeitig der Mond abnimmt. Wer besonders empfindlich ist, vermeidet auch noch Skorpion für den Bikinibereich, Zwillinge für die Achselhaare und Wassermann für die Beine.

Bei zunehmendem Mond entfernte Haare wachsen schnell nach und können sogar kräftiger und dichter werden (besonders lästig übrigens für Männern, wenn ihre Nasenhaare auch noch zu piksen beginnen). Wenn Sie Ihre Körperhaare normalerweise täglich entfernen, verzichten Sie zumindest in den Tierkreiszeichen Löwe, Jungfrau und Krebs darauf. Speziell im Sommer kann es ja immer wieder einmal passieren, dass man häufiger ans Werk gehen möchte. Verzichten Sie übrigens auf jegliche chemischen Enthaarungsmittel. Langfristig schaden sie Haut und Körper.

Was den 18. Juni betrifft: Es gibt eine besondere Gartenregel zum 18. Juni eines Jahres, unabhängig von den Mondphasen: »An diesem Tag vormittags gejätetes Unkraut kommt nicht mehr.« Es gab einige Leserinnen, die diese Regel auch fürs Enthaaren ausprobiert haben, weil unser erstes Buch *Vom richtigen Zeitpunkt* eine kleine Anekdote darüber enthält, dass es sehr gründlich funktioniert hat. Diese Anekdote ist jedoch nicht als »Empfehlung« gedacht, geschweige denn als Garantie dafür, dass Körperhaare nicht mehr nachwachsen. Es ist im Gegenteil eine prima Sache, dass die »Unkrautregel« nur in ganz seltenen Fällen auch bei Körperhaaren funktioniert. Schmale Augenbrauen waren einmal modern, jetzt sind sie es nicht mehr. Wahre Schönheit bedeutet auch, die Vollkommenheit der Natur auszuarbeiten, zu unterstreichen, an sie zu erinnern und sie zu fördern.

In Kürze **Haare entfernen**

Haare entfernen wirkt dauerhafter bei abnehmendem Mond, ideal im Tierkreiszeichen Steinbock!

Zahnfleischentzündungen behandeln

Ich habe ein für mich sehr großes Problem: Mein Zahnfleisch ist sehr oft entzündet. Ich weiß schon, dass es Parodontose ist, aber alle Behandlungen sind nur von kurzer Dauer. Meine ganze Mundflora ist nicht in Ordnung, daher meine Frage an Sie: Gibt es vielleicht eine Behandlung in einer bestimmten Mondphase?

Wesentliche Ursache einer Parodontose ist meist eine Ernährung mit zu viel tierischem Eiweiß, Weißmehl und Zucker. Wenn Sie bei Ihrer Ernährung auf Ihren Ernährungstyp achten (siehe Interview im Kapitel »Fragen zur Gesundheit, zum Vorbeugen & Heilen«, Seite 103), dann können Sie viel verbessern. Sie dürfen nur keine schnellen Ergebnisse erwarten, denn es dauert auch lange, bis sich eine Parodontose entwickelt, und ihre Beseitigung erfordert Geduld.

Manchmal ist auch eine falsche Zahnputztechnik schuld. Wie es richtig geht, zeigt Ihnen Ihr Zahnarzt. Nehmen Sie bei nur leicht entzündetem Zahnfleisch eine weiche Zahnbürste, und massieren Sie öfters am Tag. Benützen Sie dazu nicht immer Zahnpasta, sondern tauchen Sie die Bürste vorher in Salbeitee. Bei akuter Entzündung am besten mit Kamillentee spülen und nur leicht bürsten. Buchenholzasche eignet sich hervorragend als heilendes Zahnputzmittel, sie ist inzwischen auch in einigen Zahncremes enthalten (erhältlich auch bei uns im Mondversand).

Die Behandlung einer Zahnfleischentzündung durch Zurückschneiden stark entzündeter Regionen ist nur eine vorübergehend wirksame Maßnahme, wenn Sie danach nicht die Ursache in den Griff bekommen. Je nachdem, welche Ursache Sie entdeckt haben: Wenn alles beim Alten bleibt – falsche Ernährung oder falsche Zahnputzgewohnheiten –, kehrt die Parodontose zurück, und Sie werden sich letztlich mit dritten Zähnen anfreunden müssen. Und selbst ein (einsetzbarer) Zahnersatz hält im Lauf der Zeit immer schlechter, wenn das Zahnfleisch niemals richtig massiert wird. Der günstige Zeitpunkt für die Parodontosebehandlung beim Zahnarzt ist der abnehmende Mond, dabei aber Widder- und Stiertage meiden. Das verletzte Zahnfleisch heilt rascher ab, die Blutung hält sich in Grenzen. Nebenbei bemerkt: Falsche Ernährung ist auch fast immer die Ursache von Mundgeruch, weil der Körper nicht verstoffwechselt, was er als »nicht verträglich« erkennt.

Haare färben im Mondrhythmus

In Ihren Büchern finde ich nichts zum Thema Haarefärben. Haare-schneiden bei Löwe und Jungfrau ist wirklich ein sehr guter Rat und hat meine Spaghetti-Zotteln in eine ansehnliche Mähne verwandelt. Deshalb gehe ich davon aus, dass es auch zum Färben etwas »Mond-mäßiges« gibt, oder liege ich da falsch?

Der Mond kann zwar auch hier helfen, seine Wirkung ist jedoch nicht so stark, dass es sich lohnen würde, eine »eiserne Regel« zu formulieren. Bei zunehmendem Mond hält Haarfarbe etwas länger, und die Farbe ist etwas intensiver. Bei abnehmendem Mond gefärbt wäscht sich Abtönfarbe etwas schneller aus. Wer sich die Haare mit starken chemischen Mitteln färben lässt, merkt diese Unterschiede nicht, schädigt aber auf Dauer die Haare.

Wo finde ich Buchenholzasche?

Durch Zufall ist mir in einer Buchhandlung Ihr Buch Aus eigener Kraft *in die Hände gefallen. Ich blättere seitdem immer wieder mit Freude und Interesse darin, es wurde mit viel Liebe geschrieben und enthält gute Hilfestellungen. Ich bin nun darin auf einen Hinweis zur täglichen Zahnpflege gestoßen, es handelt sich um die Buchenholz-asche. Da ich ständig mit Zahnfleischentzündungen zu kämpfen habe, ergreife ich jeden sich mir bietenden Strohhalm, um dieses Übel einmal aus der Welt schaffen zu können. Leider sind meine Nachfragen in Geschäften ohne Erfolg geblieben. Niemand hat sie, niemand kennt sie. Ich würde mich sehr über die Mitteilung einer Bezugsquelle freuen und danke Ihnen ganz herzlich.*

Buchenholzasche gibt es überall dort, wo Buchenholz im Ofen, im Herd oder im offenen Kamin brennt. Leider gibt es sie – wie wir aus vielen Zuschriften wissen – offenbar noch nirgendwo zu kaufen. Kennen Sie jemanden, der im Haus einen offenen Kamin oder einen Holzherd hat? Oder haben Sie die Möglichkeit, einige Scheite Buchenholz draußen zu verbrennen? Inzwischen ist es uns selbst gelungen, einen Bio-Hersteller zu finden, der eigens für uns eine Zahnpasta mit Buchenholzasche kreiert – auf unserer Homepage erfahren Sie mehr. Unser Zahnarzt hat sich schon im Scherz beklagt, dass er nichts mehr zu tun hat, wenn sich solche Produkte durchsetzen.

Die Anwendung der Asche ist übrigens ganz einfach: Ein kleines Schälchen gefüllt mit Asche bereithalten und die angefeuchtete Zahnbürste eintauchen. Während des Putzens sehen die Zähne gewöhnungsbedürftig aus, aber nach dem Spülen erkennen Sie, dass es sich lohnt. Kürzlich schrieb uns eine Zahntechnikerin (!), dass sie erst mit dieser Methode ihre langjährige Zahnfleischentzündung in den Griff bekommen hat.

Nägel schneiden und massieren

Eine frühere Arbeitskollegin, die sich viel mit Ihren Büchern beschäftigt hat, hatte immer ganz tolle und kräftige Fingernägel. Wir haben leider keinen Kontakt mehr zu ihr, und ich erinnere mich nur noch, dass man die Nägel am Freitag nach Sonnenuntergang schneiden soll und dass es eine besondere Massage für die Nägel gibt, die auch förderlich für die Gesundheit sein soll. Können Sie mir zu dieser Massage etwas sagen?

Freitags Nägel schneiden, am besten nach Sonnenuntergang – da liegen Sie richtig. Das regelmäßige Massieren des Nagelbetts der

Fingernägel ist eine besondere Form der Vorbeugung und Kräftigung – sie ist jederzeit wirksam, aber besonders an Zwillinge.

Die Methode ist einfach: Beginnen Sie an der rechten Hand und
massieren Sie sanft – trocken oder mit einem Massage- oder Ge-
lenköl – der Reihe nach das Nagelbett jedes Fingers. Bei schmerzen-
den Stellen einfach etwas verweilen und dort so viel Druck aus-
üben, wie Sie es gerade noch gut aushalten.

Buchtipp: Ein Buch über die Reflexzonen des Körpers kann Ihnen genau verraten, welches Körperorgan sich an einer schmerzen-
den Stelle meldet und dadurch eine besondere Belastung anzeigt –
beispielsweise das Buch *So spricht die Seele durch die Füße* von Ingeborg Steiner, ein wirklich empfehlenswertes Buch.

Genau dieselbe positive Wirkung hätte diese Massage auch am
Nagelbett der Zehen, aber die Finger sind leichter erreichbar und jederzeit »zugänglich«.

Zahnverfärbungen

*Mein dreieinhalb Jahre alter Sohn hat seit Langem schwarze Ränder
auf den Zähnen, welche laut Zahnarzt kein Karies sind. Es handle
sich »nur« um Ablagerungen, die von Bakterien ausgelöst werden.
Die Ränder sind für die Zähne nicht schädlich, sehen eben nur nicht
schön aus. Wir waren mit der Mundhygiene nie nachlässig. Unser
Zahnarzt poliert die Ränder zwar immer weg, aber schon nach kurzer Zeit sind sie wieder da. Vielleicht haben Sie einen Tipp, wie wir
das Problem einschränken oder vielleicht sogar beheben können.*

Der Mond kann hier zumindest dabei helfen, die Termine beim
Zahnarzt seltener werden zu lassen. Wenn Sie immer bei abnehmendem Mond in die Praxis kommen, dauert es viel länger, bis sich

die Zähne wieder färben. Ideal ist das Tierkreiszeichen Steinbock, das ab Dezember ein halbes Jahr lang im abnehmenden Mond auftaucht. Allerdings beseitigen Sie damit natürlich nicht die Ursache der Verfärbung, die höchstwahrscheinlich in einem bestimmten Bestandteil der Ernährung liegt, dem man mit ein wenig Detektivarbeit auf die Spur kommen könnte. Füllen Sie hierzu am besten den Fragebogen am Ende des Buches aus. Mit der Kenntnis des Ernährungstyps konnten wir schon einige Male in solchen Fällen helfen.

Permanent Make-up

Ich möchte ein Permanent Make-up machen lassen und könnte mir denken, dass der richtige Zeitpunkt auch hier eine Rolle spielt. Bei meinen Freundinnen und Bekannten haben sich jedenfalls in puncto Dauerhaftigkeit und Farbtreue unterschiedliche Ergebnisse eingestellt. Das eine oder andere Mal hat es auch Hautausschläge gegeben, aber das hat wohl mit der Chemie zu tun, oder?

Ein Permanent Make-up wirkt ähnlich wie eine Tätowierung als Mikroverletzung der Haut. Deshalb wäre es sinnvoll, zwar bei abnehmendem Mond zur Kosmetikerin zu gehen, gleichzeitig aber das Tierkreiszeichen zu meiden, das die jeweilige Körperregion beeinflusst – in den meisten Fällen also Widder und Stier, die Kopf und Hals regieren. Steinbock regiert Knochen und Haut und ist deshalb ebenso ungünstig. Insgesamt aber haben wir mit dieser speziellen Form der Kosmetik eher weniger Erfahrung. Sicher ist jedoch, dass das Beachten der Mondrhythmen in der Schönheitschirurgie generell große Erfolge bringt. Es kommt seltener zu einer problematischen Narbenbildung, zu Entzündungen oder anderen unangenehmen Begleiterscheinungen.

> *In Kürze* **Permanent Make-up**
> Permanent Make-up besser bei abnehmendem Mond – und Stein-
> bock meiden!

Haare nur bei zunehmendem Mond schneiden?

*Warum soll man sich die Haare nur bei Löwe im zunehmenden
Mond schneiden? Löwe steht ja nur ein halbes Jahr lang im zunehmenden Mond.*

Hier liegt nur ein kleines Missverständnis vor. Die Grundregeln sind
ganz einfach: Haareschneiden ist **immer** gut bei Löwe und Jungfrau. Dauerwellen legen ist immer gut bei Jungfrau. In beiden Fällen
ist es gleichgültig, ob der Mond zu- oder abnimmt. So steht es auch
in unseren Büchern. Nur für eine besondere Kur bei Problemhaaren
haben wir in unserem Buch *Vom richtigen Zeitpunkt* eine Empfehlung abgegeben: In einem solchen Fall eignet sich der zunehmende
Mond zum Schneiden besser, weil die Haare dann schneller und gesund wachsen. Bei abnehmendem Mond im Löwen geschnitten
wachsen sie auch kräftig und gesund, aber eher langsamer und
dichter, was auch von Vorteil sein kann.

Lassen Sie sich also einmal einige Monate lang die Haare immer
bei Löwe schneiden (gleichgültig, ob der Mond ab- oder zunimmt)
und verzichten Sie bei Krebs und Fische auf das Haarewaschen.
Dann haben Sie das Beste aus dem Einfluss der Mondrhythmen gemacht.

Sonnenbaden

Ich habe irgendwo gelesen, dass es auch zum Thema Sonnenbad und Sonnenschutz Mondregeln gibt. Vielleicht sogar in einem Ihrer Bücher, aber ich finde die Stelle nicht mehr. Und wie wird man schneller braun – bei zunehmendem oder bei abnehmendem Mond? Ich hab es schon einmal gelesen, aber leider wieder vergessen.

Zuerst einmal die Mondregeln: Ungünstig ist das intensive Sonnenbaden immer an den Krebstagen, aber auch bei abnehmendem Mond in Steinbock oder Löwe und generell bei zunehmendem Mond. Sehr ungünstig an den Krebstagen bei zunehmendem Mond und bei zunehmendem Mond in Steinbock oder Löwe, Schütze und Widder.

Mögliche Folgen der Wahl des falschen Zeitpunkts: Die Haut trocknet stark aus, der Alterungsprozess wird beschleunigt. Bei abnehmendem Mond erzielt man generell eine eher dauerhafte Bräune, bei zunehmendem Mond dagegen kommt es leichter zum Sonnenbrand. Von großem Schaden ist das Einschlafen in praller Sonne. Eine Viertelstunde im Schlaf ist schlimmer als eine Stunde im Wachzustand zu »braten«. Natürlich wollen wir hier nicht gegen das Sonnenbad am Urlaubsort predigen. Aber längere Sonnenbäder in regungslosem Zustand sind für jeden Hauttyp von Übel – doch das ist für Sie sicher längst nichts Neues mehr.

Der Teufelskreis ist sehr einfach zu beschreiben: Wenn man sie durch die Dauer der Bestrahlung nicht überlastet, besitzt die Haut eine natürliche Schutzfunktion gegen intensive Sonnenstrahlen. Sonnenschutzmittel unterstützen diesen Eigenschutz nicht, sie ersetzen ihn! Das wiederum sorgt dafür, dass alle Hautbereiche, die normalerweise ohnehin der Sonnenbestrahlung ausgesetzt sind (Hals, Arme, Gesicht, Beine, Dekolleté), noch empfindlicher werden

133

und schneller altern. (Haben Sie schon einmal die Haut am Rücken eines 80-jährigen Menschen berührt? Sie fühlt sich an wie die Haut eines Kindes.)

Und noch etwas: Die Hautkrebsrate nimmt überall dort zu, wo die Ozonschicht geschädigt ist. Merkwürdig ist, dass bei Mitgliedern aller Berufsgruppen, die vorwiegend unter freiem Himmel arbeiten – Bauarbeiter, Landwirte, Förster usw. –, die Hautkrebsrate vergleichsweise langsamer ansteigt. Fest steht, dass die meisten von ihnen aus unterschiedlichen Gründen auf die üblichen Lichtschutzkosmetika verzichten. Zum einen bedienen sie sich meist weit besserer Sonnenschutzmaßnahmen, nämlich Kleidung und breitkrempiger Hüte. Zum anderen wissen sie häufig, wann es Zeit ist, sich zu bedecken. Bei ihnen hatten Sonnenschutzmittel keine Gelegenheit, das natürliche Gespür der Haut für ihre Grenzen zu betäuben. Die heute weitverbreiteten »Sonnenallergien« sind ebenfalls in erster Linie auf Sonnenschutzmittel zurückzuführen, ausgelöst durch die Veränderung der darin enthaltenen chemischen Fettstoffe unter Hitzeeinwirkung. Ab Lichtschutzfaktor 8 ist so viel Chemie enthalten, dass die Cremes teilweise nachweislich gesundheitsschädlich wirken. Tiefe Bräune nicht automatisch als »gesund« zu bezeichnen, das wäre schon ein großer Schritt in die richtige Richtung.

Schwangerschaftsstreifen verhindern

Wie kann man Schwangerschaftsstreifen vorbeugen? Man hört da immer ganz unterschiedliche Sachen.

»Schwangerschaftsstreifen« – das sind Risse im Bindegewebe. Sie entwickeln sich als rötliche Streifen, die nach einiger Zeit weiß werden und es auch bleiben, selbst wenn die Sonne die übrige Haut gebräunt hat. Für viele ist es deshalb ärgerlich, wenn die Haut – meist in der Bauch- und Hüftregion – in dieser Weise Schaden nimmt. Die Streifen lassen sich leider nicht mehr beseitigen, aber man kann ihnen durchaus wirkungsvoll vorbeugen. Die Hauptursachen der Bindegewebsschwäche zu kennen ist der erste Schritt: Es sind Vitamin-E-Mangel und tierisches Eiweiß. Vitamin E ist maßgeblich an der Entgiftung des Körpers beteiligt. Funktioniert die Entgiftung nicht gut, lagern sich Giftstoffe im Bindegewebe ein und schwächen es. Wenn die Haut dann zu stark gedehnt wird, reißt sie.

Pflanzenöl, Getreidekeimlinge und Kresse enthalten besonders viel Vitamin E. Mit anderen Worten: Eine vollwertige Ernährung ist die beste Vorbeugung gegen Schwangerschaftsstreifen. Auch der Mond kann mithelfen: An den Waagetagen sollten Sie alle gefährdeten Stellen gut einmassieren, am besten mit einem natürlichen Gewebestraffonöl. Bürsten Sie die Problemzonen an Waagetagen immer mit einem rauen Handschuh oder einem Luffa-Handschuh im Uhrzeigersinn und massieren Sie sie hinterher – mit Gewebestraffonöl bei zunehmendem Mond (April bis September) und mit Entschlackungsöl bei abnehmendem Mond (Oktober bis März). Wer überzeugt ist, durch »Vererbung« stärker gefährdet zu sein, der sollte bedenken, dass meist nur die falsche Ernährungsgewohnheit vererbt wird und kein »unabwendbares Schicksal«.

Wenn Sie ein Baby erwarten, verwenden Sie während der Schwangerschaft am besten ausschließlich Entschlackungsöl und nach der Entbindung ausschließlich Gewebestraffonöl, unabhängig von Tierkreiszeichen, Mondphase und Jahreszeit. Zu den besten Kräutern gegen Bindegewebsschwäche zählt Zinnkraut (auch Ackerschachtelhalm genannt). Vorzugsweise an Waagetagen pflücken, zu einem Brei zerstampfen und frisch auf die Problemzonen auflegen. Die zweite Hauptursache der Bindegewebsschwäche, nämlich die falsche Ernährung, lässt sich allerdings durch bloßes

Einmassieren von Ölen und Auflegen von Kräutern nicht ausgleichen. Da wäre es die beste Lösung, sich mit dem Thema richtige Ernährung einmal in Ruhe auseinanderzusetzen. Vielleicht kann Ihnen unser Buch *Alles erlaubt!* hier weiterhelfen.

Tägliches Haarewaschen

Meine Tochter wäscht sich täglich die Haare, und manchmal mache ich mir Sorgen, ob sie damit nicht ihr Haar schädigt. Vielleicht sollte sie auch auf den richtigen Mondrhythmus achten, der bei mir sehr gut geholfen hat.

Ja, Erwachsene wundern sich öfter über Jugendliche, die sich täglich die Haare waschen. Das häufige Waschen kann tatsächlich Haare und Kopfhaut angreifen – besonders wenn schärfere chemische Haarwaschmittel oder gar Antischuppen-Shampoos verwendet werden. Insgesamt aber ist häufiges Haarewaschen bei Jugendlichen nicht weiter schlimm, wenn man ein mildes Haarwaschmittel aus der Naturkosmetik verwendet und wenigstens generell die Krebs- und Fischetage meidet.

Haare haben die Eigenschaft, »Strahlungen« aufzunehmen und zu speichern, bis sie gewaschen werden. Was das bedeutet, haben Sie selbst schon oft gefühlt: Angenommen, Sie waren in der Vergangenheit durch bestimmte Umstände gezwungen, einmal länger auf die Kopfwäsche zu verzichten. Erinnern Sie sich einfach an das Gefühl vor und nach dem Haarewaschen. Bei manchen Menschen fühlt es sich an, als ob sich ein unsichtbarer Nebel gehoben hat, der einem erst nach der Wäsche bewusst geworden ist. Dieser »Nebel« entstand durch die Last negativer Einflüsse, die in den Haaren gespeichert waren. Das ist auch ein Grund, warum eine regelmäßige

Bartpflege bei Männern so wichtig ist. Jugendliche entstrahlen sich durchs Haarewaschen, denn sie sind mehr als Erwachsene den unterschiedlichsten Strahlungen ausgesetzt (durch Kopfhörer, elektronische Geräte, Disco und Ähnliches).

Gesichtspackungen zum richtigen Zeitpunkt

In Ihren Kalendern kommt öfter das Stichwort »Gesichtspackung« vor, aber ich habe vergessen, wie die Mondregeln dazu lauten. Ich komme allmählich in ein Alter, wo ich ein wenig mehr auf eine spezielle Hautpflege achten möchte, um nicht zu sagen, muss. Was ist eigentlich Ihre Meinung zu diesem Thema?

Lassen Sie sich vom Mond bei der Körperpflege helfen, beispielsweise bei der gewünschten Gesichtspackung, die einmal alle vier Wochen eine große Wohltat bringen würde – bei zunehmendem Mond und ideal an Widder und an Lichttagen (Zwillinge, Waage, Wassermann). Die Packung zieht zum richtigen Zeitpunkt besonders gut ein, und die Haut nimmt optimal auf, was man ihr zuführt. Wenn Sie noch nie Gesichtspackungen angewendet haben, eignet sich der richtige Zeitpunkt besonders gut für den Start. Es wäre das Beste, wenn Sie dafür nur Naturkosmetik-Produkte verwenden würden.

Mit scharfer Klinge

Mein Mann lässt fragen, ob es fürs Rasieren auch eine Mondregel gibt – oder zumindest Erfahrungen dazu. Er hat das Gefühl, dass die Rasur manchmal unterschiedliche Ergebnisse bringt.

Leicht nachprüfen lässt sich die Erfahrung, dass der Bartwuchs bei zunehmendem Mond etwas stärker ist als bei abnehmendem Mond. Ebenso wie die Haare bei zunehmendem Mond geschnitten schneller wachsen. Einige Tipps noch: Wenn Sie sich nur alle zwei oder drei Tage rasieren, dann verzichten Sie an den Widdertagen darauf. Denn eine Rasur an diesen Tagen kann manchmal zu kahlen Stellen im Bartwuchsbereich führen. Und die Regel zum Haareschneiden lässt sich beim Schneiden der Nasenhaare umgekehrt anwenden: Statt die Fischetage zu meiden, wäre Fische hier besonders günstig, weil die Haare dann feiner und nicht so schnell nachwachsen (feinere Haare piksen auch nicht so).

Der Saft der Birke

Ich würde gerne eine Birkensaftkur machen. Meine Frage: Wie lässt sich der frische Saft haltbarer machen, und wie lange kann man die Birke anbohren (Zeitraum)?

Wir nehmen an, dass Sie mit Ihrer Frage eine Haarkur meinen, also den Birkensaft tropfenweise in das Haar einmassieren wollen, und dass es sich um Ihre eigenen Birken handelt. Die Kur ist ganz einfach: Bohren Sie bei zunehmendem Mond einen Ast an (niemals den Stamm!) und tun Sie dies so, dass die Tropfen fallen können und nicht am Stamm entlangrinnen. Hängen Sie eine Flasche an oder legen Sie eine Schüssel darunter. Lassen Sie jetzt das Gefäß einfach so lange stehen, bis nichts mehr tropft. Der Baum weiß schon, wann er aufhören muss.

Wir haben früher immer ein Fliegengitter über die Schale gelegt, damit keine Insekten angelockt werden. Danach diesen Baum nicht mehr anbohren – erst wieder im nächsten Jahr! Ein Haltbarmachen war bei uns nicht bekannt, weil der Saft sofort als Kur verbraucht wurde (im Zeitraum von etwa einem Monat). Am besten zweimal täglich den Haarboden einmassieren und darauf achten, an einem Widdertag zu beginnen und an Widder einen Monat später aufzuhören. Ideal dafür ist der Monat Mai. Inzwischen gibt es aber auch Haarkuren im Naturkosmetik-Sortiment. Solche Methoden sind also fast überflüssig geworden.

Hilfe, ich nehme nicht zu!

Nun muss ich Ihnen auch einmal eine Frage stellen. Wie kann ich zunehmen? Ja, ich möchte Gewicht zunehmen! Überall wird immer vom Abnehmen geschrieben. Ich gehöre leider zu der Menschengruppe, die immer mit ihrem Körper kämpft, um ja nicht abzunehmen. Ich ernähre mich schon zum größten Teil nach dem Omega-Typ. Mein einziger »Fehler« ist, dass ich doch immer wieder zu Butter greife. Meine Blutwerte sind optimal. Ich bin 1,63 m groß und wiege nur 47 kg. Bitte schreiben Sie mir, was ich tun soll.

Als Erstes sollten Sie Ihren Ernährungstyp Alpha oder Omega feststellen, Ihre Vermutung ist hier zu wenig. Einfach den Fragebogen am Ende dieses Buches oder auf unserer Homepage ausfüllen und uns zuschicken. Unsere jahrzehntelange Erfahrung hat gezeigt, dass man weder zu dick noch zu dünn ist, wenn man sich biologisch und dem eigenen Ernährungstyp gemäß ernährt. Darüber hinaus lässt sich leider pauschal kein Rat geben, es bedarf einer individuellen Einzelberatung, die aber sicher nicht lange dauern würde.

Rückkehr der Locken

Meine Tochter und ich haben beide Naturlocken. Wir waren im Winter zum Haareschneiden beim Friseur und mussten danach mit Entsetzen feststellen, dass die Locken immer weniger werden. Vor allem meine Haare sind nur mehr gerade. Kann es so etwas geben? Vor allem würde mich interessieren, ob es auch Tage zum Haareschneiden gibt, die sich positiv auf Naturlocken auswirken?

Immer wieder kommt es vor, dass man solche Erfahrung macht. In fast allen Fällen ist eine Lebens- oder Ernährungsumstellung daran beteiligt, aber die genaueren Zusammenhänge sind uns nicht bekannt. In vielen Fällen kommen die Locken nach einiger Zeit wieder zurück. Umgekehrt gibt es das Phänomen, dass lange und glatte Haare manchmal wellig werden, wenn man sie beispielsweise öfter beim Tierkreiszeichen Fische schneidet, meist begleitet von vorübergehender Schuppenbildung. Am besten ausprobieren und immer mit dem günstigen Tierkreiszeichen Löwe abwechseln.

Das Geheimnis des Haareschneidens

Zwei Ihrer Bücher habe ich bisher mit großer Begeisterung gelesen, es bleibt eine Frage offen, die ich lebhaft mit meinem Friseur diskutiere: Er sagt, er glaubt an die Wirksamkeit des Mondes beim Blumengießen und Ähnlichem, aber Haare seien »totes Material«, nämlich Horn, worin kein »Saft steigen kann«. Insofern sei der Zeitpunkt des Schneidens egal. Wie aber ist dann die positive Wirkung zu erklären, die ich ja längst erfahren habe?

Ihr Friseur sollte vielleicht einmal die Adern an seinem Handrücken beobachten – wie unterschiedlich sich diese verhalten, je nachdem, welche Menschen er gerade bedient. Oftmals schwellen sie durch die starke Ladung an, die er aufnimmt. Es ist sicherlich eine gute Idee, sich nach jedem Kunden die Hände unter kaltem Wasser zu waschen, um solche Belastungen loszuwerden (gilt übrigens auch für manche Telefonate!).

Haare sind kein »totes Material«, sie nehmen teil am gesamten Energiefeld, das uns umgibt. Sie wirken in mancher Hinsicht wie Antennen, die uns intuitive Vorgänge erleichtern helfen. Und sie wirken für Ladungen aller Art wie ein Speicher, was die große Erleichterung erklärt, die man manchmal nach dem Haarewaschen beziehungsweise Duschen verspürt. Ihr Friseur hat sicher auch noch nie erlebt, dass Haare nach einem starken Schock tatsächlich über Nacht grau werden können. Haare sind nur dann »leblose Materie«, wenn ein Chemiker sie untersucht. Ein Physiker, der sich mit Strahlungen und elektrischer Aufladung auskennt, würde ganz andere Dinge zu erzählen haben. Und erst recht ein Mensch mit Erfahrung, der beispielsweise beobachtet, dass es in Tirol kaum Männer über 70 gibt, die eine Glatze haben. Weil es vor 70 Jahren dort selbstverständlich war, Kindern nur bei Löwe die Haare zu schneiden. Persönliche Erfahrung zählt mehr als tausend Worte. Einfach ausprobieren und Mut zu eigenen Erfahrungen gewinnen.

Fettweg-Spritzen im Mondrhythmus

Ich möchte mir gerne eine Fettweg-Spritze an den Oberschenkeln geben lassen. Ich bin sehr interessiert und besitze auch ein Mondbuch. Dort steht darüber aber leider nichts drin. Vielleicht können Sie mir Auskunft darüber geben, wann die Zeit günstig ist?

141

Fettweg-Spritzen helfen wahrscheinlich schon, sind aber natürlich nur eine Bekämpfung des Symptoms. Was den richtigen Zeitpunkt betrifft: Unsere geringe Erfahrung deutet darauf hin, dass diese Methode besser bei abnehmendem Mond aufgehoben ist. Um in Zukunft unnötige Fettansammlungen zu vermeiden, ist es erstens wichtig, das für Sie persönlich »richtige« Fett herauszufinden (tierisch oder pflanzlich?) und zweitens, nicht zu wenig davon zu essen. Jeder Mensch braucht Fett zum Überleben – und zwar nicht zu knapp, damit der Körper nicht aus Angst alles einlagert, was er bekommt, gleichsam für »schlechte Zeiten«. Die vielen »fettarmen« Produkte heutzutage sind reine Augenwischerei und richten mehr Schaden an als dass sie nutzen. Lesen Sie sich am besten einmal das Ernährungstyp-Interview in diesem Buch (siehe Kapitel »Fragen zur Gesundheit, zum Vorbeugen & Heilen«, Seite 103) oder auf unserer Website durch. Es gibt Tipps, wie man relativ mühelos seinen Ernährungstyp herausfindet. Sie wissen dann ein Leben lang, welche Ernährung für Sie richtig ist.

Cellulitis und Knochenschwund

Der Zeitungsartikel über die Entstehung von Cellulitis irritiert mich etwas. Schuld an Cellulitis seien tierisches Eiweiß und alle Milchprodukte! Man hört doch immer wieder, auch vonseiten der Ärzte, wie wichtig Fleisch und Milchprodukte für den Knochenaufbau und Knochenerhalt sind. Als Laie bin ich jetzt wirklich überfordert, welcher Ansicht soll ich jetzt vertrauen?

Mit unseren Hinweisen auf die Wirkung von tierischem Eiweiß in der Ernährung möchten wir niemanden dazu überreden, seine Ernährung umzustellen, sondern ihm nur die Chance zur Umstellung geben, falls dies gewünscht wird. Auch wir essen manchmal Fleisch und Milchprodukte, weil es im Alltag manchmal einfach nicht anders geht, speziell auf Reisen. Aber wir tun es nur selten und immer seltener. Wer unter ständiger Müdigkeit leidet, wer sein Ideal- und Wohlfühlgewicht erreichen will, dem möchten wir mit unseren Informationen einen erfolgreichen Weg zeigen.

Milch macht ohne Ausnahme müde und leider auch in gewisser Hinsicht süchtig. Nur durch persönliche Beobachtung haben wir die Gültigkeit dieser Zusammenhänge begriffen. Erst später dann haben wir auch Begründungen und Zusammenhänge nachlesen können. Diese sind nicht schwer zu beschreiben: Die Frage ist, warum es keinen Knochenschwund gibt, wo keine Kuhmilch getrunken wird – nämlich bei Völkern, die sich fast ausschließlich vegetarisch ernähren. Warum hat im Tierreich jenes Tier die stärksten Knochen, das sich ausschließlich pflanzlich ernährt, nämlich der Elefant? Warum steigen in allen Industriegesellschaften die Milchallergien sprunghaft an, warum ist ausgerechnet dort der Knochenschwund eine grassierende Volkskrankheit, wo Milch und Käse zuhauf in den Läden stehen?

Knochenschwund hat unterschiedliche Ursachen, das Zuviel an tierischem Eiweiß in unserer Normalernährung ist die häufigste! Durch eine Ernährung mit großen Eiweißüberschüssen übersäuert das Blut. In seinem Bemühen, das richtige Kalzium-Phosphor-Verhältnis herzustellen, entzieht der Körper den eigenen Knochen das Kalzium. Das Kalzium muss diese Neutralisationsaufgabe übernehmen, weil ein erhöhter Säurespiegel im Blut absolute Lebensgefahr bedeutet! Das Skelett ist unser großes Kalziumreservoir und unterliegt einem stetigen Auf- und Abbau. Dabei hat immer das Gleichgewicht des Kalziumspiegels im Blut den Vorrang. Bei Fehlernährung mit einem Zuviel an Säurebildnern kommt es durch den verstärkten Kalziumabbau zu Veränderungen in den Knochen.

Der Schwund des Knochengewebes bei Osteoporose ist ein schleichender Vorgang, der sich über eine lange Zeit hinzieht. Das macht es der Nahrungsmittelindustrie leicht, die wahren Schuldigen zu ignorieren. Man jammert über die Folgen und empfiehlt uns, noch mehr Eiweiß zu essen und noch mehr Milch zu trinken! Zur Erinnerung: Tabak, Alkohol, Koffein und Colagetränke tragen ebenfalls zum Knochenschwund bei, weil sie das Blut übersäuern. Wir möchten es unseren LeserInnen überlassen, persönliche Erfahrungen mit diesen Zusammenhängen zu sammeln. Das macht unbestechlich.

Die Pflege von Naturlocken

Bitte teilen Sie mir mit, wann der günstigste Zeitpunkt zum Haareschneiden bei Naturlocken ist.

Das kommt darauf an, wie sehr Sie mit der eigenen Haarpracht zufrieden sind. Mit der Wahl des richtigen Zeitpunkts können Sie nämlich auf natürliche Weise ins Geschehen eingreifen. Unterstützend für Ihre Locken wirken die Löwetage, sie können durch das Schneiden an diesen Tagen sogar noch krauser werden.

Wenn Sie die Locken behalten wollen, aber ein wenig glatter, dann sind die Jungfrautage ideal. Generell ist Löwe der beste Haarschneidetag, wenn Sie robustes und gesundes Haar wünschen. Jungfrau ist der beste Zeitpunkt für Dauerwellen und für langes Haar. Wer schnell von einer Kurzhaar- auf eine Langhaarfrisur umsteigen möchte, sollte sich die Jungfrautage aussuchen. Die Mondphase ist übrigens hier nicht so wichtig. Bei abnehmendem Mond an Jungfrau- und Löwetagen wächst das Haar etwas langsamer und dichter, bei zunehmendem Mond etwas schneller, aber ebenso gut und gesund.

Erfahrungen einer Friseurin

Ich bin Friseurmeisterin und arbeite seit 20 Jahren mit Ihrem Mondkalender. Hiermit möchte ich Ihnen meine Erfahrungen mitteilen. Dauerwellen werden besonders schön und rund in der Locke an Wassertagen (Wasser ist in der Chemie der beste Leiter). Vorsicht nur bei Fische, die Lösung stinkt fürchterlich, sie fällt nach unten (Füße). An Lufttagen muss ich die Farben etwas dunkler wählen. Es sind ja Licht- und Bleichtage! An Steinbocktagen werden von drei Dauerwellen zwei reklamiert (weil ich keine Chemie verwende!). Bei Löwe auf keinen Fall zur Kosmetikerin gehen, die Haut wird angegriffen (bei Löwe soll man ja auch nicht düngen!). Das Gleiche gilt beim Färben und bei der Dauerwelle, selbst bei Pflegemitteln (alles chemisch). Weil für den Menschen der abnehmende Mond Einatmung bedeutet, hat in dieser Phase alles eine besonders starke Wirkung. Ich würde mich freuen, wenn Sie meine Erfahrungen verwerten können!

Dem können wir nichts hinzufügen, wir wünschen alles Gute!

*Verurteile keinen Menschen und halte kein Ding
für unmöglich, denn es gibt keinen Menschen, der
nicht seine Zukunft hätte, und es gibt kein Ding,
das nicht seine Stunde bekäme.*

(Rabindranath Tagore)

Fragen
zu Haushalt
& Alltag

CRASHKURS MONDWISSEN

Grundregeln Haushalt & Alltag

- Jede Reinigungsarbeit bringt erfolgreichere und dauerhaftere Ergebnisse bei abnehmendem Mond (Fensterputzen, Frühjahrsputz und Ähnliches).

- Zwei unterschiedliche Stoffe, die dauerhaft verbunden werden sollen, sollten bei abnehmendem Mond zusammengefügt werden – gleichgültig ob durch Verputzen, Malern, Kleben, Mischen, Verschmelzen, Zusammenschieben, Verschränken, Pressen, Zinken etc. Ideal ist es, wenn der Mond dabei im Tierkreiszeichen Steinbock steht (besonders bei Tischlerarbeiten).

Hausputz zum richtigen Zeitpunkt

Früher gab es ja den ausgiebigen Oster- und Weihnachtsputz, bei dem die ganze Familie mitgeholfen hat. Wäre es nicht sinnvoll, sich hier wieder auf den richtigen Zeitpunkt zu besinnen? Ich habe das Gefühl, dass meine Großeltern darauf geachtet haben, weil der Hausputz vor Weihnachten nie an den gleichen Tagen stattfand.

Tatsächlich scheint ein solches Putzvergnügen heute nicht mehr so modern zu sein, schon gar nicht unter Beachtung des richtigen Mondrhythmus. Dabei wäre dies aus verschiedenen Gründen ein Riesenvorteil, zum Beispiel für Allergiker. Um die Zusammenhänge vereinfacht auszudrücken: Bei abnehmendem Mond beseitigen Sie mühelos Staub, Schmutz und unerwünschte Kleintierchen, Sie tun dies mit weniger Kraftaufwand und längerfristigem Erfolg. Bei zunehmendem Mond dagegen hat man manchmal das Gefühl, Schmutz und Bakterien einfach nur neu zu verteilen!

Und abgesehen von den Vorteilen des richtigen Zeitpunkts im privaten Bereich: Würden beispielsweise Krankenhäuser beim Reinigen und Desinfizieren mehr auf den Mondkalender achten und Kalkfarben statt Dispersionsfarben für die Wände verwenden, könnten sie sehr viel hygienischer arbeiten und würden weniger resistente Bakterien züchten. Dasselbe gilt für Tierbehausungen wie Ställe und Ähnliches. Früher hat man genau auf den Zeitpunkt geachtet, um Almhütten, Strandhäuser oder Schrebergartenhäuschen winterfest zu machen. Der Lohn dafür war: viel weniger Arbeit im Frühjahr und eine viel längere Haltbarkeit der Holzmöbel, -fenster und -bauteile.

Generell also gilt: Jeder größere Hausputz zum richtigen Zeitpunkt ist erfolgreicher, gründlicher und geht viel leichter von der Hand. Achten Sie einfach darauf, dass der Mond abnimmt, das ist das Wichtigste.

149

Do it yourself – Grundsätzliches

Mich selbst brauchen Sie nicht mehr vom Einfluss des Mondes zu überzeugen. Den merke ich in vielen Dingen, aber besonders natürlich bei der Hausarbeit, die schon um vieles leichter geht, wenn man nach dem Mond arbeitet. Wäsche zum Beispiel ist bei uns immer ein Problem gewesen, weil unser Sohn eine Allergie hat. Sie ist lange nicht mehr so schlimm, seit sich das Waschmittel immer vollständig rauswäscht, wenn der Mond abnimmt. Ich würde mich aber freuen, wenn ich den Männern einmal sagen könnte, warum der Mond auch beim Heimwerken eine Rolle spielt. Vielleicht können Sie mir noch einmal die Regel dazu sagen und auch, weshalb das so ist?

Im Bereich des Hausbaus, Renovierens und Heimwerkens ist fast jede Tätigkeit – etwa das Verlegen von Holzböden oder der Einbau von Stiegen – vom abnehmenden Mond begünstigt, besonders wenn er gleichzeitig im Zeichen Steinbock steht. Löwe ist nicht ganz so geeignet, wenn es um die Arbeit mit Holz geht, weil alles etwas zu schnell trocknet und dann immer knackst. Das gilt auch, wenn mit dem Holz Möbel und Vertäfelungen gebaut werden.

Krebs, Skorpion und Fische sind auch nicht besonders gut geeignet, weil diese Zeichen zu viel Feuchtigkeit binden und die Fäulnisbildung begünstigen. Die Kunst des richtigen Zeitpunkts anzuwenden wäre in all diesen Bereichen generell von großem Nutzen, weil Sie vom ersten Tag an Unmengen von Umweltgiften und umständliches und teures Nacharbeiten vermeiden könnten. Natürliche Produkte (Naturharze, Holz, Schafwolle, Kalkfarben und Ähnliches) sind dann den Chemiegiften und umweltschädlichen Industrieprodukten in fast jeder Hinsicht überlegen – und um vieles gesünder und menschenfreundlicher! Ganz abgesehen davon, dass Chemieprodukte zehnmal mehr kosten würden als Bio-Produkte, wenn zum Preis des Produkts auch noch die Kosten seiner Beseitigung und der Behandlung der Umweltschäden im Produktionsprozess addiert würden. Wer sich von der Dauerhaftigkeit, Zähigkeit und Langlebigkeit der guten Dinge »vom richtigen Zeitpunkt« überzeugen möchte, dem empfehlen wir den Besuch eines Museumsdorfes, wo uralte Bauten Geschichten erzählen, die man von keinem Stahlbetonbauwerk zu hören bekommen würde. Millionen Euro ließen sich sparen, wenn man sich beispielsweise bei denkmalgeschützten Gebäuden und Kirchen wieder auf die Geheimnisse der Langlebigkeit dieser Bauten besinnt. Denken Sie nur an die vielen Brücken in aller Welt, die derzeit und noch auf Jahrzehnte hinaus aufwendig renoviert werden müssen. In unserem Buch *Der Mond im Haus* haben wir die Zusammenhänge ausführlich beschrieben.

Lebensmittel einfrieren

Mich würde sehr interessieren, ob der Mond auch Einfluss hat, wenn man Lebensmittel einfriert. Aus eigener Beobachtung weiß ich, dass es unerklärliche Unterschiede gibt und dass manchmal die Sachen einfach besser schmecken als zu anderen Zeiten. Vielleicht hängt es ja auch nur mit dem Erntezeitpunkt zusammen, ob Gemüse besser gerät. Aber ich vermute mal, dass der Zeitpunkt des Einfrierens auch eine Rolle spielt, oder?

Ja, die Sache mit dem Einfrieren. Wir persönlich haben keine Gefriertruhe zu Hause. Wir mögen es einfach frisch, und wenn wir vergessen haben einzukaufen, dann erinnern wir uns daran, dass ein Fasttag zuweilen dem Körper ganz guttut (und irgendeine Kleinigkeit findet sich immer). Trotzdem ist das Einfrieren noch eine der besten Methoden, Lebensmittel haltbar zu machen.

151

Was den Mond betrifft: Sicherlich ist es sinnvoll, Früchte an Fruchttagen (Widder, Löwe, Schütze) und Blattgemüse an Blatttagen (Krebs, Skorpion, Fische) einzufrieren. Alles, was viel Öl und Fett enthält, ist am besten an Zwillinge, Waage oder Wassermann aufgehoben. Eigens auf die jeweiligen Tierkreiszeichen zu warten, lohnt sich jedoch nicht, wenn sich dadurch Frische und Haltbarkeit verringern. Gezielt auf diese Tierkreiszeichen hin zu ernten oder einzukaufen wäre die sinnvollere Alternative.

Ostereier färben

Das Eierfärben zu Ostern steht vor der Tür. Da ich sehr gerne ganz besonders komplizierte Muster auf die Eier male, also richtige kleine Kunstwerke, die natürlich lange halten sollen, möchte ich wissen, ob ich bei meinem Hobby auch den Mond berücksichtigen soll.

Dass bemalte Ostereier unterschiedlich lange halten, manche jahrzehntelang jeden Umzug überstehen, während andere kaum die Osterfeiertage in einem Stück überleben, diese Erfahrung haben schon viele gemacht. Der Zusammenhang ist ganz einfach zu beschreiben: Das Ausblasen der Eier sollte bei zunehmendem Mond geschehen, weil dann das stabile Häutchen innen nicht reißt und das Ei viel besser zusammenhält. Bei abnehmendem Mond trocknet das Innenhäutchen so stark aus, dass es später leicht bricht – und damit auch die zarte Schale. Der Erfolg des Färbens und Bemalens dagegen ist weniger vom Mond abhängig.

Die Herstellung von Sauerkraut

In den letzten zwei Jahren habe ich mein eigenes Sauerkraut einge-hobelt. Im ersten Jahr hat es sehr gut geklappt, im zweiten überhaupt nicht. Da ich mir das jeweilige Datum nicht gemerkt habe, kann ich den genauen Stand des Mondes von damals nicht mehr feststellen. Ich möchte ab nächster Woche gerne wieder anfangen. Leider kann ich in Ihren Büchern keinen richtigen Zeitpunkt dafür ausmachen. Da ich diese Arbeit gerne jedes Jahr machen möchte, würde mir Ihr Rat sicher sehr weiterhelfen.

Damit können wir dienen, und es ist in diesem Fall auch besonders wichtig, den richtigen Zeitpunkt einzuhalten. Der Kohl sollte bei abnehmendem Mond geerntet und dann im Ganzen kühl und dunkel gelagert werden. Dabei bitte aber die Tierkreiszeichen Krebs und Jungfrau meiden! Die Lagerung bewirkt eine positive Veränderung, das Kraut muss ruhen und ausgasen.

Im Winter dann, beim ersten Steinbock, der im abnehmenden Mond auftaucht, gehört der Kohl geraspelt und eingestampft. Das wäre der ideale Zeitpunkt dafür. Zumindest sollten Sie niemals bei zunehmendem Mond und auch generell nicht im Tierkreiszeichen Jungfrau und Löwe Sauerkraut machen. Die Gärung verläuft bei Jungfrau zu schnell, und das Kraut kann schimmeln, an Löwe trocknet es aus.

Später dann sollten Sie immer nur eine Wochenration aus dem Fass herausholen, damit der Deckel möglichst immer geschlossen bleibt. Häufiges Öffnen würde das Kraut entweder austrocknen oder – je nach Mondphase – ebenfalls zu schnell gären lassen. Auch nicht bei Krebs, Löwe oder Jungfrau Kraut entnehmen, das verändert den Geschmack des restlichen Krauts im Fass! Bei Beachtung dieser Regeln werden Sie viel Freude mit Ihrem Sauerkraut haben.

Himalaja-Salz

Es wird viel darüber geschrieben, aber mich würde Ihre Meinung dazu interessieren: Was macht den Unterschied aus zwischen herkömmlichem Salz und den nun vielfach angebotenen »Natursalz«-Produkten?

Zweifelsfrei gab und gibt es viele Salzproduzenten, die bei ihren Aussagen zum Natursalz und zum »Himalaja-Salz« zu viel versprechen. Es ist ja beinahe schon ein Naturgesetz: Immer dann, wenn die Menschen ein altes, gutes Mittel wiederentdecken, kommen Geschäftemacher und übertreiben schamlos mit den möglichen Wirkungen – bis der Boom wieder vorbei ist und das Gute entweder erneut in der Versenkung verschwindet oder die Geschäftemacher ein neues Produktopfer gefunden haben. Das ist schade, weil ja auch wirklich gute und gesunde Produkte dadurch in Verruf kommen.

Kurz gesagt: Natursalz ist dem Chemiesalz bei Weitem überlegen. Die Salzindustrie kann sich nur schwer mit dem Trend zur Natur anfreunden. So bietet beispielsweise ein großer Hersteller deshalb kein naturbelassenes Steinsalz an, weil die Kristalle aus seinen Minen einen zu geringen Natriumchlorid-Gehalt aufweisen und nur mit großem Aufwand zu gewinnen sind. Mit der Werbung für ein Natursalz würde er Zweifel an der Qualität seiner übrigen Produkte säen. Dürfen wir diesen Satz für unsere LeserInnen übersetzen? »Würden wir Natursalz anbieten, würden wir ja zugeben, dass unser Natriumchlorid vergleichsweise minderwertig ist.« Einsicht ist also zu manchen Zeiten verboten.

Was das Natursalz betrifft: Vertrauen Sie Ihrer eigenen Erfahrung. Wir verwenden es bei uns zu Hause ausschließlich. Was leider den »Nachteil« hat, dass die schädliche Wirkung von normalem Salz uns auf Reisen ganz schön zu schaffen macht.

Der Magnetit im Wasserkrug

Ich habe bis jetzt alle Ihre Bücher mit großem Interesse gelesen und versuche auch umzusetzen, was ich schlüssig finde. Danke für das »alte Wissen«! Meine Frage ist nun folgende: Sie empfehlen in Ihrem Buch Die Mondgymnastik *das Mineral Magnetit zur Wasserbelebung in einem Krug. Ich habe nun irgendwo gelesen, dass der Magnetit nicht mit Wasser in Berührung kommen sollte. Leider stand nicht dabei, warum. Nun bin ich mit meiner Weisheit am Ende und hoffe auf Informationen von Ihrer Seite. Bisher hatte ich Bergkristall, Amethyst und Rosenquarz im Leitungswasser. Aber von Zeit zu Zeit ein anderer Geschmack ist ja auch nicht zu verachten, zumal die Quarze die Glaskaraffe ziemlich schnell unansehnlich werden lassen. Mit dem Magnetit passiert dies nicht, an seiner Oberfläche zeigen sich nur nette Bläschen – mein Neffe möchte auch nur noch »Blubberwasser« und kein »Kristallwasser« mehr.*

Sie können den Stein so verwenden, wie wir es angegeben haben. Rost wäre das einzig Negative, das dem Stein zustoßen kann, und Rost hat keinerlei Einfluss auf die gute Wirkung. Im Laufe der Geschichte hat man absichtlich wichtige Bestandteile des alten Wissens in Verruf gebracht, um das eigene Süppchen zu kochen und die Menschen in Abhängigkeit zu halten. Kürzlich fanden wir sogar einen alten Mondkalender, in dem ausdrücklich das Tierkreiszeichen Jungfrau als »absolut unfruchtbar« im Garten beschrieben wird. Solch ein Unsinn wird dann im Laufe von Generationen vielfach abgeschrieben, bis er in einem »modernen« Buch landet. Wir lassen uns jedenfalls von alldem nicht stören und machen weiter wie bisher.

Mondkalender und Tierhaltung

Meine Tochter studiert Veterinärmedizin. Als langjährige Anwende-
rin des Mondkalenders würde mich nun interessieren, ob die Mond-
regeln auch für die Pflege und Haltung von Tieren gelten?

Früher war es völlig undenkbar, nicht auf den Mond zu schauen,
gleichgültig, ob es um Menschen oder Tiere ging. Senner und Bergbauern lebten ja vielerorts so abgeschieden, dass kein Tierarzt
rechtzeitig zur Stelle war. Sie waren gezwungen, den richtigen Zeitpunkt zu beachten, wenn sie gesunde Tiere haben und Krankheiten
erfolgreich kurieren wollten. Was Ihre Tochter betrifft, wir wünschen ihr alles Gute und den Mut, ihren eigenen Erfahrungen zu
vertrauen. Wir wissen, dass es nicht leicht ist, das Mondwissen der
Schulmedizin näherzubringen, weil die Wissenschaft generell Probleme hat, mit solch einfachen Methoden umzugehen. Da wir selbst
auch Haustiere haben, stehen wir natürlich in Kontakt zu Tierärzten. Auch unsere Katze ist zum richtigen Zeitpunkt bei abnehmendem Mond geimpft, denn auch Tiere leiden, wenn man sie zum falschen Zeitpunkt behandelt. Aus persönlicher Erfahrung wissen wir,
dass Tierärzte nicht abgeneigt sind, das Wissen in ihren Alltag zu
integrieren. Im Gegenteil, wir erhalten Anfragen aus aller Welt. Generell lässt sich sagen, dass alle Mondregeln auf dem Gebiet der
Heilkunde und Gesundheitsvorsorge auch für Tiere Gültigkeit besitzen. Ihr lieber Hausgenosse spricht ebenso gut auf Behandlungen
zum richtigen Zeitpunkt an wie es Menschen tun.

Wollverarbeitung im Mondrhythmus

Meine ganze Familie arbeitet gerne mit Wolle, auch in meiner Heimat ist das noch Tradition. Ich erinnere mich, dass mein Großvater dabei noch auf den Mond geachtet hat, weiß aber die Regeln nicht mehr. Wissen Sie noch etwas dazu?

Auch zum Thema natürliche Wollverarbeitung erreichten uns im Laufe der Jahre viele Anfragen. In der Tat wäre es sinnvoll, auch hier den richtigen Zeitpunkt zu beachten. Die viel zitierten »Wollallergien« existieren nämlich eigentlich gar nicht. Allergisch reagieren wir nicht auf die Wolle selbst, sondern auf die zahlreichen chemischen Ausrüststoffe der verarbeiteten Wolle. Allerdings sind unsere Erfahrungen hier begrenzt.

Ideal wäre es, wenn die Schafe vor Vollmond geschoren werden. Am besten in der Woche vor Vollmond oder, wenn Sie die Wolle nicht liegen lassen können, einen Tag vor Vollmond (aber auch nicht eine Minute nach Vollmond!). Die Wolle wächst dann schnell, dicht und gesund nach. Das erste Waschen der gewonnenen Wolle sollte auf jeden Fall nur bei abnehmendem Mond erfolgen. Sie wird dann viel sauberer. Beim Zerreißen der Wolle ist der Zeitpunkt nicht so wichtig – der zunehmende Mond eignet sich etwas besser, die Wolle wird fülliger und leichter zu spinnen. Zahlreiche Chemikalien haben keinen anderen Zweck, als den »Griff« im Laden angenehm und verkaufsfördernd zu gestalten. Die chemische Industrie bietet sogar einen »Raschelverstärker« für Seide an. Übrigens: Wollsachen für empfindliche Menschen und für Babys sollten unbedingt von Mutterschafen stammen, weil sie nicht so kratzen.

Schafwolle auf Babyhaut?

Ihrem Rat, keine Wolle direkt auf Babyhaut zu bringen, muss ich widersprechen. Babys, Kleinkinder und auch Erwachsene profitieren von der Erdung, die von unbehandelter Wolle gerade als Unterwäsche ausgeht. Ich höre es immer wieder, dass Babys sehr ruhig werden, wenn sie ganz unbehandelte Unterwäsche tragen. Die Betonung liegt auf unbehandelt, sozusagen »direkt vom Schaf«, am besten ungefärbt und nicht erst waschmaschinenfest ausgerüstet. Die Baumwolle ist zu sehr mit Pestiziden belastet. Außerdem wird sie immer gefärbt.

Herzlichen Dank für Ihren Hinweis, Sie haben mit Ihrer Grundeinstellung völlig recht. Wir haben mit unserem Hinweis aber nicht an die Ausnahmen, sondern an den Regelfall gedacht, nämlich dass es viele Kinder gibt, die die »normale« Schafwolle (die ja zudem ebenfalls chemisch ausgerüstet ist) nicht vertragen. Damit sie dennoch von ihrem Wert profitieren können, wäre ein Füttern des Kleidungsstücks mit einem feinen Stoff eine gute Alternative. Dass »normale« Baumwolle sehr belastet ist und im Produktionsprozess sehr umweltschädlich ist, wissen die meisten unserer LeserInnen zwar schon, aber es verdient immer wieder Erwähnung.

Mond und Wetterregeln

Man hört ja immer wieder von Wetterregeln, die auch vom Mond bestimmt sein sollen. Mich würde interessieren, ob Sie Genaueres darüber wissen. Ist vielleicht sogar ein Schnee- und Wetterchaos wie in den vergangenen Jahren dadurch früher vorhersehbar?

Die Wetterregeln und Lostage vergangener Zeiten haben viel von ihrer Gültigkeit verloren, besonders nach dem Zweiten Weltkrieg. Zudem waren sie größtenteils regionale Regeln, die schon im Nachbartal nicht mehr funktionierten. Bestand hat jedoch noch die Beobachtung, dass es bei Vollmond und Neumond und bei Schütze und Zwillinge öfters zu einem Wetterumschwung kommt.

Die Frage, ob sich das Verkehrschaos vermeiden lässt, das sich alljährlich zu Winteranfang einstellt, lässt sich allerdings mit Ja beantworten, denn dieses Chaos hat mit dem Mond nichts zu tun. Sehen Sie, es ist eigentlich eine kleine Schande, dass wir nicht voneinander lernen können oder wollen. Das Wort Schneechaos ist nämlich in den Orten mit viel Schnee völlig unbekannt, und selbst zwei Meter Schnee lösen dort noch kein »Chaos« aus.

Das Rezept wäre ganz einfach: Erstens Schneeräumen lernen von denen, bei denen alljährlich der meiste Schnee fällt – ohne Chaos. Zweitens Winterreifenpflicht. Wir haben Verkehrsminister, die das Vernünftigste, nämlich die Winterreifenpflicht, mit dem Argument verweigern, dies sei eine Bevormundung des Bürgers. Wenn das wahr wäre, dann wäre auch jede Ampelanlage eine »Bevormundung«. Würde das Kind eines Ministers bei Schneefall von einem mit Sommerreifen ausgestatteten Auto angefahren, hätten wir ganz schnell ein wenig mehr Vernunft. So wie Gurte zum Anschnallen dienen auch Winterreifen der Sicherheit – und sorgen zudem für flüssigen Verkehr.

> ## *In Kürze* **Mond und Wetter**
> Bei Neumond und bei Vollmond, bei Zwillinge und bei Schütze schlägt das Wetter gerne um.

Die Einstellung zum Kochen

Die gesunde Ernährung, die Sie in Ihren Büchern beschreiben, finde ich wunderbar. Sie hat mitgeholfen, meine Lieben und mich gesund zu halten. Ich glaube aber fest daran, dass nicht nur die Inhaltsstoffe unserer Ernährung darüber entscheiden, ob etwas gesund ist oder nicht. Ich denke, dass auch die Einstellung, mit der ich koche, eine Rolle spielt. »*Der Mensch lebt nicht vom Brot allein*«, *heißt es, und das ist wahr!*

Da stimmen wir Ihnen voll und ganz zu. Sie werden in unseren Büchern an allen Ecken und Enden darauf stoßen, dass die Einstellung und die Liebe, mit der Sie kochen und arbeiten, das Ergebnis ganz direkt beeinflusst. Das liebevoll gestrichene Butterbrot ist immer noch nahrhafter als jede noch so »ausgewogene« Vitamintablette. Sogar die Wissenschaft kennt die Zusammenhänge längst, aber leider besteht kaum ein Interesse, sie auch in die breite Öffentlichkeit zu tragen oder gar im Schulunterricht anzuwenden. Das würde nämlich dazu führen, dass sich so manches Produkt etwas weniger gut verkauft, denn die wichtigste Zutat kostet nichts und ernährt uns besser als fast alle Nahrungsmittel.

Nur ein Beispiel: Während einer Studie in den Siebzigerjahren ernährte man Kaninchen mit fettreichem Futter, um die Entstehung von Herzerkrankungen zu untersuchen. Bei allen Versuchsgruppen gab es übereinstimmende Ergebnisse – mit einer Ausnahme: Bei einer der Gruppen zeigten sich seltsamerweise 60 Prozent weniger Krankheitssymptome! 60 Prozent! Nichts im Körper der Kaninchen gab Aufschluss darüber, warum gerade sie das »Herzinfarktfutter« besser verarbeiteten als die anderen Tiere. Nur durch Zufall entdeckte man schließlich nach einiger Zeit, dass der mit dem Füttern beauftragte Student »seine« Tiere gerne ab und zu einige Minuten lang auf den Arm nahm und sie liebevoll streichelte. Spätere Studien an anderen Tieren bestätigten diesen Zusammenhang. Das Seltsame ist, dass immer wieder gewaltige Forschungsgelder aufgewendet werden, um zu erforschen, was jeder von uns tief drinnen genau weiß: nämlich dass Liebe die stärkste und wirksamste Medizin ist.

Wegräumen von Saisonkleidung

In den letzten Jahren habe ich Ihren Rat befolgt und unsere Faschingskleidung bei Neumond wieder im Schrank verstaut, letztes Jahr direkt am Aschermittwoch. Trotzdem hat sie jetzt beim Hervorholen zum ersten Mal muffig gerochen, und ich musste sie vor dem Tragen noch einmal waschen. Was hat da nicht funktioniert?

Wir haben nachgeschaut, der Aschermittwoch 2006 war ein Tag nach Neumond. Das genügt schon, um die gute Wirkung des abnehmenden Mondes aufzuheben. Generell gilt beim Wegräumen von Saisonkleidung die Regel: Am besten bei abnehmendem Mond an einem Luft- oder Wärmetag, also an Zwillinge, Waage, Wassermann oder an Widder, Löwe und Schütze. Das muss nicht unbedingt nahe an Neumond sein. Bei vielen Regeln muss man allerdings sogar die genaue Minute von Neumond und Vollmond beachten, denn wenn beispielsweise Neumond um vier Uhr früh im Kalender angegeben ist, dann ist der ganze Tag schon vom zunehmenden Mond beeinflusst. Diese Genauigkeit ist wichtig, wenn es um feine Reparaturen geht oder um Renovierungen mit Naturbaustoffen, aber auch in manch anderen Bereichen wie etwa bei Operationen und Zahnarztbesuchen.

In Kürze **Wegräumen von Saisonkleidung und -geräten**
Immer nur bei abnehmendem Mond wegräumen, am besten an trockenen Tierkreiszeichen.

Abbeizen und Restaurieren

Im Rahmen meiner Restaurierungsarbeiten an alten Möbelstücken muss ich natürlich meistens den alten Anstrich entfernen. Das geschieht mit vorsichtigem Abbeizen, manchmal mit Heißluft. Ich habe hier schon Unterschiede während der Arbeit und im Ergebnis bemerkt, aber eigentlich immer den Anstrich selbst verantwortlich gemacht. Haben Sie hier Tipps, was den richtigen Zeitpunkt betrifft?

Ja, das Entfernen alter Farben und Anstriche durch Abbeizen ist eine seit Jahrhunderten geübte Fertigkeit, bei der man früher immer auf den Stand des Mondes achtete, um den Erfolg zu sichern. Früher genügte oftmals schon ein gründliches Abschrubben zum richtigen Zeitpunkt, erst seit Kurzem bringt Abbeizen größere Probleme mit sich. Heutige Lackanstriche aus Chemiefarben (Kunstharz, Acryl und Ähnliches) erfordern den Einsatz »harter« chemischer Stoffe, um die Oberflächen wieder von ihnen zu befreien. Umso wichtiger wäre es, wenn man dabei auf den richtigen Zeitpunkt achtete. Der abnehmende Mond wäre günstig, mit Ausnahme der Krebstage. Ungünstig ist der zunehmende Mond, besonders wenn gleichzeitig Krebs oder Löwe herrscht. Bei abnehmendem Mond geht die Arbeit müheloser von der Hand, Farben lösen sich leichter, und giftige Dämpfe werden von Lunge und Körper nicht so gut aufgenommen.

Zum falschen Zeitpunkt lassen sich Farbreste nur schwer entfernen. Das Holz wird beschädigt, und giftige Dämpfe belasten Lunge und Körper. Am einfachsten und »gesündesten« arbeitet man mit der Heißluftpistole. Sie löst die Lackschichten an, sodass sie sich mühelos entfernen lassen.

Haustiere kastrieren und sterilisieren

Gibt es eigentlich auch einen guten Zeitpunkt für das Kastrieren von Katern und das Sterilisieren von Katzen? Manchmal habe ich das Gefühl, dass der Mond auch hier ein Wort mitzureden hat.

Tatsächlich, sämtliche Mondregeln gelten ausnahmslos auch im Umgang mit Tieren. Ja, wir sind sicher, dass viele von ihnen überhaupt erst durch das Miteinander von Mensch und Tier entdeckt worden sind. Die Regeln für das Kastrieren und Sterilisieren von Tieren sind ganz einfach: Am besten bei abnehmendem Mond und nicht an Skorpion. Wer es besonders gut machen möchte, sollte auch im Oktober und November darauf verzichten, weil auch der Stand der Sonne im Tierkreis einen gewissen Einfluss hat. Jeder Tierarzt hat diese Unterschiede in Bezug auf Operationen schon erlebt, jetzt aber kann er die Zusammenhänge für sich nutzbar machen. Auf dem Land und besonders in den Alpen wurde früher sehr genau auf den Mondstand bei der Tierpflege geachtet, weil es Tierärzte nicht überall gab oder weil es oft zu spät gewesen wäre, wenn der zuständige Tierarzt bei den Tieren auf den Almen angekommen wäre.

Wäsche waschen nach dem Mond

Wie machen Sie das persönlich mit dem Wäschewaschen nach dem Mond? Inwiefern kann man dabei Wasser sparen?

Nur ein sehr geringer Teil unseres Trinkwasserverbrauchs wird tatsächlich zum Trinken verwendet, der Hauptteil dient uns zum Duschen und Baden, zum Reinigen von Geschirr und Wäsche, zum Spülen von Toiletten und Ähnlichem – Zwecke, die ebenso gut auch von gespeichertem Regenwasser erfüllt werden könnten. Mit der Wäsche nach dem Mond können Sie jetzt schon viel tun, um mit dem Lebenselixier Wasser vorsichtiger und sparsamer umzugehen und unser Grund- und Quellwasser zu schützen. Machen Sie dazu einmal einen einfachen Versuch: Legen Sie kurz vor Vollmond ein normal verschmutztes Wäschestück in lauwarmes Wasser und geben Sie ein wenig Waschmittel hinein. Wiederholen Sie dasselbe kurz vor Neumond unter den gleichen Bedingungen und vergleichen Sie, was jeweils nach einer Stunde geschehen ist.

Unser Rat: Waschen Sie die Wäsche nur bei abnehmendem Mond, zumindest aber erledigen Sie den Hauptteil in dieser Phase. Im besten Fall erwischen Sie einen Wassertag (Krebs, Skorpion, Fische). Die Wäsche wird sauberer, Sie brauchen viel weniger Waschmittel, es bleibt weniger davon in der Wäsche zurück (was allergischen Reaktionen vorbeugt). Wir selbst verwenden weniger als die Hälfte der empfohlenen Mengen und kaufen niemals Tabs für die Spülmaschine, weil man dann ja keine Kontrolle über die Menge hat. Auch mit dem Verkalken der Waschmaschine haben wir keine Probleme. Wenn wir im Sieb etwas Kalk entdecken, kommt einfach ein wenig Essig ins Wasser. Bei abnehmendem Mond baut sich zudem das Spülwasser leichter ab. Insgesamt also ein großer Beitrag zum Umweltschutz, der obendrein Ihren Geldbeutel schont.

Wäsche waschen

Problemwäsche immer bei abnehmendem Mond waschen. Spart Waschmittel und wirkt wirklich »fasertief«!

»Ernten günstig« auch im Winter?

Das Symbol für »Ernten günstig« findet man in Ihren Kalendern manchmal zu Zeiten, wo gar keine Ernte möglich ist. Hat das einen besonderen Grund?

Natürlich interessiert den Landwirt das Symbol für die Ernte und die Lagerhaltung eher im Herbst, doch Stadtbewohner können mit dieser Information während des gesamten Jahres etwas anfangen. Legen Sie beispielsweise Ihren Vorrats-Großeinkauf immer in den abnehmenden Mond. Das verlängert die Haltbarkeit der guten Sachen. Auch im Winter und an Wochenenden taucht deshalb das Apfelsymbol für »Ernten und Lagern günstig« auf.

Viele Hobbygärtner können sich ja nur in der Freizeit um das Ernten kümmern, deshalb erwischen sie nicht immer den richtigen Augenblick. Was dann aufgrund eines ungünstigen Zeitpunkts zu faulen beginnt, kann zum richtigen Zeitpunkt aussortiert und umgelagert werden. Auch deshalb finden Sie das Symbol zu allen Jahreszeiten, weil es genauso für günstige Einkaufs- und Lagerzeitpunkte gilt, etwa für das Transportieren und Lagern von Gemüse aller Art. Grundsätzlich verderben Lebensmittel, die bei zunehmendem Mond geerntet oder gelagert wurden, schneller, besonders im Sommer bei Gewittern (so wird beispielsweise die Milch schneller sauer).

Schuhkauf zum richtigen Zeitpunkt

Könnten Sie mir bitte noch einmal den richtigen Zeitpunkt zum Kauf von neuen Schuhen beziehungsweise zum ersten Tragen von neuen Schuhen nennen? Den Artikel habe ich verliehen und nicht zurückbekommen. Über Pflegetipps wäre ich auch sehr dankbar, weil ich das Gefühl habe, dass der Zeitpunkt hier ebenfalls eine Rolle spielt.

Beim Schuhkauf auf den Mondkalender zu achten, wäre durchaus sinnvoll, Steinbock- und Wassermanntage sind nämlich ungünstig. Bei Steinbock gekaufte Schuhe bleiben immer hart und unnachgiebig. An Wassermann gekaufte Schuhe dagegen neigen dazu, sich stärker zu weiten als an anderen Tagen (oftmals zu weit). Fast alle haben ein Paar Schuhe im Schrank, die vom ersten Tag an drücken, obwohl im Laden scheinbar alles in Ordnung war. Wenn Sie die Möglichkeit haben, das Kaufdatum mit dem Mondkalender zu vergleichen, entdecken Sie vielleicht, dass beim Erwerb gerade Steinbock herrschte. Eine mögliche Abhilfe für drückendes Schuhwerk kann darin bestehen, sie für einige Zeit ausschließlich an Wassermanntagen zu tragen, damit sie weicher werden.

Auch für die Pflege gibt es den richtigen Zeitpunkt: Bei abnehmendem Mond geputzt bleibt jedes Schuhwerk länger sauber, das Leder wird nicht so angegriffen und ist haltbarer. Ausschließlich bei abnehmendem Mond Schuhe zu putzen, ist natürlich nicht möglich, doch hartnäckiger Schmutz lässt sich dann leichter entfernen. Besonders wenn Winterstiefel im Frühling in den Schrank gepackt werden, sollten Sie sie vorher bei abnehmendem Mond reinigen und eincremen. Eine gründliche Erstimprägnierung nagelneuer Schuhe bei abnehmendem Mond hält fast das ganze Schuhleben lang!

Umzug ins Kinderzimmer

Unsere Tochter ist jetzt acht Monate alt und schläft in einem Stuben-wagen bei uns im Schlafzimmer. Da ich nicht mehr stille und der Stubenwagen schon bald zu klein wird, würden wir sie gerne in ihr eigenes Bett im Kinderzimmer legen. Wann wäre hier der geeignete Tag? Mit dem Stillen habe ich bei Vollmond aufgehört, und das hat sehr gut geklappt.

Wir persönlich würden – wie zu alten Zeiten – die traditionellen Tage fürs Übersiedeln wählen, nämlich einen Montag, einen Mittwoch oder einen Samstag. Mittwoch ist der beste Tag. Generell sind Dienstage, Donnerstage und Sonntage eher ungünstige Zeitpunkte. Babys gewöhnen sich dann nicht so schnell an die neue Umgebung, sie sind einige Zeit unruhig und nervös. Das kann natürlich auch geschehen, wenn Sie zum richtigen Zeitpunkt umziehen, aber die Wahrscheinlichkeit ist sehr viel geringer.

Zusätzlich sollten Sie die Tierkreiszeichen Löwe und Krebs meiden. Bei Löwe schreit das Baby, ohne dass man es zufriedenstellen kann, bei Krebs bleibt es unruhig und schreit, weil es dem alten Platz nachtrauert. Bitte darauf achten, dass der neue Bettplatz strahlenfrei ist (eventuell auspendeln oder einen Rutengeher kommen lassen).

Noch eine Anmerkung: Das Baby sollte gleich zu Beginn des Umzugs die gleichen Lichtverhältnisse wie zuvor vorfinden. Drehen Sie beispielsweise das Bettchen also so zum Fenster, dass der gleiche Winkel wie zuvor besteht. Nach einigen Wochen dann die Lage wechseln. Entweder rücken Sie das Kopfkissen ans Fußende, oder Sie drehen das Bettchen einfach um.

Hartnäckiger Rauchgeruch

Wir haben ein altes Haus bezogen, in dem bis vor etwa sieben Jahren im Wohnzimmer stark geraucht wurde. Trotz mehrmaligem Überstreichen riecht es noch immer unangenehm. Wir streichen demnächst das Zimmer neu, da wir es zum Esszimmer umfunktionieren. Haben Sie einen Tipp, wie man dem Geruch entgegensteuern könnte? Wir haben gehört, dass es eine Wandfarbe gibt, die alle Gerüche neutralisiert und oft in Kindergärten verwendet wird. Allerdings weiß ich nichts über die Beschaffenheit der Farbe. Über eine Antwort würde ich mich sehr freuen.

Es gibt einen Erfolg versprechenden Weg. Als wichtigsten Schritt sollten Sie das Haus bei abnehmendem Mond an einem Lichttag (Zwillinge, Waage, Wassermann) ausräuchern. Einfach Weihrauch oder getrockneten Salbei auf die Räucherkohle legen und bei offenem Fenster und geschlossener Tür stark räuchern. Anschließend die Fenster noch einige Stunden offen lassen. Bleiben Sie in dieser Zeit nicht im Raum, auch nicht während des Räucherns.

Was den Anstrich betrifft: Natürlich gibt es Farben, die alles überdecken. Sie werden beispielsweise in Gasthäusern verwendet. Uns ist bis jetzt jedoch keine Farbe mit dieser Eigenschaft bekannt, die umweltfreundlich in Herstellung und Anwendung wäre. Wenn Sie einen Bio-Anstrich wählen, dann ist der richtige Zeitpunkt sehr wichtig, nämlich der abnehmende Mond! Wobei Sie den Tierkreiszeichen Krebs, Skorpion, Jungfrau und Fische aus dem Weg gehen sollten. Wärme- oder Lichttage sind besonders geeignet. Wir hoffen, Sie werden mit dieser Methode die Düfte los. Als letzte Möglichkeit besorgen Sie sich vom Tischler Zirbenholzspäne, füllen damit einen Kissenbezug und geben dem Kissen einen Platz im Esszimmer. Sein Duft hält jahrelang und ist sehr inspirierend.

Plätzchen und Kekse

Nicht mehr lange, und die ganze Familie ist wieder mit dem Backen von Weihnachtsplätzchen beschäftigt. Meine Großmutter hat dabei noch auf die »Zoachn« und den Mond geachtet, und ich wünschte, ich hätte mir ihre Regeln gemerkt. Kennen Sie noch die richtigen Zeitpunkte?

Da gibt es tatsächlich Unterschiede, und vielleicht enthüllen sie dem einen oder anderen Leser, warum man unterschiedliche Erfahrungen bei gleichen Voraussetzungen macht. Vorausgesetzt, Sie verwenden die gleiche Rezeptur, werden Kekse bei abnehmendem Mond etwas trockener und sind dann lange Zeit lagerfähig. Bei zunehmendem Mond dagegen bleiben sie feuchter und sind eher zum schnelleren Verzehr gedacht. Wundern Sie sich also nicht, wenn Ihr Partner und Ihre Kinder ab jetzt nur noch bei zunehmendem Mond backen wollen!

Für Allergiker ist vielleicht die Information interessant, dass es für Keksrezepte, die nach Ei und/oder Milch verlangen, gesunde und trotzdem köstliche Alternativen gibt. Jedes Ei laut Rezept können Sie mit einem Esslöffel Sojamehl ersetzen, die Milch durch Sojamilch. Vollwertmehl und Rohrzucker vorausgesetzt, ergibt das Kekse, die wirklich wunderbar schmecken, obendrein nicht müde machen und auch für Allergiker geeignet sind. Viele scheuen den Rohrzucker, weil er meist grobkörnig angeboten wird, aber inzwischen gibt es den Rohrzucker auch in Form von Staubzucker.

Nähen und Sticken

Ich bin schon zehn Jahre treue Leserin Ihrer Bücher und finde derzeit keine Antwort auf meine Frage: Wann wäre generell ein günstiger Zeitpunkt, um Näharbeiten durchzuführen?

Das ist eine interessante Frage, die uns bisher noch niemals gestellt worden ist. Im Wesentlichen wurde beim Nähen nur dann auf den Mondstand geachtet, wenn Haltbarkeit an erster Stelle stand, beispielsweise beim Zaumzeug für Pferde, bei Trachten und bei Lammfellprodukten. Es sollte abnehmender Mond herrschen und nicht Krebs oder Löwe. Ansonsten hatte der Mondstand beim Nähen keine wesentliche Bedeutung. Viele Näherinnen kennen allerdings das Phänomen, dass bei abnehmendem Mond grundsätzlich alles besser und länger hält. Wenn beispielsweise Nähte wieder zu öffnen sind, kann das bei abnehmendem Mond ganz schön fuchsen.

Die ganz kleinen Tierchen

Ich habe in diesem Jahr zum ersten Mal kleine Mücken oder Fliegen an meinen Blumen im Wohnzimmer und in der Küche entdeckt. Sie nisten vor allem in der Blumenerde und fliegen bei jeder Bewegung auf. Sogar bei meinem Bananenbaum und meinen Palmen haften sie am Blumentopf und in der Erde. Ich glaube, dass ich dieses Mal einfach schlechte Blumenerde erwischt habe. Doch bevor ich zu Gift-Maßnahmen greife, wollte ich bei Ihnen anfragen, ob es natürliche Mittel gibt, die diese Tiere nicht vertragen. Oder wissen Sie von anderen Maßnahmen, durch die sie verschwinden (ich bin nämlich nicht unbedingt ein Fan von giftigen Mitteln!)?

Sie haben recht, meist kommen solche ungebetenen Gäste gleich mit der Blumenerde zu uns. Die Tierchen können aber auch schon an der Pflanze selbst gewesen sein, etwa im Wurzelbereich, weil die Glashauspflanzen ja oftmals schlechte Abwehrkräfte haben. Ein ausgebildeter Gärtner kann die unterschiedlichen Ursachen aber besser beurteilen.

Wir lösen solche Probleme meist mit Umtopfen an Jungfrautagen und mit dem Gießen ausschließlich an Blatttagen (Krebs, Skorpion, Fische). Alle Wehwehchen der Pflanze lassen sich so auf einfachstem Weg korrigieren. Bei Läusebefall oder bei diesen Fliegen können Sie es einmal als Sofortmaßnahme mit Einräuchern probieren. Das muss keine Zigarette sein, Weihrauch oder sonstiges natürliches Räucherwerk funktioniert ebenfalls.

Zum Thema Unkraut- und Schädlingsbekämpfung gilt generell: Die beste Vorbeugung gegen das massenhafte Auftreten von Schädlingen ist das Setzen und Säen zum richtigen Zeitpunkt. Zum Thema Bekämpfung noch die Grundregeln: Unkraut bei Steinbock, Erdungeziefer an Wurzeltagen (Stier, Jungfrau, Steinbock) und oberirdische Schädlinge bei Krebs, aber auch bei Zwillinge und Schütze. Rückschnitt zur Gesundung: Unbedingt bei abnehmendem Mond kurz vor Neumond oder direkt bei Neumond.

Fenster tauschen und Giebel streichen

Im März werden unsere Fenster im ganzen Haus getauscht. Vorher wird noch der Giebel (aus Holz) gestrichen. Da dies ein so umfangreiches Unterfangen ist und das Ergebnis doch lange Jahre wirksam sein sollte, bitte ich um Ihre Antwort, wann wir das am besten bewerkstelligen sollen. Für das Streichen haben wir zwei Tage geplant, der Fenstertausch wird etwa drei Tage dauern.

171

Der Zeitpunkt des Verglasens und Einsetzens ist in hohem Maße ausschlaggebend dafür, ob Sie Freude an Ihren Fenstern haben oder nicht. Generell sollten Sie diese Arbeit bei abnehmendem Mond vornehmen. Für das Einsetzen der Fenster gilt zusätzlich, dass man die Tierkreiszeichen Krebs, Skorpion und Fische meiden sollte. Bei zunehmendem Mond oder in einem Wasserzeichen (Krebs, Skorpion, Fische) verglaste Holzfenster und Wintergärten können sich verziehen, schlecht schließen und durch eindringende Feuchte vorzeitig morsch werden.

Nach dem Einsetzen putzen Sie die Fenster bei abnehmendem Mond und an einem Licht- oder Wärmetag (Zwillinge, Waage, Wassermann und Widder, Löwe, Schütze). Es genügt schon Wasser mit einem Schuss Spiritus und Zeitungspapier, um freie Sicht zu gewähren. Scharfe oder hochkonzentrierte Mittel sind überflüssig. Holz-Fensterstöcke keinesfalls bei zunehmendem Mond reinigen und niemals nur von einer Seite. Immer von beiden Seiten, damit nicht einseitige Quellungen entstehen. Früher wurden die Fenster ausgehängt und von beiden Seiten nur mit dem Wasserschlauch abgespritzt. Erst später dann, als die »modernen« Fenster kamen, die haben sich dann verzogen.

Was das Streichen betrifft: Auch dabei sollten Sie einen Termin bei abnehmendem Mond wählen. Was die Haltbarkeit betrifft, wäre Steinbock ideal. Wassertage sind eher ungünstig, ebenso Löwe, denn Löwe führt durch eine zu schnelle Trocknung manchmal zu Rissbildungen.

Die Pflege von Holzböden

Sie gaben einmal Tipps für die Pflege unbehandelter Holzböden. Unsere Böden sehen jetzt nicht mehr so gut aus wie erhofft. Könnten Sie uns bitte helfen?

Das ganze Geheimnis ist eine Kombination aus Buchenholz-Aschenlauge und dem richtigen Zeitpunkt ihrer Anwendung. Diese Methode ist sicher seit Jahrtausenden in Gebrauch und sorgt auch heute noch für die zeitlose Schönheit stark beanspruchter Holzböden wie man sie in alten Gasthöfen und Bauernhäusern findet. Wenn der Boden durch normalen Alltagsgebrauch nur leicht verschmutzt ist, sollte das Reinigen bei abnehmendem Mond und an einem Lufttag erfolgen (Zwillinge, Waage, Wassermann). Bei starker Verschmutzung wählen Sie ebenfalls einen Tag im abnehmenden Mond, aber einen Wassertag (Krebs, Skorpion, Fische).

Die Lauge stellen Sie wie folgt her: Setzen Sie etwa fünf Liter Wasser und etwa zwei Handvoll Buchenholzasche an. Bringen Sie das Wasser zum Kochen, danach lassen Sie die Lauge etwa eine Stunde lang leicht sieden. Zur Seite stellen und warten, bis die Ascheteilchen einen Bodensatz bilden. Anschließend die klare Lauge abfüllen – in Schraubgläsern ist sie sehr lange haltbar (der Bodensatz gehört auf den Kompost). Zur Anwendung: Sie brauchen zum Putzen eine Wurzelbürste als Schrubber (nach Möglichkeit keine Kunststoffbürsten!), einen Eimer heißes Wasser, dem Sie je nach Verschmutzung etwa ein Achtel Liter Lauge zugeben, einen zweiten Eimer mit klarem, lauwarmem Wasser zum Aufnehmen sowie jeweils einen Wischlumpen. Jetzt etwa einen Quadratmeter mit der Lauge befeuchten oder richtig nass machen, mit dem Schrubber putzen und mit viel klarem Wasser aufnehmen. So arbeiten Sie sich Fläche für Fläche voran. Viel Freude mit dem Ergebnis!

Mond und Maschinen

In der türkischen Übersetzung Ihres ersten Buches Vom richtigen Zeitpunkt *habe ich nichts über die Pflege von Maschinen und Autos gelesen. Ich stelle mir aber vor, dass es auch dabei etwas zu beachten gibt, was meinen Sie? Haben Sie Erfahrungen auf diesem Gebiet?*

So seltsam es klingt, aber auch bei der Maschinen- und Autopflege hat der Mond ein Wörtchen mitzureden: Alle Lackier-, Reinigungs- und Reparaturarbeiten halten länger vor, wenn man sie bei abnehmendem Mond durchführt. Ein besonders augenfälliger Test würde die Zusammenhänge schnell deutlich machen: Reinigen Sie die Innenscheiben eines täglich benutzten Fahrzeugs einfach einmal kurz vor Vollmond, einmal kurz vor Neumond – dann beobachten Sie, wie lange es dauert, bis sie wieder denselben Verschmutzungsgrad erreicht haben. Das Ergebnis beseitigt alle Zweifel.

Kräuter in der Wohnung

Ich komme ursprünglich aus einer sehr ländlichen Gegend und studiere seit letztem Herbst in Wien. Obwohl es mir gut gefällt, vermisse ich einen Garten und besonders die Kräuter. Habe ich in meiner kleinen Studentenwohnung eine Chance, Kräuter zu ziehen, und wenn ja, wie?

Zuerst können Sie sich in einer Gärtnerei Kräuterstöckchen besorgen und sie in Blumenkästen mit zusätzlicher Erde setzen. Achten Sie zweitens auf den Zeitpunkt beim Setzen, wenn Sie welche nachkaufen (bei zunehmendem Mond). Trennen Sie Feuchtigkeit liebende Kräuter von südlichen Kräutern wie Majoran, Oregano oder

175

etwa Thymian. Für den Anfang genügen zwei Blumenkästen: Einen Kasten für Schnittlauch, Petersilie, Basilikum, Koriander und Ähnliches verwenden, also Kräuter, die mehr Wasser brauchen. Der zweite Kasten ist für die Trockenheit liebenden Kräuter gedacht. Drehen Sie die Kästen im Abstand von ein paar Tagen, damit die Pflanzen gerade wachsen. Nach einiger Erfahrung können Sie ohne Probleme auch auf verschiedene Teesorten umsteigen. Bitte alle Pflanzen nur an Blatttagen gießen (Krebs, Skorpion, Fische)!

Verspiegelte Kleidung retten

Was tun, wenn sich bei schwarzer Kleidung das gefürchtete Spiegeln bildet, weil man zu heiß gebügelt hat?

Dieses Spiegeln muss nicht unbedingt an der falschen Temperatur liegen. Es bildet sich auch, wenn man an Steinbock schwarze Sachen bügelt. Manchmal hilft folgende Methode, um das ursprüngliche Mattschwarz zurück zu holen: Bei abnehmendem Mond (nicht Steinbock) mit dem Dampfbügeleisen leicht andämpfen, jedoch ohne den Stoff zu berühren. Dann mit einer weichen Bürste oder einem echten, festen Schwamm leicht über die Flächen rubbeln. Für alles Schwarze gilt: Niemals rechts bügeln und möglichst immer noch ein Tuch dazwischenlegen.

Mit Tieren (und Menschen) umziehen

Ich bitte Sie, mir mitzuteilen, an welchen Tagen man Tiere übersiedeln kann beziehungsweise es vermeiden sollte. Ich glaube, dass es bestimmte Tage dafür gibt und die Tiere dadurch keinen Trennungs-

schmerz erleiden. Es würde mich freuen, eine brauchbare Antwort zu erhalten.

Keinerlei Trennungsschmerz, das ist vielleicht etwas zu viel versprochen. Aber wir würden wie zu alten Zeiten die traditionellen Tage für das Übersiedeln wählen, nämlich einen Montag, einen Mittwoch oder einen Samstag, wobei Mittwoch der beste Tag ist. Der Mond hat hier nicht so viel Einfluss. Besonders ungünstig sind Dienstage, Donnerstage und Sonntage. Tiere gewöhnen sich dann nur schwer an eine neue Umgebung, sie bleiben unruhig und nervös.

Früher hat man nach einem Stallneubau oder bei einem Almabtrieb auf den richtigen Zeitpunkt geachtet – und teilweise geschieht dies auch heute noch. Einen Almabtrieb mit unruhigen Tieren, die womöglich die zuschauenden Touristen gefährden, kann sich ja keine Alpengemeinde leisten! Tiermärkte wurden früher ausnahmslos an einem Mittwoch oder Samstag abgehalten. Das hat sich leider mancherorts aus »organisatorischen Gründen« geändert.

Diese Regeln einzuhalten ist übrigens auch bei Umzügen von Menschen hilfreich. Speziell bei Kindern ließe sich mit dem richtigen Zeitpunkt so manche schwierige Eingewöhnungszeit vermeiden.

Fast wichtiger noch als der richtige Zeitpunkt ist bei einer Übersiedlung von Mensch und Tier jedoch, ob man für die neuen Arbeits- und Schlafplätze einen strahlenfreien Ort finden kann. Bevor man also mit Einbaumöbeln jongliert und sich festlegt, sollte ein guter Rutengeher die neuen Räume ausmessen. Oder man vertraut einfach seinem Gefühl und experimentiert mit verschiedenen Plätzen. Mit Tieren ist es einfacher: Es lässt sich sehr schnell feststellen, ob es ihnen in ihren neuen Ställen behagt oder nicht. Und bei vielen Bauern bleiben bestimmte Abteile einfach leer, weil ein Tier dort krank werden würde.

> ### In Kürze — Umziehen mit Tieren
> Tiere nur montags, mittwochs oder samstags an einen anderen Ort bringen! Mittwoch ist ideal.

Was tun bei einer Fliegenplage?

Wir leben auf dem Land, neben uns wohnt ein Bauer, und wir ersticken in Fliegen! Was können wir tun, um endlich diese Plage loszuwerden? Gibt es nicht ein giftfreies Mittel, um sie zumindest einzudämmen? Dass wir gar keine Fliegen mehr haben, muss ja nicht sein, aber weniger wäre sehr schön.

Sie tun wirklich gut daran, keine Chemie zu verwenden. Fliegen sind sehr robuste Tierchen, und jede Chemie, die wirksam abwehrend wirkt, ist für den Menschen schon schädlich. Das einzige biologische und unschädliche Mittel, das wir kennen, sind Tomatenstauden, die Sie vor Türen und Fenster stellen sollten. Dabei ist der Aufstellzeitpunkt wichtig: Sie sollten einen zunehmenden Mond und einen Blütentag wählen (Zwillinge, Waage, Wassermann). Auch bei zunehmendem Mond an Blatttagen (Krebs, Skorpion, Fische) können Sie die Stauden aufstellen, sie entwickeln dann aber wohl mehr Blattwerk und haben wahrscheinlich auch nicht so viele Tomaten. Einfach ab und zu im Vorbeigehen die Blätter etwas reiben. Der Duft der Tomatenpflanzen hindert die Fliegen, so nahe heranzukommen, dass sie ins Haus fliegen.

Verfärbte Kleidung

Kürzlich habe ich ein wertvolles Top mit Sonnenmilch verfärbt. Haben Sie einen Tipp, wie ich die Flecken wieder herauswaschen kann, ich hänge nämlich sehr an diesem Kleidungsstück.

Mithilfe des richtigen Zeitpunkts sollte es klappen. Lassen Sie das Top bei zunehmendem Mond einfach noch im Wäschekorb liegen, und waschen Sie es erst bei abnehmendem Mond eventuell zweimal. Dieser Tipp gilt für jede Art Problemwäsche, beispielsweise für Tischdecken von Sommerpartys, Ketchupflecken und Ähnliches. Im Sommer kommt oft noch das Problem mit den Mückenstichen hinzu, die zu kleinen Blutflecken in der Kleidung führen können. Solche Flecken sollten Sie ebenfalls zum richtigen Zeitpunkt auswaschen, in diesem Fall aber immer zuerst kalt einweichen! Das gilt für alle Flecken, die Eiweiß enthalten.

Früher achtete man übrigens sehr streng auf den richtigen Zeitpunkt, wenn es um wertvolle Kleidungsstücke ging, die ja teilweise in monatelanger Handarbeit genäht worden waren – wie beispielsweise Trachten, Uniformen und speziell auch Aussteuerwäsche aus feinster Seide und Leinen. Der abnehmende Mond und ein Wassertag (Krebs, Skorpion, Fische) sind dafür immer der geeignete Zeitpunkt. Bei dieser Gelegenheit möchten wir noch einmal darauf hinweisen, dass Allergiker beim Wäschewaschen grundsätzlich auf den abnehmenden Mond achten sollten. Es bleiben sehr viel weniger belastende Waschmittelreste im Gewebe zurück. Auch die Gewohnheit, Weichspüler zu verwenden, löst bei vielen Menschen allergische Reaktionen aus.

Fleckenentfernung zum richtigen Zeitpunkt

Zum Thema Fleckenentfernung stellt sich für uns eine wichtige Frage: Flecken sollen immer bei abnehmenden Mond entfernt oder ausgewaschen werden, andererseits heißt es immer, ein Fleck sollte so schnell wie möglich behandelt werden – zwei völlig widersprüchliche Ansichten. Obstflecken beispielsweise können, falls sie nicht sofort behandelt werden, durch die Obstsäure das Gewebe angreifen. Das wiederum heißt, dass bei einer späteren Behandlung zwar der Fleck entfernt werden kann, aber ein Schatten auf dem beschädigten Gewebe zurückbleibt. Wie soll nun beides zusammenpassen? Die Frage soll aber nicht bedeuten, dass wir von Mondeinflüssen nichts halten.

Wir haben Verständnis für Ihre Bedenken, aber wir würden es genauso machen, wie wir es bisher unseren Lesern empfohlen haben. Bei zunehmendem Mond abwarten und erst bei abnehmendem Mond behandeln, wobei Problemwäsche auch noch vom Warten auf das richtige Tierkreiszeichen profitiert, nämlich Krebs, Skorpion oder Fische. Wenn es bei zunehmendem Mond zu Flecken durch Obstsäfte kommt, würden wir das Kleidungsstück sofort vorsichtig einweichen, dabei aber nicht rubbeln und scheuern, und es danach trocknen lassen. Dann erst bei abnehmendem Mond zur üblichen Wäsche geben. Damit lässt sich die Gewebeschädigung durch die Fruchtsäure verhindern.

Schutz vor Elektrosmog

In Kürze werde ich eine neue Wohnung beziehen. Sie ist klein, für mich allein aber völlig ausreichend, und ich freue mich schon sehr darauf! Bis jetzt hatte ich ein separates Schlafzimmer und habe im-

180

mer darauf geachtet, dass keine elektrischen Geräte im Raum sind beziehungsweise nachts wenigstens nicht am Stromnetz hängen. Dies ist ja nun aufgrund der neuen Wohnsituation nicht mehr möglich. Ich wäre sehr dankbar, wenn Sie vielleicht eine Möglichkeit wüssten, wie ich das Bett zumindest ein wenig vor der elektromagnetischen Strahlung schützen könnte.

Die Freude an Ihrem Neustart ist anfangs sicherlich viel wichtiger, als dass in Hinblick auf die Strahlenbelastung alles perfekt eingerichtet ist. Freude stärkt das Immunsystem sehr, wie wir alle wissen! Wenn dann allmählich die Alltagsroutine einkehrt, könnten Sie allmählich damit beginnen, einige ungeschliffene Rosenquarze im Raum zu verteilen (etwa einmal pro Woche oder alle 14 Tage unter fließendes Wasser halten und in die Sonne legen). Wichtig ist auch, Elektrogeräte über Nacht nicht auf Stand-by laufen zu lassen. Und noch ein spezieller Tipp: Manche Geräte strahlen sehr viel weniger, wenn man die Stecker in der Dose einfach umdreht – ein seltsamer Effekt, aber dennoch deutlich messbar.

Holzterrasse in Planung

Wir planen für unser Haus eine Holzterrasse und interessieren uns für Ihre Meinung dazu, ob das Holz behandelt oder gestrichen werden soll. Und natürlich auch darüber, welche Rolle der Mond bei der Holzgewinnung und bei der Behandlung spielt. Können Sie uns einen Rat geben?

Auch wir standen vor Jahren vor der Wahl und haben uns dann für eine Lösung entschieden, die wir keinen einzigen Tag bereut haben. Wir haben uns mehrfach gehobeltes Lärchenholz ausgesucht, das uns ein Naturholztischler geliefert und eingebaut hat. Das Holz war zum richtigen Zeitpunkt gefällt, gesägt und gehobelt und dann auch zum richtigen Zeitpunkt bei abnehmendem Mond verlegt worden. Seither liegt es ohne jede chemische Behandlung da und altert in Würde zu einem schönen Naturgrau. Alle paar Jahre gehen wir mit Aschenlauge und einem Schrubber darüber, ebenfalls bei abnehmendem Mond. Das geht sehr schnell, und danach sieht der Boden wie neu aus.

Ein Tipp noch: Es wird zwar immer davor gewarnt, barfuß auf Lärchenholz zu laufen, aber in zwölf Jahren haben weder wir noch unsere drei Kinder jemals einen Splitter im Fuß gehabt. Verwenden Sie jedoch bitte gehobeltes Holz und arbeiten Sie niemals mit Hochdruckreiniger. Das richtet die Splitter auf (die bei Lärchenholz sehr schmerzhaft sein können), und der Boden würde obendrein nach kurzer Zeit unansehnlich werden.

Vom Umgang mit Erdstrahlen

Haben Sie Erfahrung mit Wasseradern und Erdstrahlen? Ich bitte dringend um Antwort. Wir haben sie im Schlafzimmer (sie wurden sehr seriös mit einer Rute ausgetestet), und es ist uns nicht möglich, das Bett umzustellen!

Wenn sich störende Strahlenquellen weder genau identifizieren noch beseitigen lassen, können einige faustgroße Rosenquarze (natur, die günstigste Sorte) Abhilfe bringen. Einfach unter dem Bett verteilen. Wichtig jedoch: Die Steine sollten in Abständen von etwa 14 Tagen unter kaltes fließendes Wasser gelegt werden, etwa eine halbe Minute lang. Am besten bleiben sie danach ein paar Stunden draußen in der Sonne, auf dem Fensterbrett oder dem Balkon, um die negative Aufladung wieder abgeben zu können. Wenn Sie diese Tipps beherzigen, ist die Wahrscheinlichkeit groß, dass sich die störenden Strahlungen verbessern lassen.

Wenn Katzen haaren

Ich habe zwei Katzen, die seit langer Zeit stark haaren. Ich würde nun von Ihnen gerne wissen, wann ein guter Zeitpunkt für die Haarpflege meiner Haustiere wäre, beziehungsweise, wann es besonders ungünstig ist.

Normalerweise muss man Katzen nicht bürsten, weil sie das selbst am besten können. Natürlich gibt es verschiedene Ausnahmen, beispielsweise bei manchen Langhaar- oder Rassekatzen. Wenn Katzen im Herbst stark haaren (im Frühjahr ist ein wenig Haaren ja normal), dann ist das eher ein Zeichen dafür, dass sie mit der jeweiligen Ernährung nicht so gut zurechtkommen. Vielleicht wäre dann eine Ernährungsumstellung die beste Idee. Naturgemäß dauert es aber einige Zeit, bis sichtbar wird, ob sich hier die Ursache verbirgt. Um dies festzustellen, brauchen Sie Geduld.

Und natürlich hat auch der Mond ein Wörtchen mitzureden: Wenn Sie bei abnehmendem Mond besonders sorgfältig und genau bürsten, hält die Pflege länger an, als wenn Sie mit derselben Intensität bei zunehmendem Mond bürsten. Katzen, die zum falschen Zeitpunkt kastriert oder sterilisiert worden sind, können auch unter vorübergehendem Haarausfall leiden. Sie vertragen diese Eingriffe generell bei abnehmendem Mond besser, wobei das Tierkreiszeichen Skorpion vermieden werden sollte.

Rezept für Beinwellsalbe

In meinem Garten steht eine Beinwellpflanze, und ich möchte mir daraus gerne eine Salbe machen. Können Sie mir ein Rezept senden, nach dem ich diese herstellen kann?

Heilpflanzen oder Pflanzenauszüge lassen sich zu Hause mühelos zu hochwirksamen Salben und Pflastermischungen verarbeiten! Wenn Sie Kontakt zu einem Bio-Bauern haben, bitten Sie ihn doch um das Fett eines bei Vollmond geschlachteten Schweins. Das Fett sollte bei niedrigen Temperaturen und bei abnehmendem Mond ausgelassen werden. Ein solches Fett ist von hohem Wert, sowohl als Salbengrundlage als auch für diverse Umschläge. Natürlich funktioniert auch ein gekauftes Schweineschmalz recht gut.

Die Rezeptur: Erhitzen Sie das Fett, als ob Sie ein Schnitzel braten wollten. Legen Sie nun die frischen Kräuter ein (Beinwell, aber auch Ringelblumen und Ähnliches) und lassen Sie das Ganze kurze Zeit braten, ebenfalls etwa so lange wie ein Schnitzel. Zwei Handvoll Kräuter auf ein Marmeladenglas Fett sind ausreichend. Stellen Sie die Mischung über Nacht kühl und erwärmen Sie sie am nächsten Tag sanft, bis sie wieder flüssig wird. Durch ein feines Sieb in saubere Gläser abseihen und dunkel aufbewahren.

Eine solche Salbe ist ein hervorragendes Mittel für verschiedene Fußleiden (Überbein, Rheuma, Krampfadern, schwere Beine, schlecht heilende Wunden, Fußblasen und Ähnliches) – auch zur Vorbeugung! Wenn Sie bei zunehmendem Mond arbeiten, dann lassen Sie die Mischung nicht nur über Nacht stehen, sondern warten Sie mit dem Abseihen und Abfüllen bis nach Vollmond. Für Ringelblumensalbe wählen Sie Blütentage (Zwillinge, Waage, Wassermann), für Beinwell Blatttage (Krebs, Skorpion, Fische). Auf keinen Fall darf Jungfrau herrschen, die Salbe wäre dann nur kurze Zeit haltbar.

Darf man Gemüse aufwärmen?

Ich habe zwei Fragen an Sie: Stimmt es, dass man Tomaten, Kartoffeln und sonstige Nachtschattengewächse sowie Pilze und Spinat nicht aufwärmen soll? Und warum soll man Zwiebeln und Knoblauch nicht zusammen kochen? Erst jetzt habe ich wieder ein Rezept gelesen, wo beides verwendet wird.

Ja, auch wir kennen die Überlieferungen bezüglich des Aufwärmens. Bei vielen Menschen bestätigt sich, dass diese sinnvoll sind, bei anderen sind sie nicht gültig, diese Menschen vertragen alles gut. Wir persönlich wärmen zwar beispielsweise Spaghettisoße auf, aber niemals Pilze und Spinat. Das halten wir bei uns seit der Kindheit so. Nachtschattengewächse erzeugen Stoffe, die für viele Menschen nicht verträglich sind. Und man merkt es natürlich auch am Geschmack, dass sich über Nacht etwas verändert hat.

Es gibt allerdings auch Rezepte, die unbedingt nach Aufwärmen verlangen, beispielsweise die echten Schweizer Rösti. Dazu müssen Sie Pellkartoffeln kochen, abseihen und über Nacht stehen lassen – jedoch nicht zugedeckt! Am nächsten Tag schälen und raspeln. Das ist eine Köstlichkeit, die fast jeder verträgt.

Zum Thema Zwiebeln und Knoblauch: Beides gemeinsam in einem Gericht ist nicht jedermanns Sache. Grundsätzlich vertragen Alpha-Typen Zwiebeln besser, während Knoblauch eher etwas für Omega-Typen ist (siehe auch Interview im Kapitel »Fragen zur Gesundheit, zum Vorbeugen & Heilen« ab Seite 103). Kindern, die Zwiebeln nicht mögen, sollte man sie auch nicht in irgendeiner Form – beispielsweise püriert – »unterjubeln«.

Die Grundregeln des Bügelns

Zunächst möchte ich Ihnen für Ihre tollen Mondbücher danken. Die Fenster beispielsweise putze ich nur nach Ihren Tipps, und ich bin begeistert vom Effekt. Nun frage ich mich, weshalb so etwas eigentlich nicht auch für das Bügeln aufgelistet ist? Oft geht das Bügeln einfach, an anderen Tagen lässt sich die Kleidung schlecht bügeln und kaum ordentlich zusammenlegen. Dann würde man am liebsten wieder von vorn anfangen. Haben Sie dazu einen Ratschlag?

Die Freude am Bügeln kann man sich erhalten, wenn man ein Auge auf den Mondstand wirft. Bei zunehmendem Mond sollten Sie Wäsche sehr sorgfältig zum Trocknen aufhängen und durch großzügigen Gebrauch von Wäscheklammern Hängefalten vermeiden. Diese Falten sind nämlich zu diesem Zeitpunkt viel schwerer herauszubügeln als bei abnehmendem Mond. Bei Steinbock am besten ganz auf das Wäschewaschen und Bügeln verzichten, weil sogar die Abdrücke der Wäscheklammern beim Bügeln sichtbar bleiben können. Das Wäschestück wird außerdem glänzend – besonders schwarze Kleidungsstücke bekommen dann einen Glanz, der kaum wieder vergeht.

In Kürze **Bügeln**

Nicht bügeln, wenn der Mond im Steinbock steht!

186

Marmelade einkochen

Kürzlich habe ich gelesen, dass man auch beim Ernten von Früchten zum Einkochen und bei der Marmeladenherstellung auf den Mond schauen sollte. Das leuchtet mir ein, weil ich bei gleichen Voraussetzungen oft ganz unterschiedliche Ergebnisse erziele. Könnten Sie mir kurz die Grundregeln mitteilen?

Der beste Zeitpunkt der Ernte zum Einkochen und Einwecken sind sämtliche Fruchttage (Widder, Löwe, Schütze) bei abnehmendem Mond. Wir halten uns immer mit Erfolg daran, die Erntefrüchte sind zwar nicht so saftig wie bei zunehmendem Mond, aber trotzdem sehr aromatisch und haltbar. Künstliche Geliermittel lassen sich reduzieren (gilt auch für das Einkochen und Einmachen anderer Lebensmittel).

Manchmal lässt sich aufgrund von Wetterbedingungen oder aus anderen Gründen der richtige Zeitpunkt nicht einhalten. Dann ist eine geringere Haltbarkeit die Folge, und man kann sich gleich darauf einstellen. Gekauftes Beerenobst ist übrigens zwangsläufig chemisch haltbar gemacht, weil es Transporte normalerweise nicht verkraftet. Früher wurden Beeren sofort zu Marmelade, Trockenobst und Ähnlichem weiterverarbeitet. Ungünstige Tierkreiszeichen zum Ernten, Lagern und Konservieren sind generell die Jungfrautage. Eingemachtes beispielsweise fängt dann leicht zu schimmeln an. Auch der Krebs eignet sich nicht sonderlich gut.

In Kürze **Früchte für Marmelade ernten**
Der beste Zeitpunkt der Ernte zum Einkochen und Einwecken sind die Fruchttage Widder, Löwe und Schütze bei abnehmendem Mond.

Entsaften zum richtigen Zeitpunkt

Vielen Dank für die vielen Anregungen in Ihren Büchern! Es ist sehr wertvolles Wissen. Ich habe noch eine Frage: Wir haben eine große Menge Äpfel, die wir zur Kelterei fahren möchten. Gelten für das Entsaften die gleichen Regeln wie für das Einkochen?

Im Wesentlichen ja. Wir gehen jetzt davon aus, dass Ihr Apfelsaft nach dem Auspressen sofort in Flaschen abgefüllt wird. Generell sollten Sie das ausschließlich an Fruchttagen (Widder, Löwe, Schütze) tun, damit das Aroma erhalten bleibt. Wenn Sie Löwe wählen, dann unbedingt am ersten Löwetag oder am mittleren Löwetag arbeiten (wenn im Kalender drei Tage hintereinander Löwe angegeben ist). So gehen Sie der Jungfrauenergie mit Sicherheit aus dem Weg – Jungfrau würde Ihren guten Saft schnell schimmeln lassen. Bei zunehmendem Mond an einem Fruchttag ist Ihr Ertrag etwas höher, aber der Saft ist allgemein nicht so lange haltbar. Ideal wäre ein abnehmender Mond und ein Fruchttag, weil das guten Geschmack und lange Haltbarkeit verspricht.

Öko-Hausbau

Seit einigen Jahren planen wir an unserem Haus herum. Es soll so weit wie möglich ein Öko-Haus werden, mit biologischen Baustoffen und zum richtigen Zeitpunkt geschlagenem Holz. Wir haben gelesen, dass Ihr eigenes Haus ebenfalls weitgehend so gebaut ist, mit Solaranlage und ökologischem Kachelofen. Jetzt würde mich interessieren, welche Aspekte beim Hausbau am wichtigsten sind und welche weniger wichtig. Würden Sie wirklich empfehlen, ein solches Haus zu bauen, und verlängert sich dadurch nicht die Bauzeit?

Um diese Frage zu beantworten, haben wir ein ganzes Buch ge-schrieben *(Der Mond im Haus)*! Das Wichtigste in aller Kürze: Wir würden jederzeit wieder so bauen, und wenn man sorgfältig plant und in Ruhe die richtigen Partner aussucht, erhöhen sich weder die Kosten noch verlängert sich die Bauzeit. Der richtige und willige Baumeister ist eigentlich die wichtigste Person, denn er muss all die günstigen und ungünstigen Zeiten koordinieren.

Besonders wichtig war uns die Solaranlage für Strom und Warm-wasser, die am besten bei abnehmendem Mond aufs Dach gebaut wird. Dann haben wir viel Sorgfalt darauf verwendet, eine gute Quelle für das Holz zu finden, das bei uns für Fenster, Böden, Türen und Stiege verwendet worden ist. Alle Aufstell- und Einbauarbeiten geschahen bei abnehmendem Mond, bevorzugt bei Steinbock. Auch bei Estrich, Fußboden und Pflaster-Verlegearbeiten haben wir sehr genau auf den richtigen Zeitpunkt, den abnehmenden Mond, geachtet. Nicht so wichtig ist der Zeitpunkt für Installations- und Elektroarbeiten.

Man glaubt ja nicht, welche Ersparnis an Zeit und Geld all diese Maßnahmen im Alltag bedeuten!

Joghurt herstellen

Schon lange stelle ich selbst Joghurt aus hofeigener Milch her. Doch im letzten halben Jahr bin ich mit dem Ergebnis nicht ganz so zufrie-den gewesen, obwohl ich mich immer streng an die Erhitzungs-, Ab-kühlungs- und Impftemperaturen gehalten habe. Je nach Bedarf wird ein- bis zweimal wöchentlich aus jeweils zehn Litern Milch Jo-ghurt produziert – das heißt bei jedem Wetter. Die letzten neun Jahre hat das auch gut geklappt. Lange haben wir beobachtet, welche Aus-wirkungen die Fütterung der Kühe hat, dabei aber festgestellt, dass

189

das Endergebnis davon nicht abhängig ist. Nun hatten wir die Über-legung, ob nicht auch hier der Mondstand für den Erfolg oder Miss-erfolg zuständig sein könnte. Was meinen Sie dazu?

Leider können wir Ihnen zum Thema Joghurt wenig persönliche Er-fahrungen anbieten, bei uns auf dem Hof und auch später haben wir ihn kaum selbst hergestellt. Der Joghurt war einfach bei zuneh-mendem Mond schneller fertig. Dennoch möchten wir Ihnen sehr ans Herz legen, Ihre Erfahrungen einmal über mehrere Monate hin-weg aufzuschreiben und mit dem jeweiligen Mondstand zu verglei-chen. Joghurt ist ja ein Fermentationsprodukt, und jede Art von Gä-rung und Fermentation wird vom Mondstand beeinflusst. (So gärt beispielsweise Sauerkraut schneller, wenn man es bei zunehmen-dem Mond ansetzt, speziell bei Jungfrau, wo es zu schnell verläuft. Bei Löwe dagegen trocknet es aus.) Vielleicht ist es ja auch eine Sa-che des Gefühls, denn selbst wenn man immer genau die gleiche Temperatur einhält, muss das Ergebnis unterschiedlich ausfallen, weil auch der Luftdruck Einfluss auf das Ergebnis hat.

Erdkeller errichten

Wir planen einen Erdkeller für die Lagerung von Gemüse und Obst, da im Hauskeller nichts haltbar ist. Könnten Sie uns Tipps geben für Materialien und den Zeitpunkt, der sich zum Errichten eignet? Ist ein Lüftungsfenster oder nur eine Lüftung sinnvoll?

Ideal wäre es, bei abnehmendem Mond zu arbeiten und dabei die Wasserzeichen (Krebs, Skorpion, Fische) und das Tierkreiszeichen Jungfrau zu meiden. Nicht betonieren, sondern nur mit Lehm oder Stein arbeiten (Beton zum Fixieren der Steine ist erlaubt). Sowohl

190

Lüftungsfenster als auch Belüftung sind in Ordnung. Ein Fenster hat den Vorteil, dass man dort auch Pflanzen überwintern lassen kann, weil sie ein wenig Licht brauchen.

Schimmel in den Ecken

Ich wohne seit eineinhalb Jahren in einer schönen Wohnung, aber in einem Zimmer auf der Westseite (zwei Außenmauern) hat sich in der Ecke Schimmel gebildet. Diese Mauer ist zusätzlich auch noch ziemlich mit Möbeln verbaut. Trotz Lüften und Heizen ist der Fleck in der kalten Jahreszeit gekommen und gewachsen. Jetzt habe ich ihn mit Chemie entfernt, aber das möchte ich in Zukunft nicht mehr machen. Gibt es ein natürliches Mittel, damit der Schimmel nicht mehr kommt? Wann ist der richtige Zeitpunkt dafür? Wir wohnen an einem Fluss (feuchte Luft), manche sagen, ich lüfte zu viel.

Im akuten Fall kann der Mond auch bei der Schimmelbeseitigung helfen. Das Rezept ist einfach: Am besten bei abnehmendem Mond (ideal an Widder, Löwe und Schütze) die Stellen mit Essigwasser abwaschen und danach trockenföhnen. Allerdings haben Sie damit nicht die Ursache beseitigt. Sehr wahrscheinlich liegt ein Baufehler vor, und die Wärmedämmung der Wand ist schlecht. Dann kondensiert in der kühlen Luft zwischen Wand und Möbel die Feuchtigkeit und schlägt sich nieder. Leider passiert das umso eher, je mehr Sie feuchte Luft von draußen hereinlassen. Da wissen wir leider auch keinen Rat, außer den Abstand zwischen Möbel und Wand zu erhöhen – das hat schon oft geholfen. Lüften Sie in Zukunft auf keinen Fall an Jungfrau, Fische, Krebs und Skorpion.

191

In Kürze **Schimmel**

Schimmel ausschließlich bei abnehmendem Mond an Wärmetagen beseitigen (Widder, Löwe, Schütze)!

Salat lagern

Wir hatten in diesem Jahr einen schönen und guten Salatertrag. Nur hilft der ganze schöne Salat nichts, wenn man ihn falsch lagert. Deshalb ist meine Frage, wie, wo und wann sollte der Salat über den Winter gelagert werden, damit er nicht fault oder erfriert, sondern frisch bleibt?

Dass man die üblichen Salatsorten zum Überwintern lagert, ist uns völlig unbekannt. Am besten überzähligen Salat gleich verschenken oder verkaufen. Es gibt aber natürlich viele Gemüsesorten (und auch den Kohl!), die sich bestens zur Salatherstellung eignen. Wenn solche »Salate« gemeint sind, dann sollten Sie zum Einlagern unbedingt einen Tag bei abnehmendem Mond in einem Fruchtzeichen (Widder, Löwe, Schütze) wählen. Das wirkt sich in jedem Fall günstig auf Lagerfähigkeit, Vitamingehalt und Aroma aus. Ein eventuelles Umschichten im Winter können Sie an Skorpion durchführen, weil das Zeichen ab November im abnehmenden Mond auftaucht.

Apfelessig ansetzen

Bei welchem Mondstand und in welchem Tierkreiszeichen kann man Apfelessig ansetzen, damit er gut und schnell sauer wird?

Apfelessig und auch andere Gärungsprodukte wie beispielsweise Sauerkraut sollten Sie am besten bei zunehmendem Mond ansetzen. Die Gärung verläuft schneller und gründlicher. Dabei jedoch das Tierkreiszeichen Jungfrau meiden, weil der Essig sonst schnell verdirbt. Bei allen Produkten, die angesetzt werden, sollte man das Tierkreiszeichen Jungfrau meiden, weil es sonst zur Schimmelbildung kommt.

Marmeladen ohne Zucker herstellen

Ich möchte gerne Marmeladen ohne jegliche Süßungsmittel herstellen – oder, wenn es gar nicht anders geht, nur mit extrem wenig, beispielsweise mit Roh-Rohrzucker, Honig oder Agavendicksaft. Wie gelingt es mir, dass die Marmelade trotzdem geliert, und wie lange ist sie so haltbar? Haben Sie auch hier Erfahrungen gemacht, oder besitzen Sie Rezepte?

Marmelade ohne Zucker ist eine gute Idee, denn viele Menschen vertragen ihn nicht, und künstliche Süßstoffe sind alles andere als empfehlenswert. Trotzdem: Solche Marmeladen halten leider nicht lange, weil Zucker ja auch gleichzeitig der »Haltbarmacher« ist. Bei abnehmendem Mond beträgt die Haltbarkeit im Kühlschrank mindestens eine Woche. Dabei füllen Sie die Marmelade gleich nach dem Kochen in Schraubgläser, verschließen diese fest und stellen sie – unbedingt erst nach dem Abkühlen – in den Kühlschrank. Immer nur saubere Löffel zum Entnehmen verwenden. Bei zunehmendem Mond sollten Sie die Marmelade nur zum sofortigen Verbrauch herstellen. Natürlich bleibt die Marmelade nach dieser Methode eher dünnflüssig. Wir persönlich geben immer einen geriebenen Apfel zu den Beeren oder Früchten und erhöhen so die Gelierfähigkeit.

Silber reinigen

Ich habe vor einigen Jahren meine Silbermünzen mit einem angeblich hierfür vorgesehenen, flüssigen Putzmittel gereinigt. Das Ergebnis war ansehnlich. Als ich die Münzen vor einigen Tagen wieder einmal hervorgeholt habe, musste ich feststellen, dass diese zur Gänze mit einem dunkelbraunen beziehungsweise schwarzen Belag überzogen und kaum noch zu erkennen sind. Gibt es einen bestimmten Tag und ein natürliches Mittel für die Reinigung der Münzen? Kann dann auch verhindert werden, dass sich wieder ein Belag bildet?

Wir kennen ein sehr gut wirksames Mittel, nämlich die Reinigung mit einem Radiergummi bei abnehmendem Mond. Danach oxidiert Silber längere Zeit nicht mehr. Ein ganz normaler, weicher Radiergummi genügt. Harte Radiergummis haben wir noch nicht ausprobiert, aber wir könnten uns vorstellen, dass dabei die Oberfläche etwas leidet. Generell ist der abnehmende Mond besser für die Reinigung besonders heikler Gegenstände geeignet. Eine Methode, um zu verhindern, dass die Münzen wieder oxidieren, kennen wir leider nicht.

Wenn die Wolle riecht

Ich habe eine flauschige Wolle geschenkt bekommen, doch leider hat sie einen komischen Geruch, irgendwie modrig. Das Gestrickte will ich einem Verein für bedürftige Kinder zukommen lassen – aber mit diesem Geruch kann ich die Sachen nicht verschenken, und der Verein würde auch sicher keine Käufer finden. Wie bekomme ich diesen Geruch heraus, da ich die einzelnen Knäuel ja nicht waschen kann?

Der Geruch kommt vom Wollfett, das ranzig geworden ist. Die Wolle ist wohl beim ungünstigen zunehmenden Mond gereinigt worden. Waschen Sie einfach die Stricksachen bei abnehmendem Mond an einem Widder-, Löwe- oder Schützetag kalt und mit einem biologischen Wollwaschmittel. Anschließend in ein Handtuch rollen, damit die Nässe ins Handtuch geht. Dann in ein zweites Handtuch rollen und schließlich in einen trockenen Raum auf ein drittes Handtuch legen (nicht in die pralle Sonne!). Wenn Wolle zum falschen Zeitpunkt geschoren und falsch gewaschen wird, bekommt sie leider einen solchen Geruch. Die Industrie achtet nicht auf diesen Zusammenhang und fügt Chemikalien hinzu, um den Geruch zu überdecken. Nicht von der Wolle, sondern von diesen Mitteln bekommt man eine »Wollallergie«.

Wollsachen sollten immer bei abnehmendem Mond und an Widder, Löwe oder Schütze gewaschen werden, dann haben Sie ein Leben lang Freude daran. Wenn alles nichts hilft, wurde die Wolle bei zunehmendem Mond an Jungfrau zum ersten Mal gewaschen. Da kann man dann leider nichts machen. Solche Wolle behält den Geruch, er ist wie eingebrannt.

Teppichreinigung

Mit vielen Mond-Tipps habe ich gute Erfahrungen gemacht. Ob das auch beim Teppichreinigen funktioniert? Wenn erst die Wintermonate vorbei sind, möchte ich die Spuren beseitigen, die Kinderstiefel auf den Teppichen hinterlassen haben. Steht dazu etwas in einem Ihrer Bücher?

In unserem ersten Buch *Vom richtigen Zeitpunkt* haben wir einiges über den Mondrhythmus im Haushalt geschrieben. Beim Teppichreinigen wäre es sehr sinnvoll, auf den richtigen Zeitpunkt zu schauen. Man stellt ja oft fest, dass Teppiche nach der ersten Reinigung nach dem Kauf schnell wieder schmutzig werden und auch gar nicht mehr neu aussehen. Das liegt meist am falschen Zeitpunkt der Reinigung bei zunehmendem Mond. Wählen Sie unbedingt einen Tag im abnehmenden Mond, das Tierkreiszeichen ist nicht so wichtig. Das gilt für alle Teppiche, für Orientteppiche ebenso wie für Teppichböden oder Maschinenteppiche. Bei der Erstreinigung wird oftmals eine Art Imprägnierung weggewaschen. Da lohnt es sich manchmal, ein Imprägnierspray für Textilien zu kaufen und den Teppich neu einzusprühen (dabei gut lüften!). Das gilt auch für Teppichböden, die man professionell reinigen und schäumen lässt. Die Ausnahme sind echte Orientteppiche. Sie bedürfen normalerweise keinerlei Imprägnierung und sollten ausnahmslos von Fachgeschäften gereinigt werden.

Brot backen

Ich backe Brot selbst und habe festgestellt, dass die Ergebnisse sehr unterschiedlich ausfallen können, obwohl Machart und Rezept immer gleich bleiben. Nach meinem heutigen Wissensstand führe ich auch diese Unterschiede auf günstige beziehungsweise ungünstige Tage zurück. Wann kann ich diese Tätigkeit am besten »einbauen« – vielleicht bei dem Symbol für das Einmachen? Und wie steht es, wenn ich schon einmal dabei bin, mit dem Backen von Kuchen und Plätzchen?

Machen Sie einfach einmal einen Versuch: Backen Sie bei abnehmendem Mond in Fische und dann bei zunehmendem Mond in Löwe (unter gleichen Voraussetzungen), und betrachten Sie den Unterschied. Persönliche Erfahrungen sind mehr wert als tausend Bücher.

Hier einige Tipps zum Backen, die Ihnen die Sache vielleicht erleichtern:

● Brot mit **Hefeteig** ist länger haltbar, wenn man es bei abnehmendem Mond an einem Blütentag (Zwillinge, Waage, Wassermann) backt. Beim Hefeteig ist der entscheidende Punkt: Er darf keine Zugluft bekommen! Sein Gelingen hängt davon ab. Der Teig muss es warm haben, nur dann geht er auf. Wenn Sie anschließend das Tuch heben, mit dem der Teig abgedeckt war, sollten alle Fenster und Türen geschlossen sein. Das heißt nicht, dass der ganze Raum warm sein muss. Er sollte aber auch nicht kalt sein. Wie gesagt – der Teig darf vor allem keinen Luftzug abbekommen! Das hört sich aufwendig an, aber Fenster und Türen sind schnell geschlossen. Hefeteig braucht außerdem genügend Zeit zum Gehen. Was der Hefeteig gar nicht verträgt, ist, dass Sie kontrollierend danebenstehen, »bis er geht«, oder zwischendurch das Tuch anheben.

- Brotbacken mit **Sauerteig**: Bei abnehmendem Mond geht der Teig generell schwerer auf, das Brot bleibt aber länger haltbar. Das war früher wichtig, wegen der mangelnden Einkaufsmöglichkeiten. Bei zunehmendem Mond geht das Brot besser auf. Widder, Löwe und Schütze bringen bessere Ergebnisse, Krebs, Skorpion und Fische eher schlechtere. Und wichtig: Beim Backen sollte der Ofen schon auf große Hitze vorgewärmt sein, danach sollte die Hitze langsam zurückgehen.

- Sorgen Sie dafür, dass das **Salz**, das eventuell im Rezept angegeben ist, nicht mit der Hefe in Berührung kommt. Das behindert das »Gehen«.

- Für eine **gute Kruste**: Legen Sie gleich nach dem Herausnehmen ein feuchtes (aber kein nasses) Geschirrtuch über das Brot, etwa fünf Minuten lang. Oder pinseln Sie es vor dem Backen mit Wasser ein. Sie können auch mit der nassen Hand einmal sanft über den Teig streichen. Wenn das Brot immer wieder nicht gelingt, kaufen Sie die Hefe einmal auf einem anderen Markt oder in einem anderen Laden. Bei Trockenhefe ist die Triebkraft maximal sechs Monate gut, viel kürzer als auf den Packungen angegeben! Ganz wichtig: Alle Zutaten, besonders aber die Hefe, sollten Zimmertemperatur haben!

- In den Ofen gehört eine **flache Schale** mit heißem Wasser, am besten eine niedrige feuerfeste Auflaufform. Das gilt generell fürs Brotbacken, Brote freuen sich über eine hohe Luftfeuchtigkeit im Ofen.

- **Dinkelbrot** darf im Teig etwas weicher sein. Geben Sie es am besten in eine Kastenform, und schieben Sie es ohne Vorheizen in den Ofen. Heizen Sie etwas höher als normal ein (etwa 220 Grad), und schalten Sie nach zehn Minuten auf 190 bis 180 Grad herunter. Den Ofen nicht zum Beobachten öffnen, und das Brot nicht zu früh herausnehmen!

● Bei **Kuchen und Keksen**, die ja meist schon nach kurzer Zeit verzehrt werden, bringt der zunehmende Mond an Licht- oder Fruchttagen (Zwillinge, Waage, Wassermann oder Widder, Löwe, Schütze) gute Ergebnisse. Der Teig lässt sich gut verarbeiten, das Gebäck wird locker und geht mehr auf.

● Verwenden Sie zum **Reinigen** mehliger Küchengeräte immer nur kaltes Wasser. Warmes Wasser verklebt alles, und heraus kommt ein »Gepampe«, das einem den Spaß verdirbt. Wenn Sie mit Holzschüsseln und -nudelbrettern arbeiten, schaben Sie das Mehl einfach mit einem Spachtel ab. Meistens genügt das vollkommen, falls nicht, die Geräte mit kaltem Wasser reinigen – dabei immer beide Seiten kalt spülen! Gut gelüftet auf einen Rost stellen, bis sie trocken sind. Auch von unten sollte Luft Zugang haben.

Der Pulli ist eingegangen!

Ich halte mich schon seit Jahren an gewisse Regeln des Mondkalenders, vor allem was das Wäschewaschen betrifft. Jetzt hat es mich allerdings auch erwischt, als ich meine Wollpullis zwar bei abnehmendem Mond in einem Wasserzeichen wusch, aber leider das falsche Waschprogramm wählte. Jetzt sind sie eingegangen. Meine Frage ist, ob es einen Mondtag gibt, an dem diese Pullis gewaschen werden sollten, um wieder ihre alte Form zu erhalten.

Das Eingehen lässt sich nicht vollständig rückgängig machen, aber den Schaden begrenzen, das ist möglich. Wenn Sie zu heiß gewaschen haben, verfilzt die Wolle so stark, dass nichts mehr zu machen ist. Wenn die Temperatur jedoch »an der Grenze« war, können Sie ein paar Zentimeter gewinnen, wenn Sie die guten Sachen bei abnehmendem Mond mit ein wenig (!) Wollwaschmittel einige Stunden lang einweichen. Danach ganz nass auf ein Handtuch legen und im Abstand von je einer Viertelstunde einige Male mit der Hand in Form ziehen. Das könnte helfen.

Pflanzen im Schlafzimmer

In verschiedenen Veröffentlichungen habe ich diverse Meinungen über das Pro und Kontra von Pflanzen im Schlafzimmer gelesen. Haben Sie in dieser Richtung Erfahrungen gemacht? Ich habe schon alle Bücher, die ich von Ihnen besitze, und den Abreißkalender durchsucht. Vielleicht war ich nicht gründlich genug?

Sofern Sie nicht ein kleines Schlafkämmerchen mit einem Pflanzendschungel ausstatten, werden Sie sicher keine Probleme bekommen. Es gibt allerdings einige Dinge zu berücksichtigen: So sollten Sie im Schlafzimmer generell keine blühenden Pflanzen unterbringen. Am besten eignen sich Grünlilien und Bubikopf *(Soleirolia soleirolii)* – sie verbessern das Raumklima und sorgen für Entstrahlung. Sie wirken sogar gegen Möbelausgasungen und Erdstrahlen. Den Bubikopf nur von unten gießen und nicht im Wasser stehen lassen. Gießen Sie Ihre Pflanzen ausschließlich an Krebs, Skorpion und Fische. Einmal pro Jahr oder alle zwei Jahre an Jungfrau mit neuer Erde umtopfen. Meist genügt es, neue Erde zuzugeben und einen etwas größeren Topf zu verwenden.

Ableger von Zimmerpflanzen

Ich würde gerne wissen, wann man bei Zimmerpflanzen Ableger nehmen und wann man diese wieder einsetzen soll.

Ableger sollten Sie immer bei Jungfrau nehmen und dann je nach Pflanze entsprechend weiterbehandeln. Manche gibt man zuerst in ein Wasserglas, bis sich Wurzeln bilden (etwa die Grünlilie), andere steckt man gleich in die Erde. Die jungen Ableger bitte nicht der direkten Sonnenbestrahlung aussetzen! Wenn Sie die Ableger dann endgültig eintopfen oder auspflanzen, sollte dies ebenfalls wieder bei Jungfrau geschehen, und zwar immer am ersten der zwei oder drei Jungfrautage! Gleich nach dem Einsetzen angießen, danach nur noch an Wassertagen (Krebs, Skorpion, Fische).

Bonsaipflege

Bitte könnten Sie mir mitteilen, ob für das Zurückschneiden eines Bonsaibäumchens dieselben Kriterien bezüglich der Mondrhythmen gelten wie für normale Zimmerpflanzen?

Es gelten nicht nur genau dieselben Regeln wie bei normalen Zimmerpflanzen, ihre Einhaltung ist bei Bonsais umso wichtiger! Also: Schneiden und Düngen nur bei abnehmendem Mond an Blatttagen (Krebs, Skorpion, Fische), Gießen nur an Blatttagen, Umtopfen ausschließlich an Jungfrautagen. Bonsais sind zwar in der Regel sehr robust (sie wären ja sonst nicht so alt geworden), aber genau deshalb wirken sich »Behandlungsfehler« nicht so schnell aus und sind später nur schwer rückgängig zu machen.

Fragen
zum Garten,
zur Land- &
Waldwirtschaft

CRASHKURS MONDWISSEN

Grundregeln Garten, Land- & Waldwirtschaft

- Oberirdisch wachsende und gedeihende Pflanzen und Gemüse sollten bei zunehmendem Mond gesetzt oder gesät werden.

- Die Ausnahme bilden Kopfsalat und Gemüsesorten, die zum Schießen neigen. Hier ist ein Blatttag (Krebs, Skorpion, Fische) bei abnehmendem Mond die günstigste Zeit fürs Säen und Setzen.

- Gemüse, das unter der Erde wächst, gedeiht gut, wenn auf den abnehmenden Mond als Sä- oder Pflanztag geachtet wird.

- Jäten und Düngen ist generell erfolgreicher bei abnehmendem Mond.

- Gießen von Zimmer- und Balkonpflanzen immer nur an Wassertagen (Krebs, Skorpion, Fische). Im Außenbereich ist Gießen meistens überflüssig.

- Alle Umtopf- und Umsetzarbeiten gehören in die Jungfrautage, gleichgültig, ob der Mond ab- oder zunimmt.

Gewinnung von Pflanzensamen

Ihre Bücher faszinieren mich immer wieder und sind zu einem Leit-
faden in meinem Leben geworden, besonders was den Garten be-
trifft. Mich interessiert, ob es eine Mondregel für das Gewinnen (Ab-
nehmen) von Samen beziehungsweise für ihre Trocknung und end-
gültige Einlagerung gibt. Was macht sie länger halt- beziehungsweise
fruchtbar, sodass sich im nächsten Jahr wieder Pflänzchen aus ih-
nen ziehen lassen?

Die Samengewinnung sollte ausschließlich an Löwetagen stattfin-
den, wenn trockenes Wetter herrscht. Wenn die Samen reif sind, ist
keine Trocknungszeit mehr nötig. Manche Samen tragen aber noch
feuchtes Grünzeug, und manchmal kommt beim Pflücken auch
noch ein Käferchen hinzu. Deshalb lässt man die Samen am besten
noch einige Stunden oder Tage auf Papier oder Karton ausgebreitet
liegen. Anschließend werden die Samen und alles Überflüssige aus-
einandergepustet und in vorab beschriftete Tüten gefüllt – nicht in
luftdichte Gläser abpacken! Im zeitigen Frühjahr beziehungsweise
je nach Sorte bringen Sie die Samen dann in die Erde. Halten Sie sie
zu Beginn feucht.

Rasensprengen und Blumengießen

Ich habe mir gerade Ihren Abreißkalender besorgt, auf den ich schon
sehnsüchtig gewartet habe, weil er letztes Jahr bereits vergriffen war.
Er bietet alles, was ich brauche (besonders die Sprüche sind immer
wieder »der Kick zum rechten Zeitpunkt«!). Einzige Ausnahme: Ich
vermisse das Symbol zum Rasensprengen. Wenn man Ihren Empfeh-
lungen konsequent folgt, dann dürfte man im Garten keinen Tropfen

Wasser mehr künstlich auf die Pflanzen bringen. Sosehr mir die Idee gefällt, weil ja dann kein Trinkwasser mehr verschwendet wird und man sich viel Arbeit spart – ich bin skeptisch, ob das nicht viele Pflanzen schlichtweg umbringt. Können Sie meine Zweifel zerstreuen?

Zweifel zerstreuen können wir nicht, aber Ihre persönliche Erfahrung kann es. Ein Beispiel aus unserem eigenen Garten: Wir setzen auf unserem teilweise betonharten Lehmboden im Frühling ein paar Tomatenpflänzchen, gießen sie zwei, drei Tage lang ein (außer es regnet unmittelbar nach dem Setzen), und das war's. Meistens ernten wir bis in den November hinein.

Nur Mut! Gerade der Vorfrühling ist der ideale Zeitpunkt, um mit der Entwöhnung sowohl der Zier- als auch der Nutzpflanzen zu beginnen. Wie bei verwöhnten Kindern lässt künstliche Bewässerung die Pflanzen ihre natürlichen Kräfte vergessen. Sie wurzeln flach, werden träge und empfindlich gegen Schädlinge und Trockenheit. Nicht zu gießen macht sie stark, sie holen sich die Feuchtigkeit aus der Tiefe und vom Nachttau, und sie überstehen Trockenheit viel besser. Obendrein sind ihre Früchte viel gehaltvoller und schmackhafter. Wenn Sie den Pflanzen eine Übergangzeit gönnen oder in Zeiten wochenlanger Trockenheit trotzdem gießen wollen, dann tun Sie dies bitte ausschließlich an Wassertagen (Krebs, Skorpion, Fische) oder an Jungfrau. Oder Sie gießen, wenn es gerade geregnet hat, aber zu wenig, um den Boden gut zu durchfeuchten. Böden, die durch jahrelanges Bewässern aus dem Gleichgewicht geraten sind, brauchen eventuell ein paar Jahre, bis sie gar nicht mehr gegossen werden müssen.

Wir haben das Symbol natürlich auch deshalb nicht aufgenommen, weil Sie Rasen gar nicht mehr bewässern müssen, wenn Sie ihn nach dem Mondrhythmus säen und pflegen. Die einzige Ausnahme, bei der wir selbst auch gießen würden: Wenn es nur ganz unergiebig regnet und der Rasen neu angelegt wurde, helfen wir manchmal mit dem Schlauch nach. Generell sollte man den Rasen nicht mit unserem wertvollen Trinkwasser bewässern. Englischer Rasen gehört eigentlich nach England, wo ihn das Klima begünstigt, aber nicht in unsere Gärten. Die Verschwendung von Trinkwasser können wir uns ohnehin schon bald nicht mehr leisten.

An Blatttagen ganz früh am Morgen oder am Abend nach Sonnenuntergang kann man in Zeiten großer Trockenheit etwas nachhelfen. Sprengen Sie niemals bei Sonnenschein den Rasen! Die Tröpfchen wirken wie Brenngläser und zerstören die Halme. Kahle »Trockennester« in der Wiese können Sie gezielt bewässern, indem Sie den Gartenschlauch ohne Aufsatz eine Minute lang liegenlassen (aber ebenfalls nur an Blatttagen). Nachsäen am besten an Löwetagen. Vielleicht noch zur Technik: Gießen Sie bei fast allen Pflanzen im Garten immer nur den Wurzelbereich und nicht die Blätter, es sei denn, es hat vorher leicht geregnet. Blätter wissen, wann es regnet, und können sich dagegen schützen. Auf kalte, künstliche Güsse sind sie nicht vorbereitet.

Alle diese Tipps gelten natürlich nicht für Kübelpflanzen oder Balkonpflanzen – sie müssen gegossen werden, aber es genügt, dies nur an Wassertagen (Krebs, Skorpion, Fische) zu tun.

Giersch, Löwenzahn und Spitzwegerich

Wir haben eine jahrelang ungenutzte Obstbaumwiese übernommen, die völlig mit Brennnesseln, Giersch, Löwenzahn und Spitzwegerich zugewuchert ist. Zu welchem Zeitpunkt ist das Mähen günstig, um Gras zu fördern und Brennnesseln und Giersch zurückzudrängen? Ein benachbarter Gärtner hat uns schon diverse Unkrautvernichtungsmittel empfohlen und gesagt, dass es nicht ohne geht.

In diesem Fall empfehlen wir dringend die Lektüre unseres Buches *Der lebendige Garten* – damit Sie nicht in Versuchung kommen, auf den »Gärtner« zu hören, von dem Sie schreiben. Unkrautvernichtungsmittel jeglicher Art sind ein Verbrechen an Mensch, Tier und Pflanze.

Als Erstes sollten Sie die ganze Wiese abmähen oder abmähen lassen. Wenn dann die jungen Kräuter und Gräser nachwachsen, beginnen Sie einfach zu ernten: Giersch gibt einen guten Salat ab, der sehr viel mehr Vitamine enthält als jeder gekaufte Salat. Löwenzahn verwenden wir in all seinen Teilen (Blätter als Salat, Halme als ideales Lebermittel, insgesamt jedoch täglich nicht mehr als drei!). Von den Gänseblümchen zupfen und essen wir die Köpfe in der Mittagszeit, aber nur wenn sie offen sind (nicht mehr als drei am Tag)! Spitzwegerich ist ein tolles Heilmittel für offene Wunden, für den Winter trocknen wir ihn als Tee gegen Husten. Sammeln Sie die Brennnesseln mit Handschuhen für einen Salat oder trocknen Sie sie für einen Blutreinigungstee im Winter oder Frühling.

Es genügt, diese Wiese etwa drei- bis viermal im Jahr zu mähen. Sie werden sehen, in einem Jahr haben Sie keine Probleme mehr.

Mondregeln in der Holzwirtschaft

Aus eigener Erfahrung kenne ich viele Regeln für das Holzschlagen und weiß auch, dass alles gut funktioniert. Kürzlich lese ich, dass die Wissenschaft Probleme hat, die Holzregeln auch zu beweisen. Wie kann das sein, wo doch alles so leicht nachzuvollziehen ist?

Nun, alle Wissenschaftler, die sich vor ihrer Arbeit mit uns beraten haben, hatten keine Probleme, die Holzregeln zu beweisen. Wir müssen allerdings immer wieder darauf hinweisen, dass alle Mondregeln zum Holz nur dann Gültigkeit besitzen, wenn das Holz die Gelegenheit erhielt, natürlich zu trocknen. Eine sofortige Zwangstrocknung und Verarbeitung, wie sie heute üblich ist, macht viele hilfreiche Prozesse im Holz zunichte – ein Hauptgrund, warum die Holzregeln vorübergehend in Vergessenheit geraten sind. Ausnahme: Holz, das am 24. Juni bis 13 Uhr Sommerzeit geschlagen wird. Dieses Holz kann grün verarbeitet werden.

Es gibt jedoch keinen wirklichen Grund zur Traurigkeit. Die Zukunft wird uns dazu zwingen, uns wieder auf natürliche Holzprodukte zu besinnen. Die Natur ist geduldig und kann warten – und in der Zwischenzeit das eine oder andere tun, um uns zur Vernunft zu bringen. Das Problem ist, dass die Wissenschaft Gefühllosigkeit zur Grundvoraussetzung ihrer Methoden erhoben hat. Mit diesem Problem ergeben sich so viele weitere – von der Atomkraft bis zur Gentechnik. Dabei gibt es zahlreiche Wissenschaftler, die längst den richtigen Weg gezeigt haben. Beispielsweise jene Forscher, die nachgewiesen haben, dass Waisenbabys, die beim Füttern oft gestreichelt werden, viel seltener krank werden. Oder dass Menschen, die viel küssen, durchschnittlich eine um fünf Jahre höhere Lebenserwartung haben. Vertrauen wir doch uns selbst und unserer Erfahrung, erinnern wir uns immer daran, dass die Liebe zu geben und zu nehmen und glücklich zu werden das lohnendste Lebensziel ist.

Christbäume und der elfte Vollmond

Ich kenne die Regel, dass man Christbäume drei Tage vor dem elften Vollmond im Jahr schlagen soll, damit sie nicht nadeln und lange frisch bleiben. Manchmal aber ist der elfte Vollmond schon so früh im November, dass der Baum ja dann teilweise mehr als sechs Wo-

chen herumstehen würde, bevor er geschmückt wird. Ich habe mich jedenfalls nicht getraut, unseren Baum jetzt Anfang November zu holen. Kann man es auch anders machen?

Sie haben absolut recht. Der elfte Vollmond im Jahr begegnet uns meist schon mehrere Wochen vor Weihnachten. Die Regel mit den drei Tagen vor Vollmond ist jedoch auch für den zwölften Vollmond gültig. Diese alte Regel entstand, weil die Schneehöhen früher um den zwölften Vollmond herum viel höher waren als um den elften. Wir empfehlen in unseren Kalendern immer auch die Tage vor dem zwölften Vollmond. Der Baum muss dann nicht so lange lagern, und für Käufer und Händler ist der Termin einfacher einzuhalten. Der Haltbarkeit tut es keinen Abbruch, diese Bäume nadeln ohnehin auch nach Jahren nicht.

Der dritte Tag vor dem elften Vollmond eignet sich dennoch gut, nicht nur für Christbäume, sondern auch für Gestecke und Zweige, die dann besonders lange schön bleiben und nicht spröde und brüchig werden. Lagern Sie die Bäume bitte kühl und dunkel (ständiger Schatten genügt), und stellen Sie sie nicht ins Wasser, auch nicht später im Zimmer! In unserer Familie gibt es einen Christbaum, der seit über vierzig Jahren jedes Jahr hervorgeholt wird. Seine Nadeln sind nur schwer abzuzupfen, und er duftet sogar heute noch. Natürlich werden die Nadeln im Laufe der Zeit meist heller oder ganz braun, aber sie bleiben, wo sie sind!

Leider können wir nicht verschweigen, dass manche unseriöse Christbaumverkäufer das Versprechen, die Bäume zum richtigen Zeitpunkt zu schlagen, nicht halten. Sinnvoll wäre es deshalb, nach dem genauen Datum zu fragen. Ein Datum im zunehmenden Mond genügt meist für den »Hausgebrauch«.

Weinbau und Mondrhythmus

Wir haben einen neuen Weingarten ausgesetzt. Jetzt wollte ich aus aktuellem Anlass wissen, wann der richtige Zeitpunkt für den ersten Rebschnitt wäre? Überhaupt würden uns Ihre Tipps zum Weinbau allgemein interessieren.

Für die italienische Übersetzung von *Vom richtigen Zeitpunkt* haben wir ein kleines Kapitel zum Weinbau erstellt, weil sämtliche Regeln für den Pflanzenbau zum richtigen Zeitpunkt mit wenigen Ausnahmen auch für den Anbau von Wein gelten.

Hier die wichtigsten Regeln:

- **Pflanzen und Setzen von Weinstöcken** Zunehmender Mond an den Fruchttagen Widder, Löwe oder Schütze.

- **Rebenschnitt** Bei abnehmendem Mond an Fruchttagen. Ausnahme: Junge Weinreben sollten während der ersten drei Jahre bei zunehmendem Mond an Fruchttagen geschnitten werden, damit keine Saftstockung eintritt (sonst kann sich »schwarzer Saft« bilden).

- **Bewässern** Nicht an Blütentagen (Zwillinge, Waage, Wassermann), wegen der Gefahr des Ungezieferbefalls! Einige der besten Trauben der Welt wachsen in Regionen, in denen nur selten Regen fällt und die kaum künstlich bewässert werden.

211

- **Unkraut- und Schädlingsbekämpfung** Auch im Weinbau ist die beste Vorbeugung gegen das massenhafte Auftreten von Schädlingen das Setzen und Säen zum richtigen Zeitpunkt. Jäten am besten bei abnehmendem Mond, ideal im Tierkreiszeichen Steinbock. Es ist aber nicht so oft nötig wie gewohnt.

- **Düngen** Immer bei abnehmendem Mond, am besten an den Fruchttagen Widder und Schütze. Löwe eignet sich nicht so gut, weil dann der Boden stark austrocknet.

- **Unkrautjäten** Ist nicht so oft nötig wie gewohnt und sollte nur bei abnehmendem Mond erfolgen.

- **Einkeltern** Bei zunehmendem Mond verläuft die Gärung schneller.

- **Abziehen (abfüllen)** Bei abnehmendem Mond abgezogen, bleibt der Wein länger haltbar.

- **Jungfrau** Niemals an Jungfrau ernten, zerstoßen, ansetzen oder abfüllen.

Auch der Weinbau ist ohne die Verwendung von Giften und Kunstdünger möglich, bei gleichen Erträgen und einer viel höheren Qualität der Trauben und des Weins. Die Umstellung erfordert Geduld, aber sie lohnt sich. Beantworten Sie für sich selbst nur eine Frage: Was, glauben Sie, würden ein Kilogramm Trauben und ein Liter Wein kosten, wenn man die Kosten für die Entgiftung unserer Umwelt von den Pestiziden und Düngemitteln und die späteren Arztkosten auf den Preis aufschlagen würde?

Mondrhythmus und Klimaerwärmung

Wie machen Sie das in Ihrem eigenen Garten, bei diesen Wetterkapriolen der letzten Jahre? Würden Sie raten, mit dem Setzen und Säen früher im Jahr zu beginnen? Natürlich zum richtigen Zeitpunkt im Mondrhythmus, danach richte ich mich schon lange und sehr erfolgreich. Was kann man eigentlich als Einzelner gegen die Klimaerwärmung tun? Man fühlt sich so machtlos ...

Wir werden in unserem Garten sicherlich nicht früher als sonst mit den Pflanzarbeiten beginnen, denn ein einziger Frost kann die ganze Arbeit zunichtemachen. Und vor dem Frost sind wir auch in Zeiten der Klimaerwärmung bis weit in den April hinein nicht geschützt.

Was das verrückte Klima betrifft: Die schlechte Nachricht ist, dass die Klimaveränderungen fast ausschließlich vom Menschen verursacht werden. Doch diese schlechte Nachricht ist gleichzeitig eine gute, denn so können wir etwas dagegen tun. Pflanzen, Tiere und Menschen werden natürlich zuerst lernen müssen, mit den veränderten Bedingungen umzugehen und sich anzupassen. Selbst wenn wir jetzt gegensteuern und uns vernünftiger verhalten, werden die positiven Folgen erst in Jahrzehnten spürbar sein. Wichtig ist jedoch, dass wir die Ursachen beseitigen, nicht die Symptome. Und das beginnt bei jedem Einzelnen von uns, bei jeder noch so (scheinbar) unwichtigen Kaufentscheidung! Erwerbe ich beispielsweise regionale, umweltfreundliche Produkte, habe ich mehr für die Zukunft und die Klimaberuhigung getan als mit Autobahnblockaden gegen den Lastwagenverkehr.

Wir schimpfen zwar auf die Politik, auf Brüssel, kaufen aber Äpfel aus Neuseeland, Milch aus Italien und Erdbeeren aus Argentinien. Die weise Kaufentscheidung jedes Einzelnen von uns, diese Millionen von kleinen Entscheidungen sind es, die unsere Zukunft aufbauen oder zerstören. Was wäre, wenn wir die Produkte einfach nicht kaufen würden, die von den das Klima verändernden Diesel-Lastwagen transportiert werden? Die Zusammenhänge sind sehr einfach, aber leider wird mit Ausbeutung und Unvernunft viel mehr Geld verdient als mit Weisheit und Genügsamkeit. Deshalb erfahren weder Sie noch unsere Kinder von offizieller Stelle, dass jede noch so kleine Kaufentscheidung weltbewegende Folgen hat. Das klingt utopisch? Dann vergessen Sie nicht: Dass Bio-Lebensmittel heute überhaupt (wieder) zu haben sind, ist nicht dem Handel zu verdanken, sondern dem aufgeklärten Kunden. Wir selbst haben es in der Hand, nicht die Politik, nicht die Wissenschaft.

Sturmschäden im Wald

Als Waldbesitzer stehe ich immer wieder vor der Frage, wie ich mit Sturmschäden umgehen soll. Gibt es Mondregeln, die mir dabei helfen können?

Thomas: Sie könnten sich selbst und der Umwelt viel Gutes tun! Ein Beispiel: Als Johanna nach München zog, waren gerade die Vorbereitungen für die Olympiade 1972 im vollen Gange. Sie musste zuschauen, wie die Landshuter Allee über mehrere Kilometer mit Bäumen bepflanzt wurde – zum falschen Zeitpunkt. Einige Zeit später dann wurden fast alle Bäume ausgetauscht, weil sie eingegangen waren. Es war wohl der Zufall, der für den Austausch einen guten Zeitpunkt wählte, sodass alle Bäume gut anwuchsen und heute noch stehen. Der gute Zeitpunkt, das sind die zwei oder drei Jungfrautage im Monat. Auf Johannas Hof wurde immer darauf geachtet, denn besondere Maßnahmen gegen Wildverbiss sind so nicht nötig, und der Baum wächst robust und kräftig heran.

Wir werden ja noch lange Zeit mit immer heftiger werdenden Stürmen leben müssen, da ist es natürlich wunderbar, wenn man schon beim Aufforsten dafür sorgt, dass die Bäume widerstandsfähiger und robuster wachsen. Im Frühjahr hat man ja meist drei bis vier Monate Zeit zum Pflanzen, also stehen sechs bis zehn Jungfrautage zur Verfügung. Im Herbst lässt sich dann zudem Versäumtes nachholen.

Unkrautjäten

Ich habe eine Frage: Warum taucht in Ihren Kalendern das Unkrautjäten-Symbol so selten auf? Und vielleicht haben Sie auch noch Tipps, wie ich mit der Ackerwinde und dem Zinnkraut umgehen kann – die sind richtig lästig bei mir.

In unseren Mondkalendern sind nur die Symbole für die besten und schlechtesten Tage zum Jäten und Unkrautauszupfen angegeben. Generell gilt, dass der abnehmende Mond bessere Ergebnisse bei der Unkrautbekämpfung bringt als der zunehmende. Im zweiten Halbjahr kommt der beste Tag, nämlich Steinbock, nicht mehr im abnehmenden Mond vor. Ein wirksamer Trick bei Gartenbeeten: Bei zunehmendem Mond im Tierkreiszeichen Löwe ein wenig aufhacken und umgraben, und schon geht jeder noch so verborgene Samen auf! Kurz darauf bei abnehmendem Mond in Steinbock können Sie dann jäten. Meist bleiben die Beete das ganze Jahr unkrautfrei.

Bei Unkrautüberwucherungen in Wiesen kann man nicht umstechen, da hilft nur Jäten bei Steinbock oder ein häufigeres Mähen an Wassertagen. Handelt es sich um einen angebauten Acker, dann nur an Steinbock eggen und oberirdische Ertragspflanzen an

Fruchttagen (Widder, Löwe, Schütze) und Blattpflanzen an Blatttagen (Krebs, Skorpion, Fische) einsäen. Für unterirdische Früchte wie etwa Rüben, Kartoffeln und Ähnliches wählen Sie nach dem Eggen auch gleich den abnehmenden Mond an einem Fruchttag, entweder sofort oder einen Monat später.

Was können wir zum Thema Ackerwinde und Zinnkraut sagen? Zinnkraut wächst überall dort, wo der Boden Kieselsäure braucht und bei den Menschen in der Umgebung Bindegewebsschwäche droht. Jedes »Unkraut« spricht eine eindeutige Sprache. Unkräuter oder das Wuchern bestimmter Pflanzen sind ein Zeichen für einen Mangel im Boden und gleichzeitig ein Zeichen dafür, was die Menschen in der Umgebung am meisten brauchen, um gesund zu werden und zu bleiben. Hier braucht die Erde das, was ihr das Unkraut zur Verfügung stellen würde. Ein Sprichwort sagt: »Ein Unkraut ist eine Pflanze, deren Tugenden noch nicht entdeckt worden sind.«

Veredeln von Obstbäumen

Haben Sie Tipps für mich, wie ich das Veredeln von Obstbäumen nach dem Mond durchführen kann?

Sehr günstig ist der zunehmende Mond an den Fruchttagen Widder oder Löwe im Frühjahr. Ungünstig ist generell der abnehmende Mond, besonders schlecht sind die Ergebnisse bei abnehmendem Mond an Krebs, Skorpion oder Fische.

Wenn Sie den richtigen Zeitpunkt einhalten, verbindet sich das Reis problemlos mit dem Untergrund und wächst kräftig heran. Zur unrechten Zeit wird das Reis möglicherweise abgestoßen, die Schnittflächen trocknen zu schnell, bevor sich die Lebenskräfte verbinden können. Ein Tipp noch: Versuchen Sie, nahe am Vollmond zu veredeln. So viele Tage vor Vollmond Sie arbeiten, so viele Jahre braucht die Pflanze meistens bis zum Tragen von Früchten. Schneiden Sie Reiser zum Veredeln niemals vor dem 21. Januar und immer bei zunehmendem Mond!

Vielleicht noch für die Neulinge unter unseren Lesern: Das Veredeln von Obstbäumen gehört zu den diffizilen Arbeiten im Garten (auch Okulieren oder Pfropfen genannt). »Veredeln« bedeutet das Verbinden eines Edelfrüchte oder -blüten tragenden Reises mit einer wilden, aber wuchskräftigen Basispflanze und verfolgt meist den Zweck, ein gesundes und kraftvolles Wachstum verbunden mit größerer Widerstandskraft zu erzielen. Meist wagen sich nur gewiefte Gärtner an diese Aufgabe. Bei Beachtung der einfachen Regeln vom richtigen Zeitpunkt kann sie jedoch nach ein wenig Übung jedem gelingen. Üben Sie eventuell bei Bäumchen, die ohnehin wild aufgegangen sind, beispielsweise an Waldrändern. Wenn es gelingt, freuen Sie sich, wenn nicht, ist es halb so wild, denn die Waldränder werden regelmäßig ausgeschnitten. Sie richten also keinen Schaden an.

Industrielle Landwirtschaft

Ich habe mich zwar davon überzeugen können, dass man im eigenen Gärtchen die Mondrhythmen erfolgreich anwenden kann, aber in der Landwirtschaft lässt sich auf Pestizide und Düngemittel wohl nicht verzichten, weil sonst nichts mehr wachsen würde. Was meinen Sie?

Es stimmt, auf den ausgebeuteten Böden würde dann tatsächlich längere Zeit nichts Brauchbares mehr wachsen. Bis sich die Erde vom Dauerangriff der Chemie erholt hat, vergeht Zeit. Aber die Geduld würde sich lohnen, für Mensch und Tier! Würden wir überall zur biologischen, natur- und menschenfreundlichen Landwirtschaft zurückkehren, dann wäre das einer der größten Fortschritte der Menschheit.

Ist Ihnen schon einmal aufgefallen, dass Sie von einem kleinen aromatischen Bio-Kohlrabi doppelt so schnell satt werden wie von einem dieser hellgrünen faden Wasserbälle aus der Agrarindustrie, die obendrein beim Kochen noch fürchterlich stinken? Würde man die Folgekosten der Umweltzerstörung und der Mangelernährung durch die unbiologische Ernährung auf diese Produkte aufschlagen, müsste ein »Normal-Kohlrabi« das Vielfache eines Bio-Kohlrabi kosten. Und ein »Normal-Apfel« aus Neuseeland das Zwanzigfache eines Bio-Apfels aus der Umgebung.

Pestizide und Düngemittel zerstören alle Lebendigkeit, die Gemüse und Früchte für uns bereithalten. Pestizide sammeln sich in den Erntefrüchten, in der Erde, im Wasser, in der Luft, in den Tieren, im Körper des Menschen – und sie machen uns krank. Intensiv bewirtschaftete Felder sind deshalb so stark von Schädlingen und Unkraut befallen, weil die Natur sehr weise arbeitet. Sie erkennt die übergroßen und leblosen Früchte als krank und krankmachend und schickt deshalb Gegenmaßnahmen: Pflanzen (»Unkraut«) und Tiere (»Schädlinge«), die zum einen für den Ausgleich im Boden und in unserem Körper sorgen, zum anderen solche Früchte ausrotten sollen. Die Intensivlandwirtschaft argumentiert, dass nur mit ihrer Hilfe der Hunger in der Welt bekämpft werden kann. Das ist schlicht gelogen: Pestizide und Kunstdünger zerstören den Boden, die Humusschicht verschwindet, die Böden versauern und sind in manchen Gebieten so sauer, dass gar nichts mehr wächst. Das ist es, was für Hungersnöte sorgt!

Über 60 Prozent der Getreideproduktion wird zudem als Tierfutter verwendet. Würde die Menschheit nur zehn Prozent weniger

Fleisch konsumieren, könnte aller Hunger in der Welt beseitigt werden. Dass eine ausschließlich biologische Landwirtschaft keine ausreichenden Erträge bringen würde, ist ebenfalls eine Lüge, um den gegenwärtigen Zustand vielfältiger Abhängigkeiten zu schützen. Die Alternativen sind eigentlich ganz einfach: Mit jeder einzelnen Entscheidung im Alltag darüber, was auf den Teller kommt, helfen die Konsumenten entweder der Natur, ihrer Gesundheit und dem Bio-Bauern in der Region. Oder sie sind mitverantwortlich dafür, dass die Zukunft hart wird – für uns und für diesen kleinen Planeten. Das mag etwas extrem klingen – aber manche Wahrheiten sind unangenehm, wenn man bisher nur in eine bestimmte Richtung geschaut hat.

Natürliches Düngen nach dem Mond

Mit Interesse habe ich Ihre Antwort auf den vorigen Leserbrief gelesen. Es wird ja wohl noch eine Zeitlang dauern, bis wir auf das Düngen ganz verzichten können (vielleicht mit der Permakultur). Bis dahin möchte ich gerne erfahren, welche Mondregeln das natürliche Düngen unterstützen?

Düngen sollte man bei Vollmond oder bei abnehmendem Mond. Bei zunehmendem Mond zu düngen ist nicht nur falsch, sondern auch schädlich. Es belastet nur das Grundwasser, und das ist nach der sauberen Luft unser wertvollstes Gut. Sogar das Trinkwasser können Babys in vielen Gegenden wegen des hohen Nitratgehalts nicht mehr gefahrlos zu sich nehmen. Wo Viehwirtschaft betrieben wird, sind die Böden zum Teil um bis zu 300 Prozent überdüngt. Die Permakultur-Methode wäre eine sinnvolle Heilmethode für unsere Böden, ist für viele jedoch unbezahlbar. Mischkultur ist aber möglich und für jeden leicht und günstig umzusetzen. Nicht nur die Landwirtschaft ist verantwortlich, sondern jeder, der zu viel und zum falschen Zeitpunkt düngt. Einen hohen Anteil an der Vergiftung haben die Schreber- und Privatgärten.

Sie werden überrascht sein über die Wirkung, die von der Wahl des richtigen Zeitpunkts ausgeht. Das gilt auch für alle Zimmer- und Balkonpflanzen. Ignorieren Sie getrost die Anwendungsvorschriften der Präparate, auch bei Naturdünger, und entwöhnen Sie Ihre Pflanzen langsam von der übertriebenen Düngung. Die Düngermengen sollten sich stets nach dem Bedarf der Pflanze richten, und der ist in der Regel weit geringer als auf der Packung steht – erst recht, wenn man auf den richtigen Zeitpunkt des Düngens achtet. In der Zeit des abnehmenden Mondes, beginnend mit dem Vollmond, kann die Erde nämlich viel mehr Flüssigkeit aufnehmen als bei zunehmendem Mond. Beobachten Sie selbst, wie mühelos sich Grasschnitt bei abnehmendem Mond in die Erde einarbeitet, während er bei zunehmendem Mond liegenbleibt und verfault. Sie werden sehen – der Erfolg gibt Ihnen recht.

Wie überall in Garten und auf dem Feld sollten wieder Gefühl und gesunder Menschenverstand und nicht Regeln, Dogma und »Expertenmeinungen« zum Maßstab werden. Guter Kompost und Stallmist etwa sind immer noch unübertroffene Düngemittel, besonders für Obstbäume.

In Kürze **Düngen**

Düngen ausschließlich bei abnehmendem Mond!

Umstieg auf einen Naturgarten

Ich stehe vor einer besonderen Herausforderung. Bisher hat unsere Schwiegermutter den Garten gepflegt, und dabei ging sie vor wie auf einem Soldatenfriedhof und verwendete viel Dünger und Spritzmittel. Jetzt übernehme ich die Sache und frage mich, was ich mit dieser zerstörten Erde machen kann? Wie steige ich auf einen biologischen Garten um, obwohl alles hoffnungslos überdüngt ist?

Das schaffen Sie! Der Trick besteht tatsächlich nur in ein wenig Geduld und der Fähigkeit, die Blicke und Bemerkungen der Nachbarn (und vielleicht auch der Schwiegermutter) freundlich zu ignorieren. Das Geheimnis ist das Setzen von Kartoffeln im ganzen Garten!

Halten Sie einen Abstand von etwa 50 Zentimetern zwischen den Setzlöchern (etwa 10 bis 20 Zentimeter tief), legen Sie jeweils zwei kleine Kartoffeln oder eine große halbierte Kartoffel hinein. Das muss nicht in Reih und Glied sein, und Anhäufeln ist auch überflüssig – tun Sie das aber nur bei abnehmendem Mond. Dies ist die allerbeste Voraussetzung für eine gute Ernte. Einfach im Herbst ernten und genießen! Im nächsten Jahr bekommen Sie eine wunderbare Erde und finden im ganzen Garten die besten Voraussetzungen für den nächsten Schritt vor.

Dieser nächste Schritt sieht im Wesentlichen so aus: Achten Sie darauf, ober- und unterirdische Kulturpflanzen zusammenzubringen und nur jene Pflanzen, die in guter Nachbarschaft leben. Unser Buch *Der lebendige Garten* sagt Ihnen alles Nötige. Ohne die geringsten Vorkenntnisse ist es damit möglich, von heute auf morgen einen biologischen Garten zu betreiben. Innerhalb von nur einem Jahr wächst Ihnen ein »grüner Daumen«. Und noch ein Tipp: Informieren Sie Ihre Schwiegermutter, und teilen Sie ihr mit, dass Sie etwas Neues ausprobieren wollen und hoffen, dass es klappt. Ihre Vorarbeit wird dadurch nicht entwertet, denn sie hat es ja nicht anders gewusst.

Kleintierställe ausmisten

Meine Mutter sagt, ich soll Ihnen schreiben, weil es mit dem Reinigen unseres Kaninchenstalls immer so gut geklappt hat. Sie sagt mir immer: »Heute ist ein guter Tag dafür, der Mond steht richtig« oder »Jetzt ist es noch nicht Zeit«, auch wenn ich gerade Lust dazu habe. Jetzt soll ich das Reinigen alleine übernehmen und habe damit auch die Verantwortung dafür. Können Sie mir helfen, die richtigen Termine rauszusuchen? Ich habe schon ein paar Mal bemerkt, dass der Stall nicht so gut riecht, wenn ich zu einem beliebigen Zeitpunkt ausmiste.

Liebe Diana, der richtige Zeitpunkt zum Ausmisten ist grundsätzlich der abnehmende Mond. Praktisch ist es aber nicht machbar, deshalb solltest du bei zunehmendem Mond zusätzlich auf das Tierkreiszeichen achten. Am besten immer kurz vor dem zunehmenden Mond, also an Neumond ausmisten, das hält länger vor. Im zunehmenden Mond solltest du dann nur reinigen, was unbedingt sein muss – und bitte nie an Krebs- und Fischetagen. Besonders lange hält ein Wärmetag vor (Widder, Löwe, Schütze). Der schlechteste Tag zum Ausmisten ist Jungfrau bei zunehmendem Mond, da vermehren sich die Bakterien stark, und die Kaninchen können sogar krank werden. Diese Regeln gelten auch für alle anderen Tierställe und -käfige. Alle Tierhandlungen und Zoos könnten sich auf diese Weise eine Menge Arbeit ersparen, und die Tiere wären auch gesünder.

222

Zimmerpflanzen auf Reisen

Die nachlässige Pflege während des Urlaubs haben meine Zimmerpflanzen mir übel genommen. Vielleicht waren sie aber auch bloß sauer, weil ich diesmal länger verreist war als sonst? Haben Sie einen Tipp, wie ich meine geschwächten Lieblinge nach dem Urlaub wieder auf Vordermann bringe?

Das ist nicht schwer, und sie werden in ein paar Tagen sicher wieder gesund und munter dastehen. Einfach an Blatttagen (Krebs, Skorpion, Fische) etwas zurückschneiden und dann auch nur an Blatttagen gießen. Wenn die grünen Hausgenossen schwer beleidigt sind, gießen Sie vielleicht zwischendurch auch einmal an Wurzeltagen (Stier, Jungfrau, Steinbock). Aber nur am Anfang! Dass auch gutes Zureden bei Pflanzen hilfreich ist, haben Sie ja selbst sicher schon erfahren.

Das nächste Mal, bevor Sie verreisen, werfen Sie einen Blick auf den Mondkalender, und notieren Sie auf einer Liste alle Wassertage (Krebs, Skorpion, Fische), die während Ihrer Abwesenheit anstehen. Schreiben Sie diese Termine einfach auf, geben Sie sie dem »Pfleger«, und bitten Sie ihn, Ihre Pflanzen ausschließlich an diesen Tagen zu gießen. Gewöhnen Sie selbst Ihre Pflanzen jetzt schon an diesen Rhythmus, und Sie werden sehen: Alle grünen Hausgenossen werden überleben und gesund bleiben. Topfen Sie notfalls noch an Jungfrau um!

Warum funktioniert Düngen zum richtigen Zeitpunkt?

Nur bei abnehmendem Mond soll man düngen, davon habe ich schon gehört und richte mich auch mit gutem Erfolg im Garten danach. Können Sie mir aber sagen, warum diese Regel funktioniert? Und stimmt es, dass man beim Düngen von Obstbäumen auch zusätzlich auf das Tierkreiszeichen achten soll?

Ja, der abnehmende Mond und die Fruchttage Widder, Löwe und Schütze eignen sich besonders für das Düngen von Obstbäumen (und auch von Getreide!). Guter Kompost und abgelagerter Stallmist vom Bio-Bauern sind dabei als Dünger die beste Wahl. Was die Begründung für die Regeln betrifft: In erster Linie kann die Erde bei abnehmendem Mond mehr Flüssigkeit aufnehmen als bei zunehmendem Mond. Diese von der Wissenschaft bisher übersehene Tatsache ist von großer Bedeutung! Sie lässt sich auch indirekt beobachten: Ist Ihnen schon einmal aufgefallen, dass Überschwemmungen bei zunehmendem Mond häufiger vorkommen? Die Erde kann nämlich in dieser Zeit nicht so viel Wasser aufnehmen. Andererseits kommt es in Hanglagen bei abnehmendem Mond häufiger zu Murenabgängen, weil die Erde feuchtschwer und vollgesaugt ist – besonders, wenn die Erde nicht von gesunden Bäumen fest verankert wird oder wenn der Bergwald krank ist.

Der Zusammenhang zwischen Mondstand und der Fähigkeit des Bodens zur Wasseraufnahme ist gerade für die moderne Land- und Forstwirtschaft und für den Grundwasserschutz von großer Bedeutung und sollte unbedingt wieder Beachtung finden. Immer wieder hört man beispielsweise, dass mit Investitionen in Milliardenhöhe zum Gewässerschutz zu rechnen ist – nur aufgrund der Belastung des Grundwassers und der Flüsse mit überschüssigem Dünger, mit Phosphaten und Nitraten aus Landwirtschaft und Abwässern. Einen großen Teil dieses Geldes könnte man für sinnvollere Dinge ausgeben, wenn man beim Düngen die Mondrhythmen berücksichtigen würde. Obendrein könnte man nicht nur mit viel geringeren Düngermengen auskommen, man würde auch entdecken, dass aufgrund des im Verhältnis zur Bodenfläche viel zu hohen Viehbestandes in fast allen Regionen das Fünffache des Notwendigen gedüngt wird.

Mond und Wasserbrunnen

Hat der Mond beziehungsweise der Vollmond einen Einfluss auf Wasserbrunnen?

Das kommt darauf an, ob an dem Brunnen gearbeitet wird, ob Sie also beispielsweise eine Quelle fassen oder den Brunnen erst noch bohren oder tiefer bohren wollen. Der richtige Zeitpunkt und die Mondrhythmen können Ihnen in besonderem Maße helfen, diese Arbeit erfolgreich auszuführen. Idealerweise führen Sie sie bei zunehmendem Mond im Tierkreiszeichen Fische aus, also immer irgendwann im Herbst. Krebs und Skorpion sind ebenfalls geeignet, es muss jedoch auch dann zunehmender Mond herrschen. Wenn Sie den richtigen Zeitpunkt einhalten, ist das Wasser viel leichter aufzuspüren. Quellen lassen sich gut fassen und sprudeln ergiebig. Zum falschen Zeitpunkt bei abnehmendem Mond ist das Wasser schwer zu finden, und man muss sehr viel tiefer bohren als eigentlich nötig. Und selbst wenn dann Wasser gefunden wird, besteht die Gefahr, dass es unregelmäßig fließt oder der Brunnen versiegt. Die Quelle unterliegt starken Mengenschwankungen, das Wasser fließt nicht verlässlich. Am falschen Tag bearbeitet, kann das Wasser über kurz oder lang sogar völlig verschwinden, obwohl es vielleicht

225

schon jahrzehntelang an derselben Stelle aus der Erde getreten war. Es sucht sich einen anderen Weg.

Bevor Sie auf der Suche nach Grundwasser oder nach Quellen eine Bohrung vornehmen lassen, sollten Sie den guten Platz dafür unbedingt von einem Rutengeher ausforschen lassen (siehe auch in unserem Buch *Aus eigener Kraft*). Viele Brunnenbaufirmen arbeiten inzwischen mit ihnen zusammen, einfach weil sie die Erfahrung gemacht haben, dass sich der Erfolg so viel schneller einstellt. In Ländern, in denen heute wieder Brunnen gebohrt werden, haben unsere Tipps viel Zeit und Geld gespart.

Übrigens: »Jemandem das Wasser abgraben« – diese Redewendung hat ihre Wurzel in den Mondregeln. Zum falschen Zeitpunkt genügen einige Spatenstiche in der Nähe einer Quelle, um sie zum Versiegen zu bringen. Natürliche Quellen lassen sich eben nicht einfach in von Menschen gemachte Bahnen lenken. Die moderne Flurbereinigung und Gewässerregulierung hat hier viel Schaden angerichtet, Grundwasserspiegel verändert und Ähnliches. Wasser darf nicht einfach der Natur entrissen oder verdrängt werden. Es braucht seinen Raum, sonst rächt es sich irgendwann.

Geranien vor dem Winter

Ich habe vergessen, wann der richtige Zeitpunkt ist, um Geranien zum Überwintern hineinzuholen. Da gibt es doch einen Mondtermin?

Wenn Sie die Geranien wieder in kühle, schützende Unterstände räumen wollen, bringt Jungfrau die idealen Tage dafür. Die Pflanzen erhalten dann den nötigen Kraftimpuls, um im nächsten Frühling zu neuem farbigen Leben zu erwachen und allen Freude zu bringen.

Allerdings ist nicht nur der Zeitpunkt, sondern auch die Methode wichtig, und da gibt es zwei Dinge, die zu beachten sind:

Erstens müssen Sie sich überwinden und die Blütenstände und auch die noch geschlossenen Knospen an den Bruchstellen im Stängelansatz abbrechen. Bitte nicht abschneiden! Und bitte lassen Sie die Blätter dran! Dann auf den Kompost mit den Blüten. Danach bringen Sie die Töpfe oder Kästen an einen kühlen und dunklen Ort, der nicht stockdunkel sein sollte und an dem die Temperatur im Winter nicht unter (etwa) acht Grad absinkt.

Und nun zweitens Bitte lassen Sie die Pflanzen in Ruhe! Keine braunen Blätter abzwicken, nicht kehren und saugen oder verschieben – und vor allen Dinge nicht gießen. Im Frühling holen Sie die Pflanzen ebenfalls an einem Jungfrautag hervor und pflanzen sie mit neuer Erde wieder neu ein. Gießen Sie die Geranien direkt danach und später nur noch an Wassertagen (Krebs, Skorpion, Fische). Wichtig ist nur, dass das Einwintern und Herausholen an Jungfrau geschieht. Große Pflänzchen können Sie teilen und abgebrochene Zweige einfach in die Erde stecken. Auch ganz kleine Stängel wachsen an Jungfrau an.

Mit dieser Methode halten die Geranien etwa zehn Jahre lang. Natürlich geht hin und wieder einmal ein Stöckchen kaputt, doch man kann ja ab und zu ein paar neue Stöckchen dazukaufen.

In Kürze **Geranien**

Geranien einwintern und hervorholen immer nur an Jungfrau!

Geranien mit neuen Trieben

Nach Ihrem Vorschlag habe ich die Geranien eingewintert – nun haben sie längere Triebe. Laut Ihrem Tipp, der kürzlich in der Zeitung stand, soll ich sie an einem Jungfrautag aus dem Winterquartier holen. Jetzt meine Frage: Was soll ich mit den alten Blättern und den neuen, jetzt längeren Trieben machen?

Streifen Sie die alten Blätter an einem Jungfrautag einfach mit der Hand locker ab, ohne Druck und nur das, was von selbst abfällt! Gleichzeitig können Sie die neuen Triebe oberhalb eines »Auges« abschneiden und in die Erde stecken. Die meisten wachsen gleich wieder neu an! Gießen Sie jetzt die Stecklinge und die ausgewinterten Pflanzen – danach aber nur noch an Wassertagen (Krebs, Skorpion, Fische)! Übrigens: War es für die Pflanzen eventuell zu hell während des Winters? Normalerweise treiben sie nämlich kaum.

Nicht vergessen: Wenn später doch noch einmal Frost droht, holen Sie die Pflanzen früh genug wieder herein! Sie sollten jetzt lediglich einmal die erste Frühlingsluft schnuppern dürfen. Nach dem Frost bringen Sie sie wieder bei Jungfrau hinaus ins Freie!

Umgang mit Geranien und anderen Kübelpflanzen

Letzten Herbst habe ich Ihren Rat befolgt und die Geranien an Jungfrau und, ohne zu gießen, eingewintert. Tatsächlich sind sie nicht kaputtgegangen. In den nächsten Jungfrautagen werde ich sie umtopfen und langsam ans Freie gewöhnen. Meine Frage: Kann ich alle anderen Kübelpflanzen auch schon hinausstellen und umtopfen?

Das hängt sehr vom Klima ab. Wir würden die Blumenkästen erst Anfang Mai langsam hinausstellen und manche auch dann erst umtopfen. Manche Menschen haben den Ehrgeiz, dass die Pflanzen schon sehr bald blühen sollen, andere Menschen lassen der Natur mehr Zeit. Wie auch immer Sie sich entscheiden – wichtig ist, dass Sie an den Jungfrautagen umtopfen und später fast ausschließlich an Wassertagen (Krebs, Skorpion, Fische) gießen. Alle Kübelpflanzen können nach dieser Regel behandelt werden.

Umbau eines Bauernhofs

Herr Poppe, darf ich Sie zum Thema Renovieren etwas fragen? Wir haben einen Bauernhof und stellen jetzt langsam auf Bio um, so gut es geht. Auch an unserem Haus wollen wir umweltfreundlich arbeiten und haben zum Beispiel schon angefangen, den Stall in Ordnung zu bringen – mit einem fein gehobelten Buchenboden statt Beton und mit Kalkfarben statt Dispersionsfarbe. Wir haben festgestellt, dass es den Tieren im neuen Teil besser geht und sie weniger krank sind. Meinen Sie, dass es mit dem Umbau zusammenhängt? Wenn ja, dann würden wir den Umbau so schnell wie möglich fertigstellen.

Thomas: Das ist eine sehr gute Idee, denn das Kalken ist nur deshalb aus der Mode gekommen, weil der Anstrich schneller abblättert, wenn man zum falschen Zeitpunkt arbeitet. Zum richtigen Zeitpunkt bei abnehmendem Mond aufgetragen, halten die Farben sehr lange Zeit. Vielleicht interessant für Sie: Wir haben auch schon mitgeholfen, dass Kalkfarben nicht nur in Ställen wieder verwendet werden, sondern auch in Tierhandlungen, Zoos und Krankenhäusern. Es ist schön zu sehen, dass hier wieder ein Quäntchen Vernunft zurückgekehrt ist. Der Hauptvorteil liegt auf der Hand: Kalk-

farben sind nicht nur ein schlechter Nährboden für Mikroorganis-
men, sie zerstören sie auch aktiv! Dispersionsfarben beziehungsweise
Lackfarben dagegen, wie sie in vielen Bereichen im Krankenhaus
und an anderen Orten verwendet werden, wirken auf schädliche
Bakterien und Pilze sogar »positiv«. Das ist einer der Hauptgründe
für den steilen Anstieg von Krankheiten, die erst in den Krankenhäusern selbst entstehen (»Infektiöser Hospitalismus«)!

Johanna erinnert sich noch, dass die Tierkrankheiten auf den
Bauernhöfen erst richtig auszubrechen begannen, als jeder die
Ställe auf »sauberen« Beton und Dispersionsfarben umstellte. Auf
ihrem Hof ist das auch geschehen, die Farbe wurde aber später reu-
mütig wieder entfernt. Wir können Ihnen nur raten, den Umbau so
schnell wie möglich vorzunehmen. Der richtige Zeitpunkt ist der
abnehmende Mond, für die Holzarbeiten ideal im Tierkreiszeichen
Steinbock. Diese Regel gilt auch speziell für Grundreinigungsarbei-
ten, für das Ausbessern und Verputzen und für den Einbau von
Holzböden und Ähnlichem. Tierhandlungen und Tiergärten könnten in höchstem Maße vom Beherzigen dieser einfachen Regeln
profitieren!

Gutes für die Bienen

*Ich finde Ihre Bücher klasse. Ich bin Imker in den Süd-Karpaten
Transsylvaniens. Was können Sie mir zu den Mondphasen in der
Imkerei raten?*

Mit der Imkerei haben wir leider wenig persönliche Erfahrung. Aber
wir möchten Ihnen sagen, dass wir Ihre Arbeit sehr wichtig finden
und unterstützen, wo wir nur können. Es wird vielleicht noch einige Zeit brauchen, bis die Menschheit begreift, dass nicht Kühe,

Schweine und Hühner die wichtigsten Tiere auf der Welt sind, sondern Bienen und Regenwürmer. Ohne Bienen keine Bestäubung und damit keine Nahrung, weder für Mensch noch Tier, und ohne Regenwürmer keine echte, fruchtbare Erde.

Unser Wissen vom richtigen Zeitpunkt der Bienenpflege beschränkt sich auf folgende Tipps: Bienen sollte man nicht dienstags oder donnerstags ansetzen beziehungsweise umsiedeln. Montag, Mittwoch und Samstag eignen sich dafür am besten. Der Mondstand spielt hier keine so große Rolle, aber bei zunehmendem Mond ist man erfolgreicher. Dabei ist folgende Frage wichtig: Woher stammen die Bienen, und welche Vegetation herrschte dort? Entsprechend sollte man die Lage der Bienen anpassen.

Alle Reinigungsarbeiten und die Ungezieferbekämpfung am Stock gehören ausnahmslos in die Zeit des abnehmenden Mondes. Ein Volk aufpäppeln geschieht am besten bei zunehmendem Mond. Auffallend ist, dass der Honigertrag bei zunehmendem Mond besser ist, ebenso das Schleudern der Honigwaben.

Blumenzwiebeln zum richtigen Zeitpunkt

Im letzten Herbst habe ich es leider versäumt, meine Blumenzwiebeln zu setzen, weil ich einfach zu oft auf Reisen war. Jetzt sagt mir eine Freundin, dass ich es im Frühjahr nicht tun soll, weil die Blumen dann nicht mehr rechtzeitig aufgehen. Stimmt das, oder wissen Sie vielleicht, wie mir der Mond doch noch zu meinen Blumen verhelfen kann?

Spätherbst ist zweifellos die beste Zeit zum Aussetzen Ihrer Blumenzwiebeln, aber Sie werden sicherlich über 90 Prozent Ihrer Pflanzen zum Blühen bringen, wenn Sie die Zwiebeln in den Jungfrautagen im Frühling setzen. Auch der Blütentag Waage ist geeignet. Bitte achten Sie genau auf die Anweisungen zur Pflanztiefe, das wäre ebenfalls wichtig. Um die Knolle herum dürfen beim Einpflanzen keine Hohlräume entstehen. Sorgen Sie am Boden der Vertiefung für genügend lockere, aber gleichzeitig dichte Erde, sonst verfault Ihnen die Zwiebel.

Sollten Sie in einer schneereichen Region wohnen und der Boden noch gefroren sein, warten Sie einfach noch einen Monat auf die nächsten Jungfrautage. Auch dann kommen die Blumen noch rechtzeitig. In solchen Regionen ist die Vegetation daran gewöhnt, sich zu beeilen, das weiß jeder, der dort lebt oder zu Besuch ist: Der Frühling kann innerhalb weniger Tage die Landschaft verändern. Manchmal setzt man die Blumenzwiebeln, und schon 14 Tage später blüht alles in voller Pracht.

Drückende Wurzeln

Oberhalb unseres alten Erdkellers mit Gewölbe wachsen Akazienbäume, von denen einer beim Eingang schon eine Wurzel durch die Ziegelwand drückt. Meine Frage: Gibt es einen geeigneten Zeitpunkt, um den Baum umzuschneiden, ohne dass die Wurzeln später wieder zu stark austreiben?

Der ideale Zeitpunkt für Ihr Vorhaben sind alljährlich die letzten zwei Tage im Februar, gleichgültig, ob es sich um ein Schaltjahr handelt oder nicht. Von den beiden Tagen eignet sich der 28. Februar immer am besten. Bei Einhaltung dieser alten Regel verrottet dann auch die Wurzel. Wenn also bei manchen Bäumen ein erneutes Austreiben gewünscht wäre, sollte man an diesen beiden Tagen besser nicht Hand an den Baum legen.

Vom richtigen Umgang mit Tomatensamen

Als Hobbygärtner habe ich mich zum Tomatenfan entwickelt. In meinem kleinen Gewächshaus wachsen und reifen nur Bio-Tomaten, ohne Spritzmittel oder irgendwelche Dünger. Im Herbst beziehungsweise Frühjahr entferne ich die alte Erde etwa 20 Zentimeter tief und erneuere mit Komposterde.

Nun meine Frage: Ich ziehe mir die Pflanzen am Fensterbrett aus Tomatensamen, die ich verschiedenen gekauften Tomaten entnehme und danach wasche und trockne. Meine Kinder und Bekannten bestätigen mir das tolle Aroma und die Qualität, die meine Tomaten bis spät in den Herbst hinein besitzen. Ich habe auch kaum Tomatenfäule (bei geringem Befall entferne ich sofort die Triebe beziehungsweise die ganze Pflanze). Da ich Ihren Mondkalender täglich in der Zeitung lese, möchte ich meine Pflanzen am Fensterbrett und im Gewächshaus nach der Mondphase wachsen und gedeihen lassen. Wann pflanze ich die Kerne am Fensterbrett ein, und wann kommen die Pflänzchen ins Gewächshaus?

Es freut uns, dass Sie mit Ihren Tomaten so gute Erfahrungen machen! Der richtige Zeitpunkt kann Ihnen sicher zusätzlich von großem Nutzen sein – und das funktioniert so: Die Samen am Fensterbrett sollten bei zunehmendem Mond an Fruchttagen (Widder, Löwe, Schütze) eingesetzt werden – möglichst jeweils am ersten der zwei oder drei Tage eines Tierkreiszeichens. Im Abstand von jeweils einigen Tagen drehen Sie dann die Töpfe, damit die Pflänzchen schön gerade wachsen. Das Drehen sollte jedoch niemals an Blütentagen erfolgen (Zwillinge, Waage, Wassermann). Werden die Pflänzchen noch pikiert, dann sollten Sie dies entweder bei Jungfrau oder bei zunehmendem Mond an einem Fruchttag tun. Auch hier immer den ersten Tag der zwei oder drei Tage eines Tierkreiszeichens wählen. Das Auspflanzen ins Gewächshaus sollte ebenfalls an einem Fruchttag erfolgen. Dabei ist es gleichgültig, ob der Mond ab- oder zunimmt. Viel Freude mit der Ernte!

Vertikutieren eines Rasens

Ich lese täglich Ihre wertvollen Tipps in der Zeitung, habe alle Ihre Bücher, in denen ich immer wieder nachschaue, und erziele mit Ihren Ratschlägen sehr gute Erfolge in meinem Garten. Nun habe ich eine Frage: Wann ist der richtige Zeitpunkt für das Vertikutieren meines Rasens? Für eine Antwort wäre ich Ihnen sehr dankbar.

Für die Gartenneulinge unter unseren LeserInnen: Unter Vertikutieren versteht man das Anritzen der Grasnarbe einer Rasenfläche, um die Belüftung des Bodens zu fördern. Das sollte man am besten bei zunehmendem Mond machen, weil die Wirkung dann länger anhält. Wir wollen aber nicht verschweigen, dass Vertikutieren im Prinzip nicht nötig ist, wenn man dem Rasen im Herbst das Laub als Nahrung für die Regenwürmer lässt. Regenwürmer sind die besten Belüfter jeder Erde. Erst vor dem ersten Rasenmähen mit einem Laubrechen drübergehen. Die übertriebene »Sauberkeit« bei der Rasenpflege ist der größte Fehler. Ein getrimmter Rasen ist zwar immer noch sehr beliebt, aber eigentlich eine sehr naturferne Angelegenheit, die nur mit viel Arbeit und oftmals auch viel Chemie erreicht werden kann.

Tipps für die Kräuterspirale

Mit Freude lese ich täglich Ihren Abreiß-Mondkalender. Schon länger überlege ich mir, eine Kräuterspirale im Garten zu setzen. Können Sie mir kurz sagen, welche Grundregeln ich in puncto richtiger Zeitpunkt beachten muss?

Eine Kräuterspirale im Garten ist eine stetige Quelle für Heil- und Gewürzkräuter in bester Qualität. Den einfachen Weg zu ihrer Errichtung haben wir im Buch *Der lebendige Garten* beschrieben. Die Grundregel lautet: Am besten bei abnehmendem Mond bauen und bei zunehmendem Mond bepflanzen. Setzen Sie die Kräuter möglichst in der Zeit zwischen Zwillinge und Schütze oder generell nur bei zunehmendem Mond. Geübte Gartenliebhaber bauen nicht nur eine Steinspirale auf den Boden, sondern gleich pyramidenförmig in die Höhe.

In den Süden der Spirale gehören die sonnenliebenden Kräuter, in den Norden eher die schattenvertragenden Pflanzen wie Schnittlauch, Petersilie, Melisse und Ähnliches. Je weiter oben, desto »südlichere« Kräuter sollten Sie einsetzen (Majoran, Oregano und Ähnliches). Gießen Sie sie bitte nur am Anfang, und überlassen Sie die Pflanzen dann nach Möglichkeit sich selbst – helfen Sie nur manchmal an Blatttagen (Krebs, Skorpion, Fische) ein bisschen nach. Sparen Sie nicht an Steinen und Erde! Später dann, im Frühjahr, können Sie die Kräuter großzügig reduzieren, wenn sie die Nachbarpflanzen zu überwuchern drohen.

235

Feine Pellets für die Hackschnitzelheizung

Wir stellen Häckselgut und Pellets für Hackschnitzelheizungen her und haben beobachtet, dass sich das Material unterschiedlich verhält, auch wenn die Holz-Restfeuchte genau den gleichen Wert aufweist. Aufgrund unserer positiven Erfahrungen in der Landwirtschaft und im Garten, aber auch was Ihre Mondtees betrifft, möchten wir anfragen, ob Sie uns den richtigen Zeitpunkt mitteilen können?

Da Hackschnitzelheizungen und Blockheizkraftwerke aus guten Gründen immer beliebter werden, ist diese Information von besonderer Bedeutung. Die ideale Zeit für das Herstellen, Pressen und Einlagern von Häckselgut und Pellets ist generell der abnehmende Mond. Dann bleibt alles schön trocken beziehungsweise trocknet gut nach. Wenn man auch auf das Tierkreiszeichen achten kann, sollte man einen »trockenen« Tag wählen – Zwillinge, Waage, Wassermann oder Widder, Löwe, Schütze. Auch für alle Feuerungsanlagen wäre das schonender und verlängerte die Lebensdauer.

Im Alltag ist es wohl nicht möglich, immer genau auf den richtigen Zeitpunkt zu achten, aber vielleicht lässt sich zumindest der ungünstigste Zeitpunkt vermeiden. Das ist der zunehmende Mond an Wassertagen (Krebs, Skorpion und Fische) sowie generell an Jungfrau. Das Häckselgut wird dann leichter feucht, ist nicht so transportfähig, und an Jungfrau kann es sogar einen unangenehmen Geruch bekommen.

> *In Kürze* **Hackschnitzel und Pellets**
>
> Immer bei abnehmendem Mond liefern lassen und nicht an Wassertagen (Krebs, Skorpion, Fische)!

Das Unkraut muss weg!

*Ich bin ein langjähriger Hobbygärtner, Blumenfreund und Natur-
freak und »arbeite« im und rund um das Haus schon lange erfolgreich mit dem Mond – tatkräftig unterstützt durch Ihre Bücher und
Kalender. Nun habe ich mir vor einem Jahr meinen allergrößten
Wunsch erfüllt und einen Bauernhof gekauft. Leider wurde der Boden sehr vernachlässigt und ist voller Unkraut. Eine Wiese macht
uns große Sorgen: Sie steht voller Ampfer, und den mögen die Pferde
leider überhaupt nicht. Wenn wir die Koppel nutzen wollen, müssen
wir sie möglichst bald ampferfrei bekommen, und zum Ausjäten ist
es einfach zu groß! Nun meine Frage an Sie: Wann wäre der richtige
Zeitpunkt, um mit einem biologischen Mittel zu spritzen?*

Alle Spritzmittel, auch biologische, nützen hier leider gar nichts.
Aber Sie können etwas tun, das langfristig helfen wird. Mähen Sie
so oft es geht und immer nur an Blatttagen (Krebs, Skorpion, Fische). Im nächsten Schritt sollten Sie herausfinden, welchen Boden
der Ampfer braucht, und dann das entsprechende »Gegenmittel«
wählen. Säen Sie eine Pflanze, die denselben Boden liebt, dann erhält der Ampfer nicht mehr so viel Nährstoffe. Dabei weiterhin immer an Wassertagen mähen, so oft es geht. Eventuell könnten Sie
auch bei Vollmond mit der Sense abmähen. Dadurch trocknet der
Boden stärker aus, und das mag der Ampfer überhaupt nicht, weil
er sehr saftige Blätter hat. Dies wäre der Weg, den wir persönlich gehen würden. Eine sofort wirksame Ideallösung gibt es hier leider
nicht.

Der 18. Juni und das Jäten

Der 18. Juni ist ja laut Ihrem Buch Der lebendige Garten *der beste Tag im Jahr für das Jäten von Unkraut. Leider fällt er in diesem Jahr auf einen Wochentag, und ich muss arbeiten gehen. Gibt es gute Alternativen zum Beseitigen von Unkraut? Ich denke mir, dass sich viele Leser für diese Frage interessieren würden.*

Da haben Sie ganz recht! Wer den 18. Juni erwischt, der kann sich über lange Zeit hinweg über unkrautfreie Beete freuen. Diese Regel gilt unabhängig vom Mondstand und an diesem Tag auch nur bis Mittag, also bis 13 Uhr Sommerzeit. Bitte das Unkraut mitsamt der Wurzel entfernen, denn sonst funktioniert die Regel nicht. Alternativen gibt es, und zwar sind es die Steinbocktage bei abnehmendem Mond, die eine ähnlich gute Wirkung haben. Das passt, denn alljährlich kommt der Steinbock von Januar bis Juni immer im abnehmenden Mond vor. Diese Regeln funktionieren wunderbar, speziell wenn Handarbeit angesagt ist, beispielsweise bei schwer zugänglichen Stellen, Steinmauern, kleinen Kräuterbeeten und Ähnlichem.

Bei der Beurteilung, was Unkraut ist und was nicht, sollten Sie sich vielleicht daran erinnern, dass fast jedes Unkraut gleichzeitig auch eine Aufgabe hat. Angefangen beim Löwenzahn, der uns alle gesund halten würde, wenn wir ihn nur nützen würden – sein Blatt, seinen Stiel, seine Wurzeln und seine Blüte.

Anlegen einer Blumenwiese

Vor meinem Haus lagerte lange Zeit ein großer Holzstapel, der jetzt wegkommen soll. Auf dem freiwerdenden Platz würde ich gerne eine Blumenwiese anlegen. Hätten Sie bitte ein paar Tipps, wie man das

am besten macht? Den Boden muss ich vorher wahrscheinlich auf-
bereiten. Wann macht man das am besten?

Damit das Holz auch nach dem Umschichten schön brennbar
bleibt, sollten Sie den Stapel nur bei abnehmendem Mond umschichten und in diesem Fall dem Tierkreiszeichen Fische aus dem
Weg gehen. Das Anlegen der Blumenwiese geschieht dann erfolgreich bei zunehmendem Mond im Tierkreiszeichen Löwe.

Sie gehen am besten so vor: Zuerst den Boden mit einem Kupfer-
rechen (auch ein Eisenrechen ist möglich) abziehen, in Ihrem Fall
bei Löwe. Nach dem Einsäen der Blumensamen bearbeiten Sie ihn
noch einmal mit dem Rechen. Falls es zu wenig regnet, ist oftmals
ein Angießen nötig. Bei längerer Trockenperiode halten Sie die Fläche einfach morgens und abends feucht, bis die Samen keimen. Mit
dieser Methode lässt sich übrigens auch jeder Rasen erneuern oder
neu anlegen.

Johanniskrauternte nach dem 24. Juni

Johanniskraut soll man nur bis zum 24. Juni ernten. Bis jetzt habe
ich es immer von der Alm geholt, wo es natürlich eigentlich »besser«
sein müsste. Allerdings blüht es dort erst Anfang bis Mitte Juli. Wa-
rum ist es zu diesem Zeitpunkt nicht mehr so wirksam?

Auch unsere persönliche Erfahrung ist, dass Johanniskraut auf Almen erst später blüht. Almen bilden aber glücklicherweise die Ausnahme von der Regel, die Heilkraft ist auch noch nach dem 24. Juni
in diesem wertvollen Kraut vorhanden. Bei der Ernte sollten Sie jedoch unbedingt auf den richtigen Zeitpunkt achten: bei Sonnenschein und an Waage im zunehmenden Mond. Für die Zeit vor dem

239

24. Juni können Sie auch Zwillinge wählen. Nur so können Sie sicherstellen, dass das Johanniskrautöl die tiefrote Farbe annimmt, die auf die besonders gute Wirkung schließen lässt.

Gekauftes Johanniskrautöl ist immer rot gefärbt, nur leider nicht immer so heilkräftig. Bei natürlich hergestellten Ölen (Bio) darf inzwischen nicht mehr einfach mit Farbe nachgeholfen werden.

Hat Bio-Diesel eine Zukunft?

Wir überlegen, einen Teil unserer Landwirtschaft auf die spätere Produktion von Bio-Diesel umzustellen. Gibt es von Ihrer Seite dazu Tipps? Wie stehen Sie generell zu diesem Thema?

Generell finden wir es ganz toll, dass man sich allmählich Gedanken über die Zukunft unserer Energieversorgung macht, denn so, wie es bisher läuft, kann es nicht weitergehen, das wird inzwischen fast jeder bemerkt haben. Bei der Suche nach alternativen und sauberen Energiequellen verirrt man sich natürlich auch in Sackgassen, und wir glauben, dass Bio-Diesel eine solche ist. Unsere Einstellung dazu lässt sich ganz einfach mit einem Beispiel beleuchten: Will man den Tank eines durchschnittlichen Autos mit Bio-Sprit aus Raps, Mais oder Ähnlichem füllen, ist dazu eine bestimmte Anbaufläche nötig. Auf dieser Fläche könnte man alternativ so viel Getreide oder Gemüse anbauen, wie nötig ist, um eine Familie mindestens ein halbes Jahr lang zu ernähren. Eine einzige Tankfüllung ist also gleichbedeutend mit einem halben Jahr Essen für eine Familie.

Wir denken, dass man keine Angst vor der Einsicht haben sollte, dass gute Ideen dennoch manchmal die Richtung verfehlen. Nur wenn auch das Ende gut ist, ist alles gut…

Vielleicht finden Sie noch eine Alternative zu Ihrem Vorhaben. Um eine Landwirtschaft grundsätzlich auf Bio umzustellen, kann der Mondkalender eine große Hilfe sein. Dabei wünschen wir Ihnen alles Gute und den Mut, nicht aufzugeben!

Kompostieren ohne Mühe und ohne unangenehme Gerüche

In diesem Jahr wollte ich eigentlich damit beginnen, selbst zu kompostieren. Nach einer ersten Lektüre Ihres Buches Der lebendige Garten *war ich sehr angetan und habe auch begriffen, dass es Sinn hat. Sorgen mache ich mir nur, weil der Garten sehr klein ist und die Nachbarn vielleicht doch Grund haben, sich über die Gerüche zu beschweren. Könnten Sie mir vielleicht noch ein wenig Mut machen? Außerdem würde ich mich freuen, wenn Sie mir die wichtigsten Mondregeln zum Kompostieren noch einmal schrieben, damit ich auch alles richtig mache.*

Mut machen möchten wir Ihnen sehr gerne, denn das Kompostieren ist die älteste Form des »Recyclings« und sicher eine der wirksamsten und wertvollsten. Wie sehr das in Vergessenheit geraten ist, kann man jedes Jahr beobachten, wenn überall das Herbstlaub entfernt wird. Das Laub wäre im Wurzelbereich der beste Dünger für den Baum, der es abgeworfen hat, und wo es stört, gehört es auf den Kompost! Deshalb nur Mut, es lohnt sich für Sie und für den kleinen Fleck Natur, der Ihrer Pflege in die Hand gegeben worden ist. Hier die Grundregel für den richtigen Zeitpunkt, die Sie beherzigen sollten:

Der Aufbau des Bretterkastens (bitte immer unten offen und aus unbehandeltem Holz!) und das Ansetzen des Komposthaufens sollten bei abnehmendem Mond erfolgen. Später müssen Sie nicht mehr auf den Mondrhythmus schauen, wenn Sie den Kompost füllen. Nur wenn der Kompost zu schnell anwächst, etwa durch Grasschnitt oder Laub, sollten Sie bei zunehmendem Mond feststampfen, am besten einige Tage vor Vollmond. Manchmal hilft es auch, den Kompost mit dem Gartenschlauch zu gießen. Künstliche Verrottungshilfen sind unnötig, die Natur hilft sich selbst. Ihre einzige Arbeit besteht darin, einmal im Jahr, am besten im Frühjahr, die obersten Schichten neben den Kompost zu setzen, bis die fertige Erde zum Vorschein kommt. Das ist die unterste Schicht, Sie finden dort keine Regenwürmer mehr. Die Erde können Sie für neue Gartenbeete, zum Blumenumtopfen und Ähnliches verwenden. Ein Jahr später folgt genau die gleiche Arbeit, nur schichten Sie jetzt auf den alten Platz um.

Über Gerüche brauchen Sie sich wirklich keine Sorgen zu machen, denn Kompost riecht nicht, wenn Sie ein paar Grundregeln beachten. Sie sollten nur wirklich geeignete Dinge auf den Kompost geben – nämlich alle verrottenden Stoffe aus pflanzlichen Abfällen, im Rohzustand und ohne Schadstoffe.

Geeignete Abfälle Frische Küchenabfälle, Frucht- und Gemüseabfälle, restliche Salatblätter, Kartoffelschalen und Ähnliches, überreife heimische Früchte und Gemüse, Grasschnitt (aber nur dosiert, eine Schicht von fünf bis zehn Zentimetern Dicke ist genug), Teekraut, verbrauchte Teebeutel und Kaffeesatz samt Filter usw.

Was keinesfalls auf den Kompost darf Speisereste von Gekochtem, und zwar ohne Ausnahme! Speisereste (Fleisch, Käserinden) locken früher oder später unerwünschtes Ungeziefer oder gar Ratten an. Exotische Fruchtabfälle, Zitrusfruchtschalen, Bananenschalen, Kiwischalen und dergleichen sind ebenfalls tabu, ebenso Kohlstrunke, Katzensand und -streu (dies gehört aus gesundheitlichen Gründen auf gar keinen Fall auf den Kompost), Disteln, Ro-

242

sen- und Brombeerzweige (die Stacheln verrotten nicht schnell genug, und man kann sich später daran verletzen).

»Kompostierbare« oder »zersetzbare« Kunststoff- und Papiersäcke verwenden wir persönlich nicht. Sie enthalten oftmals zahlreiche Farbstoffe und Gifte, die wir nicht in unserem Garten wiederfinden wollen. In manchen Haushalten gehört es zu den Untugenden, den Kompost so lange in Eimern zu sammeln, bis sie voll sind. Das stinkt natürlich, und deshalb sollte der Küchenkompost täglich geleert werden. Ein Tipp zum Schluss: Lassen Sie den Kompost mindestens ein Jahr lang in Frieden, jedes vorherige Aufgraben und Umschichten würde die Umwandlungsprozesse stark bremsen.

Wenn Brennnesseln zur Plage werden

Seit kurzer Zeit beschäftige ich mich aufgrund eines Gesprächs mit meiner Nachbarin mit dem Mondkalender und verrichte meine Garten- und Hausarbeiten danach. Wir besitzen eine kleine Landwirtschaft. Dazu habe ich eine Frage und bitte Sie um Rat. In unserer Hühnerweide vermehren sich die Brennnesseln sehr stark, und ich möchte sie auf natürlichem Wege in Griff bekommen. Auch unsere zwei Ponys lassen wir von Zeit zu Zeit in diese Weide, um uns das Mähen zum Großteil zu ersparen. Meine Fragen: Warum wachsen die Brennnesseln immer stärker, was will ihre Vermehrung uns sagen? Was sollte ich wann unternehmen, um die Brennnesseln loszuwerden?

Die Formulierung Ihrer Frage lässt darauf schließen, dass Sie für Dinge offen sind, die nicht unbedingt wissenschaftlich zu beweisen sind, aber die dennoch durch Erfahrungswerte aus allen Zeiten Bestand haben. Normalerweise bedeutet ein starker Brennnesselwuchs auf dem eigenen Grundstück, dass man besser auf die Blutreinigung in der Familie achten sollte. Schneiden Sie im Frühjahr die jungen Brennnesseln, und trocknen Sie sie für einen Teevorrat, ideal ist dabei der abnehmende Mond. Wenn Sie bei zunehmendem Mond für Tee schneiden, füllen Sie erst bei abnehmendem Mond ab. Frische Blätter können Sie jederzeit für Tee verwenden oder für einen Spinat ernten – ein ganz wunderbares Gemüse. Normalerweise sollten Sie so nach einem Jahr sowohl Ihr Brennnesselproblem beseitigt als auch Ihr Blutbild verbessert haben.

Pflege von Hainbuchenhecken

Ich habe in der Zeitung Ihre Rubrik »Mondkalender« entdeckt und möchte Sie nun um Hilfe bitten. Ich will noch im Herbst meine Hainbuchenhecke (sie ist etwa vier Jahre alt) in Form schneiden. Früher setzte sich die Hecke abwechselnd aus drei Feldahornen und drei Hainbuchen zusammen. Weil der Feldahorn aber zu dominant wurde, habe ich jeweils die beiden äußeren Feldahornsträucher abgeschnitten. Dadurch ist momentan der Bereich des Feldahorns etwas »durchsichtig«. Ich möchte nämlich, dass die Hainbuche dichter wird und den Teil des nun fehlenden Feldahorns mit ihren Zweigen ersetzt beziehungsweise dass die angrenzenden äußeren Hainbuchen mit ihren Zweigen mehr in den ehemaligen Feldahornbereich hineinwachsen. Wann wäre dafür der ideale Zeitpunkt? Und wann ist generell der perfekte Zeitpunkt für den Formschnitt?

Der richtige Zeitpunkt kann Ihnen sicher helfen, diese Arbeit erfolgreich durchzuführen. Hier die wichtigsten Regeln für das Schneiden: Es ist günstig bei Krebs, Skorpion und Fische im abnehmendem Mond. Es ist generell ungünstig bei zunehmendem Mond. Be-

244

sonders ungünstig ist das Schneiden bei Stier, Jungfrau und Steinbock im zunehmendem Mond oder an Vollmond. Wenn Sie den richtigen Zeitpunkt einhalten, bleibt die Hecke lebendig, verholzt nicht, und das Blattwerk wächst schön dicht. Lücken können sich kaum bilden. Wenn Sie eine ungünstige Zeit wählen, bekommen Hecken im Laufe der Zeit große Lücken und werden empfindlich gegen Sturm. Sie verholzen nach und nach und sterben ab.

Hecken als lebendige Zäune sind etwas sehr Schönes und Praktisches. Ihr sattes Grün wirkt beruhigend, und oftmals sind sie weit und breit das einzige Fleckchen Grün, das die Stadt zu bieten hat. Für vielerlei nützliches Kleingetier sind solche Hecken häufig die einzige Möglichkeit, sich anzusiedeln. Eine Hecke ist deshalb überall wichtig und sollte gepflegt werden.

Brennholz einlagern

Können Sie mir bitte anhand des Tierkreiszeichens mitteilen, wann ich das Brennholz (noch nicht ganz trocken!) in den Keller oder Schuppen einlagern kann? Ich bitte um den optimalen Zeitpunkt!

Wenn Brennholz noch nicht trocken ist, wäre es umso wichtiger, auf den richtigen Zeitpunkt des Einlagerns zu achten. Auch davon hängt es ab, ob das Holz später gut brennt und gut wärmt – der Zeitpunkt entscheidet nämlich darüber, ob und wie schnell das Holz weitertrocknet oder ob der Trocknungsprozess stehenbleibt. Am besten eignet sich ein Tag im abnehmenden Mond in einem Feuerzeichen (Widder, Löwe, Schütze). Ein Feuerzeichen ist zwar nicht unbedingt nötig, aber Fisch, Krebs, Skorpion und Jungfrau sollten Sie meiden. Bei den Wasserzeichen bleibt es leichter feucht, und bei Jungfrau lockt das Holz Ungeziefer und Schimmel an.

Harter Boden – was tun?

Die Erde in meinem Gemüsegarten ist sehr hart. Wenn es so viel reg-
net wie in diesem Jahr, kann ich mein Beet nur mit der Spatengabel
bearbeiten, weil die Erde wie betoniert ist. Auch steht bei so viel Re-
gen das Wasser im Garten. Ich arbeite mit Gartenkalk und Urge-
steinsmehl, mulche im Sommer mit Rasenschnitt und bin dennoch
ratlos. Zudem gedeiht im Garten meiner Nachbarin das Gemüse bes-
ser als bei mir, obwohl unsere Gärten nebeneinanderliegen. Bitte hel-
fen Sie mir, da ich mich so bemühe und der Erfolg dennoch ausbleibt.

Am Klima liegt es sicher nicht, weil es ja bei Ihrer Nachbarin gut zu
funktionieren scheint. In erster Linie muss man sich bei der Garten-
gestaltung dem Klima und dem vorherrschenden Boden anpassen,
wenn man Erfolg haben will. Lehmige Böden bieten andere Voraussetzungen und bringen andere Früchte hervor als sandige. Die Situation künstlich zu verbessern ist immer möglich, aber dann muss
man ständig am Ball bleiben. Die Probleme werden sich von alleine
lösen, wenn Sie auf den Mondrhythmus achten und auch noch die
Regeln zur günstigen Nachbarschaft von Pflanzen und zur Frucht-
folge beherzigen (siehe unser Buch *Der lebendige Garten*). Harter
Boden? Nichts spricht gegen eine gute Ernte. Bei uns ist der Boden
sehr lehmig und steinhart. Lassen Sie doch die Natur für sich arbeiten und machen Sie es sich einfach: Zum richtigen Zeitpunkt setzen und ernten und ansonsten den Garten in Ruhe lassen.

Vielleicht helfen zusätzlich ein oder zwei einfache Tricks: Wenn
Sie nächstes Frühjahr Kartoffeln in die harten Beete setzen (bei abnehmendem Mond im Tierkreiszeichen Fische), verschwinden die
Probleme von selbst. Sie erhalten im Herbst nicht nur Kartoffeln,
sondern eine wunderbare Erde. Bei ganz hartnäckigen Stellen könnten Sie ein Loch graben, etwa so tief wie ein Putzeimer und etwa

doppelt so breit. Werfen Sie eine Woche lang alle Küchenabfälle hinein (keine Essensreste!), und geben Sie jedes Mal eine Schaufel des ausgehobenen Erdreichs hinzu. Am Schluss ein wenig feststampfen und bis zum Frühjahr in Ruhe lassen. Diese Problemplätze werden Ihnen dann sicher keine Sorgen mehr machen. Bei allem Tun im Garten ist Geduld und der richtige Zeitpunkt Ihr bester Gehilfe.

Obstbäume schneiden

Zu welchem Zeitpunkt schneide ich meine Obstbäume (Apfel, Nektarine, Marille und Zwetsche, alles Busch- beziehungsweise Spalierbäume) am besten? Und soll man die jungen Triebe wirklich um zwei Drittel zurückschneiden?

Das Schneiden von Obstbäumen kann wirklich sehr vom richtigen Zeitpunkt profitieren. Der günstigste Zeitpunkt wäre der abnehmende Mond am letzten Fruchttag (Widder, Löwe oder Schütze) vor Neumond. Sehr gut geeignet sind aber grundsätzlich Fruchttage im abnehmenden Mond. Ungünstig sind alle Tage im zunehmenden Mond. Sehr ungünstig sind Wassertage (Krebs, Skorpion, Fische) im zunehmenden Mond. Wenn Sie den richtigen Zeitpunkt einhalten, verliert der Baum keine Kraft, die Fruchtbildung wird auf natürliche Weise angeregt.

Der richtige Zeitpunkt für den Obstbaumschnitt richtet sich natürlich auch nach den örtlichen klimatischen Verhältnissen. In den meisten Gegenden ist ein Winterschnitt üblich, manche Pflanzen erfordern einen Schnitt gleich nach der Ernte. Am besten fragen Sie beim nächstliegenden Gartenbauverein nach, welche Jahreszeit sich in Ihrer Region am besten eignet und wählen dann einen guten Tag im angegebenen Zeitraum.

Wenn Sie eine ungünstige Zeit wählen, verliert der Baum zu viel Saft, und die Fruchtbildung wird gehemmt. Die Obstpflanze geht zwar nicht zugrunde, aber der Ernteertrag sinkt oder bleibt sogar manchmal ganz aus. Sollte allerdings beim Schnitt gerade der Vollmond auf das Tierkreiszeichen Krebs fallen, kann sogar für das Überleben des Baumes nicht mehr garantiert werden! Ein Tipp: Schneiden Sie alle Äste weg, die zur Baummitte hin wachsen. Sie kosten den Baum unnötig viel Kraft. Ausführlich steht dies alles in unserem Buch *Der lebendige Garten*. Wir erzählen darin auch genauer, warum wir keine Freunde des radikalen Ausschneidens von Obstbäumen sind. Bäume wissen selbst ganz gut, was ihnen guttut und was nicht.

> **In Kürze** **Obstbäume schneiden**
>
> Obstbäume immer nur bei abnehmendem Mond an Fruchttagen (Widder, Löwe, Schütze) schneiden!

Kupfer im Garten

Ich habe gehört, dass man mit Kupferwerkzeugen im Garten einen besseren Ertrag erzielen kann und dass die Erntefrüchte mineralstoffreicher sein sollen. Könnten Sie mir etwas darüber mitteilen?

Das ideale Werkzeugmetall im Garten ist tatsächlich Kupfer (mit einer geringen Beimischung von Zinn, um die nötige Härte zu erzielen). Wer mit Kupfergeräten arbeitet, wird nicht nur höhere Erträge erleben, sondern auch, dass der Boden viel weniger Widerstand leistet als bei Eisengeräten, und die Geräte deshalb leichter gleiten.

Noch wichtiger aber ist: Unsere Acker- und Gartenböden sind heute in puncto Kupfer in der Regel unterversorgt, weil zu viel Stickstoff zugeführt wird. Das wiederum hat Kupfermangel zur Folge – im Boden wie später auch in unserem Körper.

Nicht selten führt Kupfermangel zum Knochenabbau und ist begleitet von ständiger Müdigkeit und Lustlosigkeit. Einer »Blutarmut« wegen Eisenmangel geht immer ein Kupfermangel voraus, denn wenn Kupfer fehlt, kann der Körper kein Eisen aufnehmen, gleichgültig wie viele Eisenpräparate Sie zu sich nehmen. Zivilisationskrankheiten wie die Veränderungen der Haarstruktur oder eine Abnahme des Geschmackssinns, die heute schon beinahe als »normal« gelten, könnten durch Zufuhr von Kupfer vermieden werden. Bei der Anwendung von Kupfergeräten müsste man sich über so etwas keine Sorgen mehr machen.

Die gute Walnussernte

Seit über 15 Jahren haben wir alljährlich viele Walnüsse aus dem Garten unserer Schwiegereltern erhalten. Jetzt leben sie leider nicht mehr, und wir ernten selbst. Dabei stellen wir fest, dass die Qualität ganz unterschiedlich ist, seitdem wir uns um die Walnüsse kümmern. Manchmal sind viele verschimmelt oder nicht mehr zu gebrauchen. Soweit wir wissen, haben sich die Eltern nach dem Mond gerichtet. Können Sie uns die Regeln sagen?

Sie können sich wieder auf die gewohnt gute Qualität freuen, wenn Sie auf den richtigen Zeitpunkt schauen. Am besten gehen Sie so vor: Ernten Sie bei abnehmendem Mond an Fruchttagen (Löwe, Schütze). In erster Linie sollten Sie das Tierkreiszeichen Jungfrau meiden, aber auch Fische und Krebs sind nicht günstig. Suchen Sie bei der Ernte eine trockene Stelle für die Zwischenlagerung und holen Sie die Nüsse erst später ins Haus. So bleiben die Walnüsse schön glatt, sie schrumpeln nicht so stark ein.

Zum endgültigen Lagern und Verbrauchen bringen Sie die Nüsse dann bei abnehmendem Mond an Schütze ins Haus, am besten am ersten der zwei oder drei Schützetage. So behalten sie ihr Aroma und den feinen Geschmack und werden auch nicht so schnell ranzig. Weihnachten werden sie dann sicherlich in »allerbester Form« erleben und der ganzen Familie schmecken.

Hochbeete und Bewässerung

Sie schreiben in Ihrem Buch Der lebendige Garten, *dass Gießen im Freien eigentlich nicht nötig sei. Gilt dies auch für Hochbeete? Und soll man Tomaten mit einer Abdeckung schützen, oder können sie komplett im Freien stehen?*

Hochbeete sind eine wunderbare Sache. Aber sie würden tatsächlich leiden, wenn man sie von Beginn an sich selbst überlässt. Wenn ein Austrocknen droht, gießen Sie am besten während der ersten beiden Jahre an Wassertagen (Krebs, Skorpion, Fische). Später dann ist eine künstliche Bewässerung nicht mehr nötig. Tomaten müssen Sie nicht abdecken, es genügt auch hier, sie nur an Fruchttagen (Widder, Löwe, Schütze) oder Wassertagen hin und wieder zu gießen. Tomaten vertragen es nicht, direkt angegossen zu werden, man sollte sie nur von unten versorgen. Regen macht ihnen nichts aus, weil sie sich darauf einstellen.

Rasenmähen

Ich bereite schon jetzt den Kalender für das kommende Jahr vor. Seit Jahren ziehe ich Ihren Mondkalender zurate – beim Frühstück schaue ich, was sich an diesem Tag so anbietet, und überlege, ob ich dazu Lust habe. Doch ein Zeichen vermisse ich: Wann ist ein guter Tag zum Rasenmähen? Der Rasen soll langsam und dicht wachsen. Ich habe bisher »Blatttag im zunehmenden Mond« vermerkt.

Mit dem Rasenmähen ist das so eine Sache. Die Gewohnheiten sind hier sehr unterschiedlich – vom Mähen einer hohen Kräuterwiese mit der Sense höchstens dreimal im Jahr bis zum englischen Rasen, der jede Woche einmal mit lautstarkem Geknatter geschoren wird. Allein schon deshalb fehlt das Symbol in unseren Kalendern.

Zu Ihrer Frage nach dem richtigen Zeitpunkt: Auch das ist nicht so einfach zu beantworten. Grundsätzlich wäre es am sinnvollsten, nur die Blatttage zu wählen – Krebs, Skorpion, Fische. Damit halten Sie das Gras robust, und auch die frische grüne Farbe bleibt. Bei abnehmendem Mond wächst das Gras etwas langsamer nach, bei zunehmendem Mond wächst es schneller. Diesen Umstand müssen Sie jedoch nicht berücksichtigen, denn wer ausschließlich bei abnehmendem Mond mäht, um sich »Arbeit zu sparen«, kann manchmal quasi dabei zuschauen, wie das Gras kahle Stellen bekommt und regelrecht verschwindet. Wenn Sie Rasenschnitt liegen lassen, weil nur geringe Mengen anfallen, bitte immer nur bei abnehmendem Mond, damit ihn die Erde als Dünger aufnimmt. Bei zunehmendem Mond arbeitet sich der Rasenschnitt nicht in die Erde und bleibt hartnäckig als Häufchen liegen. Dieser Schnitt sollte dann auf den Kompost. Ein Tipp noch: Das Einsäen von Rasensamen führt man am erfolgreichsten bei zunehmendem Mond im Tierkreiszeichen Löwe durch.

251

Tomatenanbau

Ich habe Ihnen im letzten Jahr geschrieben, weil meine Tomaten im Freien nichts wurden und unser Gewächshaus durch einen Hagelschaden zerstört worden ist. In diesem Jahr hatte ich dank Ihrer Anweisungen wieder sehr guten Erfolg. Danke! Leider habe ich Ihren Brief verlegt. Wie mache ich es wieder richtig?

Wir listen Ihnen gerne noch einmal die Grundregeln auf: Tomaten können Sie im Freien gut pflanzen, wenn Sie dafür einen Fruchttag wählen (Widder, Löwe, Schütze). Gießen Sie bitte nur beim Einsetzen, später nur noch bei großer Trockenheit und dann ausschließlich an Fruchttagen oder Wassertagen (Krebs, Skorpion, Fische). Achten Sie unbedingt darauf, dass die Pflanzen nur von unten nass werden und nicht die Früchte oder das Kraut. Regen stört die Tomaten nicht, weil sie sich darauf einstellen können und keinen Schock bekommen, wie es der Fall wäre, wenn Sie mit dem Gartenschlauch kämen. Dies ist übrigens die häufigste Ursache für das Braunwerden.

Wenn Tomaten aufgehängt werden, sollten Sie die Stäbe schon beim Pflanzen mit einstecken und später bei abnehmendem Mond tiefer stecken. Das sollte deswegen nicht bereits beim Aufhängen geschehen, weil schon kleinste Wurzelverletzungen den Früchten schaden können. Viele Pflanzen aus der Gärtnerei sind leider verwöhnt, und Stauden aus dem Glashaus ins Freie zu setzen vertragen die meisten gar nicht. Die Regel, dass Tomaten »nicht angeregnet« werden dürfen, bezieht sich nur darauf, dass man sie nicht auf der Wetterseite pflanzen sollte.

Wir verwenden immer Samen von nicht überzüchteten Tomaten beziehungsweise von den Bio-Tomaten, die wir gerade besonders gerne gegessen haben. Nehmen Sie einfach ein paar Samenkörner heraus, trocknen Sie sie, und lassen Sie sie dunkel lagern. Bis September können Sie sich übrigens das ewige Ausgeizen sparen. Erst bevor der erste Frost droht und Sie noch Tomaten (rote wie grüne) am Strauch haben, gibt es wieder einen Arbeitsschritt. Reißen Sie die Stauden samt Tomaten aus, und hängen Sie sie kopfüber an einen frostsicheren Platz. Die Erde vorher abschütteln. So ernten Sie noch bis zum Winter immer wieder einige reife Tomaten. Wir freuen uns, dass Sie es probiert haben, und wünschen Ihnen für das nächste Mal viel Erfolg!

Rückschnitt eines alten Baumes

Ich habe direkt vor dem Hauseingang eine 40-jährige Linde und wüsste gerne, was Sie über einen radikalen Rückschnitt denken. Die Äste hängen weit über das Dach des Hauses. Wann ist der günstigste Zeitpunkt, und wie viel kann man wegnehmen? Was ist sonst noch zu beachten?

Sie sollten einen Schnitt unbedingt nur im Winter beziehungsweise im sehr zeitigen Frühjahr vornehmen. Achten Sie dabei auf den abnehmenden Mond, ideal an Blatttagen (Krebs, Skorpion, Fische). Der Baum wird sich dann schnell erholen, er verliert kaum an Lebenskraft. Der Rückschnitt kann durchaus massiv erfolgen, denn Äste sollten eigentlich niemals bis auf ein Hausdach ragen. Das verstopft die Dachrinnen und ist – je nach Astumfang und -gewicht – bei Sturm eine große Gefahr. Die Natur und die Bäume zu schützen ist für uns Menschen lebenswichtig, und der Mondkalender kann dabei eine große Hilfe sein. Aber manchmal muss man auch Kompromisse eingehen. Jedenfalls können Sie mit Hilfe des richtigen Zeitpunkts für ein sicheres Überleben der Linde sorgen.

Die Hufpflege bei Pferd und Esel

Seit 20 Jahren halte ich Pferde und Esel, bis jetzt habe ich in Bezug auf die Hufpflege immer nach dem Mondkalender »gearbeitet« und werde es weiterhin tun. Nun aber habe ich ein spezielles Problem. Normalerweise pflegen/schneiden wir die Hufe immer im abnehmenden Mond, weil sie dann, wie ja auch gewünscht, langsamer wachsen. Wir haben aber nun ein älteres Pferd, welches leider Hufrehe bekommen hat – mein erster Fall! Weil die Hufe im Prinzip ja die Nägel der Pferde sind, weiß ich nun nicht, ob es ungünstig wäre, die Hufe genau zu diesem Zeitpunkt zu korrigieren? Heißt das Symbol in Ihrem Kalender, dass die Nägel, wenn man sie zum angegebenen Zeitpunkt schneidet, schneller wachsen oder einfach besser?

Unser alter Hufschmied (welcher leider verstorben ist) hat immer für uns beschlagen, er arbeitete stets nach altem Wissen (und war in der fünften Generation Hufschmied) und nach dem Mondstand – allerdings nur dann, wenn die Leute sein Wissen auch wollten, denn es ging ihm nie ums Geld, sondern ums Wohlergehen der Pferde. Leider aber haben viele Kunden selber entscheiden wollen, wann der richtige Zeitpunkt zum Beschlagen ist. In solchen Fällen zuckte er nur mit den Schultern und tat seine Arbeit. Er hatte ein unglaubliches Wissen, und wir haben sehr viel von ihm gelernt.

Ihr früherer Hufschmied war ein weiser Mann, denn die Hufpflege und das Beschlagen können sehr vom richtigen Zeitpunkt profitieren. Steinbock bei abnehmendem Mond ist der ideale Zeitpunkt dafür. Wie beim Menschen ist aber auch zusätzlich jeder Freitag nach Sonnenuntergang sehr günstig, unabhängig vom Mondstand. Ungünstig ist der Samstag, ebenso alle Krebstage.

Was das Tierkreiszeichen betrifft, sollte man bei sehr jungen Pferden Fische meiden, weil die Hufe dann zu empfindlich sind. Bei

254

Steinbock dagegen hält das Hufeisen besonders lange. Wenn man sich für Steinbock oder Fische entscheidet, sollte immer eine besonders erfahrene Person mit den Pferden arbeiten, damit man beim Säubern und Ebnen nicht zu tief gerät. Auch alle Reinigungsarbeiten der Hufe sind bei abnehmendem Mond erfolgreicher.

Letzter Termin für die Kartoffeln

Wann besteht die letzte Möglichkeit, Kartoffeln zu setzen, und warum sollte man sie bei abnehmendem Mond im Tierkreiszeichen Fische und nicht in einem Fruchtzeichen setzen? Welche optimale Pflanznachbarschaft besteht bei Roten Rüben und Blaukraut?

Die letzte Möglichkeit im Jahr, Kartoffeln zu setzen, ist abhängig von der jeweiligen Region. Im Bergland kommt es nicht selten vor, dass erst im Juni gesetzt wird. Der abnehmende Mond im Tierkreiszeichen Fische als idealer Setzzeitpunkt ist ein reiner Erfahrungswert, erklären können wir ihn nicht, da kommen wir auch mit Logik nicht weiter – das ist aber ja nicht weiter schlimm und kommt beim Mondwissen öfter vor. Wenn Sie zum falschen Zeitpunkt bei zunehmendem Mond setzen, wachsen die Kartoffeln aus der Erde, werden grün und damit ungenießbar bis giftig.

Wenn Sie vorhaben, Kartoffeln zur Bodenerholung zu setzen, können Sie dies übrigens ganzjährig tun. Was die »normalen« Erntekartoffeln betrifft, beginnen ja viele schon im April mit dem Setzen. Hier gibt es ein altes Sprichwort, das sich immer wieder bewahrheitet: »Setz mich im April, komm ich, wann ich will. Setz mich im Mai, komm ich gleich.« Mit anderen Worten: Sehr frühes Setzen garantiert keine frühere Ernte, oft bleibt sie dann ganz aus.

Was die Pflanznachbarschaft von Roten Rüben und Blaukraut

betrifft: Rote Rüben vertragen sich gut mit Gurken, Blaukraut gedeiht neben Kartoffeln gut, ist aber sonst nicht so anspruchsvoll. Blaukraut und Rote Rüben gedeihen beide gar nicht gut neben Tomaten.

Steinplatten im Garten reinigen

Mit Interesse lese ich Tag für Tag in Ihrem Mondjahrbuch und bin erstaunt, wie so manches zutrifft. Da hätte ich doch gleich mal eine Anfrage: In Ihrem Mondbuch schreiben Sie von Kartoffelwasser und Unkraut. Wie kann man aber die rauen Steinplatten auf der Terrasse und im Garten behandeln? Sie werden von Jahr zu Jahr immer schwärzer und sind mit Moos überzogen. Mit Hochdruckreiniger wird es sogar noch schlimmer. Gibt es ein Rezept dafür, wie sie wieder »weiß« werden?

Sitzplatten und Tische im Freien sollten ausschließlich bei abnehmendem Mond in den Fischen (Frühjahr), im Krebs (ab Juni) und Skorpion (Winter bis April) gereinigt werden. Bei Steinmöbeln nehmen Sie eine sehr harte Bürste und Putzwasser, bei Holzmöbeln eine etwas weichere Wurzelbürste mit Aschenlauge. Sie werden dann wie neu! Mit Kartoffelwasser haben wir keine Erfahrung, was das Reinigen betrifft, wir verwenden es ausschließlich gegen hartnäckiges Unkraut an den Stellen, an denen echter Schaden entstehen würde – etwa durch das Anheben einer Platte im Treppenbereich. Das Kochwasser von Kartoffeln sollte noch heiß auf die Stellen geschüttet werden.

Vom Umgang mit Wühlmäusen

Ich habe einen Gemüsegarten, und seit einigen Jahren haben wir sehr viele Wühlmäuse! Voriges Jahr war es noch nicht so schlimm. Wir haben Blumen gekauft, die Wühlmäuse angeblich nicht mögen (leider weiß ich nicht mehr, wie sie heißen), doch es hat nichts geholfen! Nun haben wir ein Windrad in den Garten gesetzt. Auch das soll angeblich zum Verschwinden der Wühlmäuse führen, doch es hilft nichts! Ich habe bereits dreimal Erbsen und Bohnen ausgesät, ohne Erfolg. Es geht nichts auf! Nur ein paar Karotten und die Kohlrabipflanzen haben sie mir noch gelassen. Ich bin mir sicher, dass es Wühlmäuse sind, weil der ganze Boden untergraben ist und nachgibt, wenn man darauf geht. Auch die Löcher beziehungsweise Gänge sieht man! Ich hoffe, dass Sie mir helfen können!

Wühlmäuse sind Signal für ein Ungleichgewicht im Erdreich. Die natürlichen Feinde oder die natürliche Nahrung sind dezimiert. Leider gibt es keine Patentrezepte, aber einige Tricks können vielleicht helfen. Die sicherste Abwehr: Bearbeiten Sie Ihren Gartens nach dem Mondrhythmus, dann verschwinden die Ungleichgewichte.

Die beste natürliche Abwehr gegen Wühlmäuse ist eine aufmerksame Katze. Wo sie nicht wacht, kann man versuchen, die Nager mit Duftpflanzen wie Kaiserkronen, Knoblauch oder Steinklee zu vertreiben. Sie können beispielsweise bei zunehmendem Mond überall auf Ihrem Grund einen Spatenstich machen und in dem entstehenden Spalt eine Knoblauchzehe oder Knoblauchschalen vergraben. Topinambur ist ein tolles Gemüse und eine sehr gute Begleitpflanze für Obstbäume, weil sich auch die Wühlmäuse gerne daran gütlich tun und den Baum so in Frieden lassen.

Einen weiteren unschädlichen Trick sollten Sie nur dann anwenden, wenn Ihnen die Vertreibung der Wühlmäuse zum Nachbarn nichts ausmacht. Stecken Sie einige Eisenstangen verteilt und so tief wie möglich in die Erde und schlagen Sie mit einem Hammer oder einem Eisenstück dagegen. Diese Schallwellen sind für Wühlmäuse unerträglich. Wiederholen Sie das am Tag einige Male und versetzen Sie dann die Stangen weiter verteilt auf dem Grundstück. Nach etwa einer Woche setzen Sie am Grundstücksrand Knoblauch, Tagetes, Topinambur oder Kaiserkronen, je nach Jahreszeit. Wenn die Tagetes verblüht sind und Samen tragen, können Sie den Kopf nehmen und in die Wiese werfen, weil sie nächstes Jahr wiederkommen. Wenn Ihnen der Aufwand mit den Stangen zu groß und dem Nachbarn gegenüber zu unfreundlich ist, setzen Sie einfach die besagten Pflanzen im Garten verteilt, in erster Linie aber um frisch gepflanzte Bäumchen herum. Windräder haben auf Wühlmäuse keine abschreckende Wirkung, sie bieten aber einen schönen Anblick und helfen, dass so manch andere Saat aufgehen kann, die sonst von Vögeln aufgepickt werden würde.

Baumschnitt zum richtigen Zeitpunkt

Wir wollen einen 25 Jahre alten Bergahorn zurückschneiden, der sehr nah am Haus steht und mittlerweile zu viel Schatten wirft. Wir wollen ihn unbedingt erhalten, man sagte uns aber, dass durch einen Beschnitt alle zwei bis drei Jahre wieder nachgeschnitten werden müsste, und das könnte dann auf Dauer ganz schön teuer werden. Daher wollen wir zum Baumbeschnitt einen Zeitpunkt im Frühjahr finden, an dem der Wuchs nicht noch zusätzlich angeregt, sondern eher »gehemmt« wird. So kann der Nachschnitt vielleicht hinausgezögert werden. Zudem sagte man uns, dass der Bergahorn einer der wenigen Bäume ist, den man schneiden sollte, wenn er bereits wieder Blätter trägt. Die zweite Maiwoche wurde uns jetzt vom Gärtner dafür empfohlen. Unsere konkrete Frage an Sie: Welchen Zeitpunkt wählt man also, um den Wuchs eher zu hemmen und dem Baum trotzdem nicht wehzutun? Über Ihre Mithilfe würden wir uns sehr freuen, und wir bedanken uns dafür schon im Voraus.

Wenn Sie den Baum erhalten wollen, sollten Sie bei abnehmendem Mond im Tierkreiszeichen Krebs oder Skorpion schneiden. Fische als Blatttag ist auch möglich, aber bei diesem Tierkreiszeichen verliert der Baum manchmal schon viel Saft, weil Fische im »aufsteigenden Mond« steht. Schneiden im Mai ist unserer Meinung nach Unsinn. Der Ahorn gehört zu den Baumarten, die beim Schneiden am meisten Saft verlieren (daher auch der Ahornsirup). Am besten schneiden Sie im Dezember oder Januar im Mondrhythmus.

Vielen Dank für Ihre schnelle Antwort. Die Antwort unseres Gärtners wollte ich Ihnen einfach nur weiterleiten, da sie Ihnen vielleicht neue Ansatzpunkte in der Beurteilung des Themas Baumschnitt liefern könnte:

»Grundsätzlich bin ich offen gegenüber esoterischen Gesichtspunkten beziehungsweise der Berücksichtigung von Mondzyklen. Bei meiner Arbeit habe ich mich bislang an den Erkenntnissen und dem Erfahrungsaustausch orientiert, die von der Forschungsgesellschaft Landschaftsentwicklung und Landschaftsbau zusammengefasst und veröffentlicht werden. Aus meiner fachlichen Sicht entsprechen diese dem aktuellen Stand der anerkannten Regeln der Technik. Das hört sich geschwollen an, ist aber für mich rechtsverbindlich – und bis heute bin ich damit bestens gefahren. Baumpfleger sollten im Sinne des Baumes handeln und »blutende« Baumarten nur im belaubten Zustand schneiden. Der Schnitt von blutenden Baumarten in unbelaubtem Zustand ist antiquiert. Da Sie die Mondzyklen berücksichtigen wollen, schlage ich vor, dass Sie sich einen günstigen Zeitpunkt für den Ahorn im belaubten Zustand aussuchen lassen. Für einen passenden Termin bin ich jederzeit offen.«

Das meint also unser Gärtner dazu.

Vielen Dank für die Weiterleitung des Briefes Ihres Gärtners. Nachdem wir uns ein wenig davon erholt haben, hier unsere Antwort: Kunstdünger ist heute modern – Kompost, Fruchtwechsel, Wechsel von oberirdisch zu unterirdisch, Bodenerholung, Arbeiten nach dem richtigen Zeitpunkt und Ähnliches sind »antiquiert«. Pestizide sind heute modern – das Erkennen der Zusammenhänge, die Förderung der natürlichen Schädlingsfeinde, die natürliche Regulation, der Verzicht und Ähnliches sind heute »antiquiert«. Atomstrom ist heute modern – die Erkenntnis, dass man nicht etwas produzieren sollte, dessen Abfallprodukt noch 28 000 Jahre lang die Erde verstrahlt, ist »antiquiert«.

Die Wissenschaft bringt uns viele Vorteile, aber längst wissen wir alle, dass viele ihrer Versprechungen sich auf die Lösung von Problemen beziehen, die sie selbst geschaffen hat. Die Folgen ihres »Fortschrittsaberglaubens« können Sie täglich in der Zeitung lesen. Zum Beispiel, dass in den letzten Jahrzehnten sehr viel mehr Bäume in der Stadt und im stadtnahen Bereich zugrundegehen als früher. (Früher wusste man beispielsweise noch, dass ein Baum sein eigenes Herbstlaub zum Überleben braucht. Heute wird es von schrill knatternden, CO und CO_2 produzierenden »Laubbläsern« weggeblasen.)

Wir würden jedenfalls auf keinen Fall auf unsere jahrzehntelange persönliche Erfahrung und auf die jahrhundertelange Erfahrung unserer Vorfahren zugunsten eines »neuesten Standes der Wissenschaft« verzichten, der nur eines bringt: die absolute Garantie, dass morgen ein anderer Stand der »neueste« ist.

Natürlich sterben nicht gleich alle Bäume, wenn der Zeitpunkt ihres Beschnitts nicht stimmt, aber eine Schwächung tritt sicherlich ein. Zudem spielt auch die Hingabe und Liebe eines Gärtners eine Rolle. Ob die Liebe Ihres Gärtners da ausreicht, können wir nicht beurteilen, er wirkt aber sehr wissenschaftsgläubig.

Und letztlich geben wir zu bedenken: Nur äußerst selten kommt ein Gärtner in die Lage, die Wahl des falschen Zeitpunkts bei einem alten Baum auch tatsächlich ausbaden zu müssen, denn es dauert lange, bis sich Schnittfehler sichtbar auf den Baum auswirken. Die falsche Sicherheit, in der sich die Wissenschaft wiegt, hat hier ihre Ursache. Das ist vergleichbar mit einem Chirurgen, der möglicherweise jahrelang nichts von den Folgen des ungünstigen Zeitpunkts bei Operationen erfährt, weil diese Dinge in der Nachsorge, Narbenentwicklung, dem Heilungsverlauf und der Rehabilitation zutage treten. Wie gesagt, Sie und Ihr Bauchgefühl sind jetzt am Zug. Wir drücken die Daumen, alles Gute und viel Glück!

Wüssten wir doch nur, Boss, was die Steine, die
Blumen, der Regen zu sagen haben! Vielleicht
rufen Sie – rufen uns! – und wir hören sie nicht.
Boss, wann sperren die Leute ihre Ohren auf?
Wann öffnen wir unsere Augen, um zu sehen?
Wann breiten wir unsere Arme aus, um alles zu
umarmen – die Steine, den Regen, die Blumen –
und die Menschen?

(Alexis Sorbas)

Das Märchen vom zehnten Bauern

Das Märchen vom zehnten Bauern haben wir oft unseren Antworten auf Leserzuschriften zum Thema »Stand der heutigen Landwirtschaft« beigefügt. Zwischen dem Erscheinungsjahr unseres ersten Buches *Vom richtigen Zeitpunkt* 1991 und dem Jahr 2001 hat sich die Zahl der Bio-Bauern im deutschsprachigen Raum verzehnfacht. Wie wir erfahren haben, hatten das Buch und dieses Märchen ihren Anteil daran.

Es war einmal, keine tausend Meilen von hier, da lebte ein Bauer, der weithin dafür bekannt war, außergewöhnliche und ganz eigene Wege zu gehen. Gesegnet mit besonderen Fähigkeiten, mit der Gabe des Weitblicks und des Tiefblicks konnte er alle Dinge gleichsam »zusammen« sehen – Sommer und Winter, nasse Felder und trockene Steppen, reiche Ernten und magere Jahre, Nutzpflanzen und Schädlinge. Hinter allen Gegensätzen und Widersprüchen erkannte er die Einheit, das Verbindende, den verborgenen Sinn hinter dem scheinbar Sinnlosen. »Das Glück im Unglück« war ihm vertraute Wirklichkeit.

Sein Tun war beseelt von einer tiefen Liebe zu allem, was lebte und wuchs, was atmete und reifte. »Natur« war für ihn nur ein anderes Wort für »Geschenke Gottes«. Das Wort »Machet euch die Erde untertan« hatte er stets verstanden als Aufforderung zu Miteinander und Dankbarkeit – nicht als Weisung, Mensch und Natur zu unterwerfen.

Er war stolz darauf, als Bauer leben zu dürfen, und empfand es als Geschenk, als fast unverdientes Privileg, aller harten Arbeit zum Trotz. Das Gefühl bevorzugter Behandlung durch das Schicksal bezeugte er im Alltag durch große Bescheidenheit und unaufdringliche Freundlichkeit. Er war ein Ruhepol inmitten eines unruhigen Meeres, das bang darauf wartete, ob der Sturm am Horizont sich verziehen würde – oder doch nicht. Er war mit sich im Reinen.

Eine grenzenlose Neugier auf alle Dinge zwischen Himmel und Erde feuerte ihn an – wie sie uns doch allen zu eigen ist, wenn wir ihr nur Raum zur Entfaltung geben. »In hundert Jahren haben wir genug Zeit zum Schlafen«, sagte er seiner Familie stets, wenn alle wieder einmal große Augen machten, weil er etwas Neues ausprobierte – eine besondere Züchtung, eine neue Technik, eine neue Anwendung für altes Wissen.

Manchen Menschen, die ihn nicht so gut kannten, war er ein wenig unheimlich, denn er konnte offenbar in vieler Hinsicht in die Zukunft blicken. Vor allen Dingen konnte er die Wirklichkeit hinter dem Schein, das Echte hinter den Kulissen erfühlen, die Wahrheit hinter den Lügen und der Propaganda erkennen. Diese Fähigkeit war ihm selbst ein wenig rätselhaft, denn sie offenbarte sich fast immer als leise Stimme in seinem linken Ohr. Diese leise Stimme übersetzte dem »zehnten Bauern« (wie wir ihn nennen wollen) unmittelbar und mit einfachen Worten, was das jeweilige Gegenüber in Wahrheit sagen wollte. »Meinen kleinen Übersetzerfreund« nannte er diese Stimme, wenn er mit ihr sprach. Sie gab ihm auch das Gefühl, die unsichtbaren Fäden sehen zu können, an denen andere Menschen hingen, wenn sie Lügen verbreiteten oder wenn sie, gesteuert von unsichtbaren Auftraggebern oder Herrschern, ihre Reden schwangen. War der jeweilige Gesprächspartner aufrichtig, dann schwieg der Übersetzer – oder er murmelte leise: »Das ist aber schön!« Bekam der Bauer Lügen oder unlogisches Geplapper zu hören, dann half ihm die Stimme augenblicklich, das Gehörte richtig zu verstehen. Das war manchmal recht lustig, weil der kleine Freund im Ohr sofort losplapperte, wenn beispielsweise jemand einen Satz mit »Sie haben recht, aber ...« begann. Regelmäßig murmelte die Stimme sofort: *»Er meint: Nein!«*

Oftmals stimmte der Übersetzerfreund den Bauern etwas bekümmert, gerade *weil* er die eigentlichen Motive seines Gegenübers erfuhr – hinter den schönen Worten. Er konnte nicht zum Metzger gehen, der ihn freundlich mit »Guten Morgen! Wie geht es dir heute?« begrüßte, ohne dass der Übersetzer sofort seine Verständnishilfe gab: *»Er sagt: Hof-*

fentlich kauft der Geizhals diesmal etwas mehr als sonst…« Manchmal wünschte sich der Bauer, der Freund in seinem Ohr möge sich hin und wieder Urlaub gönnen. Aber der Übersetzer blieb sein Schicksal und sein treuer Gefährte, auf den er sich immer verlassen konnte.

Unsere kleine Geschichte beginnt, als sich eines Tages alle zehn Bauern des Großen Tals im Dorfwirtshaus versammelten, um der Einladung eines fliegenden Händlers zu folgen und dessen Reden zu lauschen. Auch unser Freund, der zehnte Bauer, war gekommen, um zu hören, was es in der Welt Neues gäbe. Der städtisch elegant wirkende Fremde stellte sich vor als DER VERTRETER, und er sei gekommen, um den Anbruch einer gesegneten »neuen Zeit« zu verkünden und den Landwirten in dieser verträumten, fast vergessenen Weltenecke zur Seite zu stehen, damit auch der Bauernstand am allgemeinen Fortschritt der Menschheit teilhabe.

Er stellte sich vor die Bauern, neben sich einen Tisch, auf dem das offenbar einzige Utensil ruhte, das er mitgebracht hatte – ein tiefschwarz glänzender, auf den Kopf gestellter Zylinderhut. Anflüge von Neugier, verschlossene Skepsis, gespielte Gelassenheit – all das stand in den Gesichtern der Bauern zu lesen. Bevor noch das erste Wort gesprochen wurde, tauchte der Vertreter die Hand tief in den Hut und zog einen schweren Papiersack heraus, der wohl seine 20 Kilo auf die Waage brachte. Mit geübtem Schwung riss er ihn auf, schöpfte eine Handvoll bläulich schimmernder, streng riechender Körnchen hervor, blickte triumphierend in die Runde und summte mit sanftem, bedeutungsschweren Bariton: »Meine Herren, wir haben die Endlösung all Ihrer Probleme … **Kunstdünger!**«

In diesem Augenblick erhob der Übersetzerfreund seine Stimme im Kopf des zehnten Bauern und murmelte eindringlich: »Er meint: Ich habe die Endlösung für meine eigenen Probleme und die meiner Herren! Fast Food für Ihre Pflanzen.«

264

Neun Bauern hörten reglos zu, der zehnte Bauer legte den Kopf leicht auf die Seite. Nach einer fein dosierten Kunstpause fuhr der Vertreter fort: »Ein magischer Stoff, das Zaubermittel der neuen Zeiten – es lässt Ihre Feldfrüchte fast doppelt so schnell wachsen, fast doppelt so groß werden und Ihren Gewinn nicht verdoppeln – nein, verdreifachen! Ja, Sie können damit jetzt sogar zweimal im Jahr die Ernte einfahren! Oh ja, natürlich hat er seinen Preis, aber bei diesen goldenen Aussichten werden Sie sich doch die paar Silberlinge nicht reuen lassen. Und damit werden wir obendrein das Problem des Hungers in der Welt lösen!«

Der Übersetzer meldete sich sofort und flüsterte dem zehnten Bauern ins Ohr, was der Vertreter in Wahrheit gesagt hatte: »Wir haben es hergestellt, also möchten wir es auch verkaufen. Und das am liebsten in jedem Jahr mehr und mehr. Nichts sonst interessiert uns.«

Neun Bauern flüsterten untereinander, bekamen glänzende Augen und rieben sich die Hände. Der zehnte Bauer jedoch stand auf und bat ums Wort. Mit ruhiger, fester Stimme sagte er: »Die Natur liebt uns und sorgt für uns, wie jeder von uns täglich erleben darf. Zwangsernährung und Überfütterung der Pflanzen, die Sie uns hier vorschlagen, haben ebenso zwangsläufige Folgen. Die Natur erkennt die übergroßen, schwachen und leblosen Früchte in ihrer Weisheit als Kunstprodukt, als krank und krankmachend. Sie wird in ihrer Weisheit und Großzügigkeit sofort aufstehen und sich in unserem Namen wehren. Sie wird genau angepasste Gegenmaßnahmen ergreifen und viele Pflanzen und Tierchen schicken. Was wir ›Unkraut‹ und ›Schädlinge‹ nennen, soll für gesunden Ausgleich im Boden und in unserem Körper sorgen und solche Früchte ausrotten. Warum also einen solchen Krieg gegen die Natur beginnen, wenn wir Ursache und Folgen jetzt schon kennen?«

Die neun Bauern rutschten unbehaglich hin und her, die unverblümte Rede des zehnten Bauern war ihnen etwas peinlich. Der Vertreter aber setzte ein mildes Lächeln auf und sagte: »Keine Sorge, lieber Herr, das wissen wir längst, dafür ist vorgesorgt«. Er griff wiederum tief in den Zylinder hinein und zog mehrere Dosen, Tüten und Sprays hervor, deren Etiketten wenig Großgedrucktes, viel Kleingedrucktes und jeweils einen kleinen Totenkopf aufwiesen. »Damit vernichten Sie alle Schädlinge und Unkräuter in null Komma nichts, die Sie der Früchte der Mühen und Investitionen berauben wollen. Sparsam in der Anwendung, kostengünstig in der Anschaffung!«

Der Übersetzer zögerte keine Sekunde und stellte die Worte des Vertreters richtig: »Wir schaffen ein Problem, wir verdienen am Problem, wir suchen eine Lösung, wir verdienen an der Suche nach der Lösung, wir bekämpfen das Symptom, wir verdienen an der Symptombekämpfung, wir schaffen neue Probleme, wir verdienen an der Lösung der neuen Probleme. Viel Geld, viel Umsatz!«

Neun Bauern murmelten anerkennende Worte angesichts dieser Weisheit und Voraussicht. Der zehnte Bauer aber sprach: »Solchermaßen gezogenen Feldfrüchten fehlt jegliches innere Leben, das der Mensch braucht. Es fehlt an allem, diese Früchte sind nicht nur keine Lebensmittel, sie sind auf Dauer Gift.«

Der Vertreter hatte sich offenbar gut vorbereitet und nur auf diese Worte gewartet. Er griff in den Zylinder und zog eine Handvoll bunter Döschen und Schachteln heraus: »Aber kein Problem! Dieselben großartigen Firmen, die Ihnen die Düngemittel und Pestizide liefern, haben jahrzehntelang brillante Forschungsarbeit geleistet. Sie haben wunderbare Nahrungsergänzungsmittel entworfen, die alle Mängel ausgleichen. Und so fügt sich alles in schönster Ordnung: Sie können Ihre Preise niedrig halten, bleiben konkurrenzfähig und schaffen obendrein noch viele Arbeitsplätze in der chemischen Industrie. Das lässt einen doch mit ruhigem Gewissen schlafen, oder?«

Der Übersetzer tat seine Arbeit und meldete die wahren Worte des Vertreters und seiner Auftraggeber: »Wir haben jahrzehntelang brillante Forschungsarbeit geleistet und Nahrungsergänzungsmittel entworfen, die den Mangel, den wir selbst erzeugen, ausgleichen. Mittel, die zusammenfügen, was wir zerstört haben. Das schaffen sie aber niemals ganz, weiterer Mangel ist eingebaut. Wir wissen genau, wie aus Mangel und Müdigkeit Gold wird. Unser Gold, Ihre Betäubung.«

Neun Bauern nickten zustimmend – und reagierten etwas ungehalten, als der zehnte Bauer wieder das Wort ergriff und zu bedenken gab: »Alle diese Pestizide sammeln sich in den Erntefrüchten, in der Erde, im Wasser, in der Luft, in den Tieren, im Körper des Menschen und machen uns krank. Die Nahrungsergänzungsmittel kann der Körper mit wenigen Ausnahmen gar nicht erkennen, der Mangel bleibt und macht den Körper dick und süchtig bei seinem ständigen Versuch, aus den leeren Früchten das Lebendige herauszuholen.«

Der Vertreter nickte verständnisvoll, zog einen riesigen Sack voll bunter Medikamentenpackungen aus dem Zylinder und sprach gönnerhaft: »Ist bekannt, ist erledigt, ist vorgesorgt, werter Herr. Die Firmen, die Ihnen die Düngemittel, Pestizide und Nahrungsergänzungen bringen, die sind nicht faul gewesen. Sie haben keine Mühen und Kosten gescheut und in langjähriger und kostspieliger Forschungsarbeit herausgefunden, wie man mit all den kleinen Wehwehchen und Allergien und dem Übergewicht fertig wird. Sie sehen, wir haben an alles gedacht!« Sein Gesicht strahlte jene Freude aus, die empfindet, wer seine Arbeit gut macht, wer in ihr aufblüht und sicher ist, der Menschheit Gutes zu tun.

Laut Übersetzer waren dies die eigentlichen Worte des Vertreters: »Wir verdienen an der Zerstörung, wir verdienen am Aufbau, wir bauen aber nur halb und in mangelhafter Qualität auf, weil wir dann an den ständigen Reparaturen verdienen. Symptombekämpfung – das ist das Zauberwort!«

Die neun Bauern spürten diese innere Kraft und waren's zufrieden. Der zehnte Bauer sagte mit leiser, aber fester Stimme: »Ihre Medizin kuriert nur die Symptome der Krankheiten, gesund wird davon niemand, obendrein bringen uns die Nebenwirkungen um. Warum teuer kurieren, wenn Krankwerden so leicht zu vermeiden wäre?«

Des Vertreters Hand war schon im Zylinder verschwunden, noch bevor der zehnte Bauer seinen Satz beendet hatte: »Hier sind die neuen Medikamente, die alle Nebenwirkungen der alten Medikamente in Schach halten und ausmerzen – teilweise noch, bevor sie überhaupt auftreten!«, rief er triumphierend in die Runde.

Der Übersetzer wurde nicht müde, des Vertreters wahre Worte zu verkünden: »Wir verdienen an der Zerstörung, wir verdienen am Aufbau, wir bauen nur halb auf, weil wir dann an den ständigen Reparaturen verdienen.«

Bevor noch der zehnte Bauer Luft holen konnte, griff der Vertreter noch einmal in den Zylinder und holte ein allerliebstes kleines Holzmodell hervor, bunt bemalt und kunstreich handgefertigt. Es zeigte auf der linken Seite eine wunderbar vielfältige, kleinbäuerliche Landschaft, wie sie bei uns einst das Land zierte, und auf der rechten Seite das Land, wie es der Vertreter anzubieten hatte – ein Vorher-nachher-Modell sozusagen. Die Vorher-Seite schmückten gewundene glitzernde Bäche, übervoll mit Krebsen und Fischen, gesäumt von Bäumen und Sträuchern, ein fröhlicher Flickenteppich vielfarbiger Felder, mit Wäldchen, Lichtungen, Steinhaufen, Hecken usw. Ein kleines Paradies. Die andere, die moderne, fortschrittliche Nachher-Seite wies dagegen nur wenige große Flächen auf, schnurgerade betonierte Wasserläufe, asphaltierte Wege, rechte Winkel, große Traktoren, deren Gewicht Feld- und Waldböden tief durchfurchte und verletzte, Einförmigkeit, so weit das Auge reichte.

»DAS ist die wunderbare Zukunft! Große Flächen für schnelles und leichtes Arbeiten, Raum für große Maschinen, viel höhere Erträge! Und nebenbei bemerkt: Ihre Mondkalender können Sie dann auch zum Altpapier werfen. Sie müssen nicht mehr auf Natur- und Mondrhythmen horchen, in ein paar Jahren landen sie im Reich des Altmodischen und des Aberglaubens.«

Der Übersetzer tat seine Arbeit sofort und stellte den Vertreter ins rechte Licht: »Wir verdienen an der Zerstörung, wir verdienen am Aufbau. Das Wissen um die Mondrhythmen ist Schnee von gestern! Chemie und Industrie können es sich leisten, deren Einfluss zu ignorieren. Weil ja für alle Schadensfälle vorgesorgt ist. Narrensicher, dieses System: Wir verdienen am Erfolg, wir verdienen am Misserfolg.«

Und noch einmal griff er in den Zylinder und zog staatliche Förderungsgenehmigungen in Milliardenhöhe und zahlreiche wissenschaftliche Abhandlungen hervor, die Wert und Sinn dieser Eingriffe und Veränderungen, der Flurbereinigungen und Flussbegradigungen und Kahlschläge exakt begründeten und »bewiesen« – ohne Zweifel zuzulassen und mit wissenschaftlichen Begriffen, für die momentan leider kein Übersetzer bereitstand.

Neun Bauern saßen mit leuchtenden Augen da – und ärgerten sich, als der zehnte Bauer wieder das Wort ergriff: »Was ist mit der unvermeidlichen Bodenabtragung und -zerstörung, mit der Übersäuerung, die das fruchtbare Land in Wüste verwandelt, was ist mit den zwangsläufigen Überschwemmungen, den gravierenden Folgekosten für Maschinenwartung, für Katastrophenschutz und Schadenbehebung, ganz zu schweigen von der Zerstörung des Lebensraums für die Tiere?«

»Kein Problem!«, sagte der Vertreter unbeirrt. »Die Wissenschaft hat selbstverständlich hart gearbeitet, um auch all diese Dinge in den Griff zu bekommen.«

Ohne Zögern machte der Übersetzer die wahren Gedanken des Vertre-
ters und der Marionettenspieler im Hintergrund klar: »Wir schaffen das
Problem und verdienen daran, wir arbeiten an der Lösung und verdienen
daran, wir zögern eine echte Lösung so lange wie möglich hinaus und ver-
dienen daran.«

Und noch einmal griff er in den Zylinder und zog staatliche Unterstüt-
zungszusagen in Milliardenhöhe und zahlreiche wissenschaftliche Abhandlungen hervor, die den Sinn der Renaturierung der Bäche und
Flüsse, die Aufhebung der Flurbereinigung exakt und ohne Zweifel zuzulassen bewiesen, mit Worten, die keiner der Bauern verstand. Zusätzlich
verteilte der Vertreter Formulare für spezielle Kreditanträge, die ein halbes Prozent niedriger waren als derzeit üblich.

Der zehnte Bauer sagte mit fester Stimme: »Wenn wir so wirtschaften,
zerstören wir auch das Grundwasser! Woher kommt dann sauberes Wasser?«

Der Vertreter lachte laut auf: »Sie werden doch nicht glauben, dass wir
nicht auch dafür eine Lösung haben! Sie ist einfach genial und genial einfach: Nach intensiven Forschungen und Studium unserer Statistiken haben wir einfach die Grenzwerte für Gifte im Wasser erhöht! Wir haben
nämlich festgestellt, dass ohnehin nur einige wenige, besonders empfindliche Personen, meist Kinder, auf das minimal belastete Wasser reagiert haben. Ja, und dann gibt es immer noch diese Möglichkeit!«, und
er zog ein schweres und kompliziert gebautes Wasserreinigungsgerät aus
dem Zylinder, mit dem sich jedes Wasser unter viel Energieaufwand in
eine leblose, keimfreie Flüssigkeit verwandeln ließ.

Mit schon beinahe gelangweilter Stimme trug der Übersetzer die Wahr-
heit in den Worten des Vertreters vor: »Wir schaffen das Problem und
verdienen daran, wir arbeiten an der Lösung und verdienen daran, wir
zögern eine echte Lösung so lange wie möglich hinaus und verdienen

270

daran. Dass keimfreies Wasser lebloses Wasser ist, braucht niemand zu wissen.«

Der zehnte Bauer sagte: »Bei dieser Bewirtschaftungsmethode werden sich gefährliche resistente Bakterienarten entwickeln, die gegen alle Pestizide und Antibiotika immun sind.«

Der Vertreter nickte nachsichtig und sagte großmütig: »Ich danke auch für diesen Einwand, aber das ist nun wirklich kein Problem! Unsere Gentechniker haben für diesen Fall ganz und gar neue Kulturpflanzen entwickelt, die sicherlich keine Krankheiten mehr bekommen werden, wie alle Forschungen und Freilandversuche zeigten. Und die Samen können Sie garantiert jedes Jahr neu bei uns erwerben!«

Der Übersetzer kannte kein Erbarmen und sagte wahrheitsgemäß, was der Vertreter verschwieg: »Wir schaffen ein riesiges Problem und verdienen gewaltig daran, wir arbeiten in ein paar Jahrzehnten an der Lösung und verdienen gewaltig daran, wir zögern eine echte Lösung so lange wie möglich hinaus und verdienen absolut irre daran. Und das Schönste: Manche Schäden sind nicht rückgängig zu machen: DAS sind erst die Umsatzträger!«

Der zehnte Bauer: »Frühestens in dreißig Jahren kann sich zeigen, wie sich diese Pflanzen auf Umwelt, Mensch und Tier auswirken. Fast alle dieser Pflanzen haben sich als schädlich auch für Nützlinge erwiesen. Die Bienen verlassen uns jetzt schon! Warum dann heute ein solches Risiko eingehen?«

Der Vertreter winkte ab: »Aber wo bleibt der Pioniergeist, für den Sie bekannt sind? Kein Fortschritt ohne Risiko. Wenn es klappt, dann ist doch der Gewinn um ein Vielfaches höher als auf herkömmlichen Wegen, nicht wahr?«

Der Übersetzer machte kurzen Prozess und stellte des Vertreters Worte klar: »Appelliere an ihren Stolz, dann rollt der Rubel.«

Der zehnte Bauer warf ein: »Ob wir uns als Versuchskaninchen für dieses Experiment hergeben, sollte jedem Einzelnen überlassen bleiben.« Der Vertreter: »Du meine Güte, wo bleibt denn da Ihre Menschenkenntnis? Dann würde doch keiner mitmachen! Nein, manchmal muss man die Menschheit zu ihrem Glück zwingen. Großer Vorteil nebenbei bemerkt: Gleichbleibende Qualität!«

Der Übersetzer wiederholte den tieferen Sinn hinter den Worten des Vertreters: »Appelliere an ihren Stolz, dann rollt der Rubel.«

Der zehnte Bauer blieb unbeirrt: »Wir können unser Saatgut nicht mehr selbst vermehren wie seit Jahrtausenden, sondern müssen die Hybridpflanzen immer wieder nachkaufen.«
Der Vertreter verzog keine Miene: »Das ist doch kein Problem, mein Lieber, der Nachteil ist Ihr Vorteil! Erstens bekommen Sie immer das neueste Modell aus unserer Genfabrik, diese Garantie haben Sie. Zweitens haben wir selbstverständlich mit unseren engen Freunden in den Banken gesprochen, die günstige Kredite für vorübergehende Notfälle anbieten. Ihre Genossenschaften und Gewerkschaften stehen auch bei Fuß, um Sie zu unterstützen, das ist doch deren Sinn und Aufgabe, nicht wahr?«

Der Übersetzer sprach des Vertreters eigentlichen Worte: »Appelliere an ihr Sicherheitsbedürfnis, dann rollt der Rubel.«

Der zehnte Bauer: »Diese unfruchtbaren, nicht vermehrbaren Pflanzen sind keine echten Lebensmittel, weil sie steril sind, ihre innere Lebendigkeit ist vernichtet worden. Sie schwächen den Menschen.«
Der Vertreter rief: »Gut, aber nicht zu Ende gedacht! Wir sind glückli-

cherweise dem Mittelalter entwachsen, und neutrale Wissenschaftler haben dies zweifelsfrei als Aberglauben entlarvt.«

Der Übersetzer stellte klar, was der Vertreter zwar nicht sagte, aber meinte: »Für solche Einwände haben wir unsere von uns gut bezahlten Wissenschaftler, die das in unserem Auftrag zweifelsfrei als Aberglauben entlarven. Zwar spürt jeder am eigenen Leib, dass diese Studien nicht die Wirklichkeit wiedergeben, aber was jeder Laie sehen und fühlen kann, zählt in der Wissenschaft nichts – und das kommt uns gerade recht, nicht nur in diesem Fall.«

Ohne eine Antwort abzuwarten, griff er wieder in den Zylinder: »Und hier der Stein der Weisen für die wackeren Tierzüchter unter Ihnen! Kein mühselig selbst angebautes Tierfutter mehr – stattdessen Superkraftfutter, sauberes Silofutter, Legebatterien und Power-Ställe.« Wie Bauklötzchen purzelten Proben und kleine Stallmodelle über den Tisch und ließen neun Bauern staunen und anerkennend raunen.

Der Übersetzer verdeutlichte die Worte hinter der Kulisse: »Der Vertreter meint damit, dass Sie das Zeug kaufen sollen, und dann sitzen Sie in seiner Falle! Denn dieses Futter macht die Tiere krank, es schwächt sie und obendrein macht es sie süchtig nach seinen Produkten!«

Der zehnte Bauer ließ nicht locker: »Wie steht's dann mit der Qualität unserer Produkte, wenn wir so arbeiten? Die Tiere müssen ja so mit vielen Medikamenten ruhiggestellt und behandelt werden. Wer kann dann noch verantworten, Fleisch und Milch als unbedenklich zu verkaufen? Wer bezahlt die Arztrechnungen der Käufer? Was ist mit den Tieren und ihrem Leben? Das sind fühlende, intelligente Wesen! Artgerechte Tierhaltung ist kein Luxus, sondern Notwendigkeit, wenn wir menschenwürdig wirtschaften wollen!«

Der Vertreter blieb gelassen: »Ich sagte schon, dass wir gegen all diese Beschwerden großartige Medikamente entwickelt haben. Das Problem ist nur eingebildet. Sie können der Wissenschaft bedingungslos vertrauen.«

Der Übersetzer war zur Stelle und gab die wahren Gedanken der Arbeitgeber des Vertreters wieder: »Alles nicht der Rede wert, gemessen an den enormen Profiten und Vorteilen! Dass die bleierne Müdigkeit, die alle Menschen nach Konsum solcher Nichtlebensmittel überfällt, von diesen Produkten stammt, weiß ja niemand. Es gibt ja eine Vielzahl von Abhilfen – vom Kaffee allüberall bis zu diversen frei verkäuflichen Drogen. Allesamt tolle Umsatzträger für dieselben Firmen, die Ihnen allen diese Segnungen bringen!«

Der zehnte Bauer seufzte und sagte mit leiser Stimme: »Als Rädchen in diesem Teufelskreis wird gewiss keiner von uns mehr ruhig schlafen können! Ich jedenfalls würde morgens nicht mehr in den Spiegel schauen können.«

Der Vertreter hatte auch darauf eine Antwort und holte einen großen Haufen bunter Hochglanzprospekte aus dem Zylinder und ein Krankenschein-Scheckheft, die er den Bauern zur Ansicht gab. »Wissen wir längst! Und haben gut vorgesorgt. Hier, damit Sie auf andere Gedanken kommen. Zu viel Pessimismus ist doch ungesund! Das macht nur Falten!« Und er lachte fröhlich und aufmunternd.

Der Übersetzer holte hörbar Luft und begann wiederum, die Worte des Vertreters verständlich zu machen: »Wir haben gut vorgesorgt. Unsere Werbeagenturen in aller Welt beweisen dem Konsumenten tagtäglich, dass der Zucker gesund ist, dass Ihr Fleisch gesund ist und dass weißes Mehl und Milch gesund sind, dass Düngemittel und Pestizide unschädlich sind, dass Gentechnik und Klonen eine super Sache sind. Obwohl es längst Beweise für das Gegenteil gibt. Und nachdem es kaum noch Wis-

senschaftler gibt, die nicht von uns bezahlt werden, wird sich die Zahl der Studien, die die Wahrheit herausfinden, sehr in Grenzen halten und zudem kaum Verbreitung finden. Und wenn doch, dann werden sie einfach als lästig und überholt abgetan. Bei solch umfassender und intensiver Informationspolitik müssen Sie lange suchen, bis sich jemand findet, der sich davon nicht beeindrucken lässt! Ja und was Ihre Gewissensbisse betrifft, da haben wir die EU, die Bauerngewerkschaften und die Krankenkassen auf unserer Seite. Die bezahlen nicht nur die körperlichen Schäden durch die Anwendung der Pestizide und des Konsums Ihrer eigenen Produkte, die bezahlen auch die nötige Seelenmassage, damit Sie auf andere Gedanken kommen.«

Die neun Bauern waren's zufrieden, der zehnte Bauer aber holte tief Luft: »Das ist bedingungslose Abhängigkeit, in die wir uns begeben sollen, das ist tiefste Sklaverei. Abhängigkeit von den Banken, von Politikern, die noch nie einen Bauernhof besucht haben, von Wissenschaftlern, von der Pharmazie, von staatlichen Förderungen, von den Saatgutherstellern, von den Maschinenbaufirmen, von Subventionen, von Pensionszahlungen, von Krankenkassen, von Tierärzten, von Psychotherapeuten, die unser schlechtes Gewissen beruhigen müssen. Niemand ist dann mehr sein eigener Herr!«

Der Vertreter schlug kurz die Augen nieder: »Warum so schwarzsehen? Wir sehen hier Sicherheit und Fortschritt. Ich sehe Vernetzung, Globalisierung und fröhliches Miteinander zum Nutzen aller. Man wird sich von allen Seiten um Sie kümmern und für Ihr Wohlergehen sorgen! Schließlich sorgen Sie ja als Gegenleistung für unser aller täglich Brot und sichern obendrein zahllose Arbeitsplätze!«

Der Übersetzer kam ein letztes Mal zu Wort, um des Vertreters verborgene Absichten ans Licht zu bringen: »Ja schon gut, Sie haben ja recht. Aber wen interessiert das schon? Außerdem brauchen wir Zucker, Weiß-

mehl und Milchpulver, um das wertlose Zeug in Entwicklungsländer zu schicken und so deren körperliche und geistige Abhängigkeit zu zementieren. Wäre ja sonst alles viel teurer bei uns!«

Den letzten Satz sprach der Vertreter mit einem leichten Zittern der Rührung und des Pathos in der Stimme, sodass sich neun Bauern sehr geschmeichelt fühlten. Es waren ja sie, die diesen wunderbaren Kreislauf, dieses System der Beschaffung von Stopfblähfüllmitteln, Geld und Arbeitsplätzen am Leben erhalten würden. Sie empfanden Stolz!

Nachdem sich der Vertreter wieder gefasst hatte, griff er ein letztes Mal in den Zylinder und zog eine kleine Flöte hervor. Leise begann er darauf zu spielen – und zu Melodie und Takt eines uralten Liedes standen der Reihe nach die neun Bauern auf und folgten dem Vertreter. Sie hatten sich nunmehr »freiwillig« entschlossen, ihm zu folgen, ein jeder aus seinem besonderen Beweggrund.

Einem gefiel der Gedanke, endlich einmal als »fortschrittlich« zu gelten und nicht mehr nur als »dummer Bauer«.

Den zweiten Bauer trieb die Gier nach Geld und Gut und Förderungsmitteln, denn er hatte gehört, dass man sogar fürs Nichtstun und für brachliegende Felder bezahlt wurde.

Der dritte Bauer wollte nicht zugeben, dass er kaum etwas vom Kauderwelsch des Vertreters verstanden hatte. Er machte mit, weil die Mehrheit immer recht hat.

Der vierte Bauer hatte eine große Familie zu ernähren. Ihn trieb die Angst um, wirtschaftlich Schiffbruch zu erleiden, und das Wort »Abhängigkeit« klang in seinen Ohren eher wie ein Versprechen denn als Drohung.

Der fünfte Bauer wollte schon lange der ganzen Welt, vor allem seinen Eltern, beweisen, dass er zu »etwas« taugte. Selbstzweifel trieben ihn in die Arme des Vertreters.

Der sechste Bauer vertraute blind jeder Form von »wissenschaftlicher

Erkenntnis« und hatte schon als kleines Kind aufgehört, auf die innere Stimme zu hören, die uns alle retten würde.

Der siebte Bauer hatte sich vom autoritären, selbstgewissen Auftreten des Vertreters beeindrucken lassen. Es konnte sich einfach nicht irren, wer den Mut hat, eine solche Show abzuziehen.

Der achte Bauer folgte dem Vertreter, weil er Angst hatte, allein dazustehen, und die Fragen des zehnten Bauern waren ihm zu frech und respektlos erschienen, als dass er sich vorstellen konnte, »so jemanden« als Wegbegleiter zu erwählen.

Der neunte Bauer folgte dem Vertreter, weil ihn der Klang der Flöte völlig verzauberte. Er dachte sich: »So wunderschön! Wer so musiziert, ist gewiss meines Vertrauens würdig, denn böse Menschen haben keine Lieder.«

Der zehnte Bauer blieb sitzen und sah den anderen neun und dem Vertreter nachdenklich nach. Dann stand er auf, kehrte auf seinen Hof zurück und fuhr fort, nach natürlichen Methoden sein goldenes Handwerk zu betreiben. Früchte und Gemüse anzubauen, die alle Kraft einer gesunden Erde in sich trugen. Echte Mittel fürs Leben, die den Menschen gesund erhalten und gesund machen. Unterstützt von den guten Gedanken der Menschen, die seine Arbeit zu schätzen wissen – von den zehn Familien im Tal, die sich entschieden hatten, sich nur noch bei ihm zu versorgen. »Und wenn morgen die Welt untergeht, würde ich heute noch einen Baum pflanzen.«

Liebe Leserin, lieber Leser, Sie wollen dem zehnten Bauern helfen? Nichts einfacher als das. Denn mit jeder Entscheidung im Alltag über das, was bei Ihnen auf den Teller kommt, helfen Sie entweder dem zehnten Bauern und sorgen dafür, dass es Bauern wie ihn auch in Zukunft gibt. Oder Sie entscheiden sich für eine andere Zukunft, von deren Vorboten wir jeden Tag in der Zeitung hören. Und längst am eigenen Leib spüren müssen. So sehen nämlich die Alternativen aus. Sie haben es in der Hand.

Fragen zu allerlei Themen

Der Siegeszug des Mondkalenders

Wo liegen Ihrer Meinung nach die Gründe für den Erfolg Ihrer Bücher? Warum akzeptieren so viele Menschen bereitwillig den Mond als eine Art »Lotsen« in ihrem Leben?

Das ist auch für uns nicht so einfach zu beantworten. Wir können nur sagen, dass wir uns bemüht haben, einfach und gradlinig zu schreiben und den Leser für voll zu nehmen. Es ist ja ein Wissensschatz, dessen Lektüre und Anwendung keinen akademischen Grad erfordert. Schon nach wenigen Wochen des Ausprobierens und Sammelns von Erfahrungen mit der einen oder anderen Regel zeigt sich, welch großen Erfolg es bringt – ob im Bereich des Gartens oder der Körperpflege, beim Renovieren oder bei der Gesundheitsvorsorge. Und was spricht mehr für sich selbst als der Erfolg? »Ich schneide mir die Haare bei Löwe, und sie werden dicker, und meine Schuppen sind verschwunden. Mal sehen, was in dem Buch sonst noch so drinsteht...« Sicherlich haben die meisten unserer Leser diesen oder einen ähnlichen Weg gewählt. Als Lotsen im Leben akzeptiere ich, wer mich ans Ziel bringt. Wir leben glücklicherweise in einer Zeit, die falsche Lotsen etwas schneller feuert als zu früheren Zeiten. Vielleicht stimmt aber auch, was jemand kürzlich zu uns sagte: »Natürlich kennen die Autoren eines Buches über den richtigen Zeitpunkt auch den richtigen Zeitpunkt für sein Erscheinen, oder?«

Die Skepsis der Wissenschaft

Die meisten Wissenschaftler zweifeln die Macht des Mondes auf den Menschen an. Sie persönlich argumentieren mit »uraltem Erfahrungswissen«. Wie verlässlich sind solche persönlichen Erfahrungen Ihrer Meinung nach?

Am Anfang von Erfahrung, Einsicht und Wissen steht oftmals tiefer Zweifel. Viele Wissenschaftler, Heilkundige, Gartenfachleute und Landwirte, mit denen wir heute teilweise eng zusammenarbeiten, waren anfangs sehr skeptisch. Heute erinnern sie sich amüsiert an diese Zeit und können sich Leben und Arbeit ohne Mondwissen nicht mehr vorstellen. Selbstverständlich gibt es überall auf der Welt Menschen, die ihr Leben der Beweisführung widmen, dass irgendetwas *nicht* funktioniert. Wir tun nichts, um sie von der Gültigkeit der Mondregeln zu überzeugen, wir »argumentieren« ihnen gegenüber nicht. Aber wir tun alles, um die Menschen an ihr Geburtsrecht geistiger Unabhängigkeit zu erinnern – also daran, dass sie nicht den Segen der Wissenschaft abwarten müssen, bevor sie wieder Gewinn aus jahrtausendealtem Wissen ziehen dürfen.

Die Frage nach der »Verlässlichkeit« persönlicher Erfahrung ist letztlich aus dem Wunsch nach Garantien und Gewährleistungen geboren. Die gibt es leider nicht. Man kann sich vertrauensvoll nach den Mondregeln richten und wird gute Erfahrungen machen. Wird das verlässlich auch morgen noch so sein? Niemand kann es garantieren. Persönliche Erfahrung ist ungemein wertvoll, wenn sie mir dient. Wenn ich ihr Sklave werde und sie zu »Normen und Prinzipien« gefrieren lasse, dann kann das meine Seele verhungern lassen.

Mondkalender im Alltag eines Betriebes

Wie kann ich als selbstständiger Unternehmer das Wissen um die Mondrhythmen in meinem Berufsalltag umsetzen? Ich kann doch an den »schlechten Tagen« nicht einfach zusperren?

Sie müssen sich keine Sorgen machen. Es wird noch einige Zeit dauern, bis sich das Wissen um die segensreichen Einflüsse der Natur- und Mondrhythmen überall wieder durchgesetzt hat. Verlegen Sie einfach nur besonders heikle Aufgaben in die guten Tage und tun Sie alles andere wie gewohnt. Im Laufe der Zeit erkennen Sie von selbst, wie Sie den einen oder anderen Ablauf bei Ihnen so umstellen können, dass der richtige Zeitpunkt besser zum Tragen kommt. Nichts überstürzen, nichts fanatisch betreiben, alles mit Maß und Ziel – dann kann nichts schiefgehen.

Andererseits gibt es heute schon zahlreiche Firmen, die das Wissen fest in ihre Abläufe eingebaut haben – sowohl in Ihrem Fachgebiet als auch in jedem anderen, das vom richtigen Zeitpunkt in irgendeiner Weise profitieren kann, vom Zahnarzt über den Gebäudereiniger bis zum Chef einer Rehabilitationsklinik. Für diese Firmen gibt es keine Schwierigkeiten mehr bei der Termineinteilung. Sie verlegen einfach bestimmte »zeitunkritische« Tätigkeiten – von der Buchhaltung über die Lagerführung bis zur Aufarbeitung von liegengebliebener Büroarbeit – in die ungünstigen Tage. Oder sie nehmen sich ganz einfach frei, was sich sehr positiv auswirkt. Denn alle Tätigkeiten, die zu ungünstigen Mondständen ausgeführt werden, sind nicht nur weniger erfolgreich und die Ergebnisse weniger brauchbar: Die Arbeit ist auch viel anstrengender und mühevoller, und manchmal richten sie sogar Folgeschäden an. Lassen Sie sich nicht von uns überzeugen, sondern von Ihrer eigenen Erfahrung.

Berechnung des Mondkalenders

Wie berechnet man den Kalender, der Ihren Büchern beiliegt? Kann ich ihn mir auch selbst zusammenstellen?

Er ist sehr umständlich zu berechnen, aber inzwischen ist es überflüssig, weil es Computerprogramme gibt. Wichtig ist nur, den astrologischen und nicht den astronomischen Mondkalender zu verwenden. Bekannt ist nämlich die Tatsache, dass der Mond »nachgeht« und im Laufe von etwa 28 000 Jahren einmal um den ganzen Tierkreis herum »nachgegangen« ist. So kommt es, dass er in etwa 10 000 Jahren droben am Himmel im Sternzeichen Jungfrau steht, während der Mondkalender angibt, dass der Mond im Tierkreiszeichen Widder steht. Die ersten Kalendermacher konnten diese Verschiebung wohl nicht ahnen, sie war ihnen aber auch gleichgültig, denn wichtig ist ja, dass der Kalender immer genau die **Kräfte** angibt, nach denen die zwölf Tierkreiszeichen benannt sind und nicht den tatsächlichen Stand des Mondes. Für uns ist nur wichtig zu wissen, dass der Kalender, den wir den Büchern beigelegt haben, die Kräfte richtig anzeigt.

Die meisten Menschen, die mit dem Mondkalender aufgewachsen sind und in ihrem Tun den richtigen Zeitpunkt beachten, müssen oftmals gar nicht mehr den Kalender zu Rate ziehen, weil es in der Natur zahlreiche Signale gibt, die deutlich den Wechsel von einem Zeichen zum anderen anzeigen. Man muss nur einmal beginnen, darauf zu achten: Das »stechende« Licht an Lufttagen (Zwillinge, Waage, Wassermann), die Kreislauftätigkeit bei Löwe, das unterschiedliche Austrocknen eines Rasens an Wasser- oder Wärmetagen (Krebs, Skorpion, Fische oder Widder, Löwe, Schütze), der leichte Kopfschmerz, wenn sich der Widder ankündigt, die Verdaulichkeit einer fettreichen Mahlzeit und vieles mehr. Viele Menschen richten sich oftmals unbewusst nach diesen Signalen, die uns täglich in vielen Dingen den sinnvollsten Weg zeigen.

Die Herkunft des Mondwissens

Ihr Mondwissen stamme von Ihrem Großvater, heißt es. Aber doch nicht alles, oder? Wie sind Sie einzelnen Aspekten wie zum Beispiel »Renovieren nach dem Mond« oder »Abnehmen mit dem Mond« auf die Spur gekommen? Und sind neue Bücher geplant, oder ist schon alles gesagt?

Es stammt tatsächlich fast alles von meinem Großvater Joseph Koller. Auf einem Bauernhof mit vielen Menschen unter einem Dach ist jeder Lebensbereich abgedeckt – vom Holzschlagen über die gesunde Ernährung bis zur kleinen Operation, weil man den Arzt nicht auf die Alm kommen lassen will oder kann. Wir recherchierten nichts, wir geben in unseren Büchern keinerlei Secondhand-Wissen weiter, sondern ausschließlich persönliche positive Erfahrung. Ich denke, das spüren die LeserInnen auch. Die Erfahrung mit der Anwendung der Bücher spricht dann für sich selbst. Natürlich muss man dann den Mut haben, dieser Erfahrung auch zu vertrauen.

Was neue Bücher betrifft: Es ist längst nicht alles gesagt, aber es gibt für alles den richtigen Zeitpunkt, auch beim Veröffentlichen. Der Zeitgeist geht die seltsamsten Wege, man muss ihn beobachten, sich ihm anvertrauen und mit ihm fließen. Sonst finden wir als Autoren niemals die richtigen Worte für Herz und Kopf unserer LeserInnen. Das heißt nicht, sich anzubiedern, sondern nur, dass Wachheit nötig ist, um immer den richtigen Schlüssel zu finden.

284

Vom Umgang mit Skepsis

Schon lange interessiert mich, wie Sie persönlich mit Skeptikern umgehen. Manchmal verzweifle ich, wenn ich so viele gute Erfahrungen mit dem Mond mache und mich meine Leute auslachen, wenn ich davon erzähle.

Wir haben eher selten mit Skeptikern zu tun. Wir sind selbst Skeptiker in vielen Dingen, gesunde Skepsis ist bei dem Medienangebot heutzutage mehr als notwendig. Und ganz allgemein sind uns Skeptiker lieber als fanatische Befürworter. Fanatische Gegner allerdings sind eigentlich arm dran, denn sie müssen sich ein Leben lang mit allen möglichen Dingen herumschlagen, die sich durch ein wenig Achten auf den richtigen Zeitpunkt in Luft auflösen würden. Wir können kaum eine Brücke zu ihnen bauen, auch wenn wir es wollten. Wir schreiben letztlich für Menschen, die sich für unsere Arbeit interessieren. Wir leisten keine Überzeugungsarbeit und wollen niemanden bekehren.

Original und Kopie

Wenn ich mich recht erinnere, ist 1991 Ihr erstes Buch zum Thema Mond erschienen: Vom richtigen Zeitpunkt. *In der Zwischenzeit sind viele Nachahmer auf den Plan getreten. Setzen diese das Mondwissen in Ihrem Sinne um?*

Soweit wir diese Werke kennen, nein! So viel wird hinzuerfunden oder verdreht, um die Tatsache des Abschreibens zu kaschieren – Mondmagie, Astrologie, »Kochen nach dem Mond« und Ähnliches. Das ist in erster Linie traurig, weil die LeserInnen und Anwender dann in diesem Fall zu Recht feststellen: »Stimmt ja alles nicht.« Welch großen Schaden die Nachahmer anrichten, das lässt sich eigentlich gar nicht ermessen. Jeder Tag, den sich die Wiederbelebung des Wissens um den richtigen Zeitpunkt verzögert, ist ein verlorener Tag für die ganze Welt. Nachahmung gibt es immer, wenn etwas ins Rollen kommt, das ist grundsätzlich nicht falsch. Wenn aber hinzugedichtet wird, richtet man Schaden an.

In Kürze **Original und Kopie**

Ganz einfach: Nur wo Paungger & Poppe draufsteht, ist auch Paungger & Poppe drin!

Sonnenzeichen und Mondkalender

Ich möchte gerne wissen, warum es mir an Krebstagen so schlecht geht – mein Tierkreiszeichen ist Krebs. Ich würde an solchen Tagen am liebsten gar nicht aufstehen, wenn es möglich wäre. Den ganzen Tag ist mir zum Heulen zumute.

Es ist tatsächlich keine Seltenheit, sich sentimental oder leicht depressiv zu fühlen, wenn der Mond im selben Tierkreiszeichen steht wie das eigene Sonnenzeichen. Sehr auffällig ist aber, dass es bei Krebs und Fische besonders häufig passiert. Vielfach hilft es, sich schon vorher gegen die Atmosphäre dieser Tage zu schützen, indem man beispielsweise Johanniskrauttee trinkt, der wie »gespeichertes Licht« und stimmungsaufhellend wirkt.

Vorsicht: Im Hochsommer macht dieser Tee sehr lichtempfindlich, schützen Sie sich also mit einer Sonnenbrille, und »braten« Sie nicht zu lange in der Sonne. Was ebenfalls hilft: Wenn man sich mit dem eigenen Biorhythmus vertraut macht. Am besten das Kapitel über den Biorhythmus aus unserem Buch *Aus eigener Kraft* zu Hause oder in der Buchhandlung lesen.

Der richtige Zeitpunkt für den Kindergarten

Mein Sohn ist am 11. 11. 06 geboren und kommt dieses Jahr in den Kindergarten. Ich habe zwei Termine für den Start des Kindergartens angeboten bekommen: Montag, 29. 9. 08 (da ist genau Neumond) oder Montag, 6. 10. 08. Welches ist der bessere Termin? Erstellen Sie auch persönliche Horoskope? Wenn Sie so etwas machen, verraten Sie mir auch bitte, wie viel das kosten würde.

Wir würden auf gar keinen Fall so weit gehen, den Termin des Kindergartenbesuchs nach dem Mondkalender zu richten. Da sind andere Kriterien wichtiger, beispielsweise die Frage, wann die meisten Kinder der Gruppe zum ersten Mal kommen. Die Mondeinflüsse sind ein wertvolles Instrument, aber man sollte sie niemals fanatisch betreiben.

Astrologie ist nicht unser Fach, aber in diesem Fall kann Ihnen unser neues Buch *Das Tiroler Zahlenrad* weiterhelfen, weil Ihr Sohn aufgrund seiner Geburtszahlen mit Sicherheit ein sehr neugieriges und intelligentes Kind ist. Sehr wahrscheinlich wird ihm schnell langweilig, mit allen Folgen, die das für ein Leben in der Gruppe bedeutet, und man sollte ihn mit viel Neuem und Interessantem »füttern«. Hochintelligente Kinder bleiben in unserem seltsamen Schulsystem oft auf der Strecke, weil sie in der Klasse oft den Clown und Klassenkasper spielen. Nur selten sind Lehrer dafür ausgebildet oder haben die Zeit, das versteckte Genie hinter der Fassade zu entdecken und zu fördern. Aufgrund des Geburtsdatums schlummert in Ihrem Sohn aber möglicherweise ein solches Genie, und es wäre schade, wenn es nicht mit Liebe und Umsicht (und Nachsicht!) geweckt werden würde.

Kinder mit Schlafstörungen

Mein Sohn ist acht Monate alt. Am Anfang schlief er bei Vollmond und Neumond sehr schlecht, später nur bei Vollmond und das letzte Mal ab Vollmond beim abnehmenden Mond. Können Schlafstörungen bei verschiedenen Mondphasen auftreten?

Ja, das lässt sich grundsätzlich sagen. Schlafstörungen bei kleinen Kindern haben allerdings die verschiedensten Ursachen, der Mond ist nur ein Einfluss von vielen. Zu den häufigsten gehört eine nicht optimale Ernährung. Dabei ist oftmals gar nicht ausschlaggebend, ob die Kost gesund ist oder nicht. Viele Babys vertragen nicht, was für andere Kinder gesund und bekömmlich ist. Wir bekommen sehr oft Anfragen in dieser Hinsicht, und vielfach können wir den Eltern damit weiterhelfen, dass sie herausfinden, ob ihr Kind ein Alpha- oder ein Omega-Ernährungstyp ist (siehe Interview im Kapitel »Fragen zur Gesundheit, zum Vorbeugen & Heilen«, Seite 103). Reis, Hafer und Weizen gehören zum Omega-Typ, Hirse, Gerste und Dinkel ist für fast alle Kinder verträglich. Solange Sie den Ernährungstyp Ihres Kindes nicht kennen, sollten Sie also eher die neutralen Getreidearten verwenden.

Wenn Sie noch stillen und selbst ein anderer Ernährungstyp sind als Ihr Kind, kann sich auch das auf das Schlafverhalten Ihres Kindes auswirken. Wenn eine stillende Alpha-Mutter beispielsweise viel Orangensaft trinkt, verursacht das bei einem Omega-Kind

Bauchweh. Zu den häufigsten weiteren Ursachen für Schlafstörungen gehören verstrahlte Schlafplätze, sei es durch Erdstrahlen, Kühlschränke, Gefriertruhen, Zählerkästen, Computeranlagen im Nebenzimmer und Ähnliches. Sehr negativ wirken auch moderne DECT-Babyphone. Wer Eltern irgendwann eingeredet hat, dass man jeden Mucks des Kindes hören muss, wissen wir nicht, aber es bringt weder den Eltern noch dem Kind etwas Positives.

Schon mit diesen wenigen Tipps kann man fast alle echten Schlafstörungsursachen beseitigen. Und das ist eine gute Sache: Wenn Eltern keinen Schlaf finden, belastet das den Alltag enorm, und gerade hier die Ursachen statt die Symptome zu beseitigen, wäre sehr hilfreich.

Das Tiroler Zahlenrad im Alltag

Ich habe eine besondere Frage an Sie, vielleicht können Sie mir helfen. Als Oma habe ich schon drei Enkelkindern durch die Schule geholfen und besonders bei den Hausaufgaben selten Probleme gehabt. Jetzt beim vierten Kind, unserer Nachzüglerin, ist alles anders: Es ist, als ob ich keinen Zugang finde. Sie ist unkonzentriert, träumt vor sich hin, und ich habe das Gefühl, dass ich immer ungeduldiger werde – und diese Ungeduld ist natürlich auch nicht gut für die Atmosphäre. Meine »Kaffeetanten« haben mir von Ihrem Buch Das Tiroler Zahlenrad *erzählt, und ich glaube, dass sich hier eine Lösung verbirgt. Meine Enkeltochter ist im 99er-Jahr geboren, vielleicht hilft das? Haben Sie vielleicht einen Rat?*

Ganz sicher ist es so, dass Sie als erfolgreiche Oma bei dieser Situation jetzt nervöser und ungeduldiger werden. Selbst wenn Sie sich »zusammenreißen«, wird Ihre Enkelin den Druck spüren und na-

289

türlich entsprechend reagieren. Und sie spürt auch, dass Ihnen die Sache allmählich zu viel wird. Da muss eine andere Lösung gefunden werden.

Tatsächlich möchte ich Ihnen als Erstes empfehlen, sich im *Tiroler Zahlenrad* einmal Ihre persönlichen Zahlen anzuschauen und dort Stärken und Schwachstellen genauer zu erkennen. Dementsprechend können Sie durch Kleider mit bestimmten Farben die Schwächen ausgleichen und sich kräftigen. Im nächsten Schritt betrachten Sie die Zahlen der Mutter Ihrer Enkelin, damit Sie erkennen, warum sie das eine oder andere als selbstverständlich annimmt. Das gegenseitige Verständnis kann viel Spannung aus der Situation nehmen. Und zuletzt werfen Sie einen genauen Blick auf die Zahlen Ihrer Enkelin – mit großer Wahrscheinlichkeit haben Sie dann schon die ideale Lösung parat.

Das Tiroler Zahlenrad hilft nicht nur bei der Umsetzung alltäglicher Routinearbeiten, es hilft auch zu verstehen, warum sich ein Mensch bei bestimmten Dingen jetzt und vielleicht auch noch in Zukunft schwertut. Verständnis und Einfühlung führen dann automatisch zur richtigen Lösung. Wir kennen das vollständige Geburtsdatum Ihrer Enkelin nicht, aber allein schon die beiden Neuner aus dem Geburtsjahr sagen uns, dass sie ein extrem selbständiges Kind ist, das sich gegen jede Bevormundung wehrt – selbst wenn diese Bevormundung nur eingebildet ist! *Das Tiroler Zahlenrad* lässt Sie genau erkennen, wo die förderlichen und bremsenden Einflüsse liegen. Wir sind überzeugt, dass die Lektüre Ihnen den Weg sehr erleichtert. Eine zusätzliche Hilfe können wir Ihnen noch anbieten, nämlich noch einmal einen Blick in unser Buch *Aus eigener Kraft* zu werfen. Den persönlichen Biorhythmus beim Lernen zu berücksichtigen ist besonders für schwierige Kinder ein Segen. Denn es gibt bei jedem Kind Tage, da ist jedes Lernen vergebliche Liebesmüh und führt nur zu Frust und Resignation.

Buchtipp: Unser Buch *Das Tiroler Zahlenrad* sagt Ihnen, mit welchen Talenten Sie ursprünglich diese Welt betreten haben.

Raus aus den Windeln!

Mein Sohn (drei Jahre) meldet sich am Tag, wenn er auf die Toilette muss. Nur in der Nacht benötigt er noch eine Windel. Wann wäre die ideale Mondphase, um zu versuchen, die Windel auch in der Nacht wegzulassen? Einige Versuche sind bereits daneben- (ins Bett) gegangen.

Der richtige Zeitpunkt im Mondrhythmus hat beim Sauberwerden keinen großen Einfluss. Hier wirkt der Biorhythmus des Kindes stärker. Das Wichtigste wäre es, keinen Stress zu verbreiten. Wenn die Nacht trocken überstanden ist, freuen Sie sich, wenn nicht, reden Sie einfach nicht weiter darüber, ärgern Sie sich auch »innerlich« nicht darüber – und schon gar nicht tadeln!

Ob trockene oder nasse Windeln – morgens sollte Ihr Sohn immer als Erstes auf die Toilette, damit sich das Ritual einspielt und der Körper sich darauf einstellt. Zusätzlich haben wir immer darauf geachtet, abends zum Essen wenig oder zumindest nicht unmittelbar vor dem Schlafengehen noch etwas zu trinken zu geben. Geben Sie Ihrem Sohn am besten auch nichts Scharfes oder Süßes zu essen, weil beides durstig macht und er zusätzlich Flüssigkeit braucht. Und schließlich haben wir dafür gesorgt, dass die Kinder nicht zu spät aufstehen, weil der Körper sich so allmählich merkt, wie er am besten über die Runden kommt.

Mit den praktischen Windelhosen von heute kann man sich das Sauberwerden noch einfacher machen. Kinder werden in ganz unterschiedlichem Alter sauber, wie sie ja auch nicht alle gleichzeitig zu sprechen beginnen. Ob ein Kind mit drei oder mit dreieinhalb Jahren sauber wird, ist völlig unwichtig. Und Kinder, die man zur Sauberkeit drillt, können seelischen Schaden davontragen und manchmal im Teenageralter noch Bettnässer werden.

Mond und Schwangerschaft

Wir sind ein kinderloses Ehepaar und möchten gerne ein Kind haben. Da es aber aus gesundheitlichen Gründen nicht geht, wollen wir es mit dem Einpflanzen einer befruchteten Eizelle versuchen. Haben Sie damit Erfahrung, und gibt es eine gute Zeit, um eine Eizelle einsetzen zu lassen? Oder haben Sie vielleicht einen Hinweis, wie man schnell schwanger werden kann? Dieses Thema wäre für viele kinderlose Ehepaare sehr interessant.

Was den richtigen Zeitpunkt betrifft, ist der zunehmende Mond grundsätzlich geeigneter, um die Chancen auf eine Schwangerschaft zu erhöhen (ideal sind Löwe und Skorpion). Mit dem Einsetzen künstlich befruchteter Eizellen haben wir wenig Erfahrung, aber es scheint, als ob sich auch hier der zunehmende Mond besser eignet. In den meisten Fällen denken wir in erster Linie an andere Ursachen, beispielsweise an einen schlechten Schlafplatz. Wenn negative Bodenstrahlungen im Spiel sind, wird man nur schwer bis gar nicht schwanger. Eine Bettumstellung ist deshalb immer die erste Maßnahme, die wir empfehlen. Auch ein Ungleichgewicht im Stoffwechsel trägt viel dazu bei, dass man nicht gelöst genug ist, um schwanger zu werden. Hier wäre es besonders wichtig, sich nach dem eigenen Ernährungstyp Alpha oder Omega zu ernähren (siehe Interview im Kapitel »Fragen zur Gesundheit, zum Vorbeugen & Heilen«, Seite 103).

292

Das Rauchen aufgeben

Jetzt möchte ich Ihnen doch einmal schreiben, weil ich mir vom Mond Hilfe erhoffe. Neujahrsvorsätze habe ich schon öfter erfolgreich umgesetzt, aber so schwer wie in diesem Jahr ist es mir noch nie gefallen. Ich wollte endlich das Rauchen aufgeben und habe dann nur zwei Tage durchgehalten. Mein Kollege hat es geschafft, und er meinte, ich solle auf den Mond schauen. Haben Sie den richtigen Tipp für mich?

Probieren Sie es doch einmal an einem Neumondtag! Der Neumond hilft über alle körperlichen Entzugserscheinungen innerhalb von höchstens vier Tagen hinweg. Sie sollten nur sehr achtsam sein und beispielsweise in dieser Zeit das Auto zu Hause lassen, denn es kann zu Konzentrationsstörungen und Zittern kommen. Der Neumond ist ein sehr mächtiger Helfer, aber auch er kann nicht jedem Körper die kurze Phase der Entgiftung ersparen. Nach spätestens vier Tagen aber haben Sie es geschafft! Das restliche Suchtgefühl, das ausschließlich seelisch bedingt ist, bewältigen Sie dann mit der richtigen Einstellung.

Allein nur der vage Wunsch, das Rauchen beenden zu wollen, reicht allerdings auch an Neumond nicht. Überlegen Sie vorher genau, was Sie machen werden, wenn Sie wieder das Bedürfnis überkommt, etwa nach der »gemütlichen Zigarette« nach dem Essen. Manche kauen wochenlang Zahnstocher, manche greifen zu einem Kaugummi, andere fangen mit Süßigkeiten an. Letzteres ist natürlich verheerend, weil sie schnell zunehmen und ständig müde sind. Am besten Sie suchen sich etwas, das nicht dick und müde macht. Freuen Sie sich einfach, dass Sie keine Zigarette mehr brauchen. Wichtig ist dabei nur, einen »Krisenplan« zu haben, denn sonst klappt es nur mit eiserner Disziplin, und das macht keinen Spaß.

> **In Kürze** **Nikotinsucht**
>
> Erstens fürs Aufgeben entscheiden, ohne Wenn und Aber und ohne Hintertür. Dann einen Neumondtag fürs Aufhören wählen.

Das Tiroler Zahlenrad und talentierte Kinder

Seit ich das Tiroler Zahlenrad verwende, macht mir der Unterricht in der Schule wieder Spaß. Seit 15 Jahren arbeite ich als Lehrerin in Wien (Grundschule) und habe schon überlegt, ob ich nicht aussteige. Die Kinder sind in den letzten Jahren immer schwieriger geworden, und die Eltern erwarten von uns Lehrern, dass wir ausbügeln, was sie versäumen. Aber jetzt habe ich erlebt, wie es das Zahlenrad möglich macht, die Kinder besser zu verstehen – und das allein schon hat die Situation sehr entspannt. Nur bei einem speziellen Kind habe ich größte Probleme, weil es erkennbar und auch den Zahlen nach alle Talente mitbringt und trotzdem für nichts zu interessieren ist.

Unserer Erfahrung nach sind solche Kinder hoffnungslos unterfordert. Die Kunst wäre hier, dem Kind schwierige Aufgaben zu geben, aber ohne dass die anderen Kinder eifersüchtig werden und das Kind noch mehr zum Außenseiter werden lassen. Auch ein Musikinstrument oder eine seltene Sportart zu erlernen, ist oftmals eine hilfreiche Maßnahme. Das Beste wäre es, einmal mit den Eltern zu sprechen und die Unterforderung zum Thema zu machen. Wie bei vielen Kindern mit allen Stationen im Geburtsdatum ist dieses Kind einfach gelangweilt und verpasst deshalb womöglich den Lernanschluss, wenn nichts getan wird.

Ein kleiner Tipp noch für Ihre Arbeit: In der Grundschule wird ja viel mit Farben gearbeitet. Da wäre es toll, wenn die Kinder mit Farben arbeiten, die sie nicht im Geburtsdatum haben (vielleicht die farbige Tabelle aus dem Buch irgendwo bereithalten?).

Lernen im Biorhythmus

In meinen Aufgabenbereich als Tagesmutter fällt nicht nur die Beaufsichtigung der Kinder, sondern auch die Unterstützung bei den Hausaufgaben und die Vorbereitung auf Prüfungen und Schularbeiten. Natürlich ist mir bewusst, dass Kinder dann lernen müssen, wenn Tests oder Schularbeiten anstehen. Trotzdem würde es mich sehr interessieren, ob es laut Mondkalender auch günstigere und ungünstigere Phasen zum Lernen gibt. Falls es solche Zeiten gibt, würde ich sie gerne nützen, um die Kinder besser auf Tests vorbereiten zu können oder um gelernten Stoff nochmals zu wiederholen und dadurch vertiefen zu können.

Das Vertiefen von Lernstoff gelingt bei Kindern in erster Linie, wenn der persönliche Biorhythmus günstig ist. Für genauere Information darüber ist hier leider nicht der Raum. Vielleicht haben Sie unser Buch *Aus eigener Kraft* zur Hand, das es Ihnen möglich macht, die Zusammenhänge genau nachzulesen oder den Biorhythmus Ihrer Schützlinge (und Ihren eigenen!) selbst auszurechnen. Einen weiteren wesentlichen Einfluss auf den Lernerfolg hat natürlich die Ernährungsweise. Wenn ein Kind beispielsweise schon vor den Hausaufgaben Süßigkeiten isst, gerät der Körper kurz danach unter starken Stress. Der folgende nervöse Bewegungsdrang ist nichts anderes als ein Alarm des Körpers, der loswerden möchte, was ihn belastet.

Was den Mond betrifft, gibt es zwar einen spürbaren, aber nicht sehr tief greifenden Einfluss. Bei zunehmendem Mond bleibt Gelerntes leichter im Gedächtnis. Bei Mond in Löwe sind Kinder meist unruhig und bewegungsfreudig. Bei kleinen Kindern lässt sich der Löwe für Bewegungslernspiele nutzen, bei Widder sind Denkspiele gefragt, bei Wassermann lieben Kinder Lernspiele, die schauspielerisches Talent erfordern. Das bringt nicht nur Abwechslung, sondern eine natürliche Harmonie mit den positiven Einflüssen.

Schnuller abgewöhnen

Mein jüngstes Kind (22 Monate) hat noch einen Schnuller, den es auch am Tag oft verlangt und zum Einschlafen unbedingt braucht. Es ist sehr schwer, ihm den Schnuller abzugewöhnen. Wenn der Junge ihn nicht bekommt, fängt er furchtbar an zu schreien. Das war bei meinen beiden anderen Kindern nicht so. Ist es möglich, den Schnuller mithilfe des Mondes leichter abzulegen?

Alle Kinder sind verschieden, und die Erfahrung mit dem einen nützt dann manchmal beim nächsten wenig. So kann oft auf ein ganz bodenständiges, der Welt zugewandtes Kind ein Träumer folgen. Die Kunst ist natürlich, beiden Kindern gerecht zu werden. Wir können Ihre Frage selbstverständlich nur aus unserer eigenen Erfahrung heraus beantworten. Der Mondrhythmus hat beim Schnuller-Abgewöhnen nicht so viel mitzureden, man sollte nur vielleicht dafür sorgen, dass nicht gerade Vollmond herrscht, wenn man ihn ganz ablegen lässt. Grundsätzlich haben wir Schnuller nur zum Einschlafen gegeben. Schon als Säuglinge spucken ihn Kinder ja nach dem Einschlafen wieder aus. Wir haben ihn dann immer sofort weggenommen. Auf diese Weise gewöhnt sich die Mundmuskulatur gar nicht erst an den Schnuller und empfindet auch keinen Mangel. Wenn eines unserer Kinder den Schnuller tagsüber wollte, um sich selbst zu trösten oder Ähnliches, hat es ihn auch immer bekommen – allerdings ausschließlich, wenn es gleichzeitig ins Bett ging. Dann durfte es ihn so lange behalten, wie es wollte. Wenn Ihr Kind den Schnuller tagsüber möchte, wäre das vielleicht eine gute Methode, um ihn nicht verbieten zu müssen oder in einen Kampf zu geraten. Da Ihr Kind erst 22 Monate alt ist, ist der Schnuller weder ungewöhnlich noch Anlass zu Sorge.

Tipps für den Umgang mit Babys

Ich erwarte bald mein zweites Kind. Bei meinem ersten Kind habe ich den Mondkalender teilweise angewendet, wenn es um das Haareschneiden ging. Gibt es vielleicht noch andere gute Tipps, die ich in der ersten Zeit mit dem neuen Kind verwenden kann?

Eine ausführliche Antwort würde hier den Rahmen sprengen, aber wir können Ihnen gerne einige persönliche Tipps weitergeben, die für sich allein schon sehr viel zu einer »gelungenen« Baby- und Kleinkindzeit beitragen können. Zuerst sollten Sie Ihren persönlichen Ernährungstyp feststellen (siehe Interview im Kapitel »Fragen zur Gesundheit, zum Vorbeugen & Heilen«, Seite 103). In Verbindung mit (möglichst) biologischer und regionaler Kost können Sie sich dann so ernähren, dass Sie die Zeit, in der Sie nicht oft durchschlafen, gut überstehen.

● Wenn Sie während Ihrer Schwangerschaft Gelüste und Appetit auf ansonsten für Sie eher ungewohnte Nahrungsmittel hatten, ist es sehr wahrscheinlich, dass Ihr Kind nicht denselben Ernährungstyp besitzt wie Sie. Das ist auch oftmals dann der Fall, wenn einer Frau während der Schwangerschaft extrem oft übel ist. Das Baby teilt seiner Mutter mit, dass es die gewohnte Kost nicht so gut verträgt. Der gute Rat lautet: Behalten Sie Ihre »neuen« Gewohnheiten so lange bei, wie Sie Ihr Kind stillen. Das Baby ist dann zufriedener.

● Es wäre sehr sinnvoll, mit Babys so umzugehen, dass Allergien gar nicht erst entstehen. Den Hauptteil Ihrer Wäsche beispielsweise sollten Sie bei abnehmendem Mond waschen. Eine gute Idee ist es, sich von der Wäsche, die das Baby direkt auf der Haut trägt, so viel zu besorgen, dass man es sich leisten kann, sie nur bei abnehmendem Mond zu waschen. Es bleiben dann viel weniger Allergie auslösende Waschmittelreste im Stoff zurück als bei zunehmendem Mond.

● In den Tierkreiszeichen Fische und Krebs waschen Sie bitte nicht die Haare – das fördert den Milchschorf. Die Ursache von Milchschorf ist in erster Linie der Konsum von Milchprodukten beziehungsweise von tierischem Eiweiß. Das Kind nimmt sie über die Muttermilch oder über zusätzlich gegebene Babykost auf.

● In den Tierkreiszeichen Fische und Jungfrau freut sich jedes Baby über eine Massage seiner Füßchen. Das regt die Verdauung an und fördert auch sonst die Entwicklung. Wenn ein Baby Schnupfen bekommt, sollten Sie täglich die Zehen massieren, weil dann die Erkältung schneller verschwindet. Besonders wichtig ist dies während des Stillens, damit das Baby besser atmen kann.

● Sollte das Baby im Windelbereich eine gerötete Haut bekommen oder sogar einen Ausschlag, sollten Sie auf Zitrusfrüchte, Limonaden und Süßigkeiten verzichten. Die Fruchtsäure beziehungsweise das übersäuerte Blut der Mutter sind meist die Ursache für solche Symptome.

- Bei einem Neugeborenen wollen Sie natürlich noch nichts vom Abstillen wissen, aber wenn es so weit ist, wählen Sie einen Vollmondtag. Wegen der Details können Sie uns dann später noch einmal schreiben (siehe Seite 89).

Wir wünschen alles Gute und viel Glück!

Halten Sie sich persönlich immer an den Mondkalender?

Wäsche wäscht sich bei abnehmendem Mond müheloser, manche Tage sind fürs Gemüsekaufen geeigneter als andere, und an einem Stiertag sollte man nicht zum Zahnarzt gehen. Glaubt man an die geheimnisvollen Kräfte des Mondes, gibt es für alles den richtigen Zeitpunkt. Ich bin Journalistin und, bitte verzeihen Sie meine Neugier, aber mich würde interessieren, ob Sie sich eigentlich selbst immer danach richten? Hätten Sie einen solchen Erfolg Ihrer Bücher für möglich gehalten?

Natürlich halten wir uns daran, wenn es möglich ist. Wir haben viel zu wenig Zeit, um uns Zeitverschwendung leisten zu können. Aber es gibt verschiedene Situationen, die Kompromisse verlangen. Nur weil Vollmond ist und man zu diesem Zeitpunkt leichter zunimmt, würde ich niemals die Einladung zum Abendessen bei Freunden ausschlagen! Jede Form von Wissen sollte man niemals fanatisch betreiben, sonst nimmt der Mensch Schaden an Körper, Geist und Seele.

Und was den Erfolg betrifft – den haben wir so bestimmt nicht erwartet. Aber eines wussten wir gewiss, nämlich dass es höchste

Zeit ist, dieses Wissen wiederzubeleben, weil die Natur auf eine Katastrophe zusteuert. Und man kann nicht auf Bio und Natur umstellen, wenn dafür das Fundament fehlt. Es ist zum Beispiel nicht möglich, ein Bio-Holzhaus zu bauen, ohne auf den richtigen Zeitpunkt zu achten – angefangen bei der Holzgewinnung bis hin zum Außenanstrich! Es ist nicht möglich, auf Dauer eine sich selbst erhaltende und ertragreiche Bio-Landwirtschaft zu betreiben, ohne hin und wieder den richtigen Zeitpunkt zu beachten. Und es ist unmöglich, ein funktionierendes Gesundheitssystem für alle zu erhalten, wenn man nicht endlich beginnt, echte Vorbeugung zu honorieren statt Symptome zu bekämpfen. Noch haben wir die Wahl. In einigen Jahren ist uns die Wahl abgenommen.

Schade!

Manche Mondregel ist im Alltag gar nicht so leicht umzusetzen. In welcher Situation haben Sie es bereut, sich nicht an den richtigen Zeitpunkt gehalten zu haben?

Bereut haben wir es eigentlich noch nie, weil es ja stets unsere persönliche Entscheidung war, eine Regel zum richtigen Zeitpunkt zu missachten. Aber geärgert über die Entscheidung haben wir uns natürlich schon öfter, weil zusätzlich Arbeit und/oder zusätzliche Kosten entstanden sind oder sonstige Probleme entstanden. Ein Beispiel? Wir haben den Maler für einen Außenanstrich trotz anderer Vereinbarung zum falschen Zeitpunkt arbeiten lassen, weil er sich mit Termindruck entschuldigt hat. Statt nach zehn Jahren muss der Anstrich jetzt schon nach fünf Jahren erneuert werden.

Werbung im Abreißkalender – muss das sein?

Ihr Abreißkalender ist wirklich sehr brauchbar, aber manchmal ärgert mich der verschwendete Platz, wenn Sie Werbung für Ihre Bücher und Produkte machen. Lässt sich das vielleicht in Zukunft vermeiden?

Vielen Dank für Ihre Zuschrift und Ihre offenen Worte. Sicher denken mehrere Leser so wie Sie, und ich freue mich über die Gelegenheit, Ihnen zu antworten. Tut uns leid, dass es uns bei Ihnen nicht gelungen ist, die »Welten zu verbinden«, um es mal so auszudrücken. Einmal angenommen, alle Menschen guten Willens und mit Menschenliebe würden aus welchen Gründen auch immer darauf verzichten, gute, brauchbare Dinge und Dienstleistungen zu entwickeln und anzubieten. In wessen Hände würde dann das Produzieren fallen? Und welche Qualität könnten Sie dann erwarten?

Wir denken, es ist genau diese »Qualität«, unter der wir heute fast überall zu leiden haben. Zudem arbeiten wir mit fast allen unseren Produkten hart am Rande der Selbstausbeutung. Von schwarzen Zahlen ist (noch) keine Rede. Deshalb ist auch der einzige uns offen stehende Weg, unsere Leser auf unsere Produkte aufmerksam zu machen, der Weg über die Bücher und Kalender.

Trotzdem arbeiten wir weiter, weil neben dem Schreiben von guten, brauchbaren Büchern das Entwickeln von guten, brauchbaren Dingen und die damit verbundene Pionierarbeit zu unseren Lebensaufgaben gehört. Und zu guter Letzt: Unsere Bücher waren eine Art von »Notwehr«, weil die Einladungen zu Vorträgen so überhandgenommen hatten, dass wir uns vom Schreiben der Bücher eine Entlastung erhofften. So auch mit den Produkten: In zehntausenden von Zuschriften hieß es immer wieder: »Gut und schön, aber woher bekomme ich die Kosmetik/das Holz/die Lebensmittel/die Kräuter usw., die zum richtigen Zeitpunkt hergestellt/geerntet worden sind?« Also haben wir auch hier versucht, unser Bestes zu geben. Wie wir es weiter tun werden, beim Schreiben und beim Aufbauen.

Wann genau herrscht Vollmond und Neumond?

Wann genau herrscht eigentlich Vollmond, wann Neumond? Wenn ich beispielsweise an Voll- und Neumond einen Fasttag einlegen möchte, ist die genaue Uhrzeit dann nicht wichtig? Oder wie steht es mit einer Operation, wenn bei Vollmond schon sehr früh Vollmond ist?

Wie so oft hängt die Antwort davon ab, um welche Tätigkeit es sich handelt, die vom richtigen Zeitpunkt profitieren soll. Sie müssen Ihr Gespür walten lassen, wenn Sie sich entscheiden, welchen Tag Sie zum Neu- oder Vollmondtag erklären. Wenn beispielsweise der Vollmond zwischen 12 Uhr mittags und 23.59 Uhr abends eintritt, dann würden wir persönlich diesen Tag als Vollmondtag bezeichnen und nur Tätigkeiten ausführen, die vom zunehmenden Mond oder vom Vollmond begünstigt sind, und Tätigkeiten meiden, die bei zunehmendem Mond oder Vollmond weniger erfolgreich sind. Lautet die Angabe im Kalender dagegen »Vollmond 3.20 Uhr«, dann ist der ganze Tag schon vom abnehmenden Mond beeinflusst, und wir würden uns danach richten, obwohl dieser Tag vielfach als Vollmondtag bezeichnet wird. Auch in unseren Büchern wird jeder Tag als Vollmondtag bezeichnet und berechnet, in dem die genaue Minute des Vollmondes liegt, gleichgültig wie früh oder wie spät am Tag. Sinngemäß gilt das Gesagte natürlich auch für Neumond. Letztlich liegt also die Entscheidung bei Ihnen und Ihrem Gespür. Insgesamt dauert die »reine« Voll- oder Neumond-Energie etwa einen Tag lang.

Der Mond und die Liebe

Ich vermisse in Ihren Büchern Angaben zum Thema Mond und Lie-
besleben. Da gibt es doch sicher auch irgendwelche Einflüsse?

Es gibt Einflüsse, aber wir würden uns hüten, hier irgendwelche Informationen zu geben, geschweige denn Empfehlungen. Der Grund
dafür ist einfach: Das Bild, das einem jungen Menschen heutzutage
vermittelt wird, der seine Sexualität entdecken will, ist ein völlig
verkehrtes Bild. Es weist den Weg in ein Geschlechtsleben der Ver-
krampfung, der Angst und des Leistungszwangs. Im Grunde ist es
heute nicht um einen Deut besser als vor 50 oder vor 500 Jahren.
Falsche Vorbilder, eine falsche Moral, falsche Vorschriften und Ver-
bote und eine »falsche« Freiheit verleugnen alles Natürliche,
Schöne und im wahrsten Sinne des Wortes Befreiende – und vergiften diese Quelle der Gesundheit und Freude.

Deshalb schreiben wir nicht über die Wirkung des Mondes auf die
Sexualität: Jeder Mann und jede Frau hat das Recht, Sexualität ohne
jedes Gesetz, ohne Normen und Regeln zu erleben – solange das,
was geschieht, Ausdruck eines echten Miteinanders und Einver-
ständnisses ist. Der Mond hat da nichts verloren. Wir wünschen jedem Menschen von Herzen, dass er den Mut aufbringt, die Sexualität zu entdecken und zu erleben, ohne dass auch nur ein Funke Erwartung, Druck und Gesetz die echte Gemeinsamkeit stört. Vor
allem aber haben hier Religionsvertreter keinerlei Recht, Regeln auf-
zustellen. Im Laufe der Jahrtausende haben solche künstlichen Normen schon genug Schaden angerichtet, sowohl direkt in den Herzen
der Menschen als auch indirekt durch die daraus resultierende Ver-
klemmung und Gewalttätigkeit. Und wenn Druck und Erwartung
vom Partner ausgehen, stellen Sie sich selbst im Stillen die Frage:
»Wo ist dabei die Liebe?« Ohne Liebe kein Leben – so viel steht fest.

Christen und der Mondkalender

Ich habe mit sehr großem Interesse Ihr Buch Alles erlaubt! *gelesen und dabei festgestellt, dass Sie Christen sind. Wir sind vor einem Jahr zum christlichen Glauben übergetreten. Bei unseren wöchentlichen Treffen mit dem Pfarrer stoßen wir auf einige Diskussionen, unter anderem auch über das Thema Aberglaube – wie Astrologie, Tarot oder Ähnliches. Unser Pfarrer ist der festen Überzeugung, dass dazu auch der Glaube an den Einfluss des Mondes gehört. Dem kann ich mich nicht anschließen. Seine Argumente sind, dass man nur Gott vertrauen sollte und sonst niemandem. Glaubte man an den Einfluss des Mondes, würde man sein Leben wieder von einer anderen Kraft abhängig machen, die nichts mit Gott zu tun hat. Dies macht mir doch ein schlechtes Gewissen. Sicher haben Sie sich zu diesem Thema auch schon Gedanken gemacht. Ich würde mich freuen, wenn Sie mir Ihre Argumentation dazu schicken könnten.*

Ja, wir sind tatsächlich Christen und erziehen auch unsere Kinder zum Glauben. Gleichzeitig war und ist uns wichtig, über andere Religionen aufzuklären und die Achtung vor ihnen zu vermitteln. Wir heißen dabei keineswegs gut, was falsch überliefert wird und zu Fanatismus führt – in keiner Religion.

Ihr Pfarrer hat grundsätzlich recht: Man sollte nur Gott vertrauen und sonst niemandem. Unser Vertrauen in IHN ist so groß, dass wir seine Geschenke, den freien Willen, Unterscheidungskraft, Neugier, Freude, die Fähigkeit zu lernen und das Streben nach seelischer und geistiger Unabhängigkeit, dankbar annehmen und fruchtbar anwenden, wie Sie an unserer Arbeit erkennen können. Auf das Mondwissen zu verzichten und auf alles andere zeitlose Wissen, das wir verbreiten helfen – das wäre unchristlich und ein Verbrechen an der Menschheit und an Gottes Kindern. Denn wir haben ohne das alte Wissen unserer Vorfahren keine Chance, eine goldene, naturverbundene Zukunft zu erleben. Gottvertrauen allein rettet unsere Erde nicht. Wir müssen alle Fähigkeiten und Kräfte, die ER uns gegeben hat, zum Guten verwenden.

Selbstverständlich gibt es hier und da ein paar engstirnige, unwissende Menschen, die sich von diesem Wissen in ihrem Schlaf oder ihrer Machtausübung bedroht sehen. Diese Leute sind vergleichbar mit Menschen, die auf Radio und Automobil verzichten, weil Gott in der Bibel nicht ausdrücklich lobend darüber gesprochen hat. Sie sind die wahren Wölfe im Schafspelz. Ihre Nahrung sind gefangene Seelen. Jede Form der Unabhängigkeit und echten Lebensfreude fürchten und bekämpfen sie.

Die Definition von Aberglauben ist sehr einfach: Es ist alles, was mich von Gott und meiner wahren Bestimmung entfernt. Es ist alles, was mich dumm und abhängig hält, damit ich zu einem willenlosen Schaf in den Händen der Verführer und Ausbeuter dieser Welt werde. Das sind die echten teuflischen Einflüsse, und sie lächeln uns von überallher an, selbst an Stellen und von Menschen, von denen man es niemals vermuten würde.

Echter Aberglaube ist es, wenn man der modernen Wissenschaft blind vertraut und ihr manchmal sogar die Verantwortung für die eigenen Gefühle und Gedanken, für das eigene Leben überträgt. In ein paar Jahren oder Jahrzehnten wird sich auch die Wissenschaft dem Mondwissen mit neuen Methoden nähern können. Heute besteht einfach noch die große Schwierigkeit, dass es sich nur schwer systematisieren lässt. Dass es funktioniert, kann jeder selbst erfahren, die Frage des »Warum« ist noch nicht beantwortet. Dies ist aber kein Grund, auf so etwas Wertvolles zu verzichten.

Eine Definition von echtem Glauben ist ebenfalls sehr einfach: Es ist alles, was mich Gott näher bringt und daran erinnert, dass hinter jedem echten Glauben ein wunderbares Geschenk wartet: echtes

Wissen, echte Weisheit. Echter Glaube macht Mut zur Unabhängigkeit und Lebensfreude. Er ist nur ein Schritt zu Höherem. Wir wünschen jedem Menschen den Mut, diesen Schritt zu tun. Ihrem Pfarrer mangelt es nur ein wenig an Information. Jeder echte Pfarrer ist
ein offener, lernwilliger Mensch ohne Vorurteile. Deshalb sind wir
sicher, dass er beizeiten zum richtigen Urteil kommen wird. Wenn
nicht, dann soll es Ihr Schaden nicht sein, sorgen Sie dafür!

Die Farbe der Tierkreiszeichen-Symbole

*Warum sind eigentlich in Ihren Kalendern die Wassertage (Krebs,
Skorpion, Fische) grün und nicht blau gefärbt?*

Wir haben Verständnis dafür, dass das manche verwirrt. Es ist im
Laufe der Geschichte immer wieder vieles durcheinandergekom-
men, besonders auch heutzutage, wo jeder von jedem abschreibt,
es aber letztlich nur wenige gibt, die das Echte bewahren und tag-
tägliche Erfahrung mitbringen.

Kurz zu den Farben: Krebs, Skorpion und Fische sind zu allen
Zeiten in der Geschichte grün gefärbt gewesen, weil das die **Blatttage** sind. An diesen Tagen hat die grüne Farbstrahlung in der Natur eine besondere Wirkung. Es sind die Tage des intensiven Kreis-
laufs von Mensch-Ausatmen-Kohlendioxid und Pflanze-Ausatmen-
Sauerstoff. Die Farbe Grün in der Kleidung, als Serviette auf dem
Küchentisch, in der Ernährung und Ähnliches – all das wirkt an diesen Tagen anders, heilender, beruhigender als sonst.

Stier, Jungfrau und Steinbock waren zu allen Zeiten in der Geschichte blau gefärbt, weil an diesen Tagen wiederum die Farbe
Blau stärker präsent ist und stärker wirkt, wenn man sie bewusst
einsetzt. Gelb ist die Farbe der Blüten- und Lichttage Zwillinge,

Waage und Wassermann, Rot die Farbe der Fruchttage Widder, Löwe und Schütze.

In der Natur existiert nichts ohne höheren Zusammenhang und Sinn. So können Sie die Blatttage in einem anderen Zusammenhang auch als Wassertage betrachten, was der Farbe Blau dann eine gewisse Berechtigung gibt. Die Erde und ihre Tage haben ebenso eine gewisse Berechtigung im Gelb. Vielleicht hilft zum besseren Verständnis dieses Zusammenspiels das Kapitel »Farbwirkung im Mondrhythmus« aus unserem Buch *Mondlexikon*, oder das Kapitel »Meditationsfarben der Tierkreiszeichen«.

Heiraten zum richtigen Zeitpunkt

Ein alter englischer Brauch besagt, man solle bei zunehmendem Mond heiraten, weil das für Nachkommen und zunehmenden »Wohlstand« sorgen soll. Stimmt das? Manchmal lese ich auch, dass es »mondkalendertechnisch« besonders gute Tage für eine Hochzeit gibt. Meine Frage daher: Welche Tage im kommenden Jahr würden sich laut Mondkalender gut zum Heiraten eignen?

Vielleicht können wir Ihre Erwartungen nicht erfüllen, denn Sonne, Mond und Sterne haben kaum Einfluss auf den Erfolg einer Ehe, auch wenn es immer wieder anders behauptet wird. Der richtige Zeitpunkt fürs Heiraten ist gekommen, wenn Sie den Menschen gefunden haben, der für Sie gedacht ist und den Sie lieben. Sie sollten den Termin nach Gefühl wählen, wie Sie sich ja auch gegenseitig nach Gefühl gewählt haben.

Es gibt natürlich Zeitpunkte, die nicht ganz so günstige Voraussetzungen für Feierlichkeiten und Abläufe schaffen. Bei zunehmendem Mond nimmt meist jede bestehende Energie zu, während bei abnehmendem Mond generell jedes Abnehmen und Loswerden gefördert wird. Zusätzlich sorgt die Energie des »rückläufigen Merkur« drei- bis viermal im Jahr etwa drei Wochen lang für ein wenig Durcheinander und beeinflusst jeden Neustart ungünstig. Eine Ehe gelingt, wenn man versucht, den anderen zu verstehen – wenn es nicht einfach nur ums Rechtgeben oder Rechtbehalten geht. Mit diesem Vorsatz fahren Sie ein Leben lang gut, und dann ist es auch gleichgültig, wie zu Beginn der Ehe Mond und Sterne standen. Wir wünschen Ihnen beiden alles Gute und drücken die Daumen – fürs verflixte erste, siebte und fünfunddreißigste Jahr!

Ist der Mondkalender überholt?

Meine Frau richtet sich seit einiger Zeit nach dem Mondkalender, und ich muss zugeben, dass sie mir manchmal damit auf die Nerven geht. Meinen Sie denn nicht, dass der Mondkalender in unserer aufgeklärten Zeit bereits überholt ist?

Thomas: Für Ihre momentane Sicht habe ich viel Verständnis, denn ich bin erst sehr spät durch Johanna mit dem Mondkalender in Berührung gekommen – noch dazu als Stadtbewohner, aufgewachsen fern von natürlichen Zusammenhängen, in einer Zeit, in der selbst gemachte Marmelade als »unfein« galt und man mit viel Vertrauen in die Zukunft mit Asbest verseuchte Hochhäuser und mit Formaldehyd verseuchte Forsthäuser baute. Ihre Frau ist jetzt einfach zu begeistert und bedrängt Sie wohl etwas. Sie müsste mehr Mut haben, Sie in Ruhe zu lassen, denn die Einsicht in die Zusammenhänge kommt ganz von selbst.

Auch Sie persönlich werden die Erfahrung machen, dass das Mondwissen Gewinn für Ihren Alltag bedeuten kann. Sie müssen es ja niemandem sagen! Glücklicherweise wird heute wieder viel mehr auf den Mondkalender geachtet, als man glaubt, und ich bin stolz, daran mitgewirkt zu haben. Gerade in der Landwirtschaft, nach den vielen Jahrzehnten der sinnlosen Symptombekämpfung, haben viele Bio-Bauern erfahren, um wie viel leichter sie sich das Leben machen können. Ebenso in der Medizin, im Gartenbau, in der Holzwirtschaft und anderswo.

Mondkalender und Wahlausgang

Die Wahlen stehen vor der Tür. Hat eigentlich der Mond bei ihrem Ausgang auch etwas zu sagen? Es gibt doch den richtigen Zeitpunkt für alles, nicht nur für Saat und Ernte, nicht wahr?

Diese Frage wurde uns schon oft gestellt, besonders die Medien haben sich immer wieder dafür interessiert. Natürlich gibt es hier Einflüsse und nicht umsonst beschäftigte jeder Monarch in früheren Zeiten Astrologen und Berater aus verwandten Berufszweigen. Das hatte und hat durchaus Sinn, so fanden beispielsweise die österreichischen Wahlen am 3. Oktober 1999 an einem wirklich »unmöglichen« Tag statt, den wir persönlich niemals ausgesucht hätten. Die Folgen kennen wir alle.

Damit wir uns richtig verstehen: Mit dem richtigen Zeitpunkt sind auch hier keinerlei Garantien verbunden. Es ist wie mit günstigen und ungünstigen Windverhältnissen. Erfahrene und geschickte Segelkapitäne kommen auch mit Blitz und Sturm ans Ziel und ernten den Dank der Besatzung, während auch die günstigsten Winde nicht zum Ziel führen, wenn der Kapitän mit Arroganz und falschem Stolz das Ruder führt. Das Positive an den Energien, die nächsten Sonntag herrschen, liegt nicht in einer Garantie für den

Erfolg begründet, sondern im Wesentlichen darin, dass die Qualität oder Fehlerhaftigkeit von Unternehmungen und Absichten schon nach kurzer Zeit deutlich zutage treten. Mit anderen Worten: Man hat danach schneller als sonst die Chance, einzugreifen und andere Wege zu gehen oder Ja zu sagen und auf den erzielten Erfolgen weiter aufzubauen.

Mondwissen und Astrologie

Ihre Bücher finden sich in den Buchhandlungen fast immer in der Abteilung für Esoterik und Astrologie. Aber was hat das Mondwissen mit Astrologie zu tun? Bei uns in der Familie richtet man sich schon lange nach dem Mondkalender.

Der Begriff Astrologie taucht in unseren Büchern nur an einer einzigen Stelle auf, nämlich in unserem *Mondlexikon*. Die Buchhandlungen hatten einfach anfangs Probleme, eine passende Einordnung für unsere Bücher zu finden, weil es nichts Vergleichbares gab. Unser Gartenbuch *Der lebendige Garten* findet sich glücklicherweise inzwischen öfter auch mal in den Gartenbuchabteilungen. Der einzige Berührungspunkt zur Astrologie ist die Berechnungsweise des Mondkalenders – das einzige Werkzeug, das man jährlich neu zur Anwendung des Mondwissen braucht. Derselbe Kalender wird seit Jahrhunderten in Bauern- und Schreibkalendern abgedruckt. In manchen Regionen der Welt gibt es keinen Haushalt, der nicht Mondkalender an der Küchenwand hängen hätte – und das seit Jahrhunderten. Und nicht etwa, weil die Bewohner mit Astrologie auf vertrautem Fuß stehen, sondern weil sie in Dankbarkeit das Wissen ihrer Vorfahren schätzen und erfolgreich anwenden.

Mädchen oder Junge –
hat der Mond Einfluss auf die Zeugung?

Meine beste Freundin hat nun schon drei Töchter und wünscht sich sehr einen Sohn. Ich habe schon viele gute Erfahrungen mit Ihrem Wissen gemacht und frage mich jetzt, ob sich mithilfe des richtigen Zeitpunkts bei der Zeugung auch das Geschlecht eines Kindes vorherbestimmen lässt?

Da ist tatsächlich etwas dran. Zu allen Zeiten gab es immer wieder Menschen, die die Regel kannten und leider auch missbraucht haben. Gegen die Veröffentlichung dieser Information spricht jedoch fast alles:

Erstens funktionieren die Regeln nicht immer erfolgreich. In der heutigen Zeit fänden sich zweifellos genügend Rechtsanwälte, die dann umgehend nach »Schuldigen« suchen. Und zweitens: Haben Sie schon einmal überlegt, was geschehen würde, wenn diese Regeln öffentlich bekannt würden? Allein in Indien gibt es heute schon Tausende von Ärzten, die sehr frühe Fruchtwasseruntersuchungen machen und – wenn das »falsche« Geschlecht unterwegs ist – auch gleich die Abtreibung vornehmen.

Mit manchen Informationen muss man wirklich sehr vorsichtig umgehen. Wir persönlich würden jedenfalls niemals auf die Idee kommen, dem Herrgott hier ins Handwerk zu pfuschen. Haben Sie schon einmal daran gedacht oder vielleicht sogar selbst beobachtet, wie sich so manches Familienglück verändert, wenn auf drei große Schwestern ein »kleiner Prinz« folgt? Wie wäre Ihr Leben verlaufen, wenn Sie drei große Brüder gehabt hätten, die auf Sie »aufpassen«? Wir haben Verständnis für Ihre Anfrage, aber es gibt Bereiche im Leben, in denen es Sinn macht, dem Schicksal zu vertrauen.

311

Verträge und Geldangelegenheiten zum richtigen Zeitpunkt?

Ihr Mondkalender ist eine gute Stütze im Alltag, wie ich an meiner ganzen Familie erkennen kann. Mich würde aber interessieren, ob es nicht auch gute Tage für Verhandlungen, Verträge und solche Dinge gibt. Wäre schön, wenn man für das Gespräch wegen einer Gehalts-erhöhung eine kleine Unterstützung seitens des Mondes hätte.

Oft werden wir gefragt, warum unsere Kalender keine Angaben zum richtigen Zeitpunkt von Geschäften, Verhandlungen und Ähnlichem enthalten. Die Antwort fällt nicht schwer: Unsere Mondkalender enthalten nur Hinweise zu Tätigkeiten, deren Erfolg tatsächlich vom Mond beeinflusst wird und die sich zur Aufnahme in einen Mondkalender eignen. Wir arbeiten zum Nutzen unserer Leser, nicht zur Förderung von Leichtgläubigkeit. Der Zeitpunkt von Verträgen beispielsweise ist sicherlich verschiedenen Einflüssen unterworfen, der Mond gehört jedoch nur bedingt dazu. Um eine genauere Tagesanalyse zu machen, genügt der Mond allein nicht.

Es ist schon richtig, wir beraten öfter Firmen und Einzelpersonen, aber pauschal lässt sich hier gar nichts sagen. Wir finden es sogar unredlich, wenn in dieser Hinsicht Regeln aufgestellt werden, die Allgemeingültigkeit vortäuschen. Generell lässt sich sagen, dass bei zunehmendem Mond intensivere Gespräche mit nachhaltigerer Wirkung möglich sind, das ist aber nicht unbedingt immer positiv. Weitere Einflüsse sind eher astrologisch bedingt, was nur am Rande unser Themenbereich ist und für allgemeine Regeln nichts hergibt.

Das Mondwissen auf der Südhalbkugel

Ihre ins Englische übersetzten Bücher habe ich schon erfolgreich an Freunde hier in Südafrika weitergegeben, und sie stoßen auf großes Interesse. Viel ist ausprobiert worden, und man staunt hier über dieses alte Wissen. Da möchte ich noch fragen, ob es in der Anwendung des Mondkalenders Unterschiede gibt, weil ja auf der Südhalbkugel Sommer und Winter vertauscht sind und viele Dinge hier anders laufen.

Aus zahllosen Zuschriften aus aller Welt (unsere Bücher wurden bisher in 24 Sprachen übersetzt) wissen wir, was die Leser im Zusammenhang mit dem Mondkalender besonders interessiert und welche Erfahrungen sie über viele Jahre mit ihm gemacht haben. Was den Stand des Mondes im Tierkreis betrifft, so hat es sich gezeigt, dass der Kalender überall auf der Welt gültig ist. Wenn der Mond im Tierkreiszeichen Fische steht, dann lässt sich die »Fische-energie« spüren – in Alaska und Australien, in Zaire und auf Zypern. Auch die vielen örtlichen Kalender, die wir zugeschickt bekamen, bestätigen dies – etwa ein Bildkalender aus Indien oder ein Fischkalender aus Ozeanien. Die Mondphasen (Voll- und Neumond, zu- und abnehmender Mond) unterliegen natürlich der Zeitverschiebung. Die Zeitangaben in unseren Büchern sind an den mitteleuropäischen Raum angepasst, anderswo sollte man die Zeitverschiebung berücksichtigen.

Sämtliche Regeln zu den Mond- und Naturrhythmen besitzen weltweit dieselbe Gültigkeit – auch auf der Südhalbkugel, von Südamerika über Südafrika bis Australien und Neuseeland. Kleinere Ausnahmen beziehen sich in erster Linie auf die Tatsache, dass die Jahreszeiten umgekehrt verlaufen. In unserem Winter ist dort Hochsommer, und wenn dort in gemäßigten Breiten die Blätter fallen, we-

313

hen bei uns die Frühlingslüfte. Dieser Unterschied ist vor allem im Gartenbau und in der Land- und Forstwirtschaft von Bedeutung, etwa für den Zeitpunkt des Holzschlagens. Letzteres sollte ja in erster Linie während der Zeit der »Saftruhe« erfolgen – in gemäßigten oder kalten Regionen der südlichen Erdhalbkugel also meist die Winterzeit zwischen dem 21. Juni und dem 6. Juli, in tropischen Regionen die Zeit der größten Hitze und Trockenheit. Mit ein wenig Experimentieren lassen sich alle Richtlinien mühelos auf die Südhalbkugel mit ihren den unseren entgegengesetzten Jahreszeiten übertragen.

Der vielleicht augenfälligste Unterschied ist die äußere Form des abnehmenden und zunehmenden Mondes am Himmel. Auf der Nordhalbkugel nimmt der Mond von rechts nach links zu, auf der Südhalbkugel von links nach rechts. An den Mondregeln ändert das aber nichts. 90 Prozent unserer Leser leben auf der Nordhalbkugel, deshalb haben wir die Symbole für ab- und zunehmenden Mond so gestaltet, wie sie in der nördlichen Hemisphäre am Himmel zu beobachten sind. Viele weitere Fragen werden in unseren Büchern und Kalendern beantwortet. Ich hoffe sehr, dass Ihnen der Stoff weiterhin Freude macht, dass Ihnen der Mut nicht fehlt, auszuprobieren und eigene Erfahrungen zu machen.

Auf- und absteigender Mond

Ich habe einmal vom »absteigenden Mond« gelesen. Ist der absteigende Mond eigentlich dasselbe wie der abnehmende Mond? Und falls er das nicht ist, wo liegt der Unterschied?

Die Unterscheidung ist zwar grundsätzlich ganz einfach, wird aber doch immer wieder mal durcheinandergebracht.

Als »absteigenden Mond« bezeichnet man die 14 Tage, in denen

314

der Mond die Tierkreiszeichen Zwillinge, Krebs, Löwe, Jungfrau, Waage, Skorpion und Schütze durchwandert, also die Zeit zwischen Zwillinge und Schütze. Volkstümlich wird er auch als »übergehender Mond«, »über sich gehender Mond« oder »Pflanzzeit« bezeichnet. Bei absteigendem Mond (Zwillinge bis Schütze) ziehen die Säfte nämlich mehr nach unten und fördern die Wurzelbildung. Das ist eine Phase, die sich generell gut eignet, um zu säen und zu pflanzen.

Als »aufsteigenden Mond« bezeichnet man die Zeit, in der der Mond die Tierkreiszeichen Schütze, Steinbock, Wassermann, Fische, Widder, Stier und Zwillinge durchwandert, also die Zeit zwischen Schütze und Zwillinge (auch »untergehender Mond«, »unter sich gehender Mond« oder »Erntezeit« genannt). Bei aufsteigendem Mond (Schütze bis Zwillinge) steigen die Säfte auf, Obst und Gemüse sind besonders saftig, die oberirdische Entwicklung der Pflanzen wird besonders begünstigt.

Diese Bewegung hat also nichts mit dem ab- oder zunehmenden Mond zu tun. Beide Begriffe sind vor allem im Garten und in der Landwirtschaft von Bedeutung, wo die Zeiten des auf- und absteigenden Mondes fast gleich günstige Alternativtage für Arbeiten bringen, für die man während anderer Mondphasen keine Zeit gefunden hat.

Der Zeitpunkt der Berührung

Meine Freundin sagte einmal, dass bei der Anwendung der Mondregeln ein geheimnisvoller »Zeitpunkt der Berührung« entscheidend sei. Können Sie mir das genauer sagen? Ich habe zwar schon gute Erfahrungen mit dem Mondkalender, aber vielleicht kann man es noch besser machen.

315

Ja, der »Augenblick der Berührung« ist bei der Anwendung des Wissens um die Mondrhythmen ein entscheidender Faktor. Das Wort »Berühren« könnte man auch mit »in Kontakt treten«, »anfassen«, »konzentrieren«, »umschichten« (auch »über etwas nachdenken«), »etwas anpacken« gleichsetzen. Mit anderen Worten: Berührt man einen Gegenstand oder ein Lebewesen zu einem bestimmten Zeitpunkt, sei es mit den Händen, mit Werkzeugen oder auch nur gedanklich aus der Ferne, dann überträgt man in diesem Augenblick Energie, die von einer Absicht geleitet ist.

Diese Absicht des Handelns, das Ziel, das man mit den Händen oder den Gedanken verfolgt – ob positiv oder negativ –, wird eines Tages sichtbar. Heute, morgen oder in zehn Jahren. Die Kräfte nun, die den jeweiligen Zeitpunkt gleichsam umgeben, darunter auch Mondphase und Mondstand im Tierkreis, wirken dabei entweder wie ein Brennglas, das heißt, sie bündeln die Absicht und erzielen einen größeren Erfolg als ungebündelt. Oder sie wirken umgekehrt und zerstreuen und verwässern die jeweilige Absicht. Das bedeutet auch, dass die negative Energie einer zum falschen Zeitpunkt ausgeführten Handlung (etwa das Einlagern von Früchten bei zunehmendem Mond) durch Handeln zum richtigen Zeitpunkt teilweise ausgeglichen werden kann (etwa durch das Umschichten der Früchte an einem Fruchttag bei abnehmendem Mond). Im täglichen Umgang mit dem Mondkalender erlernt man diese Zusammenhänge ganz von selbst.

Vollmond und Weihnachtsstress

Manchmal kommt es vor, dass wichtige Ereignisse, hohe Feiertage und Ähnliches auf einen Vollmondtag fallen. Wenn beispielsweise der Heilige Abend und Vollmond zusammenkommen, hat das dann

etwas zu bedeuten? Und wie schaffen Sie es, sich dem Weihnachts-
stress zu entziehen? Manchmal fühle ich mich spätestens am 25. De-
zember richtig urlaubsreif und verstehe alle, die über Weihnachten
und Neujahr weit wegfliegen.

In den Tagen vor Vollmond hat er sicher eine Wirkung, die eine allgemein vorherrschende Nervosität bestimmt nicht geringer werden lässt. Aber vielleicht hilft es Ihnen, wenn wir Ihnen erzählen,
mit welchen Gedanken wir persönlich eine solche Zeit begleiten.
Für Stress gibt es ja eine einfache Definition: »Stress bedeutet Ja
handeln und Nein denken.« Wir alle haben schon erfahren, dass
auch eine große Anstrengung über längere Zeit keinen Stress bedeuten muss, wenn man sich für das Tun entschieden hat und mit
Freude arbeitet. Unsere wichtigsten »Maßnahmen« für eine stressfreie Weihnachtszeit:

Erstens Wir entscheiden uns dafür, den Trubel nicht mitzuma-
chen. Jeder lebt sein eigenes Leben, und selbst wenn »alle« es so
machen, müssen Sie nicht mitmachen.

Zweitens Bei uns gibt es keine Pflichtweihnachtskarten, keine
Pflichtbesuche und keine Pflichtgeschenke. Jeder Mensch hat das
Recht, sich nur mit Menschen enger zu verbinden, von denen er
verstanden, gemocht und geliebt wird. Von Menschen, die ständig
Kraft kosten, sollte man sich entfernen. »Je heiliger die Zeit, desto
böser die Leut'« – dieses Sprichwort trifft leider oft zu. Man kann es
aber sehr gut nutzen, um sich klarer darüber zu werden, welchen
Weg man im Leben einschlagen möchte und in welcher fröhlichen
Begleitung.

Drittens Wir schalten in der Weihnachtszeit unsere Handys ab.
Selbst wenn Sie nur diese drei Aspekte beachten, könnten sich
schon der Frieden und die Kraft der Weihnachtszeit entfalten und
in Ihrem Leben Wirkung tun.

Die geheimnisvolle Kraft des Vollmonds

Was hat es eigentlich mit der besonderen Kraft des Vollmonds auf sich? Mir scheint er nichts auszumachen, bei mir kann es eher um Neumond herum passieren, dass ich nicht gut einschlafe und unruhig bin. Im Freundeskreis höre ich nur von Schlafstörungen bei Vollmond, und ich lese auch immer wieder, dass der Vollmond einen besonderen Einfluss hat. Abgesehen von romantischen Spaziergängen bei Vollmond würde mich interessieren, was Sie zu seiner angeblich besonderen Wirkung sagen.

Nachdem der Vollmond das Gemüt der Menschen in solchem Maß bewegt und auch wir immer wieder mit dieser Frage konfrontiert werden, möchten wir ein wenig ausführlicher antworten. Die Erfahrung zeigt es: Eine besondere Wirkung des zunehmenden Mondes zeigt sich, indem er alle vorhandenen Strahlungen verstärkt – je näher an Vollmond, desto mehr.

Strahlenfühlige Menschen – und das sind nicht wenige! – bekommen diese Kräfte besonders dann zu spüren, wenn sich in der Nähe von Bett oder Arbeitsplatz eine oder mehrere Strahlungsquellen befinden. Dazu gehören beispielsweise elektrische Felder aus Radioweckern, Steckdosen oder Halogen-Nachttischlampen, aber auch die seltsamen Strahlungen aus Erdlinien, unterirdischen Wasseradern, Plastikspielzeug und Ähnlichem, die man mit den üblichen Methoden noch nicht messen kann. Kunststoffgegenstände unter dem Bett beispielsweise können besonders für Kinder sehr unangenehm werden und dazu führen, dass sie aus dem Bett fallen, schlafwandeln oder sogar chronisch krank werden.

Wachsende Unruhe zum Vollmond hin beziehungsweise Schlafstörungen, Schlafen wie betäubt, ohne erfrischt aufzuwachen, Nervosität und Reizbarkeit sind generell Zeichen für die Existenz belastender Strahlungen in Ihrem Umfeld, in erster Linie am Schlaf- oder Arbeitsplatz. Erfahrene Rutengeher können solche Plätze untersuchen und die guten Plätze herausfinden. Oftmals genügt es auch, mithilfe der *Trial-and-Error*-Methode das Bett um ein paar Zentimeter zu verschieben. Elektrische Störstrahlungen lassen sich durch speziell abgeschirmte Kabel und durch das Abschalten und Steckerziehen ganz gut beseitigen, Erdstrahlen aber nur bedingt, denn alle Isoliermaterialien wie Kork, Kupfer, Rosenquarz und Ähnliches helfen nur kurze Zeit und schädigen dann im »aufgeladenen« Zustand weiterhin.

Wichtig zu wissen ist: Wenn Sie lange Zeit auf einem schlechten Platz geschlafen haben, werden Sie möglicherweise auf dem guten Platz ein oder zwei Wochen lang unruhig schlafen, denn der Körper reagiert regelrecht mit Entzugserscheinungen. Wichtig ist auch: Wasser und Bewegung im Freien hilft beim Entladen. Das ist einer der Hauptgründe, warum Spaziergänge und Duschen oftmals als so befreiend empfunden werden.

Am Vollmondtag selbst kommt es dann zu einer relativ raschen Energieumkehr, die manche Menschen besonders intensiv spüren. Schon wenige Stunden nach der genauen Vollmondminute setzt die Energie des abnehmenden Mondes voll ein. Dieselbe Energieumkehr, aber etwas sanfter, spielt sich bei Neumond ab. Deshalb empfinden manche sensiblen Menschen den Neumondwechsel als ebenso stark oder manchmal noch stärker als die Vollmondkräfte.

Wie kommt es nun, dass viele Menschen diese Energien nicht oder kaum wahrnehmen? Das lässt sich vielleicht am besten mit unserem unterschiedlichen Lärmempfinden vergleichen. Für manche genügt schon das ferne Bellen eines Hundes, um aus dem Schlaf gerüttelt zu werden, andere wiederum finden ausreichend Schlaf, obwohl sie in der Einflugschneise eines Flughafens leben oder fortwährend Straßenlärm erdulden müssen. Wir haben sogar erlebt, dass Touristen aus Bergdörfern wieder abreisten, weil sie die völlige Stille nachts nicht ertragen konnten.

Biorhythmus in der Schule

Manchmal habe ich das Gefühl, dass Schulprobleme und Lern-schwierigkeiten bei meinen Kindern in einem bestimmten Rhythmus auftauchen. Bis jetzt habe ich aber keine eindeutigen Erfahrungen gemacht, sodass ich nicht sagen kann, dass der Mondrhythmus eine Rolle spielt. Ich habe gelesen, dass Sie auf dem Jugendamt viel mit Problemkindern gearbeitet haben und dass man Ihnen immer die Schwierigsten überlassen hat. Dabei haben Sie doch sicher auch Ihr Wissen angewendet, oder? Was würden Sie geplagten Eltern raten, die sich überfordert fühlen, wenn der Schulstress die häusliche Atmosphäre belastet?

Tatsächlich hat der Mond beim Lernerfolg von Kindern eher wenig mitzureden. Viel wichtiger ist der persönliche Biorhythmus, der vom Tag der Geburt an auf Körper, Seele und Geist wirkt – »Seele« im Sinne von Stimmung, Gefühl, Psyche. Seine Rhythmen beeinflussen vieles von dem, was wir tun, fühlen und denken. In vielen Lebensbereichen, im Berufs- und Privatleben, kann die Kenntnis darüber von großem Vorteil sein, in erster Linie deshalb, weil die Auswirkungen in vieler Hinsicht vorhersagbar sind.

Drei Rhythmen sind es, die uns vom Tag unserer Geburt an lebenslang begleiten, im Takt einer sehr langsamen inneren Uhr: der **körperliche Rhythmus** mit einer Länge von 23 Tagen, der **seelische Rhythmus** mit 28 Tagen und der **geistige Rhythmus** mit 33 Tagen.

320

Jeder dieser Rhythmen beschert uns bis zur Hälfte seiner Dauer eine allmählich bis zu einem Gipfelpunkt ansteigende Hochphase. Am Gipfelpunkt wechselt er dann scharf und fast senkrecht abwärts in kürzester Zeit zum Ausgangspunkt und geht in eine absinkende Tiefphase über, bis der Tiefpunkt erreicht ist. Von dort kehrt er ebenfalls scharf senkrecht nach oben zum Anfang zurück, wo der Rhythmus von Neuem beginnt.

Bei Schulkindern ist der geistige Biorhythmus am wichtigsten. Besonders an einem Wechseltag durch den Nullpunkt ist Pauken oftmals vergebliche Liebesmüh, Prüfungen stellen an solchen Tagen eine besondere Herausforderung dar. Die Kinder sollten dann sehr geduldig mit sich selbst sein, weil selbst »gut sitzendes« Wissen manchmal nicht so schnell präsent ist. Und die Eltern sollten selbstverständlich ihren Vernunftvorsprung nutzen und Milde walten lassen. Um den Biorhythmus auszurechnen, müssen Sie nur die Gesamtzahl der Tage, die seit der Geburt vergangen sind, ausrechnen und diese Zahl jeweils durch 23, 28 oder 33 teilen, um am Rest zu erkennen, wo man sich im Biorhythmus gerade befindet (Schaltjahre nicht vergessen!).

Der zweitwichtigste Grund für Lernprobleme ist die Ernährung. Es würde hier den Rahmen sprengen, ausführlich darüber zu diskutieren, aber so viel sei gesagt: Die Ernährung beeinflusst die Leistungen von Kindern sehr stark. Milchprodukte beispielsweise sollten bei allen Kindern weggelassen werden, ebenso Süßigkeiten, weil sie zu Konzentrationsproblemen führen. Eine langsame Umstellung auf gesunde Ernährung, verbunden mit der Anwendung des Biorhythmus, ist eine der sichersten Methoden, um Ihren Kindern den Weg zum Lernerfolg in der Schule zu ebnen. Ein wenig Geduld und Beobachtungsgabe genügt. Nähere Informationen finden Sie in unserem Buch *Aus eigener Kraft.*

Mit Kindern reisen

Unsere Kinder freuen sich schon auf eine längere Reise, die wir in den Ferien machen wollen, aber mir graust ein wenig vor der Fahrt. Trotz guten Willens passierte es in der Vergangenheit immer wieder, dass die Reise selbst uns allen ziemlich auf die Nerven ging. Sie kennen vielleicht die Frage: »Wann sind wir endlich da?« *Wenn Sie diese Frage schon 20-mal gehört haben und noch nicht einmal die Hälfte der Fahrt vorüber ist, fängt man an, sich Gedanken zu machen. Wie können wir uns das nächste Mal besser vorbereiten? Nach Lektüre Ihres Buches* Alles erlaubt! *könnte ich mir denken, dass Sie ein paar Tipps haben.*

Wie so oft steht und fällt alles mit der Ernährung beziehungsweise dem Reiseproviant, zumindest ist das unsere Erfahrung. Wenn Kinder keine Bewegung haben und sich aus Langeweile vollstopfen, endet das meist in einem Desaster.

Am schlimmsten sind die allgegenwärtigen Kekse: Sie machen die Kinder nach kurzer Zeit nörgelig und durstig und lösen einen ständigen unangenehmen Blasendruck aus. Belegte Brötchen sind die bessere Alternative, aber bitte ohne Wurst und Käse, wenn es geht. Auch diese Kombination macht reizbar und ungeduldig. Wenn Sie ohne Wurst nicht auskommen, dann wählen Sie diese bitte in Bio-Qualität und legen Sie unbedingt zwei frische Salatblätter dazwischen. Die wirken ausgleichend und machen das Brötchen besser verdaulich. Ideal wären Bio-Salate und Gemüseaufstriche, da gibt es inzwischen sehr gute Alternativen zum »normalen«, ungesunden Brotbelag.

Wichtig auch: Keine kalten Getränke! Sie führen bei Kindern zu Bauchweh und noch mehr Durst und Ungeduld. Ideal wäre stilles Wasser. Wenn Sie Obstsäfte wählen, dann keine Mischungen aus

Kern- und Steinobst (also beispielsweise kein Apfel-Kirsch-Saft). Solche Mischungen verträgt niemand. Ihr Kind verträgt entweder das eine oder das andere. Sie werden es im Laufe der Zeit herausfinden.

Gegen Reiseübelkeit hilft manchmal das Riechen an einem Kräutersäckchen. Sie sollten dabei nur Kräuter wählen, die die Kinder gerne mögen (Pfefferminzblätter beispielsweise, auch eine Muskatnuss hilft manchmal). Die Kräuter sollten bei zunehmendem Mond gepflückt und bei abnehmendem Mond abgefüllt werden. Dann hält sich das Aroma sehr lange. Bei Neigung zu Übelkeit sollten Kinder nichts lesen und nichts spielen, was Konzentration verlangt. Am sinnvollsten sind einfache Rätselspiele oder manuelle Spiele. Damit dürfte nichts schiefgehen. Wir waren früher übrigens meistens nachts unterwegs, weil die Kinder dann schliefen und kein Stau uns aufhielt.

Die Adventszeit mit Kindern

Wir sind ein kleiner Kreis von Frauen, die schon vieles aus Ihren Büchern ausprobiert hat, meistens mit Erfolg. Bei unserem letzten Treffen haben wir uns entschlossen, Sie nach einem Rezept zu fragen, das aus der Adventszeit wirklich wieder eine stille und besinnliche Zeit machen kann. Vielleicht weiß ja der Mond einen Trick, um dieser allgegenwärtigen Hektik zu entgehen. Eine von uns ist Lehrerin, und auch sie fürchtet sich schon fast vor dem Dezember, weil die Kinder dann kaum zu bändigen sind.

Auch wir kennen das Problem, weil sich für die Adventszeit so viele Gewohnheiten in den Alltag eingeschlichen haben, dass es sehr schwer geworden ist, sich nicht spätestens am 27. Dezember urlaubsreif zu fühlen. Besonders wenn man Kinder hat, ist es fast unmöglich, sich aus dem Trubel auszuklinken und wieder ein wenig maßvoller und gelassener mit den Dingen umzugehen.

Erst kürzlich hat sich auch wissenschaftlich bestätigt, was der gesunde Menschenverstand längst weiß: Nämlich dass Süßigkeiten die Lern- und Gedächtnisleistung verringern. Aus Schulen, die alle Süßigkeiten und gezuckerten Getränke verbannt haben und nur noch Bio-Kost anbieten, hat sich das »Zappelphilipp-Syndrom« verabschiedet. Mit anderen Worten: Adventskalender mit Süßigkeiten drin sind einer der Hauptgründe für die gesteigerte Nervosität der Kinder im Advent, nicht etwa die »Vorfreude«. Wir haben die Kalender schon vor Jahren abgeschafft. Ein zweiter Grund sind die vielen Nüsse, die nur von den Omega-Typen vertragen werden, und auch nur dann, wenn sie in Bio-Qualität angeboten werden. Die »normalen« Nüsse sind stark behandelt, bestrahlt und Ähnliches, weil sie ja ansonsten schnell ranzig werden würden. Eine gesunde Ernährung, vielleicht sogar ein wenig Fasten hier und da, wären also der erste Schritt.

Bei uns zu Hause backen wir oft im Advent, aber nur gemeinsam, und gemeinsam wird auch wieder die Küche in Ordnung gebracht. Dabei machen wir abwechselnd Alpha-Plätzchen und Omega-Plätzchen. Wenn wir Alpha-Plätzchen backen, müssen die Omega-Kinder in der Familie die Küche nicht sauber machen, weil sie ja auch nicht naschen durften – und umgekehrt. So kommt sich ein Kind nicht nur wichtig vor – es erfährt auch, was ihm guttut. Damit behalten wir uns wenigstens innerlich eine kleine Nische des Friedens.

Kinder und Ernährung

Mein Sohn ist seit seiner Geburt ein schwieriges Kind, das besonders viel Aufmerksamkeit braucht. Welche Ernährungsweise empfehlen Sie in einem solchen Fall? Ich würde mich sehr freuen, wenn Sie mir kurz antworten könnten, denn ich will mich nicht damit abfinden, dass meinem Sohn nur mit Medikamenten geholfen werden kann.

Vermutlich ist Ihr Sohn ein überintelligentes Kind, das in Kindergarten und Schule meist nicht die richtige Förderung erfährt. Das gilt auch für viele Legastheniker, die vielfach eine blitzschnelle Auffassungsgabe haben, das gedankliche Tempo aber nicht schnell genug zu Papier bringen und innerlich blockieren. In beiden Fällen hat eine Kombination mehrerer Elemente fast immer zur Normalisierung und zum Absetzen der Medikamente geführt:

Erstens die Arbeit in Harmonie mit dem persönlichen Biorhythmus. Kinder haben einfach Tage, an denen neuer Lernstoff keine Chance hat »hängenzubleiben«. Zweitens das Weglassen bestimmter Nahrungsmittel und die Ernährung nach dem Ernährungstyp (siehe Interview im Kapitel »Fragen zur Gesundheit, zum Vorbeugen & Heilen«, Seite 103). Der Körper eines Kindes reagiert mit Nervosität und Zappeligkeit oder mit bleierner Trägheit auf Fastfood, Zucker, Weißmehl und Schnitzelbrötchen. Und wer ein Kind zwar gesund, aber nicht seinem Ernährungstyp entsprechend versorgt, der erntet ebenfalls Unlust und Nervosität. Am besten zu Beginn einmal eine Woche lang alles tierische Eiweiß weglassen und sich von der Erfahrung den Weg weisen lassen. Amerikanische Schulen, die alle Zuckergetränke verboten haben und die Küche auf Bio umstellten, stellten fest, dass keines der Kinder mehr unter dämpfende Medikamente gesetzt werden musste. Diese sind ohnehin in den allermeisten Fällen nur zur Symptombekämpfung da. Einen sofortigen Einblick in die speziellen Fähigkeiten Ihres Kindes gewährt unser Buch *Das Tiroler Zahlenrad*. Sie erkennen auf Anhieb, welche Art der Förderung Ihr Kind eventuell noch braucht.

Wassergeheimnisse

Eine kurze Frage: Werden Ihre Vollmondkosmetika im Versand auch tatsächlich bei Vollmond hergestellt?

Und dann wollte ich noch etwas erzählen: Ich bin ein Mensch, der nur Quellwasser trinkt. Bei unserer Quelle ist das Wasser an Neumond bitter. Bei abnehmendem und bei zunehmendem Mond ist es im Geschmack neutral, der Kalkgehalt ist dann höher. Das Vollmondwasser ist mein liebstes Wasser. Es schmeckt leicht nach Milch und Zucker. Das Seltsame ist, dass das Quellwasser an vielen Quellen im weiten Umkreis ebenso nach Milch und Zucker schmeckt. Mehrere Versuche haben immer das gleiche Ergebnis gebracht. Es gibt keine vernünftige Erklärung dafür, weil ja das Wasser an verschiedenen Orten über verschiedene Mineralien fließt.

Auch das Kochverhalten des Wassers ist anders. In einen Topf gaben wir Neumondwasser, in einen anderen Topf Vollmondwasser. Das Neumondwasser kochte sehr schnell und stark sprudelnd. Das Vollmondwasser blubberte gerade so vor sich hin – bei gleicher Temperatur. Wir haben noch weitere Experimente gemacht, die unglaublich klingen. Ich denke, dass die Info für Sie interessant sein könnte.

Tatsächlich, alle unsere Kosmetika werden nach einem genau festgelegten Anrichteplan in Harmonie mit den Mondrhythmen hergestellt. Das ist auch der Grund, warum Sie bei manchen Produkten bis zu 14 Tage warten müssen. Erst dann herrscht dafür der günstige Zeitpunkt.

Es freut uns, dass Sie aus eigener Beobachtung einige merkwürdige Eigenschaften des Wassers entdeckt haben. Dass das Wasser leicht nach Milch und Zucker schmeckt, ist uns noch nicht aufgefallen, aber wir wissen genau, was Sie meinen. Auch das unterschiedliche Siedeverhalten ist uns bekannt. Bei kleinen Mengen fällt es kaum auf, aber in Großküchen würde es beispielsweise Sinn machen, bei Vollmond das Kochwasser ein wenig früher aufzusetzen, weil das Kochen länger dauert.

Ein weiteres Beispiel ist das unterschiedliche akustische Verhalten eines Baches bei Neumond und Vollmond. Ein Bach klingt bei Vollmond ganz anders, die Steine darin »singen« anders. Physiker mit dem Spezialgebiet Akustik und ausgerüstet mit einem Mikrofon könnten den Unterschied deutlich beschreiben. Fische verhalten sich bei zunehmendem Mond anders als bei abnehmendem Mond, und bei Vollmond können Bachforellen vier Meter hohe Wasserfälle überwinden.

Das sind nur einige wenige Beispiele für die Geheimnisse des Wassers, die der Mensch bisher noch nicht erforscht hat (von wenigen Ausnahmen wie etwa Viktor Schauberger abgesehen). Wir sind sicher: Würden wir nur einen Bruchteil davon erkennen, niemals mehr würden wir die Meere als Müllabladeplatz missbrauchen. Wir würden Wasser mit der Achtung behandeln, die es verdient.

Die Genauigkeit des Mondkalenders

In manchen Mondkalendern ist die genaue Minute des Übergangs zwischen zwei Tierkreiszeichen angegeben. Mir ist schon klar, dass diese Angabe früher nicht gemacht worden ist, aber heute spricht doch nichts dagegen, oder?

Wir haben Verständnis für Ihren Gedankengang, werden die Minute aber weiterhin in unseren gedruckten Kalendern nicht angeben – aus den allerbesten Gründen, wie wir meinen. Wir würden auf diese Weise unsere Aufgabe nicht mehr so gut erfüllen können wie bisher. Die genaue Zeit des Übergangs zwischen zwei Tierkreiszeichen anzugeben, war und ist nämlich einer der Wege, das Mondwissen wieder in Vergessenheit geraten zu lassen.

Zu allen Zeiten war es den Kalendermachern zweifellos möglich, die Mondphasen sekundengenau zu berechnen. Der Mondstand im Tierkreis wird aber seit Menschengedenken in allen Kulturkreisen und Kalendern immer nur für ganze Tage angegeben. Natürlich muss man sich dann entscheiden, welchen »Stich-Augenblick« man wählt. Und der war ebenfalls seit Menschengedenken Mitternacht. Denn selbst dann, wenn der Übergang einige Minuten nach Mitternacht erfolgt, ist die Energie des vorherigen Tierkreiszeichens für den ganzen folgenden Tag bestimmend. Warum das so ist, wissen wir nicht, aber die Erfahrung bestätigt es. Vielleicht noch wichtiger aber ist, dass die Angabe des genauen Zeitpunkts das Wissen für die meisten Leser viel zu kompliziert machen würde. Dazu ist dieses Wissen aber viel zu wertvoll. Der Übergang der Wirkkräfte geschieht allmählich, niemals von einer Sekunde zur anderen. Die Einflüsse, die der Mondstand im Tierkreis anzeigt, überlappen und vermischen sich.

Wir persönlich achten übrigens sehr selten auf den genauen Zeitpunkt des Übergangs zwischen zwei Tierkreiszeichen. Nur wenn für ein Tierkreiszeichen im Kalender drei Tage hintereinander angegeben sind, wissen wir, dass sich am dritten Tag nachmittags das folgende Tierkreiszeichen schon etwas bemerkbar macht, und achten darauf.

Letztlich ist es aber eine Sache Ihres persönlichen Gefühls, wie Sie mit dem Mondkalender umgehen. Er soll immer eine Erleichterung sein und das Leben nicht noch komplizierter machen. Wenn Sie sich das zum Prinzip machen, ergibt sich alles andere von selbst. Gerade ist unser PC-Programm »Der Mondkalender« erschienen (siehe Anhang). In diesem Programm ist die Übergangsminute zuschaltbar, weil ja der Kalender weltweit gültig sein muss und der Zeitunterschied manchmal eine Rolle spielt.

Unterschiede zwischen den Mondkalendern

Vor Kurzem bin ich über eine Bekannte auf »Mond-Aussaattage« gestoßen und habe sie mir dann gleich selbst für dieses Jahr besorgt. Seit einigen Jahren benutze ich nun schon Ihren Mondkalender und hatte das allgemeine Haushaltsleben nach ihm ausgerichtet. Bei dem Vergleich der Monddaten Ihres Mondkalenders mit den »Aussaattagen« bin ich nun allerdings etwas irritiert, da sich durchaus unterschiedliche Mondstände in den jeweiligen Sternbildern ergeben – im März bereits Unterschiede von zwei Tagen.

Die Frage, die sich mir jetzt stellt, ist: Welche Berechnungen sind die richtigen? Über eine hilfreiche Antwort würde ich mich sehr freuen, da ich dieses Jahr unseren Garten darauf ausrichten möchte.

»Warum gibt es heutzutage zwischen den vielen Mondkalendern kleinere Unterschiede?« – diese Frage hat schon so manchen unserer Leser beschäftigt. Anfangs war das eine kleine Überraschung für uns, denn dass es auch noch andere Mondkalender gibt, haben wir erst nach Erscheinen unseres ersten Buches erfahren.

Was den Unterschied zum »Aussaatkalender« und zu allen anderen abweichenden Mondkalendern betrifft: Als unser erstes Buch *Vom richtigen Zeitpunkt* erschien, war dies noch kein Thema, denn Mondkalender, die im Alltag brauchbar waren, gab es nur in der

Form, wie sie unseren Büchern beiliegen – die auch die Grundlage für unser Kalenderprogramm bilden. Derselbe Kalender wurde unverändert seit Jahrtausenden verwendet. Heute wissen wir, dass es in erster Linie drei Gründe für die Kalenderunterschiede gibt.

Erstens Alle Mondkalender wurden fast ausnahmslos nach den gleichen Methoden berechnet, nämlich nach dem Stand des Mondes im Tierkreis, nach dem Frühlingspunkt. Zu allen Zeiten nun war es den Kalendermachern möglich, den Übergang zwischen einem Tierkreiszeichen zum nächsten auf die Minute genau zu berechnen. Nachdem der Mondstand seit Menschengedenken immer nur für ganze Tage angegeben wird, muss man sich entscheiden, welchen »Stich-Augenblick« man wählt. Und hier gibt es im Wesentlichen zwei Möglichkeiten. Wähle ich das Tierkreiszeichen, in dem der Mond um 12 Uhr Mitternacht oder um 12 Uhr Mittag steht? Der Kalender, der unseren Büchern beiliegt, ist nach 12 Uhr Mitternacht berechnet. Das ist die Methode, nach der alle Mondkalender im Laufe der Jahrhunderte berechnet waren, wie wir feststellen konnten.

Hier verbirgt sich also der Hauptgrund für manche Kalenderunterschiede – es ist die Wahl der »Stich-Minute« und die Angabe der Minute des Übergangs. Letztere wirkt, wie wir erfahren haben, auf die meisten Anwender eher abschreckend. Das Wissen ist viel zu wertvoll, um es komplizierter zu machen, als es ist.

Der Übergang der Wirkkräfte erfolgt allmählich, niemals von einer Minute zur anderen! Die Einflüsse, die der Mondstand im Tierkreis anzeigt, überlappen und vermischen sich, besonders, wenn im Kalender ein Zeichen drei Tage hintereinander angegeben ist. Dann ist meist am ersten oder am dritten Tag die Kraft des benachbarten Zeichens noch oder schon stark zu spüren.

Zweitens Der zweite Grund für die Kalenderunterschiede ist gleichzeitig einer der Hauptgründe dafür, warum das Mondwissen im Laufe der Geschichte immer wieder einmal in Vergessenheit geriet. Zwischen einem Tierkreiszeichen und dem gleichnamigen Sternbild droben am Nachthimmel besteht nämlich ein Unterschied. Die Sternbilder besitzen unterschiedlich große Ausdehnungen, während der Tierkreis in zwölf genau gleich große 30-Grad-»Kuchenstücke« eingeteilt ist, die mit den Sternbildern nur die Namen gemeinsam haben. So ist beispielsweise das Sternbild Waage nur halb so groß wie das Sternbild Jungfrau.

Hinzu kommt, dass die gültige Berechnung der Tierkreiszeichen immer gleich ist, während der Mond aufgrund der sogenannten Präzession wie eine fehlerhafte Uhr etwas »vorgeht«. Das sorgt dafür, dass er im Laufe von 28 000 Jahren einmal durch alle Sternbilder vorgegangen ist und erst in etwa 25 500 Jahren wieder ziemlich genau die gleiche Position einnimmt wie der Mond im Tierkreis.

Deshalb besteht für das geübte Auge ein heute schon merklicher Unterschied zwischen dem astronomischen Stand des Mondes am Himmel und dem Stand des Mondes im Tierkreis, wie ihn die Mondkalender angeben. Aber das war zu allen Zeiten bekannt: Seit Jahrtausenden hatten die Kalendermacher das Wissen und die Möglichkeit, diese Abweichung in die Mondkalender mit einzubeziehen. Unsere Vorfahren waren ja große Meister in der Berechnung von Gestirnsständen und Umlaufbahnen. Aus gutem Grund jedoch hatten sie keine Veranlassung dazu, die Abweichungen aufzunehmen: Denn nicht der Stand des Mondes am Himmel zählt, sondern die Antwort auf die Frage: Wann herrscht auf der Erde die Löweenergie, um Getreide in feuchte Böden zu säen? Wann kommt mir die Steinbockenergie zu Hilfe, um Zaunpfosten zu setzen? Und diese Fragen beantwortet der Mondkalender, wie er unseren Büchern beiliegt. Die Praktiker des Mondwissens haben zu allen Zeiten diesen Kalender verwendet. Wenn heute jemand nach dem astronomischen Mondstand arbeitet, erzielt er immer noch bessere Ergebnisse als gänzlich ohne Mondkalender, aber es könnte natürlich noch viel besser gehen!

Drittens Der dritte Grund für Kalenderunterschiede liegt darin, dass heute viele Verlage einen Mondkalender herausgeben. Dabei wird natürlich viel abgeschrieben und viel Überflüssiges wie Mondmagie, »Kochen nach dem Mond« oder »Bauernregeln« hinzugefügt – und eben auch verändert. Traurig ist, dass falsche Informationen das Mondwissen in Verruf bringen können – und das ist ein viel größerer Schaden, als die Verleger und Autoren ahnen. Jeder Tag, der die Wiederbelebung des Mondwissens hinauszögert, ist ein verlorener Tag auf dem Weg zu einem harmonischen Miteinander von Mensch und Natur.

Zusammenfassend Unsere Bücher sind in erster Linie als Anregung für die Leser gedacht, nicht als starre »Gesetzeswerke«, nach denen man sich richten sollte. Wer sich ernsthaft fragt, welcher von zwei unterschiedlichen Mondkalendern denn gültig ist, sollte einfach beide ausprobieren! Wir haben das in den letzten Jahren immer wieder selbst getan und unseren LeserInnen auch geraten.

Zum Schluss vielleicht die Worte einer Leserin, die für uns die Thematik der Kalenderunterschiede so formuliert hat:

Durch Zufall erfuhr ich, dass einige der vielen Mondkalender anders berechnet sind als Ihr Mondkalender und dass manche Leser deshalb etwas verwirrt sind. Das verstehe ich natürlich, aber ich wende Ihren Kalender nun schon sieben Jahre lang an, mit überraschend großem Erfolg – auch bei schweren Operationen im Verwandtenkreis. Ich würde es so formulieren: Wenn mir jemand mein Traum-

*haus mit schöner, großer Werkstatt baut, in dem es sich wunderbar
leben und arbeiten lässt, dann würde ich doch niemals auf die Idee
kommen, die Qualität des Werkzeugs, mit dem Haus und Werkstatt
errichtet worden sind, in Zweifel zu ziehen. Das wäre ja, als ob man
zu Boris Becker nach seinem ersten Wimbledon-Sieg gegangen wäre
und gesagt hätte: »Du spielst super Tennis, aber mit deinem Schläger
stimmt was nicht.«*

Was der Mensch dringend braucht, ist dies:
mehr Zeit, um sich an der Natur zu freuen,
sein Leben zu vereinfachen und alle eingebildeten
Notwendigkeiten aufzugeben; mehr Zeit, um sich
an dem zu freuen, was er tatsächlich zum Leben
braucht, seine Kinder und Freunde besser kennen
zu lernen und vor allem sich selbst und den Gott,
der ihn erschaffen hat, zu erkennen.

(Yogananda)

Der Brief aus dem Gymnasium

Die elfte Klasse eines bayerischen Gymnasiums schrieb uns den folgenden langen Brief, als Teil eines Schulprojekts. Wir haben diesen Brief sehr ernst genommen, wie Sie an der Antwort erkennen können, und damals so viele Kopien davon erstellt, wie nötig waren, damit jede(r) SchülerIn eine erhält.

Anlässlich des Themas »New Age« im Religionsunterricht besprachen wir Ihr Buch Aus eigener Kraft *und haben nun einige Fragen bezüglich des Inhalts. Schon beim ersten Blättern in Ihrem Buch war uns einiges unklar.*

Beispielsweise schreiben Sie, dass jeder, dem Böses widerfährt, selbst daran schuld sei, da er es durch negative Gedanken selbst heraufbeschwört. Hierbei stellt sich uns die Frage, ob das zum Beispiel auch auf Vergewaltigungsopfer zutrifft. Wir können nämlich nicht nachvollziehen, wie diese die Schuld an der Tat selbst tragen sollen.

Außerdem erklären Sie alle körperlichen Leiden mit seelischen Problemen. Kann man dies auf alle Krankheiten übertragen? Sollte dies der Fall sein, bekämpft man beim Arzt, der die physischen Leiden auskuriert, also nur die Symptome und nicht die eigentliche Ursache? Folglich wäre es also besser, einen Psychologen aufzusuchen? Wir sind der Meinung, dass eine solche Theorie gefährliche Parallelen zu den Methoden einiger dubioser »Krebsheiler« aufweist, welche versuchen, den Krebs oder andere Krankheiten nur mit einer »Reinigung« der Psyche zu bekämpfen. Dies ist aber höchst umstritten.

Darüber hinaus ist uns aufgefallen, dass die »geistige Einladung« bei jeder Krankheit, wenn auch umformuliert, die gleiche ist, nämlich: Einsamkeit, fehlende Liebe, fehlendes Selbstbewusstsein und Melancholie. Diese Faktoren sind sehr allgemein gewählt und treffen eigentlich auf jeden zu.

*Ein weiteres unerklärbares Thema ist der Aderlass, den Sie als gesund-
heitsfördende Heilmethode bezeichnen. Ist diese mittelalterliche Methode
nicht nur aus Unwissenheit vorgenommen worden? Denn sie galt seither
immer nur als allerletzte Hoffnung, eine Heilung herbeizuführen (zum
Beispiel bei der Pestbekämpfung im Mittelalter), und wurde zu keiner
Zeit wissenschaftlich begründet. Sie schreiben, dass den Aderlass ein Heilkundiger durchführen soll, geben aber in Ihrem Buch auch Anweisungen,
wie man den Aderlass selbst durchführen kann. Ist man nun ein Heilkundiger, wenn man Ihr Buch gelesen hat?*

*Wir hoffen, dass Sie unsere Fragen berücksichtigen beziehungsweise
erwidern, und freuen uns auf Ihre Antwort.*

Wir freuen uns, dass unsere Arbeit bei euch zum Thema geworden ist.
Sie richtet sich ja besonders auch an die Jugend, weil ihr es in der Hand
habt, unserer Zukunft eine bessere Richtung zu geben. Der Umweltschutz von morgen kann auf das Wissen um den richtigen Zeitpunkt
nicht verzichten, und vielleicht wird die eine oder der andere von euch
einmal in einer Position sein, in der sie oder er mithelfen kann, dieses
Wissen wieder lebendig zu machen – mit Gewinn für alle Beteiligten.

Sicherlich hat euch noch niemand gesagt, dass das Leben nach Mond-
und Naturrhythmen in manchen Regionen noch bis vor wenigen Jahrzehnten so selbstverständlich war wie für euch der Umgang mit dem
Handy. Noch vor dem Ersten Weltkrieg enthielt fast jeder Kalender
Mondphase und Mondstand im Tierkreis. Wie das Wissen so schnell in
Vergessenheit geraten konnte? *It's got no cash value* – um es salopp zu
sagen. Wir haben es im Buch ausführlicher dargestellt.

Nun zu eurem Brief und zu eurem Anliegen Zuallererst: Würden wir
auf euren Brief in eurem Stil antworten, dann könntet ihr wahrscheinlich
nicht viel damit anfangen. Ihr habt falsch zitiert, habt aus dem Zusammenhang gerissen und das Buch nur oberflächlich gelesen. Nirgendwo

ein gutes Haar, nicht einmal eure Namen stehen darunter. Wir wollen deshalb dem Geist antworten, der zwischen euren Zeilen atmet, und haben uns dafür Zeit gelassen. Wandern wir gemeinsam durch eure Fragen.

Eure erste Frage: *Beispielsweise schreiben Sie, dass jeder, dem Böses widerfährt, selbst daran schuld ist, da er es durch negative Gedanken selbst heraufbeschwört. Hierbei stellt sich uns die Frage, ob das zum Beispiel auch auf Vergewaltigungsopfer zutrifft? Wir können nämlich nicht nachvollziehen, wie diese die Schuld an der Tat selbst tragen sollen.*

Uns geht es genau wie euch. Auch wir fragen uns, welche Schuld ein kleines Kind auf sich geladen hat, das in eine grausame und kalte Familiensituation hineingeboren wird, in der es keinen Funken Liebe erfährt – bis es resigniert, seelisch erkaltet und als Erwachsener selbst keine Liebe mehr weitergeben kann. Welche Schuld hat ein Baby auf sich geladen, dessen Vater es zu Tode prügelt, weil es die ganze Nacht schreit? Was hat es getan, um ein solches Schicksal zu verdienen? Welche Schuld hat ein Mensch auf sich geladen, der im Lotto Millionen gewinnt, das ganze Geld durchbringt und hinterher unglücklicher ist als jemals zuvor (das geschieht viel häufiger als ein weiser Umgang mit dem Gewinn)? Diese Fragen und die Antwort darauf bewegen die Menschheit, seit es sie gibt.

Wir denken, dass zwei Elemente nicht fehlen dürfen, wenn man hier eine Antwort finden möchte, die dem Fragesteller echten Frieden bringt.

Erstens: Der Versuch, diese Fragen zu beantworten, ohne einen echten Glauben zu haben, ist unmöglich. Ein solcher Versuch führte geradewegs in eine Situation ohne jede Freude, in ein Leben der Kälte und Sterilität und des Klagens über die scheinbare Ungerechtigkeit der Welt – völlig unabhängig von den materiellen Verhältnissen, in denen man lebt. Anders gesagt: Nur wer einen echten Glauben hat, kann eine Antwort auf diese Fragen finden, die zufriedenstellt, die echten Seelenfrieden bringt. Echter Glaube wird nirgendwo gelehrt, man muss ihn sich erarbeiten, allen Widerständen und Widersprüchen des Lebens zum Trotz. Oftmals weisen selbsternannte Seelenführer und »Kirchenherren« den falschen Weg und finden dafür zahllose Anhänger. Einfach deswegen, weil die Sehnsucht der Menschen nach Sinn und Echtheit so groß ist und das Angebot, diese Sehnsucht tiefgehend zu stillen, so gering. Deshalb auch die großen Chancen der Sekten heutzutage. Sie sind ausschließlich das künstlich-verfälschte Angebot auf eine echte Nachfrage der Seele. Ein alter Spruch lautet:

> Falschgold existiert aus drei Gründen: Erstens wegen der Gier der Menschen, zweitens wegen ihrer Unfähigkeit zu unterscheiden und drittens, weil echtes Gold tatsächlich existiert.

Das echte Gold identifizieren, den echten Glauben zu entdecken – diese Unterscheidungskraft gewinnt Ihr nur, wenn Ihr lernt, Euch selbst zu lieben. Es ist das beste Rezept gegen Verführbarkeit! Wer sich selbst liebt, kann jeden Menschen früher oder später durchschauen, der sich selbst nicht liebt – und damit automatisch jeden anderen! Da gibt es einige Anzeichen für das Echte: Jeder echte Seelenführer, jeder echte Freund wird euch immer daran erinnern, dass Liebe der einzige Lebenszweck ist und dass euer freier Wille das wichtigste Werkzeug ist, um diese Liebe zu entdecken und zu leben. Nur euer freier Wille ist es, der euch die Schulzeit gesund an Geist und Seele überleben lässt, nicht das Versprechen einer materiell gesicherten Zukunft mittels eines höheren Schulabschlusses.

Um den zweiten Aspekt zu beleuchten, der vielleicht eine Antwort auf eure Frage bringt, ist zuerst ein wenig Geschichtsunterricht nötig: Bei einer Versammlung vor etwa 1300 Jahren haben die damaligen »Seelenführer« der christlich-katholischen Kirche mit einem Schlag das Wissen und die Lehre davon, dass jeder Mensch eine Seele hat, die immer wieder einmal zur Erde zurückkehrt, mit einem Federstrich abgeschafft.

Jahrtausendelang, im Laufe von 600 Jahren des Urchristentums und auch heute noch an vielen Orten herrschte und herrscht die absolute Gewissheit, dass die Seele immer wieder einmal geboren wird, um in der jeweiligen »Runde« bestimmte Aufgaben zu lösen – mit mehr oder weniger großem Erfolg. Und wenn ohne Erfolg – na dann eben beim nächsten Mal! Die Kirchenführer waren bei der willkürlichen Abschaffung dieses Glaubenssatzes von einer irrtümlichen Annahme ausgegangen: »Wenn wir ab sofort predigen, dass diese Runde auf Erden die einzig mögliche ist, dann strengen sich unsere Schäfchen umso mehr an, schon jetzt ein gottgefälliges Leben zu führen, um ins Paradies einzugehen.« Sie wollten damit die Einstellung verbannen: »Dieses Mal lass ich die Sau raus, weil ich's im nächsten Leben ja wiedergutmachen kann«. Die Kirchenväter hatten sich wahrlich mächtig in der menschlichen Natur geirrt, weil damals wie heute folgende Haltung viel häufiger vorkam: »Ein gottgefälliges Leben voller Selbstdisziplin ist mir viel zu anstrengend und zu langweilig. Da gebe ich lieber gleich den Versuch auf und glaube gar nichts. Und wenn es IHN doch gibt, wird mich seine allmächtige Vergebung freisprechen, wenn es so weit ist.« Und sie hatten unterschätzt, was geschieht, wenn man statt Wahrheit Überzeugung predigt. Das Unbewusste des Menschen spürt die Lüge und gerät in Seelennöte, von denen sich die Kirche bis heute nicht erholt hat.

Die Kirchenväter hatten damit das Wissen abgeschafft, dass alles, was ich aussende, auch zu mir zurückkehrt. Was ich gebe, kommt zurück. Das Gute wie das Böse. Das Abschaffen war nicht so schwer, denn damals wie heute ist die manchmal erhebliche Zeitverzögerung, bis etwas »zu mir zurückkehrt«, das wahrscheinlich größte Hindernis, um zu erkennen, dass der Mensch alles magnetisch angezogen hat, was ihm geschieht. Wie bei der falschen Ernährung auch: Manchmal dauert es Jahre oder Jahrzehnte oder ein weiteres Leben, *bis ich ernte, was ich gesät habe!*

Die Tatsache, dass die katholische Kirche angefangen hat zu verbreiten, dass wir nur dieses eine Leben haben, macht die Sache nicht einfacher. So unglaublich viele Lügen sind innerhalb der verschiedenen Religionen aufgekommen, dass sich niemand wundern sollte über die Massen, die den Glauben wechseln, aus der Kirche austreten oder ganz ohne Glauben aufwachsen. So große und glaubhafte Lügen werden verbreitet, dass Menschen sich in die Luft sprengen und Kriege geführt werden im Namen Gottes! Das ist absolut peinlich und absolut primitiv. Noch nie gab es so viele Chancen, sich zu informieren, und noch nie so viele Chancen, sich zu fanatisieren.

»An ihren Früchten sollt ihr sie erkennen!« Dieses einfache und unfehlbare Werkzeug hat Jesus uns in die Hand gegeben. »Du sollst nicht töten!« – dennoch nehmen sich heute in unserer aufgeklärten Zeit immer noch Menschen das Recht heraus, dieses Gebot zu übertreten, nach dem unmenschlichen Grundsatz »Wie du mir, so ich dir!«. Wie leichtsinnig und schnell wird heute »im Namen Gottes« Unrecht getan und getötet. Das bedeutet natürlich keineswegs, dass man sich passiv alles gefallen lassen soll. Gandhi hat vorgelebt, wohin gewaltloses Vorgehen führen kann. In der heutigen Zeit ist es wahrlich eine der schwierigsten Herausforderungen, mit primitiven, hartnäckigen und fanatischen Menschen zu verhandeln und so zu sprechen, dass etwas Weises und Vernünftiges dabei herauskommt.

Zusammengefasst: Eure erste Frage ist ohne echten Glauben und ohne ein gewisses Gefühl für die Fortdauer der Seele und ihre Wiederkehr niemals zufriedenstellend zu beantworten. Glaubt denn jemand, dass ein mordender »Gotteskrieger« einfach nur stirbt, und das war's dann? Erntet er nicht vielleicht doch etwas von dem, was er gesät hat, wenn er zurückkehrt als neuer Mensch? Solche Fragen müssen wir uns stellen, um den Sinn und die Auswirkungen seines Handelns zu verstehen. Im Alltag benützen wir so viele Dinge, ohne dass wir den Sinn voll und ganz begreifen. Aber wenn wir in die Tiefe gehen und mehr wissen wollen, dann bleibt uns nicht erspart, uns damit auseinanderzusetzen.

So viel ist gewiss: Ihr müsst aus eigener Kraft im Laufe eures Lebens eigene Antworten finden. Unabhängige und unbeeinflusste Antworten. Auch wenn es Antworten sind, die eurer unmittelbaren Umgebung nicht gefallen, weil die »normalen« und »akzeptierten« Antworten gerade anders aussehen. Seid niemals so bequem und übernehmt einfach, was Ihr hört oder lest. Ihr verzichtet sonst auf eines der größten Abenteuer, das dieses Leben zu bieten hat. Was meint ihr dazu? Lasst euch Zeit mit eurer eigenen Antwort und horcht auf euer persönliches Gefühl. Kein noch so starres Dogma kann euch bei der Antwort helfen. Auch unser Versuch einer Antwort nicht.

»Warum lässt Gott in der Welt so viel Leid zu?« Das ist eine der ältesten Fragen der Menschheit. Die Antwort von Paramahansa Yogananda, eines Heiligen unserer Zeit, hat uns sehr gefallen. Sie lautet:

Alles Leiden entsteht durch Missbrauch des freien Willens. Gott hat uns die Fähigkeit verliehen, den freien Willen anzunehmen oder abzuweisen. Es liegt nicht in Seinem Willen, dass wir Schmerzen leiden; doch Er greift nicht ein, wenn wir uns zu einem Handeln entschließen, das uns Leid bringt.

Die Menschen beachten den weisen Rat der Heiligen nicht, erwarten aber, durch ungewöhnliche Umstände oder irgendein Wunder errettet zu werden, wenn sie in Not sind. Der Herr kann alles vollbringen; doch Er weiß, dass die Liebe und das richtige Verhalten des Menschen nicht mit Wundern erkauft werden kann.

Gott hat uns als Seine Kinder ausgesandt, und als solche müssen wir wieder zu Ihm zurückkehren. Es gibt nur eine Möglichkeit, sich wieder mit Ihm zu vereinigen: seinen eigenen Willen zu gebrauchen. Keine andere Kraft auf Erden oder im Himmel kann dies für uns tun. Wenn ihr aber aus tiefstem Herzen nach Gott ruft, schickt Er euch einen Lehrer, der euch aus der Einöde der Schmerzen ins Haus Seiner ewigen Freude heimführt.

Der Herr hat euch freien Willen verliehen und kann deshalb nicht wie ein Diktator handeln. Obwohl Er Allmacht besitzt, befreit Er euch nicht einfach von eurem Leid, wenn ihr den Weg falschen Handelns gewählt habt. Ist es recht zu erwarten, dass Er euch von aller Last befreit, wenn ihr mit euren Gedanken und Handlungen ständig gegen Seine Gesetze verstoßt? Befolgt seine Grundsätze, wie Sein Sohn sie in der Bergpredigt niedergelegt hat; darin besteht das Geheimnis des Glücks.

Es gibt einen Unterschied zwischen Meinung, Annahme, Vermutung und Überzeugung auf der einen Seite und Wissen auf der anderen Seite. Dieser Unterschied wird heutzutage nur selten hervorgehoben, deshalb tun wir es an dieser Stelle – nur zur Erinnerung. Wir haben also keine Antwort auf eure erste Frage, die euch sofort zufriedenstellen würde. Unser Wissen ist, dass das große Leid auf der Welt nur erklärbar wird, wenn man echten Glauben hat – gleichgültig welchen Namen die Religion trägt, von der man sich Weisheit, Inspiration und Zuversicht holt. Unser Gefühl ist, dass die scheinbare Ungerechtigkeit auf der Welt nur dann erklärbar und sinnvoll wird, wenn man einkalkuliert, dass die jetzige Runde im Leben eines Menschen nicht seine einzige ist. Ohne die Gewissheit, dass jede Seele Gerechtigkeit erfährt, gibt es keine Antwort auf eure Frage. Ohne die absolute Gewissheit, dass es einen freien Willen gibt, auch nicht.

Eure zweite Frage: *Außerdem erklären Sie alle physischen Leiden mit psychischen Problemen. Kann man dies auf alle Krankheiten übertragen? Sollte dies der Fall sein, bekämpft man beim Arzt, der die physischen Leiden auskuriert, also nur die Symptome und nicht die eigentliche Ursache? Folglich wäre es also besser, einen Psychologen aufzusuchen? Wir sind der Meinung, dass eine solche Theorie gefährliche Parallelen zu den Methoden einiger dubioser »Krebsheiler« aufweist, welche versuchen,*

den Krebs oder andere Krankheiten nur mit dem »Reinigen« der Psyche
zu bekämpfen. Dies ist aber höchst umstritten.

Nicht nur akute psychische Probleme führen zu körperlichen Leiden, sondern auch chronische, lang andauernde psychische Verhältnisse – ganz neutral gesprochen. Eine lieblose, kalte Umgebung schlägt sich nieder in allem – in der Farbe der Kleidung, dem Verlauf der Linien und Falten im Gesicht und überall am Körper, in der Haarstruktur, der Hautfarbe, im Mund- und Körpergeruch usw. usw. Gute, echte Ärzte brauchten früher ihre Patienten nur kurz anzuschauen, ihren Urin, den Stuhl und ihren Geruch wahrzunehmen – und die Diagnose war komplett und brauchbar. Nur die unfassbar große Überheblichkeit heutiger Mediziner ignoriert, wie fortgeschritten viele unserer Vorfahren waren (siehe Aderlass). Fortschritt? Ist es Fortschritt und »modern«, innerhalb weniger Jahrzehnte zu ruinieren, was jahrtausendelang absolut vollkommen funktionierte? Wo der Mensch eingreift, bleibt kein Auge trocken. Es sei denn, er lernt die Natur kennen, statt sie zu sezieren, auszubeuten und zu bekämpfen.

Heute weiß man aus Studien, dass bei mehr als der Hälfte aller Patienten die wahren Ursachen der Krankheit (ja, die körperlichen!) ganz woanders sitzen als diagnostiziert. Warum? Weil euch an der Uni, vom ersten Augenblick an, beigebracht wird, dass man alles und jedes aus dem Zusammenhang reißen und in seine Einzelteile zerlegen darf. Nicht nur wird an der Uni keine Menschlichkeit gelehrt, sondern sogar da, wo sie noch vorhanden ist, wird sie kräftig ausgetrieben – und das nennt man dann »Praktikum bestanden«.

Fast überall steigt nur auf, wem das Menschliche, das Miteinander und die Liebe fremd sind. Warum? Weil diejenigen, die oben sind und bestimmen, wer Prüfungen bestehen und aufsteigen darf, sich von Menschlichkeit und Aufrichtigkeit bedroht fühlen. Übrigens einer der Hauptgründe, warum Frauen oftmals geringe Chancen haben, Karriere zu machen … Sie sind fast immer besser, effizienter, präziser und aufrichtiger als Männer. Männer lassen sich ungern in ihrer Bequemlichkeit stören …

Der allergrößte Teil der heutigen Mediziner befasst sich ausschließlich mit der Behandlung von Symptomen. Ebenso die pharmazeutische Industrie. Echte Ursachenforschung ist zu anstrengend, bringt zu wenig Geld, führt nicht zum Nobelpreis. Information und echte Vorbeugung (keine »Vorsorgeuntersuchung«) sind langweilig, bringen keine Umsätze. Wen seht Ihr im Fernsehen? Diejenigen, die Kämpfe verlieren oder gewinnen, nicht die großen stillen Helden, die Kämpfe verhindern. Ihr seht die heldenhaften Feuerwehrmänner, und nicht diejenigen, die das Feuer verhindern. Aber nehmt nicht unser Wort dafür, macht Eure eigenen Erfahrungen damit.

Aus China stammt folgender Spruch:

Hervorragende Ärzte verhindern Krankheiten. Mittelmäßige Ärzte kümmern sich um noch nicht ausgebrochene Krankheiten. Unbedeutende Ärzte behandeln bestehende Krankheiten.

Heute haben wir eine genaue Umkehrung der Verhältnisse! Wer an Krankheit verdient, woran hat derjenige Interesse? Die moderne Medizin hat große Erfolge mit der Notfallmedizin und der Behandlung bestimmter Krankheiten. Nichts daran wollen wir schmälern oder abwerten. Aber wir würden euch raten, *Aus eigener Kraft* genau zu lesen. Und dann geht hinaus und macht eure eigenen Erfahrungen. Sprecht mit Krankenschwestern und Pflegern über die Ärzte. Sprecht solange, bis ihr Wahrheiten erfahrt. Seid immer und allzeit Detektive des Geistes und der Seele und lasst euch nicht für dumm verkaufen. Am allerwenigsten von eurer eigenen Neigung zu bequemen Antworten.

Grundsätzlich gilt: Soweit wissenschaftliche Forschung nicht nur aus purer Neugier geschieht, ist sie fast überall nicht am Wohl des Menschen orientiert, sondern an der Frage »Wie viel Geld und wie viele Orden bringt's und werden Mami und der Professor auch toll finden, was ich da mache?« Nein, es wäre nicht besser, einen Psychologen aufzusuchen bei seelischen Problemen. Das ist es nur manchmal, wenn nämlich der Psychologe ein Freund der Menschen ist. Beobachtet immer genau, wer euch einen Rat gibt und warum: Welches Interesse verfolgt er mit seinem Rat? Wohin hat es diesen Menschen gebracht, so zu denken, wie er denkt? Beobachtet und bildet euch euer eigenes Urteil. »An ihren Früchten sollt ihr sie erkennen.«

Kennt ihr schon dieses Naturgesetz? Kein Mensch kann sich gesund oder zum Erfolg jammern, kein Problem kann man lösen, keine Krankheit heilen durch das Bekämpfen von Problem oder Krankheit. Kein Mensch kann eine dauerhafte Wendung zum Besseren bewirken, wenn er nicht den Beteiligten die Freude daran vermitteln kann, wenn er nicht deutlich macht, dass nur Entscheidungen aus Liebe zu den Menschen und zur Natur von Tragweite sind. Handeln ohne Freude und Liebe führt zu absolut gar nichts. Wer sich ständig mit Problemen beschäftigt, hat immer welche.

Sogar Umweltorganisationen verzichten oftmals darauf, die Menschen ernst zu nehmen und die eigene Entscheidungskraft zu fördern. Entscheidungen eines Menschen, die durch das Angstmachen oder die Überredungskunst eines anderen Menschen zustande kommen, haben langfristig keinen Nutzen und führen zu nichts von Bestand – weder bei dem, der sich entscheidet, noch in unserer Umwelt. Was zählt, ist persönliche Erfahrung und Einsicht in Zusammenhänge.

Ihr seid vielleicht der Meinung, dass »der Einzelne ja doch nichts ausrichten kann«. Diese Überzeugung ist ein Alptraum, der euer ganzes Leben grau in grau färben und für jedes einzelne eurer jetzigen und zukünftigen Probleme mitverantwortlich sein wird. Und aus dem ihr früher oder später aufwachen werdet. Freut euch schon darauf, denn das wird einer der schönsten Tage eures Lebens!

Zurück zur »Ursachenforschung«: Jeder echte Freund kann euch helfen, Ursachen von Problemen auf die Spur zu kommen. Und letztlich ahnt ihr ja selbst, dass wahre Ursachen für körperliche Krankheiten ganz woanders zu suchen sind und dass letztlich auch ein guter Heiler euch nur helfen kann, euch selbst zu heilen. Eure Frage ist in gewisser Weise auch ein kleines Ablenkungsmanöver. Warum? Weil es heutzutage etwas bequemer ist als früher, sich aus der Selbstverantwortung zu stehlen oder »krankzufeiern«. Es ist unbequem, krank zu werden und sich zuallererst zu fragen: »Wo habe ich ein Ungleichgewicht in meinem Leben zugelassen, das sich jetzt in der Krankheit äußert?«, statt sich ins Bequeme und »Normale« zu flüchten: »Doktor, es ist Ihr Job, mich zu kurieren. Alles andere interessiert mich nicht.«

Es kommt noch etwas hinzu: Krankheit und diverse Wehwehchen sind in unserer sehr egoistischen Zeit für viele Menschen der einzige Weg, ein Minimum an Zuwendung und Aufmerksamkeit zu bekommen. Wo ist hier die »Ursache« der Krankheit? Tief drinnen wisst ihr alle es ganz genau: Liebe und Freude sind die höchste, beste und einzig wahre Medizin. Der Mangel an Liebe und Freude sitzt an der Wurzel fast jeder Krankheit und Störung, die den Körper befallen kann.

Eure nächste Frage: *Darüber hinaus ist uns aufgefallen, dass die »geistige Einladung« bei jeder Krankheit, wenn auch umformuliert, die gleiche ist, nämlich: Einsamkeit, fehlende Liebe, fehlendes Selbstbewusstsein und Melancholie. Diese Faktoren sind sehr allgemein gewählt und treffen eigentlich auf jeden zu.*

Hm, wie vielfarbig doch das Seelenleben des Menschen ist! In der Tat, wenn wir auf eure Anregung hin die vielen »geistigen Einladungen« lesen, dann stellen wir fest, dass wir selbst sie fast alle in unserem Leben schon irgendwann einmal ausgesprochen haben oder immer noch aussprechen. Mit anderen Worten: Ihr habt absolut recht. Sie treffen auf jeden zu. Gestern, heute, morgen. Aber eben in unterschiedlichem Maße und mit unterschiedlichem Gewicht. Die geistige Einladung führt zu unterschiedlichen Ergebnissen. Ein Geizhals belastet andere Organstrukturen als ein Choleriker. Mit anderen Folgen. Vielleicht solltet ihr über die reine Hausaufgabe hinaus ein wenig »aus eigener Kraft« im Buch lesen.

So viele unterschiedliche Menschen es in eurer Umgebung und in eurer Alltagserfahrung gibt, so viele verschiedene geistige Einladungen gibt es auch. Manche brüllen in den Wald hinein und werden vom Sturm, der zurückkommt, hinweggefegt. Manche flüstern genau dieselben Worte hinein und freuen sich, ungeschoren zu bleiben. Sie merken nicht, dass es an anderer Stelle, zur anderen Zeit zurückkommt.

Eure nächste Frage: *Ein weiteres unerklärbares Thema ist der Aderlass … Ist diese mittelalterliche Methode nicht nur aus Unwissenheit vorgenommen worden? … Sie wurde zu keiner Zeit wissenschaftlich begründet. Sie schreiben, dass den Aderlass ein Heilkundiger durchführen soll, geben aber in Ihrem Buch auch Anweisungen, wie man ihn selbst durchführen kann. Ist man nun ein Heilkundiger, wenn man Ihr Buch gelesen hat?*

»Wie wenig von dem Geschehenen ist geschrieben worden, wie wenig von dem Geschriebenen gerettet!« Das sagte schon Goethe vor mehr als 200 Jahren. Wir möchten euch herzlich bitten, in *Aus eigener Kraft* die Seiten 101 bis 105 zu lesen. Dort steht nichts von einer Selbstanwendung! Wir versuchen dort zu beleuchten, warum diese wunderbare Heilweise so in Verruf und Vergessenheit geraten konnte. Vielleicht an dieser Stelle noch eines: Die Art und Weise, wie die Wissenschaft und die Schulmedizin heutzutage mit sanften und natürlichen Heilweisen und mit dem Wissen unserer Vorfahren und dem Wissen der Naturvölker umgehen – diese Art und Weise ist zutiefst geprägt von Überheblichkeit, Geldgier und falschem Stolz.

Nein, noch fällt der Aderlass durch das weitmaschige Netz der Urteilskraft der Wissenschaftler. Sie wagen nicht zu untersuchen, was nicht funktionieren darf, weil sonst zusammenbrechen würde, was sie so mühsam in wenigen Jahrhunderten aufgebaut haben.

Der richtig ausgeführte Aderlass hat nichts von seiner Gültigkeit verloren. Alles, was man braucht, ist die richtige Zeittabelle und einen Arzt oder Heilpraktiker. Er ist einfach, kostet wenig. Hier liegt ein Grund für seine Missachtung verborgen. Noch oft werdet ihr alle im Laufe eures Lebens auf diesen Zusammenhang stoßen: Was wenig kostet und erfolgreich wirkt, wird ignoriert und bekämpft. Fast gleichgültig, auf welchem Gebiet des menschlichen Lebens. Kürzlich haben Wissenschaftler erstmals zugegeben, dass die Nebenwirkungen korrekt verschriebener und dosierter chemischer Arzneimittel weltweit die vierthäufigste Todesursache bilden.

Ach ja, und noch einmal zu eurer letzten Frage: Die Hinweise zum Aderlass dienen der Kontrolle für den Leser, ob sein Arzt oder Heilpraktiker den Aderlass auch richtig ausführt. Bevor unser Buch veröffentlicht worden ist, gab es kaum Informationen auf diesem Gebiet. Ob man ein Heilkundiger ist, wenn man unser Buch gelesen hat? Unser Buch kann helfen, Krankheiten zu verhindern durch Informationen, die lange Zeit nicht zur Verfügung standen. Unsere Arbeit jetzt und in Zukunft richtet sich auch darauf, daran zu erinnern, dass wir die Freiheit besitzen, eigene Wege zu gehen und uns dem Wahnsinn der Symptombekämpfung zu entziehen – nicht nur, wenn es um unsere Gesundheit geht.

Wir danken für euren Brief und die Gelegenheit, euch zu schreiben. Wir wünschen euch alles Gute, und möge euch die Neugier nie verlassen.

Fragen der Medien – Interviews der besonderen Art

Im Laufe der Jahre sind Hunderte Fernseh-, Radio- und Zeitungs-
interviews mit uns geführt worden – allesamt einander ein wenig
ähnlich: »Woher stammt Ihr Wissen?«, »Heute ist Vollmond, was
hat das zu bedeuten?«, »Was hat Sie dazu veranlasst, das Wissen zu
veröffentlichen?«, »Wie erklären Sie sich den Erfolg?« Wir haben
uns wirklich immer über die Chance gefreut, das Mondwissen einem größeren Publikum nahezubringen – obgleich unsere Antworten und das später Gedruckte oder Gesendete manchmal kaum
noch etwas miteinander zu tun hatten. Aber auch damit haben wir
zu leben gelernt. Besonders im Gedächtnis geblieben sind uns vier
Interviews, in denen wir sowohl mit ungewöhnlichen Fragen konfrontiert wurden, als auch die Gelegenheit zu tiefgehenden Antworten erhielten. Eines haben Sie schon am Schluss des zweiten Kapitels gelesen, drei weitere möchten wir Ihnen hier nahebringen.

Mann und Frau im Mond –
Interview mit einem Literaturmagazin

In Ihrem Buch Vom richtigen Zeitpunkt *erklären Sie die Grundregeln des Lebens mit dem Mondrhythmus. Was kann ein unkundiger
Stadtmensch gewinnen, wenn er beginnt, sich mit Ihrem Buch und
diesem Wissen zu beschäftigen?*

JOHANNA: Aus der Erfahrung mit den vielen Vorträgen in der Stadt
weiß ich, dass die meisten Menschen mit dem Leben nach dem
Mondrhythmus anfangen, indem sie sich beim Haarewaschen,
beim Schneiden der Fingernägel, beim Fensterputzen und mit dem
Essen danach richten. Sie schauen, wann Sie etwas besser vertragen und wann überhaupt nicht. Ein anderes Thema ist das Blumengießen, vor allem für die Damen im Büro, die gießen und gießen
und ihre Blumen damit zu Tode pflegen. Viele kommen ins Büro,
kochen als Erstes einen Kaffee und gießen die Blumen. Da sind die
Pflanzen nach einem halben Jahr natürlich elend ertrunken. Oder
wenn sie noch leben und man vergisst das Gießen einmal, vertrock-
nen die verwöhnten Pflanzen.

*Sie sind in Tirol auf einem Bauernhof aufgewachsen und haben von
Ihrem Großvater vieles über den Einfluss des Mondes erfahren. Wie
kam es, dass Sie begannen, Vorträge darüber zu halten und Ihr Wissen weiterzugeben? Wann fingen Sie damit an, dieses Wissen zu systematisieren?*

JOHANNA: Also, systematisiert ist das immer noch nicht ... Ich gehe
zum Vortrag, ohne System und Konzept, schau mir die Leute an
und fange erst dann zu reden an, weil die Menschen einfach ver-

schieden sind und somit auch ihre Interessen. Wenn ich in Südtirol einen Vortrag halte und ich würde mit System arbeiten, dann würden mich die Leute in Hamburg, na ja, vielleicht nicht rausschmeißen, aber irgendwie ginge das nicht. Das ist nicht brauchbar.

Ich habe natürlich am Anfang, als ich nach München kam, aufgehört, nach dem Mond zu leben. Man will dazugehören, man will kein Außenseiter sein. Ich spürte, dass die Leute die Regeln nicht etwa einfach nicht befolgten, sie kannten sie überhaupt nicht oder stellten sie als Aberglauben hin. Ich war damals noch sehr jung, und wer will da schon so abgestempelt werden? Ich hab erst wieder angefangen, nach dem Mond zu leben, als es mir körperlich schlecht ging. Ich begann dann heimlich, wieder nach dem Mondrhythmus zu leben, so wie das in der Stadt eben ging – und das geht viel besser, als man glaubt. Dann kamen die ersten Fragen: »Warum machst du das und wie?« Dann hat man etwas vor und jemand sagt: »Ne, da kann ich nicht, da muss ich dies und jenes machen.« Und ich antworte: »Na, das brauchst du aber gar nicht, das ist ja nur ein Schaden, wenn du das heute machst.« Und so langsam kristallisiert sich beim Interessenten heraus, dass das Wissen stimmt. Viele haben dann immer noch gedacht: »Na, die mit ihrem Schmarrn.«

Irgendwann kam dann der erste Vortrag, und danach ist das Interesse praktisch explodiert. Beim Vortrag lachten natürlich 90 Prozent der Teilnehmer, aber die restlichen 10 Prozent haben alles ins Rollen gebracht, was ich so auch nicht erwartet hätte. Ich konnte mich vor Vorträgen dann nicht mehr retten. Der Rest ist Geschichte, wir haben das Mondwissen aufgeschrieben. Thomas musste das erst alles praktizieren und fühlen, weil er ja aus der Stadt war und diesbezüglich keine Ahnung hatte. Und dann konnte er losschreiben. Die Leser waren mit einem Buch nicht zufrieden, wollten noch mehr, über den Körper, über den Hausbau, über den Garten. Wir haben dann Stück für Stück die verschiedenen Themen bearbeitet.

Aber der Durchbruch kam relativ plötzlich?

JOHANNA: Ja, der Durchbruch kam dann nach dem ersten Buch, wobei es bei dem Buch schon ein bisschen gedauert hat, bis es von Bayern »abgehoben« hat. Das Wissen war erst einmal sehr auf Bayern konzentriert, die Hamburger haben da längst noch gelacht. Erst mal ging es nach Südtirol, und irgendwie hat es dann so Schritt für Schritt die Welt erobert, in anderen Sprachen und so weiter.

THOMAS: Wie sagt man so schön: Es gab anfangs ein starkes Nord-Süd-Gefälle.

JOHANNA: Das gibt's heute auch noch. Aber nicht so stark.

THOMAS: Die ansteigenden Kurven sind im Norden wie im Süden gleich. Nur die Mengen sind unterschiedlich. Absolut gesehen gibt es dieses Gefälle. Aber wir haben festgestellt, dass dieses Wissen gerade im Osten Deutschlands besonders offen aufgenommen wird.

JOHANNA: Da macht es auch Spaß, Vorträge zu halten. Wir sind da sehr gerne, das ist immer sehr interessant, und es macht uns großen Spaß. Doch die Zeit dafür haben wir eben nicht so. Vielleicht nächstes Jahr wieder.

Nach einigen Jahren Vortragstätigkeit haben Sie sich mit Ihrem jetzigen Mann, dem Schriftsteller Thomas Poppe, zusammengetan und bilden seitdem ein sehr erfolgreiches »Mondteam«. Wissen Sie noch, wie der Mond stand, als Sie sich zum ersten Mal begegneten? Wie hat sich diese Zusammenarbeit entwickelt?

JOHANNA: Nein, das weiß ich nicht mehr. Weißt du das noch, Thomas? (Thomas lacht und verneint). Es war so etwa Mai/Juni 1988. Eine gemeinsame Bekannte hat zu mir gesagt: »Ich kenne einen Schriftsteller, der wäre ideal für dich.« Meine Antwort war: »Na, hör mir auf mit Schriftstellern. Entweder sie sind zu gescheit und schreiben dann zu geschwollen – das ist für mein Publikum unbrauchbar. Oder sie können nicht schreiben, und dann kann ich gar nichts damit anfangen.« Ich wollte mein Wissen mit einfachen Worten beschreiben. Ich wollte nichts Kompliziertes oder eine Geheimnistuerei daraus machen. Entweder ist er ein guter Schriftsteller, dann ist er gewohnt, so zu schreiben, wie ich es nicht unbedingt möchte, oder er ist nicht gut, dann ist es auch nichts. So habe ich gedacht, ein Schriftsteller ist für mich nicht geeignet. Ich wusste aber sehr wohl, dass ich das nicht selbst aufschreiben kann und dass ich gleichzeitig sehr anspruchsvoll bin. Und dann hat meine Freundin gemeint: »Ich gebe dir mal ein Buch von ihm, dann wirst du schon sehen«. Ich las dann das Vorwort und wusste: »Der ist es. Der schreibt genau, wie es sein soll!« Das Buch selber habe ich nicht fertig gelesen, das war dann nicht mehr so seines. Ich habe ihm gesagt: »Wenn du so schreibst wie im Vorwort, dann sind wir ein Team.« »Ja, okay«, antwortete er.

Dann musste er alles lernen. Ich hab ihm eine Liste mitgegeben und gesagt: »In einem halben Jahr treffen wir uns wieder.« Nach einem halben Jahr habe ich gar nicht mehr so daran gedacht, habe dann mal meine Handtasche ausgeräumt, Sommer auf Winter. Jedenfalls stürz ich da so alles auf den Tisch und miste aus, und da war eine Telefonnummer mit einer Münchner Vorwahl. Ich dachte, die Nummer kenn ich nicht, bevor ich sie wegschmeiße, rufe ich jetzt da an, dann werd ich schon sehen, wer das ist. Und da meldet sich Thomas und sagt: »Ja, das ist ja komisch, ich wollte dich gerade heute anrufen. Genau heute. Es ist alles wunderbar.« Und ich dachte: Oh, wunderbar, das klingt schon mal nicht so gut, weil ich ein paar Fallen gestellt hatte, bei denen die Sachen nicht gelingen, wenn man sie ausprobiert.

Und dann kam er. Wir haben festgestellt, dass auf den Tag ein halbes Jahr vorbei war; also damals wussten wir das Datum noch. Er hat alles ausprobiert, und ich dachte: Na super, wenn jetzt da alles passt, was nicht passen durfte, wär das eigentlich schade, weil wir gut miteinander reden konnten. Er hat dann aber bei ein paar Sachen gesagt: »Ja, tut mir leid, ich habe mich wirklich bemüht, aber die Blumen sind eingegangen.« Ich weiß nicht mehr, was das war, so drei, vier Sachen, die nicht funktionieren durften, weil es falsch war, was ich angegeben hatte. Und das hat dann genau so gestimmt. Und ich dachte, okay, ehrlich ist er, schreiben kann er: passt.

Man muss sagen, Sie haben Ihren Mann hart getestet.

JOHANNA: Ja, das musste ich, weil man mit dem Wissen auch Verantwortung hat. Für mich war schon klar, das kann eine kleine Revolution sein. Menschen, die immer abhängig sind, werden dann unabhängig. Das ist auch jetzt noch mein Ziel. Dass man nicht zuerst Ängste schürt und dann sagt: »Hier hab ich das Gegenmittel, diese Pillen und jene.« Ich will, dass meine Leute da herauskommen. Und das geht nicht mit jemandem, der die Leute mit dem betrügt, was er im Buch schreibt. Solche Bücher gibt es ja schon genug, in denen sich alles wunderbar anhört und nichts dahinter ist. Das brauche ich nicht. Wir schreiben eigentlich heute noch genauso wie damals. Wir reden, sitzen da, wie jetzt mit Ihnen, mein Mann macht Notizen, und die Notizen werden zum Absatz, zur Seite. Das lese ich dann noch mal durch. Was nicht so ganz stimmt, streiche ich an, da weiß er dann schon, was Sache ist. Und dann auf einmal ist es ein Buch.

Der Mondkalender findet vor allem im Garten und in der Landwirtschaft Anwendung. Doch der heute vorherrschende intensive und

355

chemiegestützte Landbau ist weit von den von Ihnen gelehrten Prinzipien entfernt. Wie sehen Sie da die derzeitige Entwicklung? Haben Sie den Eindruck, dass eine naturnahe Landwirtschaft zukünftig wieder weitere Verbreitung finden kann?

JOHANNA: Also es ist so, wenn jemand die richtige Einstellung hat ... wenn er sagt, ich will das tun, dann kann er mit den Mondrhythmen sofort etwas ändern. Er kann richtig nach dem Buch vorgehen, man braucht dazu keine Vorkenntnisse. Wenn er die Einstellung nicht hat, dann nutzt das Buch auch nichts. Im Speisewagen im Zug hab ich gerade ein Gespräch über einen Garten gehört. Die Frau hatte ein Grundstück geerbt von der Mutter, und jetzt müsste sie so viel machen, düngen und spritzen und alles ... Also es fällt mir sehr schwer, da ruhig zu bleiben, weil sie alles tut, was die Umwelt vergiftet. Wenn so ein relativ junger Mensch heute immer noch nicht umgedacht hat! Unsere Vorfahren haben ja schon viel vergiftet, wir sollten jetzt ein bisschen gescheiter sein. So etwas nimmt mir dann ein bisschen die Hoffnung.

Wenn ich aber Vorträge halte und es ist alles voll, und die Leute kommen dann hinterher und sagen: »Ich gehe jetzt echt nach dem Mond, so geht es nicht mehr weiter, die Kinder haben Allergien, die Enkelkinder Neurodermitis.« Da sieht man dann wieder die andere Richtung. Das gibt dann auch Hoffnung. Die kaufen sich ein Buch oder einen Kalender und legen los. Und merken sofort, dass das funktioniert. Je nach dem, was man gerade hört, und nach Tagesverfassung hat man aber manchmal schon auch resigniert. Ich habe die Hoffnung, dass die Menschen umweltbewusster werden oder werden müssen. Dann ist es von Vorteil, wenn es schon Bücher gibt, die diese Richtung unterstützen.

Es geht uns privat ja auch so: Es gibt Themen, die im Laufe der Zeit wichtig werden. Die wären auch vor zehn Jahren schon wichtig

356

gewesen, aber ich kapiere sie eben erst heute. Sich aufregen ist manchmal leichter, als wirklich etwas umzusetzen. So geht es den Leuten auch. Sie wissen, dass es mit dem Vergiften so nicht mehr weitergeht – ich kann ja Obst und Gemüse in der Form gar nicht mehr essen – aber die Umsetzung ist für jeden ein Schritt, der schwer ist. Das geht nicht von heute auf morgen.

Wie man »aus eigener Kraft« mit Hilfe der Mondrhythmen gesund bleibt oder wieder wird, das beschreiben Sie in Ihrem gleichnamigen Buch. Wird das Leben da nicht noch komplizierter, wenn man nicht nur auf gesunde Ernährung, sondern auch noch auf den richtigen Zeitpunkt achten muss? Sind Veränderungen, die das Leben mit dem Mond mit sich bringt, einfacher zu realisieren, wenn es den Leuten nicht gut geht?

THOMAS: Es ist auf jeden Fall ein Anfangsimpuls. Es bringt einen auf die Idee, wenn es einem schlecht geht, wenn man Allergien entwickelt, die Kinder schon mit Neurodermitis auf die Welt kommen und Ähnliches. Es ist kein Wunder, dass unsere Bücher, aber auch viele andere in der Art, heutzutage so erfolgreich sind.

Zur Frage, ob das Leben dadurch komplizierter wird: Nun, wenn das so wäre, dann würden wir die Bücher nicht schreiben. Im Wesentlichen ist es ja so, dass wir in unseren Büchern nichts anderes tun, als eine Gedächtnisstütze zu liefern zur Erinnerung an etwas, was ohnehin da ist, an einen ganz natürlichen Rhythmus. Wir haben uns entfernt von diesen Rhythmen. Die Rückkehr zu ihnen bedeutet nur das Brechen mit lieb gewordenen Gewohnheiten. Das Leben wird nicht komplizierter, sondern im Endeffekt viel einfacher, wenn man langsam schädliche Gewohnheiten aufgibt und beginnt, mit diesen Rhythmen mitzuschwingen. Die Bücher sollen den Leuten Gewinn bringen und nicht noch eine zusätzliche Fessel bilden. Einer der Gründe für den Erfolg der Bücher ist das höhere Maß an Freiheit und das höhere Maß an Unabhängigkeit, die sie dem einzelnen Leser bringen. Wenn das nicht so wäre, würde ich die Bücher gar nicht schreiben wollen.

Beim richtigen Zeitpunkt geht es nicht nur um den zu- oder abnehmenden Mond, sondern auch um das astrologische Zeichen des jeweiligen Tages. So soll man zum Beispiel Blattpflanzen nur an Blatttagen, das heißt an Tagen im Sternzeichen Fisch, Krebs oder Skorpion, gießen. Hängt das Mondwissen also auch sehr eng mit der Astrologie zusammen?

JOHANNA: Ich kenn mich mit Astrologie wenig aus, aber das hängt schon zusammen. Wenn wir unser Horoskop ausrechnen lassen, wird aufgedeckt, was die Person für Fähigkeiten hat, das ist eine tolle Sache. Auf Pflanzen bezogen ist der Mondkalender deren Horoskop. An Blatttagen reagieren alle Pflanzen anders als an Nicht-Blatttagen. Wenn man nur an Blatttagen die Pflanzen gießt, sind die immer gesund und schön. Wenn man an Blütentagen gießt, werden die Pflanzen schwächlich. Und Läuse kommen nur zu kranken, geschwächten Pflanzen.

Es ist so, dass die Industrie uns klarmachen will: »Sie müssen düngen.« Der Dünger bewirkt natürlich, dass die Pflanze und die Früchte überdimensional groß werden. Die Natur sagt sich, das ist krank, das ist nicht in Ordnung, und sie kommt zum Reduzieren. Sie schickt Ungeziefer, Schimmel, Pilze, um die Pflanze so zu schwächen, dass sie wieder normale Größe erlangt. Sobald man das Ungeziefer sieht, wird es bekämpft. So geht dieser Kreislauf immer weiter. Die Pflanzen werden natürlich durchs Spritzen schwächer. Da muss man dann wieder düngen, um sie zu kräftigen. Ein endloser Kreislauf. Solche Pflanzen, wenn sie zur Frucht werden, halten natürlich nicht, weil sie künstlich aufgeschwemmt sind. Da muss man also wieder spritzen, damit die Schale stabil bleibt. Die Frucht wird dann durch und durch vergiftet, um sie haltbar zu machen. Das Ergebnis ist nichts anderes als eine total kranke Pflanze, die künstlich aufgepäppelt ist, gemacht für einen Menschen, der alles frisst und trinkt und dann zum Doktor rennt und sich Spritzen geben lässt. Die Früchte sind leer. Denen werden inzwischen sogar schon Duftstoffe beigegeben, weil sie nicht mehr nach Frucht riechen. Das also ist der Sinn und Zweck, beispielsweise eben an Blatttagen zu gießen. Die Pflanze bleibt so einfach gesund. Draußen in der Natur mache ich gar nichts: Es wird in meinem Garten nichts gegossen. Nur die Pflanzen direkt an der Hausmauer, in Kübeln und auf dem Balkon. Düngen und gießen, das braucht man nicht. Das ist Gehirnwäsche, was man da alles brauchen soll.

Wir wollen mit unseren Büchern und den Vorträgen aufzeigen, dass ein anderer Weg möglich ist. Und das ist auch genug. Wenn jemand reif ist für diesen Weg, hat er damit das Werkzeug zur Verfügung. Auch wir hatten unsere Zeiten, wo wir nach einem anderen System gelebt haben. Unsere Aufgabe ist es, aufzuklären und einfach parat zu stehen, wenn jemand Interesse an unserer Hilfe hat.

Vor dem Vortrag –
Interview mit einer Schweizer Tageszeitung

Johanna Paungger, Sie halten einen Vortrag über das Leben in Harmonie mit Mond- und Naturrythmen. Sind da auch Fragen und Diskussion eingeplant?

JOHANNA: Auf jeden Fall! Wir sprechen ja nicht nur zu, sondern vor allem mit den Menschen – auch in unseren Büchern, in denen wir zum Dialog mit uns einladen. Das macht allen Seiten viel mehr Spaß und bringt mehr Gewinn. Wir hoffen, dass unsere Zuhörer in der Schweiz diese Einladung annehmen. Einen Vortrag ohne Fragen und Diskussion, ohne lebendiges Miteinander mit den Zuhörern, das stelle ich mir recht langweilig vor.

Vom richtigen Zeitpunkt ist der Titel Ihres ersten Buches. In wie vielen Jahren haben Sie dieses Wissen erworben?

JOHANNA: Ich bin mit dem Mondwissen aufgewachsen, vom ersten Tag an. Durch den täglichen Umgang mit dem richtigen Zeitpunkt, durch seine Einhaltung wie auch durch gelegentliches Nichteinhalten in kindlichem oder jugendlichem Übermut haben wir Sinn und Gültigkeit erfahren, ebenso wie ein Fisch Sinn und Gültigkeit des Lebens im Wasser erfährt. Erst nach meinem Umzug nach München im Alter von 15 Jahren habe ich mit großer Überraschung gesehen, dass es Menschen gibt, die im Alltag nicht im Einklang mit den Mondrhythmen leben und wie sehr sie sich damit das Leben schwer machen.

Sind wir – und waren es immer – auf dieser Erde »Kinder des Mondes«?

THOMAS: Wir sind »Kinder des Mondes« nicht mehr und nicht weniger, als wir Kinder der Sonne, der Sterne, der Bäume und Flüsse, der Blumen und Berge sind. Für jeden von uns kommt der glückliche Tag, wo er erkennt, in welch hohem Maße wir in alle Dinge der Natur eingewoben und mit ihr verbunden sind. Derselbe Tag ist es auch, an dem er oder sie erkennt, in welch hohem Maße wir die Geschenke der Natur missbraucht und ignoriert haben. Gentechnik und Atomkraft sind nur zwei der Symptome dieser Missachtung. Ein sogenannter »Wissenschaftler« sagte kürzlich, dass »es selbstverständlich nicht stimme, dass gegen alles ein Kraut gewachsen sei. Wir brauchen deshalb die Chemie und die Pharmazie.« Das sagt ein Wissenschaftler, der wissen muss, dass überhaupt erst weniger als zehn Prozent aller Pflanzen der Erde auf ihre Heilwirkung untersucht worden sind!

Ist die Mondkur, die Ihr neues Buch Alles erlaubt! beschreibt, bloß Vorbeugung oder beispielsweise auch Hoffnung für massiv und seit langem Übergewichtige?

THOMAS: Für die allermeisten übergewichtigen Menschen ist das Leben und Essen in Harmonie mit Natur- und Mondrhythmen sogar die einzige Hoffnung, um zum persönlichen Wohlfühlgewicht zu gelangen. Vorausgesetzt natürlich, der Entschluss zum Abnehmen ist ein echter, persönlicher Entschluss, ein persönlicher Wunsch ohne Beeinflussung von außen – durch Schönheitsideale oder als Reaktion auf den Spott anderer. Vorausgesetzt auch, dass bei krankheitsbedingtem Übergewicht die echten Ursachen beseitigt werden. Die Mondkur ist eine Form der »Diät«, die den Körper

361

nicht vergewaltigt, die nicht radikal in seine Abläufe eingreift und ihn zu Panikreaktionen veranlasst. Alle, die jemals eine der heute modischen Diäten gemacht haben, wissen genau, wovon wir sprechen. Der zu Recht gefürchtete Jojo-Effekt bleibt aus.

Worum geht es generell in dem neuen Buch Alles erlaubt!*?*

THOMAS: Wer genug vom Chaos der Wunderdiäten, Ernährungsregeln und Patentrezepte hat, für den kann dieses Buch zu einer lang gesuchten Offenbarung werden. Jahrzehntelang führten wir Krieg gegen den Körper, belasteten ihn mit entwerteten Lebensmitteln, quälten ihn mit sinnlosen Essensregeln, betäubten ihn mit schädlichen Körperpflegemitteln. Mit dem Buch kann man lernen, endlich Frieden zu schließen und zu leben, wie der Körper es sich wünscht und braucht. Der Weg dorthin führt über das sanfte und mühelose Vertrautwerden mit den zeitlosen und einfachen Regeln gesunder Ernährung und weiser Körperpflege.

Warum, glauben Sie, schlugen Ihre Bücher so ein?

JOHANNA: Erstens, weil wir den Leser niemals unterschätzen und ihn ernst nehmen. Die Menschen haben ein viel klareres Gespür für das Echte, Brauchbare und Sinnvolle, als Kirche, Politik und auch manche Buchautoren uns weismachen wollen. Warum schauen bei der Sendung *Universum* fast regelmäßig mehr Menschen zu als bei allen anderen Sendungen? Zweitens: Ja, gerade weil in unseren Büchern nichts steht, was nicht der Erfahrung entspricht und dem Leser Gewinn bringt – früher oder später.

Wie gehen Sie, Frau Paungger, Herr Poppe, als gemeinsame Buchautoren mit der Arbeitsteilung beim Schreiben um?

JOHANNA: Grob gesehen – für fast alles Schriftliche ist mein Mann zuständig, für alles Mündliche ich. Ich spreche von Anfang an so, wie er denkt und fühlt. Und er schreibt immer so, wie ich denke und fühle. Darin besteht die Leichtigkeit unserer Zusammenarbeit. Und wir sprechen viel miteinander, beim Frühstück, im Auto, auf Reisen, im Zug, überall, soweit wir neben den drei Kindern die Ruhe dafür finden. Überall macht sich mein Mann Notizen, spricht auf ein kleines Tonband, was sich später zu den Büchern kristallisiert. Er ist in der Stadt aufgewachsen, kennt die Bedingungen dort genau, weiß, wie die Menschen denken, und ist deshalb der ideale Übersetzer für dieses Wissen. Für mich ist das Wissen ja selbstverständlich, und wenn es nur nach mir gegangen wäre, wären die Bücher viel, viel dünner. Wir ergänzen uns ideal.

Welche Reaktionen erleben Sie seitens der Wissenschaft?

THOMAS: Viel Gutes, großes Interesse und viel Enthusiasmus. Wir arbeiten mit vielen echten Ärzten und echten Wissenschaftlern zusammen. Das sind Menschen, die niemals etwas ablehnen oder abwerten, nur weil sie sich damit noch nicht vertraut gemacht haben. Das sind Menschen, für die Beweis genug ist, wenn etwas seit Jahrtausenden gut funktioniert. Sie verlangen nicht unbedingt Antwort auf die Frage, warum etwas funktioniert, bevor sie es mit Freuden anwenden. Sogenannten »Wissenschaftlern« sind wir allerdings auch schon hier und da begegnet. Menschen, für die nicht existiert, was nicht in ihre starren Denkschablonen passt. Wir kümmern uns nicht um sie und versuchen auch nicht, sie zu überzeugen. Unsere Zeit ist uns dafür zu wertvoll.

Religion und Mondkult – wie verträgt sich das?

THOMAS: Ohne echten Glauben ist das Leben sinnlos, und ein »Mondkult« ist nicht in unserem Sinne. Gelebte Religion verträgt sich niemals mit Fanatismus, gleichgültig aus welcher Ecke der Fanatismus kommt, von der Erde oder vom Mond, aus der Politik oder aus der Wissenschaft oder gar aus der Kirche selbst. Fanatische Religiosität ist ein Widerspruch in sich. Dass sich um das Mondwissen manchmal kultähnliche Auswüchse bilden, ist uns ein Graus. Leider werden sie durch die vielen Pseudo-Mondbücher auf dem Buchmarkt gefördert.

Hat der Drang der Leute, andere Wege zu gehen und neues »altes« Wissen vermehrt zu nutzen, auch mit der Jahrtausendwende zu tun?

JOHANNA: Vielleicht spielt es eine Rolle, aber ich denke, dass der Hauptgrund dafür woanders zu suchen ist. Betrachten Sie einmal in Ruhe, wie sehr wir uns mehr oder weniger freiwillig während der letzten Jahrzehnte vergiftet haben – durch Haltbarmacher, Pestizide, Düngemittel, künstliche Strahlungen, Elektrosmog, tote Nahrungsmittel, schlechtes Wasser. Und wie sehr uns die an Symptombekämpfung orientierte Medizin und Pharmazie vergiftet, bei dem Versuch, all die Folgekrankheiten und Allergien zu beseitigen. Ein äußerst umsatzträchtiger Teufelskreis. Jeder, der aus diesem Kreis ausbrechen und ein lebenswertes Leben führen möchte, der wendet sich dem zu, was ihm echte Hilfe bringt. Und deshalb auch dem Wissen um die Mondrhythmen.

Handelt es sich bei dem »Stoff«, den Sie anbieten, um eine weltweite Renaissance?

JOHANNA: Hoffentlich! Und die Übersetzung unserer Bücher in bislang 24 Sprachen rechtfertigt diese Hoffnung.

364

Sind Frauen an der spirituellen Welt und damit den Mondeinflüssen interessierter – und falls ja, warum?

THOMAS: Anfänglich ja. Frauen sind deshalb offener für das Wissen um die Mondrhythmen, weil sie zumeist vernünftiger und bodenständiger denken, fühlen und handeln als wir Männer. Allen Vorurteilen zum Trotz. Jedenfalls habe ich diese Erfahrung fast ohne Ausnahme gemacht. Frauen erkennen meist sofort, ob sich hinter einer Sache Hokuspokus verbirgt oder ob sie sinnvoll ist und für die Familie Gewinn bringt. Sie denken und handeln geduldiger, langfristiger und sind vor allen Dingen viel offener für Neues als Männer. Das Mondwissen mit seinen zahllosen Anwendungsmöglichkeiten im Alltag ist für sie eine Offenbarung.

JOHANNA: Ich möchte noch hinzufügen, dass das Mondwissen nichts mit Esoterik, Astrologie und der »spirituellen Welt«, wie Sie es nennen, zu tun hat. Dass Wunden kurz vor Vollmond stärker bluten und kurz vor Neumond schneller heilen, dass sich Stallmist kurz vor Neumond gut in den Boden einarbeitet und kurz vor Vollmond auf der Erde liegenbleibt, diese Erfahrungen sind Alltagserfahrungen.

Frau Paungger, Sie selbst sind bäuerlicher Herkunft und haben uraltes Bauernwissen erfahren und aufgeschrieben. Nun sind ja die wenigsten von uns noch Bauern, was davon lässt sich in einer völlig technisierten Welt noch nutzen?

JOHANNA: Wenn wir an die Vielzahl völlig »technisierter« Firmen denken, die wir beraten haben – vom landwirtschaftlichen und Garten-Großbetrieb über Arztpraxen, Tischlereien, Sägewerke, Baufirmen und Stadtverwaltungen bis zu den »technisierten« Hausfrauen der Moderne –, dann ist nirgends eine moderne Berufsgruppe in Sicht, die nicht vom Mondwissen profitieren würde. Selbst Autolack ist länger haltbar und lässt sich umweltfreundlicher und weniger gesundheitsschädlich verarbeiten, wenn man bei der Aufbringung bestimmten Tagen im Monat aus dem Weg geht. Sogar Softwarefirmen können profitieren, wenn es um den richtigen Zeitpunkt für bestimmte Dinge geht, wie etwa die Veröffentlichung eines neuen Programms.

Können Sie ein paar der wichtigsten Mondregeln aufzählen?

THOMAS: Vielleicht nennen wir hier einen wunderbaren Kreislauf, den die Natur eingerichtet hat: Bei abnehmendem Mond entgiftet und entschlackt der menschliche Körper viel leichter, Blutreinigungskuren sind eigentlich nur dann sinnvoll. Die Erde hingegen nimmt bei abnehmendem Mond Nährstoffe und Dünger viel besser auf und kann sie verwerten. Bei zunehmendem Mond dagegen sind alle Maßnahmen zur Kräftigung des Körpers erfolgreicher, zugeführte Stoffe, Vitamine oder Ähnliches werden leichter aufgenommen, während der Boden bei zunehmendem Mond ganz auf Hergeben und Wachstum eingestellt ist. Erntefrüchte sind saftiger und aromatischer. Dünger dagegen geht direkt ins Grundwasser und wird viel weniger gut aufgenommen.

Die wichtigste Mondregel jedoch lautet, dass man die Finger von den Mondregeln lassen soll, wenn ihre Anwendung keine Freude macht.

Sind Ihre Vorträge und Ihre Bücher auch für Nichteingeweihte leicht erfassbar?

JOHANNA: Wir schreiben so, dass uns jeder versteht und jeder das Wissen umsetzen kann. Mit den Vorträgen ist es nicht anders: Ich würde niemals auf die Idee kommen, so zu reden, dass nur eine kleine Minderheit mich versteht. Ich halte es für eine große Überheblichkeit, Fachchinesisch zu sprechen und eine Insidersprache zu verwenden. Jeder, der das tut, will verbergen, wie wenig er weiß. Es gibt nicht einen einzigen Sachverhalt auf der Welt, der nicht in einfachen Worten einfach dargestellt werden kann. Alles andere ist Schaumschlägerei aus Eitelkeit.

Was halten Sie von Hildegard von Bingen?

THOMAS: Eine wunderbare Frau. Fast ihr gesamtes Wissen ist heute genauso wertvoll und brauchbar wie in früheren Zeiten. Manches allerdings ist nur ungenau oder lückenhaft »übersetzt« worden, wie etwa ihr Wissen zum Aderlass. Insgesamt kann die moderne Heilkunde viel von ihr lernen. Wie überhaupt die »moderne Medizin« in einigen Jahren oder Jahrzehnten wieder zurückkehren wird zu dem, was heute noch als altmodisch, unzeitgemäß oder unwissenschaftlich abgetan wird. Große Teile der heutigen Medizin werden in wenigen Jahren als gravierende Kunstfehler erkannt sein. Sie sind es heute schon, aber noch wird viel Geld damit verdient…

Wie sind Sie eigentlich auf die Idee gekommen, einen Versand für Produkte zu gründen, die zum richtigen Zeitpunkt hergestellt worden sind?

JOHANNA: Es war schon immer mein Traum, eine Kosmetik nach dem Mond herzustellen und auch Kräutertees und Holzprodukte. In erster Linie deshalb, weil ich zeigen will, dass das sinnvoll und machbar ist. In industriellen und betriebswirtschaftlichen Maßstäben sprach natürlich einiges gegen die Verwirklichung dieses Traums. Die Vertriebsart eines Versandes haben wir deshalb gewählt, weil es sonst tatsächlich nicht funktionieren würde. Zumindest jetzt am Anfang noch nicht. Zum richtigen Zeitpunkt hergestellte Produkte sind den herkömmlichen zwar qualitativ weit überlegen und können auf alle giftigen Haltbarmacher und Imprägnierungen verzichten, aber die Beschränkung auf maximal 16 Produktionstage im Monat zwingt zu besonderen Vorkehrungen bei den Arbeitsabläufen. Ganz zu schweigen von der Schwierigkeit, zuverlässige Partner zu finden, die nicht nur unseren Namen als Zugpferd benützen wollen. Aber das ist Vergangenheit, wir haben uns den Traum erfüllt, und unsere Leser und wir sind glücklich darüber.

Welche Chance geben Sie dem Mondwissen in der Zukunft?

JOHANNA: Die Frage ist vielmehr, welche Chance haben wir in Zukunft ohne das Wissen um den richtigen Zeitpunkt? Unsere Zukunft ist ohne dieses Wissen nicht denkbar. Gartenbau, Land- und Forstwirtschaft – giftfrei, natur- und menschenfreundlich betrieben, menschengerechtes Bauen mit Holz, Gesundsein und Gesundwerden aus eigener Kraft –, all das und mehr noch wird durch das Handeln zum richtigen Zeitpunkt viel leichter und teilweise sogar erst dadurch erreichbar. Alles, was man dazu braucht, ist Information, ein wenig Geduld, Selbstvertrauen – und ein Mondkalender.

Schlüsselerlebnis in den Bergen – Interview mit einer TV-Zeitschrift

Wissenschaftler stehen dem Einfluss des Mondes auf den Menschen skeptisch gegenüber. Warum glauben Sie an die Kraft des Mondes?

JOHANNA: Mit dem Wissen um den richtigen Zeitpunkt wuchs ich auf wie ein Fisch mit dem Wasser, es war völlig selbstverständlich. Natürlich glaubt man als kleines Kind nicht alles, was einem die Älteren sagen. Deshalb haben wir öfters nicht gehorcht und manche Dinge zum falschen Zeitpunkt getan – mit handfesten Folgen! Solch kleine Erlebnisse haben meine unstillbare Neugier beflügelt, das Mondwissen in allen denkbaren Situationen des Lebens zu testen. So merkte ich natürlich schnell, dass es kein Aberglaube, keine Sammlung irrationaler Bauernregeln ist, sondern knallhartes Faktenwissen. Seine Ursachen sind erst teilweise entschlüsselt, und es wäre sicherlich ein Abenteuer für sich, alle Ursachen zu erforschen, aber für unsere Leser und für uns ist das nicht so wichtig.

Ein Schlüsselerlebnis war für mich das Düngen. Eines Tages hatte man uns Kindern gesagt, wir sollten unbedingt noch heute den Dünger auf ein bestimmtes Feld ausbringen, sonst sei es zu spät. Wir dachten: »Morgen ist auch noch ein Tag«, und gingen lieber zum Fischen. Als wir zu einem späteren Zeitpunkt dasselbe Feld mähen mussten, hatte sich der Dünger nicht in den Boden eingearbeitet, er blieb ständig an der Sense hängen – und jedermann wusste so, was wir »verbrochen« hatten. Zur Klarstellung: Dünger, der zum richtigen Zeitpunkt bei abnehmendem Mond auf ein Feld ausgebracht wurde, arbeitet sich restlos in den Boden ein und kommt den Pflanzen zugute. Bei zunehmendem Mond bleibt er auf der Grasnarbe liegen und wird später ins Grundwasser gewaschen.

369

Herr Poppe, Ihre Frau wuchs mit den Mondregeln auf, für Sie war dieses Wissen Neuland. Wie ist es bei Ihnen zum Umschwung gekommen?

THOMAS: Als skeptischem Schriftsteller mit wissenschaftlicher Ausbildung war mir das Mondwissen völlig unbekannt. Große Neugier und die absolut bodenständig-rationale und plausible Darstellung des Mondwissens durch Johanna haben mich dann inspiriert, einfach mal alles auszuprobieren, was mir als Stadtbewohner möglich war – vom Haareschneiden übers Zahnziehen bis zum Tapetenstreichen und Fensterputzen zum richtigen Zeitpunkt. Danach war ich »geheilt«! Mein einziges Problem war, meine Begeisterung im Zaum zu halten.

Heute bedaure ich jeden, der sich nicht das Mondwissen zu eigen macht. Er verzichtet auf einen der größten Schätze unserer Vorfahren. Und das obendrein ohne Not, denn all die Dinge, die vom richtigen Zeitpunkt profitieren könnten, muss er ohnehin tun. Warum dann nicht zum richtigen Zeitpunkt? Das Mondwissen gehört zu den wenigen Dingen, die keinen Cent kosten und riesigen Gewinn bringen – auch zählbaren.

Wie nehmen Ihre Kinder das Leben mit dem Mond wahr?

JOHANNA: Eigentlich wachsen sie mit dem Wissen mit der gleichen Selbstverständlichkeit auf wie ich. »Mama, wann ist das nächste Mal Löwe?«, fragen sie mich schon von sich aus, wenn sie zum Haareschneiden gehen wollen. Der Unterschied zu mir ist, dass sie an ihrer Umwelt hier im Osten Österreichs merken, dass der richtige Zeitpunkt nur wenigen bekannt ist. Es kommt deshalb öfter vor, dass sie wider besseres Wissen Dinge zum falschen Zeitpunkt tun, einfach weil sie sich nicht als Außenseiter fühlen wollen. Aber das ist kein Problem: Die wirklich wichtigen Dinge wie beispielsweise den Gang zum Zahnarzt würden sie von sich aus nicht zum falschen Zeitpunkt tun. Das Wesentliche, nämlich Vertrauen in die eigene Erfahrung zu gewinnen und unbestechlich zu werden gegenüber der Versuchung, den eigenen Weg zu verlassen – das haben sie schon sehr gut gelernt. Auch wenn das bedeutet, die eigene Meinung uns gegenüber recht massiv zu vertreten!

Welchen Rat geben Sie unseren Lesern mit auf den Weg, um die Mondregeln erfolgreich und dauerhaft umzusetzen?

JOHANNA: Da gibt es eigentlich nur einen einzigen Rat, der Erfolg verspricht, und der hat zwei Seiten: Wählen Sie ein Thema aus, das Ihnen am Herzen liegt – Rosenschnitt, Kräuter anbauen, Orangenhaut loswerden, Holzbearbeitung oder was auch immer –, und wenden Sie dann über einige Zeit die Regeln des richtigen Zeitpunkts an. Oder besser noch: Probieren Sie die Regeln an einer Sache aus, bei der Sie der Meinung sind, das Mondwissen könnte hier nicht funktionieren. Und vertrauen Sie dann um Gottes willen der Erfahrung, die Sie machen! Nur die persönliche Erfahrung macht unbestechlich.

Das Mondwissen ist ungeheuer wertvoll, aber es ist Sache jedes Einzelnen, es für sich zu erobern und zu verwirklichen. Natürlich werde ich manchmal traurig, wenn ich sehe, dass das Mondwissen schnell und ohne Aufwand bei vielen großen Problemen unserer Zeit helfen könnte. Beispielsweise könnte man durch das Aufforsten zum richtigen Zeitpunkt den Flutkatastrophen der letzten Jahre schnell entgegenwirken. Alles würde sofort anwachsen, schnell wachsen, es gäbe keine Ausfälle, keinen Wildverbiss. Aber ich tröste mich mit dem Gedanken, dass wenigstens Millionen unserer Leser nicht warten mussten, bis der Segen von Politik und Wissenschaft eintrifft, um zu verwirklichen, was uns seit Jahrtausenden geholfen hat.

Erfahrungsberichte:
Leben nach
den Mondrhythmen

Zahlreiche Briefe an uns enthielten keine Fragen, sondern Erfolgsberichte, Meinungsäußerungen oder Anfragen nach Produktinformationen. Einige davon möchten wir Ihnen hier darlegen, weil wir sicher sind, dass sie manchen unserer Leser Gewinn bringen werden.

Seit Jahren lese ich Ihren Mondkalender und konnte schon einige nützliche Informationen daraus entnehmen. Ich bin als Tierärztin in eigener Praxis tätig und lege viele Operationstermine nach dem Mondkalender. Das ist natürlich nicht immer möglich und bedeutet auch nicht, dass Operationen an ungünstigen Terminen automatisch misslingen. Vielmehr ist es so, dass ich festgestellt habe, dass sich besonders schwierige Operationen an günstigen Tagen »fast mit links« durchführen lassen. Das wollte ich Ihnen nur mitteilen und wünsche alles Gute!

Ich leide seit etwa 15 Jahren an Histamin-Intoleranz und einer Nahrungsmittelunverträglichkeit bei Kuhmilch, Zimt/Nelke und roten/ weißen Bohnen. Ich habe gemerkt, dass ich eigentlich nach fast jedem Essen so müde werde, dass ich mich hinlegen muss oder viel, viel Kaffee brauche. Natürlich mit viel Zucker. Nun habe ich in der Zeitung bei Ihnen gelesen, dass man etwas nicht vertragen hat, wenn man nach dem Essen müde wird. Danach habe ich Ihren Fragebogen ausgefüllt, ich bin ein waschechter Alpha-Typ. Habe also natürlich genau das Falsche gegessen.

Na ja, die ersten 14 Tage waren sehr hart, totaler Entzug!!! Wie es in Ihrem Buch Alles erlaubt! *steht. Ich musste für kurze Zeit gegen meinen Körper arbeiten, und der konnte sehr hartnäckig sein. Als das Gröbste überstanden war, machte ich mich auf die Suche nach dem Mond. Das war etwas kompliziert, aber ich mache jetzt schon die zweite Mondkur durch, und es geht mir hervorragend. Keine Müdigkeit, kein Zucker, kein Koffein, keine doofe Diät, kein Sprudelwasser mehr. Seit ich mich an all das halte, was in Ihrem Buch steht, hab ich auch keine weiß belegte Zunge mehr, wie sonst immer. Auch die Magenschmerzen sind weg. Alles weg. Ein Dank Ihnen. Frohe Weihnachten!*

Ich bin jetzt 82 Jahre alt geworden und habe vor einem halben Jahr begonnen, fast täglich Ihre Mondgymnastik zu machen. Das Buch ist wirklich eine Offenbarung, und ich möchte Ihnen nur sagen, dass ich vor der Lektüre alle 14 Tage zum Arzt musste und nun seit Beginn der Gymnastik vor sieben Monaten nur noch ein einziges Mal. Ich fühle mich 20 Jahre jünger!

Seit Jahren ist bei mir Ihr Taschenkalender im Einsatz. Auslöser war eine Erkrankung meiner Leber (Hämochromatose – die Eisenspeicherkrankheit). Eine gute Hausärztin, die auch Naturheilverfahren anwendet, hat mir empfohlen, den viel zu hohen Eisenwert im Blut mit Aderlässen zu behandeln. Dieser Wert war bei über 580. Inzwischen ist er wieder bei 70 angelangt. Die Aderlässe habe ich immer nach Ihrer Aderlasstabelle durchführen lassen, bis auf eine Ausnahme. Diesen Termin konnte ich aus triftigen Gründen nicht nach

*der Tabelle wahrnehmen. Prompt hatte ich bei dieser Behandlung
Kreislaufprobleme und wurde ohnmächtig.*

*Seither habe ich alle Termine ausschließlich nach Ihrer Tabelle
wahrgenommen, und mir geht es jedes Mal wunderbar. Zusätzlich
habe ich meine Ernährung umgestellt und Fleisch, Wurst und Fett
radikal reduziert. Alkohol trinke ich seither auch keinen mehr. Ich
begrüße und bewundere deshalb Ihre Bemühungen, schon Kinder
auf gesunde Ernährung aufmerksam zu machen.*

Ein kleiner Tipp zu diesem Brief für unsere LeserInnen: Der Eisen-
haushalt im Körper funktioniert optimal, wenn der Körper genügend Kupfer aufgenommen hat. Wenn man einen Garten hat oder
auch nur ein paar Kräutertöpfe, würde es sich lohnen, die Erde mit
Kupferwerkzeug zu bearbeiten, weil das Kupfer dann über die Kräuter, das Gemüse und Ähnliches aufgenommen wird. Später, wenn
alle Blutwerte im Normalbereich gelandet sind, sollte man Aderlässe nicht öfter als einmal jährlich durchführen lassen.

*Im Juli 2005 hatte ich eine schwere Bandscheibenoperation, und
mich quälten wochenlang wieder ganz arge Rückenschmerzen.
Nachdem ich im Fernsehen von Ihrer Mondgymnastik gehört hatte,
war ich ganz begeistert und habe mir sofort das entsprechende Buch
besorgt. Erst einmal nahm ich mir zwei Tage Zeit, um es zu lesen.
Am 27. Juli habe ich mit der Mondgymnastik begonnen und bin nun
zu meiner großen Freude und Begeisterung fast beschwerdefrei.*

*Nach den ersten Übungen fühlte ich mich unheimlich entspannt
und gelöst und erfuhr am darauffolgenden Morgen, wie unglaublich
schön es sein kann, eine ganze Nacht lang durchzuschlafen. Jetzt*

mache ich täglich die drei Grundübungen (meist zusammen mit meiner Tochter), anschließend die Übungen für das Tierkreiszeichen und die Abschlussübung. Mein Mann ist ganz erleichtert, dass ich keine Schmerzen mehr habe, und hat selbst auch schon zweimal die Übungen mitgemacht.

Ich bedanke mich von Herzen, dass ich durch Ihr Buch Die Mondgymnastik *im Handumdrehen zu neuer Lebensqualität gelangt bin. Auch meine Familie dankt, denn eine Ehefrau und Mama, die ständig Schmerzen hat, ist nicht einfach im Umgang.*

Lieber Herr Poppe, vor Kurzem habe ich wieder Ihre beiden Bücher aufgeschlagen, die Sie zusammen mit Frau Paungger veröffentlicht haben, und tief bewegt das Vorwort zu einem dieser Bücher gelesen. Und diesmal möchte ich tun, was mir schon lange ein Anliegen ist, nämlich Ihnen und auch Frau Paungger Dank zu sagen für den segensreichen Schatz, den Sie einfach und schlicht dem Leser in die Hand geben und ans Herz legen.

Nach Jahrzehnten in einer Universitätsstadt mit Klinikum und Ähnlichem kann ich berichten, dass ich weder vor Ort noch in der Umgebung umfassende, kompetente naturheilkundliche Hilfe finden konnte, wie sie einem chronisch kranken Menschen angemessen wäre. Von der Medizin ins Abseits gestellt und alternativ nicht fündig geworden, sind die wahre Rettung Menschen wie Sie, die uns Ihr Wissen auf Generationen hinaus zur Verfügung stellen. Der Gerechtigkeit halber möchte ich noch sagen, dass in der Generation meiner Enkel wieder ein Erwachen stattfindet und junge Menschen sich Kenntnisse auf lokalen Feldern der Naturheilkunde aneignen und beraten, was auf Erweiterung und Wachstum hoffen lässt.

377

Vor vier Jahren hatten wir das Glück, von einer Wohnung in ein Haus mit Garten umziehen zu können. Etwa zur gleichen Zeit kamen wir zu Ihrem Buch Vom richtigen Zeitpunkt *und zur Mondagenda. Nun kann ich sagen, die Freude ist groß, im Garten gedeiht das Gemüse, die Blumen und die Bäume und Sträucher wachsen kräftig, alles betont vom saftigen Grün des Rasens (unsere Vorher-Nachher-Bilder würden Ihnen bestimmt gefallen). Die Hausarbeiten sind einfacher geworden. Das Gefühl, immer alles auf einmal tun zu müssen, ist weg. Die Hochs und Tiefs sind nicht mehr so schlimm, dank Akzeptanz des Biorhythmus.*

Meine Freude und das Interesse am gesunden, bewussten Leben hat sich seit Ihrem Buch Alles erlaubt! *noch gesteigert. Farben in der Kleidung (früher schwarz) möchte ich nicht mehr missen. Aus eigener Kraft und schon achte ich auch beim Essenzubereiten vermehrt auf Farben. Seit vielen Jahren sind ätherische Öle, Steine und Bach-Blüten meine ständigen Wegbegleiter. Ihre menschenfreundlichen, praktischen Bücher sowie die Mondagenda runden für mich den Kreis für ein bewusstes, freudiges und aktives Leben in Liebe für die Natur, die Menschen, die Pflanzen und die Tiere. Herzlichen Dank!*

Ich möchte Ihnen kurz mitteilen, dass meine Eltern vieles (Hausputz, Garten, Backen, Blumen…) nach Ihrem Mondkalender verrichten und damit beste Erfolge erzielen! Auch wir halten uns in der Landwirtschaft, sofern es möglich ist, an Ihren Mondkalender. Bei den

Holzarbeiten werden die Regeln strikt eingehalten – auch bei den Tieren versuchen wir, uns daran zu halten.

Vor einigen Jahren haben wir Lämmer entwöhnt, es war der falsche Zeitpunkt. Zu zweit haben wir eine ganze Woche gebraucht, bis sie endlich an den Schnullern des Euters tranken. Ein Jahr darauf erwischten wir den richtigen Zeitpunkt, bei der zweiten Mahlzeit konnten alle Lämmer trinken. In diesem Jahr haben wir wieder an Vollmond Lämmer entwöhnt. Alle konnten am Abend (zweite Mahlzeit) am Eimer trinken und keines der acht Tier plärrte, was schon für sich ungewöhnlich ist. Am Mittwoch (Vollmond) haben wir erneut einige entwöhnt, ebenfalls ohne Probleme. Eine Bekannte will jedes Jahr den Widder nur bei uns, weil es so problemlos ist (entwöhnt, friedlich, brav!). Transportiert wird ebenfalls nur zum richtigen Zeitpunkt!

Seit vielen Jahren schon benutze ich den Mondkalender aus Ihrem Buch Vom richtigen Zeitpunkt, und ich möchte Ihnen sagen, wie gern ich diesen »Ratgeber« zur Hand nehme. Vor allem im Garten war er mir schon etliche Mai ein sehr guter Lehrmeister. Um Ihr Buch zu testen, haben wir beim Weihnachtsbaumschlagen angefangen: Dritter Tag vor dem elften Vollmond, viele haben uns belächelt. Doch als unser Baum im Juli des folgenden Jahres, nun auf der Terrasse, noch sämtliche Nadeln vorweisen konnte, wollten unsere Freunde auf einmal auch so einen Baum. Wer möchte kein nadelfreies Weihnachten?

Einige Zeit später mussten wir von unserem Garten einen vier Meter breiten Streifen für einen Radweg opfern, der von der Gemeinde unseres damaligen Wohnortes gebaut worden ist. Doch dar-

auf standen einige Gehölze: Zwei viereinhalb Meter hohe Thujen, eine fünf Meter hohe Trauerweide, eine ebenso hohe Kastanie und eine etwa zwei Meter hohe Fichtenhecke. Wir suchten uns den richtigen Zeitpunkt aus Ihrem beigefügten Mondkalender heraus und haben umgepflanzt. Sämtliche Gehölze sind wieder angewachsen! Leider ist uns nicht viel von unseren Pflanzen geblieben, da wir dieses Jahr umziehen mussten. Doch wir haben wieder einen Garten und darum auf zu neuen Pflanzaktionen!

In Ihrem Mondkalender »Das Mondjahr« fand ich einen Verweis auf Ihr neues Buch zur Schönheitspflege Alles erlaubt! *sowie auf Ihre Kosmetikserie und die Mondkräuter. Ich würde mich sehr freuen, wenn ich über diese Produkte nähere Informationen erhalten könnte. Außerdem möchte ich die Gelegenheit nutzen, um Ihnen meine Erfahrungen mit der Umsetzung des Wissens aus Ihren Büchern mitzuteilen:*

Vor gut vier Jahren hörte ich das erste Mal vom Mondkalender, wir waren gerade in unser neues Haus eingezogen. Ich begann, unseren Garten anzulegen, und da ich fast nichts von der Gärtnerei verstand, fragte ich zwei Nachbarinnen, was und wann ich denn am besten anpflanzen könnte. Ich glaube, es ging konkret um Petersilie, und eine der Frauen (mit der ich heute sehr gut befreundet bin) riet mir, doch mit der Aussaat noch einige Tage zu warten, weil gerade ein sehr ungünstiger Zeitpunkt sei. Zwei Tage später wäre es ideal, so stünde es im Mondkalender. Die andere Nachbarin lachte, meinte, wir lebten nicht mehr im Mittelalter und säte sofort. Ich wartete noch bis zum empfohlenen Zeitpunkt, obwohl ich eigentlich auch nicht an »solche Dinge« glaubte. Wenige Wochen später stand meine

Petersilie in voller Pracht – die meiner Nachbarin war, obwohl sie nur wenige Meter entfernt stand, ziemlich dürftig und von Schädlingen befallen. Nachdem ich später von meiner Freundin auch immer mal Tipps zum Hausputz und Termine zum Großeinkauf erhalten hatte, deren Resultate einfach verblüffend waren, lieh ich mir ihren Taschenkalender »Das Mondjahr« aus (wenige Tage später kaufte ich mir einen eigenen). Einige Wochen danach kaufte ich die Bücher Vom richtigen Zeitpunkt *und* Aus eigener Kraft.

Ich muss anmerken, dass ich eigentlich ein sehr rationaler Mensch bin und an Wunder, übersinnliche Dinge und Ähnliches überhaupt nicht glaube. Ich habe Betriebswirtschaftslehre studiert und immer nur Resultate akzeptiert, die wissenschaftlich nachgewiesen waren. Bei vielen Sachen, die ich anhand Ihrer Bücher ausprobierte, war ich einfach nur positiv überrascht. Das allerwichtigste Resultat ist aber, dass unser Sohn, der – bedingt durch eine Nahrungsmittelallergie – bereits kurz nach seiner Geburt an einem schweren endogenen Ekzem litt, dank einer speziellen Diät, die sich sehr stark am Mondrhythmus orientiert, seit gut zwei Jahren fast beschwerdefrei ist (ohne starke Medikamente!). Ich habe zusammen mit unserer Heilpraktikerin viele Wochen experimentiert, probiert und bin über das Ergebnis sehr glücklich. Er ist jetzt sechs Jahre alt, hat in den letzten Monaten in seiner körperlichen Entwicklung stark aufgeholt und freut sich schon sehr auf die Schule.

Die Anwendung des Mondwissens ist kein Dogma für mich, aber dank Ihrer Bücher habe ich gelernt, einfach stärker auf die Natur zu achten, auf meine innere Stimme zu hören, zu experimentieren und nicht alles, was mir von irgendwelchen »Experten« gesagt wird, als unveränderbar hinzunehmen. Die Lektüre war Anstoß dazu, sich mit Naturheilkunde, Aromatherapie und alternativen Heilpraktiken zu beschäftigen und diese auch anzuwenden.

Mir macht es nichts mehr aus, wenn viele über meinen »Mond-

fimmel« lächeln, aber ich freue mich schon, wenn beispielsweise meine Mutter, die sich immer fragte, »wie man als intelligenter Mensch nur solchen Quatsch für bare Münze nehmen kann«, mich in diesem Jahr zum ersten Mal nach der günstigsten Zeit zum Umtopfen der Kübelpflanzen fragt. Ich wünsche Ihnen für Ihre Arbeit alles Gute und noch viele interessante Bücher. Außerdem viel Erfolg für Ihre Internetseite: Ich werde sie immer mal wieder anklicken und schauen, ob sich etwas Neues getan hat.

Seit Jahren folgen wir Ihren Ratschlägen aus den unterschiedlichen Publikationen und sind immer wieder überrascht, wie nahezu alles stimmt und funktioniert, was wir lesen und ausprobieren. Die zum richtigen Zeitpunkt gesetzten Pflanzen geraten zum Beispiel besser als die zur Kontrolle zu einer anderen Zeit gesetzten. Dies können wir auch bei unseren Nachbarn sehen, die durch ihr Verhalten zeigen, dass sie sich ebenfalls an Ihre Angaben im Mondkalender halten, sei es beim Rasenmähen oder Blumengießen.

Meine Frau sagt auch, dass sich viele Leute beim Friseur an den Mondkalender halten. Er hat eben doch etwas an sich, der Mond. Ich selbst habe das in 26 Dienstjahren im Streifendienst bei der Polizei immer wieder gemerkt, dass sich an Vollmondtagen die meisten Streitereien, Schlägereien und Unfälle durch Aggressivität entwickelten, danach konnten wir fast den Dienstplan einrichten.

Hier meldet sich wieder einmal eine begeisterte Leserin Ihrer Bücher Vom richtigen Zeitpunkt, Aus eigener Kraft *und* Alles erlaubt!*. Wobei anzumerken wäre, dass aus meiner Sicht das letztere das beste ist. Damit haben Sie sich selbst übertroffen. Nachdem ich vor etwa sieben Jahren Ihr Buch* Vom richtigen Zeitpunkt *gelesen habe, habe ich mir leider nur einige Rosinen herausgepickt und lediglich etwas für meine Schönheit und die Sauberkeit ringsum getan. Ich habe mich nach den »Fensterputztagen« sowie den Löwe- und Jungfrautagen fürs Haareschneiden und die Dauerwellen gerichtet. Ich kann Ihre Erfahrungen nur bestätigen.*

Das Traurige ist nur, dass man sein Wissen nur umsetzen und anderen Menschen nicht erzählen kann. Wenn man es versucht, bekommt man zu hören: »So ein Quatsch, wenn es so wäre, müssten ja die Friseure an allen anderen Tagen geschlossen haben.« Keine Angst, ich lasse die Menschen in ihrem Glauben, wer nicht will, der hat schon. Komisch ist nur eines: Man merkt, dass meine Haare gut aussehen, glaubt aber nicht an die Ursachen. Ebensolche Erfahrungen habe ich mit den »Fensterputztagen« gemacht. Besonders interessant fand ich die Sache mit den Pflanzen, die am Haus wachsen, in dem man wohnt. Ich habe (sicherlich aufgrund falscher Ernährung), genau wie mein Lebensgefährte, mit schlechter Haut zu kämpfen. Dreimal dürfen Sie raten, welche Pflanze seit Jahren massenweise an unserem Hanggrundstück wächst – die Brennnessel. Es ist einfach sagenhaft, wie sehr sich Ihre Erfahrungen mit den meinigen decken.

Ich könnte Ihnen noch so viele Beispiele nennen, aber das tue ich schon alleine deshalb nicht, weil ich noch ein Thema für den nächsten Brief haben will.

Seit einigen Jahren besitze ich Ihre Bücher und richte mich nach den Mondregeln. Viele Bücher habe ich schon an Ärzte und Anästhesisten verschenkt, die mich erst ungläubig angesehen haben, sich inzwischen aber immer mehr danach richten.

Ich habe in diesem Jahr schon zwei künstliche Kniegelenke erhalten. Alle waren sehr erstaunt, dass ich nach dem ersten Gelenk nur sieben Tage, nach dem zweiten Gelenk nur vier Tage in der Rehabilitation war und inzwischen schon wieder viele Kilometer in den Beinen habe.

Viele Bekannte konnte ich vor falschen Operationsterminen, noch dazu an Vollmond, schützen, beispielsweise bei Brustkrebs. Mein ältester Sohn und seine Frau sind seit Jahren als Ärzte tätig.

Seit mehreren Jahren begleiten mich Ihre Bücher, und ich bin immer wieder überrascht, wie wirksam Ihre Hinweise sind.

Vor Jahren habe ich meinen Garten nach den Angaben in Ihrem Buch Zum richtigen Zeitpunkt *angelegt und hatte einen riesigen Erfolg. Wir haben seitdem immer den schönsten Garten, das heißt, die Bäume und Sträucher fühlten sich sehr schnell wohl und entfalteten sich prächtig. Unkraut ist seitdem fast ein Fremdwort. Viele Tipps für den Haushalt und zur Pflege des Körpers und der Seele wende ich nach wie vor an und erziele persönlich große Erfolge damit.*

Im März habe ich nun Ihr Buch Die Mondgymnastik *gelesen und daraus eine Unterrichtseinheit gebildet. Viele Menschen nehmen seither begeistert an diesem Unterricht teil. Ich bin Musik- und Gymnastiklehrerin, Tanztherapeutin und Synergetik-Therapeutin. Damit will ich nur zum Ausdruck bringen, dass ich in der Lage bin, mir die*

Übungen anzueignen und sie fachgerecht weiterzugeben an Menschen, die vielleicht im Alleingang Probleme mit der Ausführung haben. Ich hoffe, dies ist auch in Ihrem Sinne.

Vor einiger Zeit schickten Sie mir in meinen Gartenbaubetrieb eine Zusammenfassung über den richtigen Zeitpunkt bei der Rasensanierung beziehungsweise der Rasenneuanlage. Seit einigen Wochen halte ich mich strikt daran und das mit gutem Erfolg. Als ich Ihre Zusammenfassung las, habe ich gleich drei Problemfälle nachkontrolliert – und siehe da, alle drei hatte ich bei abnehmendem Mond angelegt. Da ich gerade die Handzettel-Werbeaktion für den Herbst vorbereite, ist mir der Gedanke gekommen, ob es denn nicht sinnvoll wäre, die Handzettel ebenfalls nach der Mondphase zu verteilen. Ich weiß nicht, ob Sie sich damit schon beschäftigt haben, aber wenn Sie einen Ratschlag oder einen Tipp diesbezüglich hätten, wäre ich Ihnen sehr verbunden.

Damit können wir Ihnen tatsächlich dienen. Wir würden einen Termin bei zunehmendem Mond wählen und dem Tierkreiszeichen Krebs aus dem Weg gehen. Außerdem würden wir ein Datum wählen, in dem die Zahlen zwei oder sieben enthalten sind. Ideal wäre zusätzlich noch eine Eins im Datum. Die Gründe für diesen Rat sind etwas umfangreicher, Sie können sie unserem neuen Buch *Das Tiroler Zahlenrad* entnehmen.

Ich bin Holzbauingenieur und habe lange Zeit über den Mondrhythmus gelächelt, dann erhielt ich Ihr Buch (Vom richtigen Zeitpunkt). *Nun habe ich bei einigen Häusern auf das richtige Holz und den entsprechenden Zeitpunkt zu achten versucht. Dabei konnte ich feststellen, dass bei diesen Häusern das Holz sehr stabil bleibt und keine Risse mehr vorkommen. Das hat mich sehr überzeugt. Ich will nun im Bereich »Gesund wohnen« eine Planungs- und Beratungsfirma eröffnen.*

Jetzt auf Geschäftsreise komme ich dazu, Ihnen für Ihre Bücher zu danken. Vor fast drei Jahren habe ich das erste (Aus eigener Kraft) *geschenkt bekommen, das ich etwa drei Monate lang nur mit spitzen Fingern angefasst habe* (»Was soll der Hokuspokus?«). *Dennoch habe ich öfter darin geblättert und gelesen. Als Erstes probierte ich aus, meine Fingernägel in Ordnung zu bekommen, die ich bis dahin immer samstags gefeilt habe. Es klappte – aber das hätte ja auch Zufall sein können ... Als mein Friseur mich wegen Haarausfalls zum Hautarzt schicken wollte, ging ich alle vier Wochen an Löwetagen zum Schneiden. Nach einiger Zeit fragte der Friseur, was denn der Hautarzt gemacht hätte, weil die Haare nicht mehr ausfallen. Das war also Erfolg Nummer zwei.*

Meine Kollegin war wegen ihrer Fingernägel schon beim Hautarzt, aber nichts half. Ich sagte ihr, dass sie die Nägel nie an einem Samstag feilen sollte, sondern am besten freitags. Sie hat es ausprobiert und wurde von ihrer Familie auf ihre schönen Nägel angesprochen. Auch mit der Mondkur hat sie mehrere Kilos »abgeworfen«, doch wenn sie die Gründe nennt, wird sie von ihrer Familie belächelt.

Die »Fingerarbeit« aus Ihrem Buch Alles erlaubt! ist bei uns im Büro zum geflügelten Wort geworden, und mir scheint, dass es etwas bewirkt, da wir weniger Stress haben. Die Stimmung ist ausgeglichener geworden. Eine Wurzelresektion beim Zahnarzt ist wunderbar gelungen. Ich habe eine Frau mit völlig verquollenem, blauem Gesicht getroffen – bei ihr hat die Operation kurz vor Vollmond stattgefunden. Von Ihrer Kosmetik bin ich begeistert, da ich lange Zeit nur Nivea-Creme vertragen habe. Früher habe ich auch andere ausprobiert und dabei manchmal halbvolle Dosen weggeworfen.

Ich habe lange gebraucht, um mich aufzuraffen, Ihnen diesen Brief zu schreiben. Es widerstrebt mir, über Fingernägel, Haare oder Zähne zu schreiben. Ich komme mir vor wie eine Oma, die von ihren Zipperlein erzählt. Aber oftmals sind es genau solche kleinen Dinge, die nicht in Ordnung sind und täglich stören. Und es ist schön, wenn diese in Ordnung kommen. Ich wünsche mir noch mehr Wissen aus der Mondwerkstatt!

Die drei schwierigsten Dinge für einen Menschen
sind nicht körperliche Höchstleistungen
oder geistige Glanzstücke, sondern
erstens: Hass mit Liebe zu vergelten;
zweitens: das Ausgeschlossene mit einzuschließen;
drittens: zuzugeben, dass man Unrecht hatte.
Meistert er diese drei Dinge,
hat er das Leben gemeistert.

(Anthony de Mello)

387

Anhang

Was uns noch am Herzen liegt

Im Laufe der Jahre erreichten uns zahlreiche Zuschriften mit der Bitte um die Adressen von guten Rutengehern oder von Heilern und Ärzten, die nach Mond- und Naturrhythmen heilen. Zwar werden es täglich mehr, doch alle, die wir kennen, sind hoffnungslos überlastet. Es ist so einfach: Wenn der Arzt Ihrer Wahl nicht auf Ihre Wünsche eingeht, suchen Sie sich einen anderen. Wir haben Verständnis, dass das auf dem Land nicht so einfach ist und auch für alte Menschen schwierig, die auf Mitfahrgelegenheiten angewiesen sind. Hier hilft dann nur mehr Mut, mit dem eigenen Arzt zu reden. Vielleicht finden Sie eine Interessensgemeinschaft? Ein wirklich guter Arzt wird immer alles tun, damit Sie gesund werden und auch bleiben. Wer dagegen ausschließlich nach Schablonen arbeitet, ist entweder nur am Geldverdienen interessiert, oder er ignoriert seine eigene Erfahrung: nämlich, dass Statistiken und Auswendiggelerntes niemals den Einzelfall erfassen.

Ein Großteil der Zuschriften enthielt Fragen nach den Bezugsquellen für bestimmte Leistungen oder Produkte im Umfeld unserer Arbeit. Zum Beispiel: »Ihre Bücher sind ja wunderbar, aber wo bekomme ich jetzt solche Produkte her? Wer richtet sich heutzutage schon nach den Mondrhythmen?« Aus solchen Zuschriften ist unser Mondversand entstanden. Neben dem Schreiben von Büchern hat uns das im Laufe der Zeit immer mehr Freude gemacht. Wir wollten einfach zeigen, dass es auch anders geht, dass auch heute noch menschenwürdiges Wirtschaften und Herstellen möglich ist, dass beispielsweise bei Weitem nicht so viele Haltbarmacher nötig sind, wie heutzutage üblich. Wir haben uns nicht entmutigen lassen und den Schritt gewagt. Der Gedanke war geboren, nach dem Mondrhythmus zu arbeiten und zu produzieren und damit den ungünstigen Tagen aus dem Weg zu gehen. Zuerst die Idee, dann der Weg. Partner für eine Herstellungsweise zu finden, bei der monatlich bis zu 14 Tage oder länger nicht produziert werden kann, das war wirklich nicht einfach. Aber es gab und gibt sie, die Firmen und Hersteller, die einen Neuanfang wagen wollten. Heute haben wir den Beweis, dass es möglich ist, zum Wohle aller. Niemals wäre dieses Abenteuer zu bestehen gewesen, ohne den Mut der LeserInnen und aller Beteiligten mit Pioniergeist. Heute können wir fast überall offen über die Mondrhythmen und das Wissen vom richtigen Zeitpunkt sprechen. Ärzte, Heilpraktiker, Tischlereien, Gärtnereien, Schulen, Bauunternehmer und viele mehr profitieren mittlerweile von der Wahl des richtigen Zeitpunkts. Auch unser Mondversand und seine KundInnen.

Wenn Sie sich generell für unsere Arbeit, für Kalender, Bücher und gute Sachen rund um den richtigen Zeitpunkt interessieren und stets auf dem Laufenden bleiben wollen, schreiben Sie uns und fordern Sie kostenlos unseren kleinen Versandprospekt an. Bei der unten stehenden Adresse können Sie auch alle Serviceleistungen, Alpha-Omega-Auswertungen, Biorhythmen und Ähnliches anfordern.

Warum gibt es den Mondversand eigentlich, werden wir oft gefragt. »Warum tun Sie sich das auch noch an?«, wollte so mancher wohlmeinende Leser wissen. Nun, erstens wollen wir zeigen, dass unsere Vorfahren keine Narren waren, als sie auf den Lauf des Mondes und auf die Gesetze achteten, die den richtigen Zeitpunkt bestimmen. Die Zukunft zwingt uns, wieder auf natürliche, umweltschonende und damit **menschenwürdige** Methoden der Herstellung von Gebrauchsgegenständen zurückzugreifen. Wir tun es schon jetzt. Zweitens bemühen wir uns alle gemeinsam, Fairness walten zu lassen – eine faire Herstellung ohne Ausbeutung von Mensch und Natur, ein faires Miteinander im Handel. Wir fördern ehrliche Arbeit und altes Handwerk. Immer mehr Menschen sollen verstehen: Durch Spekulation und Ausbeutung verdientes Geld ist menschenunwürdig und im wahrsten Sinne umweltschädlich. Das Gegeneinander in der Welt dient bestimmten Interessen, nur echtes Miteinander löst alle Probleme. Wenn wir und unsere LeserInnen dazu ein Stück beitragen können, hat sich das Abenteuer gelohnt.

Mondversand
Hauptstraße 34
D-83730 Fischbachau
Tel.: 0049-8028-904635
Fax: 0049-8028-9059958
E-Mail: mondversand@t-online.de
Website: www.paungger-poppe.com

Unsere Bücher

Vom richtigen Zeitpunkt (Südwest Verlag)
Vom richtigen Zeitpunkt – so heißt unser Klassiker, mit dem alles anfing. Er stand jahrelang in den Bestsellerlisten und wurde gemeinsam mit den übrigen Büchern bis zum heutigen Zeitpunkt in 24 Sprachen übersetzt. Sie erfahren darin die Grundregeln des Mondwissens in allen Lebensbereichen – von der Heilkunde über Gartenbau und Land- und Forstwirtschaft bis hin zur Haushaltsführung mit leichter Hand.

Aus eigener Kraft (Mosaik bei Goldmann)
*Gesundsein und Gesundwerden in Harmonie mit Natur- und Mond-
rhythmen* – so lautet der Untertitel unseres zweiten Buches. Gesund bleiben und gesund werden – aus eigener Kraft: Das Buch eb-
net dem Leser den Weg zur unmittelbaren Erfahrung dessen, was
ihn an Körper, Geist und Seele stärkt und schwächt, mithilfe der
Grundstoffe für ein gesundes und lebenswertes Leben: Uraltes und
dennoch zeitloses Wissen – Naturgesetze und Naturrhythmen, die
wir vergessen haben oder zu ignorieren lernten. Wir zeigen, wie
man körperlich und vor allem geistig immun werden kann gegen
die zahlreichen negativen Einflüsse der Umwelt und vor allem der
eigenen, andressierten Denkmodelle, Überzeugungen und Vorurteile. Dieses Wissen wird den Leser ein Leben lang begleiten. Ein
Buch für die Heilkunde der Zukunft: eine Kunst, die weiß, dass letztlich die Liebe des Menschen beste Medizin ist.

Alles erlaubt! (Mosaik bei Goldmann)
Hier beschreiben wir Wirkung und Anwendung der Mond- und Naturrhythmen auf Ernährung, Schönheit und Körperpflege. Wie
kann ich mich gesund ernähren, und wie sieht eine natürliche Körperpflege aus, die meinem individuellen Typ entspricht und im Einklang mit den Mondrhythmen steht?

Ein Geheimnis gesunder Ernährung besteht in der Einsicht, dass
es zwei grundlegend unterschiedliche Menschentypen gibt: Den
Alpha- und den Omega-Typ (siehe Interview im Kapitel »Fragen
zur Gesundheit, zum Vorbeugen & Heilen, Seite 103). Butter ist für
Sie vielleicht bis ins hohe Alter das wichtigste Fett, während sie
einen anderen Menschen belastet, schwächt und ermüdet. Kaffee
kann Ihnen den letzten Elan rauben und Sie ermatten lassen, während das Getränk andere belebt und erfrischt. Weizenmehl kann
Ihren Körper schleichend schwächen, während es für andere un-

denkbar ist, den Tag anders als mit einem knusprigen Baguette zu beginnen.

Das Buch klärt Sie über diese Unterschiede und über den Erfolg auf, den man erzielt, wenn man sich dem eigenen Typ gemäß ernährt – ohne Diätvorschriften und Essensregeln. Sie erfahren zudem viel Neues aus alter Zeit über eine natürliche, weise Körperpflege. Dabei geht es vor allem darum, wie Sie mit einfachen Mitteln die Haut pflegen und ihr geben, was sie braucht, um all ihre Funktionen erfüllen zu können – statt sie mit chemischen Kosmetika ruhigzustellen. Das Buch hat schon vielen chronischen Allergikern geholfen.

Die Mondgymnastik (Mosaik bei Goldmann)
»Ich bin jetzt schon 81, aber seit ich die Mondgymnastik mache, musste ich nicht mehr zum Arzt.« »Noch nie ist es mir gelungen, eine Gymnastik oder körperliche Übungen regelmäßig durchzuziehen, aber auf die fünf Minuten Mondgymnastik freut sich mein Körper jeden Morgen. Ich kann gar nicht mehr anders, als mit ihr den Tag zu beginnen.« Zwei Zitate aus Briefen, die uns von Lesern unseres Buches *Die Mondgymnastik* erreicht haben. Das Geheimnis dieser Gymnastik liegt im richtigen Zeitpunkt unseres Tuns. Dieses Buch weist einen einfachen und direkten Weg zur körperlichen »Aufwärtsspirale«. Ein gangbarer Weg, ein erfolgreicher Weg mit einfachsten Mitteln, für jedes Alter. Fünf Minuten am Tag genügen!

Der lebendige Garten (Mosaik bei Goldmann)
Ein Buch, das uns lange und intensiv beschäftigt hat – und so lautet der Text auf der Rückseite:

»Ein gesunder, prächtiger Garten muss keine Mühe bereiten. Die Autoren zeigen, worauf es beim Gärtnern wirklich ankommt, nämlich auf die Kunst des richtigen Zeitpunkts und die Harmonie zwischen Mensch und Natur. Wer die wenigen Prinzipien beherzigt, wird sich im Laufe der Zeit an einem üppigen, lebendigen Garten erfreuen können. Wir übergeben Ihnen hier einen reichen Erfahrungsschatz – das Wissen um den besten Zeitpunkt in Garten und Natur. Denn wenn Sie im Einklang mit dem Mond gärtnern, können Sie auf Dünger und Pestizide verzichten und gewinnen Erntefrüchte von lebendiger Bio-Qualität, Sie genießen ein Blütenmeer und bewahren das feine Gleichgewicht der Natur. Ob Nutz- oder Zierpflanzen, ob Garten, Balkon oder Terrasse – Sie erhalten zeitlos gültiges und wertvolles Wissen für jeden Gartenliebhaber. In *Der lebendige Garten* finden sich zahllose leicht umsetzbare Tipps und Hinweise für den richtigen Zeitpunkt zum Säen, Pflanzen und Ernten, dafür, wie sich viele lästige Arbeiten vermeiden lassen, wie man den Boden gesund erhält und wie Ihr Garten zu einem kleinen Paradies werden kann. Nicht zuletzt erfahren Sie, was erfolgreiche Schneckenabwehr wirklich bedeutet!«

Ob Zimmer oder Balkon, ob Garten oder Feld – mit diesem Buch zeigen wir dem Leser auch, wie lebenswichtig es für uns alle ist, eine neue Beziehung zur Erde aufzunehmen, eine Beziehung, geprägt von Weisheit und Vernunft, von Liebe zu allem Lebendigen. Und wir zeigen vor allem, welche Freude damit verbunden ist.

Das Mondlexikon (Mosaik bei Goldmann)
Das Lexikon enthält alle wichtigen Informationen zu Mond- und Naturrhythmen (auch in Tabellenform), aber auch so manche Perle des Wissens für ein kunstvoll geführtes Leben.

Das Tiroler Zahlenrad (Gräfe und Unzer Verlag,
Taschenbuch: Mosaik bei Goldmann)
Mit diesem Buch machen wir die LeserInnen mit einem weiteren Aspekt des Lebens in Johanna Paungger-Poppes Familie vertraut –

mit einer Facette des Alltags auf ihrem Tiroler Bauernhof, die sich für die meisten Leser als ebenso wertvoll und bereichernd erweisen wird wie das Mondwissen. Ebenso universell und zeitlos gültig wie alles andere, das wir bisher veröffentlicht haben. Es geht um das Wissen um die tiefere Bedeutung der Zahlen des Geburtsdatums. Von der Kindererziehung über eine Berufswahl auf Basis vorhandener, aber vielleicht noch versteckter Talente, und der individuell angepassten Ernährungsweise bis hin zur weisen Gesundheitsvorsorge und zu gezielten Maßnahmen zur Linderung und Heilung – bei alldem kann das im Tiroler Zahlenrad verborgene Wissen eine große Hilfe sein. Nicht nur sich selbst, auch Ihre Mitmenschen werden Sie nach der Lektüre besser verstehen können.

Der Mond im Haus (Mosaik bei Goldmann)
Das uralte Wissen um die Natur- und Mondrhythmen lässt zahllose Tätigkeiten und Vorhaben müheloser und erfolgreicher von der Hand gehen. Besonders im Bereich des Renovierens, des Hausbaus und der Holzverarbeitung können sich heute viele Menschen nicht mehr vorstellen, auf den richtigen Zeitpunkt zu verzichten. Das Buch enthält die Grundregeln der wichtigsten Tätigkeiten aus diesen Bereichen sowie ausführliche Hintergrundinformationen. In diesem Buch kommt den LeserInnen ein jahrtausendealtes Wissen zu Hilfe, um Chemiegifte und Konservierungsmittel entbehrlich zu machen und zahlreichen Krankheiten den Boden zu entziehen. Giftfrei, natur- und menschenfreundlich zu arbeiten, wird durch dieses Buch zur reinen Freude.

Unsere Mondkalender

Unsere Bücher begleiten wir seit Jahren mit einem vielfältigen Mondkalender-Programm, da man für die Anwendung des Mondwissens nur ein wenig Geduld und einen Mondkalender braucht.

● »Das Mondjahr« als bewährter Taschenkalender in Schwarz-Weiß und in Farbe. Der Erfolg der farbigen Jubiläumsausgabe hat uns dazu angeregt, auch in Zukunft die farbige Ausgabe anzubieten.

● Der »Foto-Wandkalender«. Zwölf wunderschöne Landschaftsfotos mit Mond machen aus diesem Monatskalender eine Zierde für Heim und Büro. Er enthält sämtliche Symbole und Texte, die auch im Taschenkalender zu finden sind. Viel Mondwissen auf einen Blick im Format 28 x 32 cm (aufgeklappt 56 x 32 cm).

● Der »Familienkalender«. Auf Wunsch der LeserInnen haben wir das Mondjahr auch im Familienkalender-Format ins Programm aufgenommen. Wir haben ihn selbst getestet und sind sicher, dass er sich zum unentbehrlichen Begleiter durch den Termindschungel der Familie entwickelt! Mit allen Symbolen und schönen Mondfotos. Hochformat, 69 x 24,5 cm

● Der »Spiral-Wandkalender«. Durch die Anregung vieler LeserInnen haben wir dieses Kalenderformat ins Programm aufgenommen. Ein ganzer Monat auf einen Blick, mit farbigen Tätigkeitssymbolen und mehr Platz für Notizen. Als Zierde mit schönem Mondfoto im Querformat – das unentbehrliche Werkzeug im Jumbo-Format, mit den Maßen 33,0 x 48,5 cm.

● Der »Wochenplaner« zum Aufstellen für den Schreibtisch, mit allen Symbolen und Texten, die auch »Das Mondjahr« enthält. Ideal fürs Büro – im langen Querformat 32 x 11 cm.

- Der »Büro-Jahresplaner«: Für den großen Überblick! Mit Angabe aller Symbole des Taschenkalenders und genug Platz für Notizen. Das ganze Jahr auf einen Blick im Jumbo-Format mit den Maßen 61 x 88 cm.

- »Timeplaner«: Ein Päckchen mit Einlegeblättern für Ihren Zeitplaner. Mit allen Symbolen, die auch im Taschenkalender enthalten sind. Eine Woche auf einer Doppelseite. 106 Seiten, Format 95 x 171 mm, 6-fach Lochung 6 mm im Abstand 19/19/51/19/19 mm.

- Der original Paungger-&-Poppe-Abreißkalender »Das Mondjahr« für jeden Tag. Mit vielen Mini-Geschichten, die das Wirken der Mondrhythmen leicht verständlich nahebringen, mit zeitlosen Weisheiten und natürlich mit den Grundregeln des Mondwissens. Der Abreißkalender enthält die vollständige Symbolsammlung. Format 13 x 11,5 cm.

- Das »Mond-Jahrbuch«: Wir haben den beliebten Abreißkalender zusammengefasst und bieten Ihnen die Texte als handliches Taschenbuch an. Diese Anregung verdanken wir Ihnen, denn viele Leser haben sich so sehr über die bunte Vielfalt von Tipps, Merksprüchen und Ähnlichem gefreut, dass häufig der Wunsch an uns herangetragen wurde, diese ständig zur Verfügung zu haben, um immer wieder einmal nachschlagen zu können. Die ideale Lektüre fürs Nachtschränkchen.

- Die »Jahresübersichten 2010–2020«: Zehn Jahre Mondkalender im DIN-A5-Format, eine Loseblatt-Sammlung, wie sie auch unseren ersten beiden Büchern beiliegen. Das unentbehrliche Werkzeug in seiner einfachsten Form. Speziell für diejenigen, deren Buchkalender abgelaufen sind.

Mondkalender-Software

Die Münchner Multimedia-Firma USM (United Soft Media Verlag) hat in Zusammenarbeit mit uns das Programm »Der Mondkalender« entwickelt, mit dessen Hilfe man beispielsweise den persönlichen Biorhythmus in Kombination mit dem Mondkalender farbig und für Jahre im Voraus ausdrucken kann – und das ist erst ein kleiner Ausschnitt der Funktionsvielfalt der CD-ROM (Windows 98 SE aufwärts). Vom Schreiner über den Architekten bis zum Heilpraktiker, vom Landwirt über den Lehrer bis zum Tierarzt – das Programm eignet sich ideal zur Umsetzung der Mond- und Naturrhythmen im Alltag. Der digitale Mondkalender begleitet Sie Tag für Tag durch das ganze Jahr und hilft Ihnen bei der Suche nach dem richtigen Zeitpunkt für die Bereiche Gesundheit und Körperpflege, Haushalt, Gartenarbeit und Hausbau.

Mondmusik

Lunar Phases (Phoenix Music)
Diese Doppel-CD ist ein wunderbarer Begleiter auf dem Weg des Vertrautwerdens mit der »Musik des Mondes« – mit dem Mondkalender also, dem gedruckten Sinnbild seines Auf- und Abschwingens um die Erde und vor dem Hintergrund der zwölf »Noten« des Tierkreises. Der Hamburger Komponist Gottfried Koch hat versucht, die harmonische Bewegung des Mondes hörbar zu machen. Musik zum Träumen und zum Kraft gewinnen, um die Träume zu verwirklichen.

Unser Service: Wir ermitteln Ihren Ernährungstyp!

Zahlreiche Leser unserer deutschsprachigen Ausgabe des Buches *Alles erlaubt!* haben uns bestätigt, wie wunderbar die unkomplizierte Mondkur wirkt und wie oft sie auch in schwierigen Fällen geholfen hat. Besonders auffällig war, wie dankbar die Anregungen zum Alpha- und Omega-Typ aufgenommen wurden und für viele zu einer Offenbarung gerieten. Von entscheidender Bedeutung für die Umstellung auf eine gesunde Ernährung ohne Diätstress ist die Kenntnis des eigenen Ernährungstyps. Gesundheit aus eigener Kraft ist erst dann ein mühelos erreichbares Ziel.

Natürlich ist es manchmal schwierig, nach Jahrzehnten der Gewöhnung an bestimmte Nahrungsmittel den eigenen Ernährungstyp auf Anhieb zu erkennen. Hier unser Angebot: Wir ermitteln für Sie Ihren persönlichen Ernährungstyp anhand eines von uns ausgearbeiteten Fragebogens im Anhang. Sie haben auch die Möglichkeit, den Ernährungstyp und den persönlichen Biorhythmus gemeinsam zu bestellen. Bitte auf der Rückseite einfach ankreuzen. Ein Beispiel für den Biorhythmus-Ausdruck finden Sie in unserem Buch *Aus eigener Kraft*, Seite 215.

Alpha-Omega-Fragebogen

zur Bestimmung Ihres Ernährungstyps nach dem Buch
Alles erlaubt! von Johanna Paungger & Thomas Poppe

An
Johanna Paungger & Thomas Poppe
Postfach 107

A-3400 Klosterneuburg

....
Vor- und Zuname

....
Straße

....
PLZ und Wohnort

....
Telefon   *E-Mail*

....
1. Geburtsdatum   *1.a Geburtsland*

....
2. Körpergröße   *3. Gewicht*

Zutreffendes bitte ankreuzen

		Ja	Nein
4.	Mit meinem Gewicht bin ich zufrieden	Ja ○	Nein ○
4.a	Wenn nein: Nach meinem Gefühl wiege ich etwa	*kg zu viel*	*kg zu wenig*
5.	Nach dem Essen bin ich grundsätzlich müde	Ja ○	Nein ○
6.	Ich wache manchmal mit Kreuzschmerzen auf, die meistens nach dem Aufstehen vergehen	Ja ○	Nein ○
7.	Süßigkeiten mag ich eigentlich gern	Ja ○	Nein ○
8.	Normalerweise bevorzuge ich mehrere kleine Mahlzeiten täglich, statt wenige größere Mahlzeiten	Ja ○	Nein ○
9.	Meist bevorzuge ich ein oder zwei größere Mahlzeiten täglich, statt öfter wenig zu essen	Ja ○	Nein ○
10.	Als Kind aß ich besonders gern: Mehl- & Süßspeisen	Ja ○	Nein ○
11.	Als Kind aß ich besonders gern: Fleisch & Wurstprodukte	Ja ○	Nein ○
12.	In meiner Kindheit mochte ich Butter sehr gern	Ja ○	Nein ○
13.	Als Kind galt ich als übergewichtig	Ja ○	Nein ○

14. Zu Ihren Lieblingsspeisen gehören gegenwärtig

    1. ....

    2. ....

    3. ....

15. In den letzten Tagen oder an einem Datum, an das Sie sich besonders gut erinnern können, haben Sie Folgendes gegessen und es ist Ihnen **besonders gut bekommen** (bitte **mit Datum** angeben):

    1. ....

    2. ....

    3. ....

16. In den letzten Tagen oder an einem Datum, an das Sie sich besonders gut erinnern können, haben Sie Folgendes gegessen und es ist Ihnen **besonders schlecht bekommen** (bitte **mit Datum** angeben):

    1. ....

    2. ....

    3. ....

Anmerkungen:
Die Fragen 1 bis 14 sind für eine korrekte Auswertung des Fragebogens notwendig! Die übrigen Fragen erleichtern uns die Auswertung, sind aber nicht unbedingt erforderlich, wenn Sie sich nicht mehr genau erinnern.
Wenn Sie die eine oder andere Frage ausführlicher beantworten wollen oder sonstige Anmerkungen von Interesse haben, benutzen Sie bitte ein separates Blatt.

BESTELLUNG

Hiermit bestelle ich:

○ **Alpha-/Omega-Auswertung**   **15,40 Euro**

○ **Meinen Biorhythmus** für .... Jahr(e)   **25,70 Euro** (pro Jahr)

○ **Alpha-/Omega-Auswertung + 1 Jahr Biorhythmus**   **37,05 Euro**

○ Interessiert an einem Mondseminar oder an einer Gesundheitswoche mit Johanna Paungger-Poppe? Fordern Sie unseren Prospekt an!

Gruppen-/Familienermäßigung: Wenn Sie Alpha-/Omega-Auswertungen für mehrere Personen gleichzeitig bestellen, erhalten Sie automatisch eine Gruppen- bzw. eine Familienermäßigung: Bei 2–5 Personen 13 Euro, ab 6 Personen 12 Euro pro Auswertung. Bitte beachten Sie, dass wir nur an eine Adresse ausliefern können. Den Fragebogen kopieren Sie einfach vor dem Ausfüllen in gewünschter Menge oder beziehen ihn von unserer Homepage: www.paungger-poppe.com (bei »Downloads« zu finden).
Bezahlung: Ihrer persönlichen Auswertung liegt eine Rechnung bei; bei Auswertung mehrerer Personen mit Gruppen-/Familienermäßigung erhalten Sie eine Sammelrechnung.

....

Datum   *Unterschrift*

Januar	Februar	März
F 1 ⚜ Neujahr	M 1 ⚖ 5	M 1 ⚖ 9
S 2 ⚜	D 2 ⚖	D 2 ⚖
S 3 🐐	M 3 ♏	M 3 ♏
M 4 🐐 1	D 4 ♏	D 4 ♏
D 5 ⚖	F 5 ♏	F 5 ♏
M 6 ⚖	S 6 ♏ ☾	S 6 ♏
D 7 ♏ ☾	S 7 ♏	S 7 ♐ ☾
F 8 ♏	M 8 ♐ 6	M 8 ♐ 10
S 9 ♏	D 9 ♐	D 9 ♑
S 10 ♏	M 10 ♑	M 10 ♑
M 11 ♐ 2	D 11 ♑	D 11 ♑
D 12 ♐	F 12 ♒	F 12 ♒
M 13 ♐	S 13 ♒	S 13 ♒
D 14 ♑	S 14 ♒ ● 03.52	S 14 ♓
F 15 ♑ ● 08.11	M 15 ♓ 7	M 15 ♓ ● 22.00 11
S 16 ♒	D 16 ♓	D 16 ♓
S 17 ♒	M 17 ♓	M 17 ♈
M 18 ♒ 3	D 18 ♈	D 18 ♈
D 19 ♓	F 19 ♈	F 19 ♉
M 20 ♓	S 20 ♉	S 20 ♉
D 21 ♈	S 21 ♉	S 21 ♉
F 22 ♈	M 22 ♊ ☽ 8	M 22 ♊ 12
S 23 ♈ ☽	D 23 ♊	D 23 ♊ ☽
S 24 ♉	M 24 ♋	M 24 ♋
M 25 ♉ 4	D 25 ♋	D 25 ♋
D 26 ♊	F 26 ♋	F 26 🐐
M 27 ♊	S 27 🐐	S 27 🐐
D 28 ♋	S 28 🐐 ○ 17.37	S 28 ⚖
F 29 ♋		M 29 ⚖ 13
S 30 🐐 ○ 07.17		D 30 ♏ ○ 03.26
S 31 🐐		M 31 ♏

2010 ♈ Widder ♊ Zwillinge 🦁 Löwe ♎ Waage
♉ Stier ♋ Krebs ♍ Jungfrau ♏ Skorpion

April		Mai		Juni	
D 1		S 1 Maifeiertag		D 1	
F 2 Karfreitag		S 2		M 2	
S 3		M 3	18	D 3	
S 4 Ostern		D 4		F 4 (	
M 5 Ostermontag	14	M 5		S 5	
D 6 (		D 6 (		S 6	
M 7		F 7		M 7	23
D 8		S 8		D 8	
F 9		S 9		M 9	
S 10		M 10	19	D 10	
S 11		D 11		F 11	
M 12	15	M 12		S 12 ● 12.10	
D 13		D 13		S 13	
M 14 ● 13.25		F 14 ● 02.05		M 14	24
D 15		S 15		D 15	
F 16		S 16		M 16	
S 17		M 17	20	D 17	
S 18		D 18		F 18	
M 19	16	M 19		S 19)	
D 20		D 20		S 20	
M 21)		F 21)		M 21	25
D 22		S 22		D 22	
F 23		S 23 Pfingsten		M 23	
S 24		M 24 Pfingstmontag	21	D 24	
S 25		D 25		F 25	
M 26	17	M 26		S 26 ○ 12.33	
D 27		D 27		S 27	
M 28 ○ 13.23		F 28 ○ 00.06		M 28	26
D 29		S 29		D 29	
F 30		S 30		M 30	
		M 31	22		

Schütze   Wassermann   ) zun. Mond   (abn. Mond   Sommerzeiten
Steinbock   Fische   ○ Vollmond   ● Neumond   nicht berücksichtigt

Juli	August	September
D 1 ♍	S 1 ♈ Schweizer Nationalfeiertag	M 1 ♉ (
F 2 ♎	M 2 ♈ 31	D 2 ♊
S 3 ♎	D 3 ♉ (	F 3 ♊
S 4 ♈ (	M 4 ♉	S 4 ♋
M 5 ♈ 27	D 5 ♊	S 5 ♋
D 6 ♈	F 6 ♊	M 6 ♌ 36
M 7 ♉	S 7 ♋	D 7 ♌
D 8 ♉	S 8 ♋	M 8 ♍ ● 11.29
F 9 ♊	M 9 ♌ 32	D 9 ♍
S 10 ♊	D 10 ♌ ● 04.05	F 10 ♎
S 11 ♋ ● 20.38	M 11 ♍	S 11 ♎
M 12 ♋ 28	D 12 ♍	S 12 ♏
D 13 ♌	F 13 ♎	M 13 ♏ 37
M 14 ♌	S 14 ♎	D 14 ♐
D 15 ♍	S 15 ♎	M 15 ♐)
F 16 ♍	M 16 ♏) 33	D 16 ♑
S 17 ♎	D 17 ♏	F 17 ♑
S 18 ♎)	M 18 ♐	S 18 ♑
M 19 ♏ 29	D 19 ♐	S 19 ♒
D 20 ♏	F 20 ♑	M 20 ♒ 38
M 21 ♐	S 21 ♑	D 21 ♓
D 22 ♐	S 22 ♑	M 22 ♓
F 23 ♐	M 23 ♒ 34	D 23 ♓ ○ 10.15
S 24 ♑	D 24 ♒ ○ 18.05	F 24 ♈
S 25 ♑	M 25 ♓	S 25 ♈
M 26 ♒ ○ 02.38 30	D 26 ♓	S 26 ♉
D 27 ♒	F 27 ♓	M 27 ♉ 39
M 28 ♒	S 28 ♈	D 28 ♉
D 29 ♓	S 29 ♈	M 29 ♊
F 30 ♓	M 30 ♉ 35	D 30 ♊
S 31 ♈	D 31 ♉	

2010

♈ Widder	♊ Zwillinge	♌ Löwe	♎ Waage
♉ Stier	♋ Krebs	♍ Jungfrau	♏ Skorpion

Oktober	November	Dezember
F 1 🐏 (	M 1 🦁 44	M 1 ♒
S 2 🐏	D 2 ♍	D 2 ♒
S 3 🦁 Tag der Dt. Einheit	M 3 ♍	F 3 ♓
M 4 🦁 40	D 4 ♒	S 4 ♓
D 5 ♍	F 5 ♒	S 5 🏹 ● 18.39
M 6 ♍	S 6 ♓ ● 05.55	M 6 🏹 49
D 7 ♒ ● 19.44	S 7 ♓	D 7 ♑
F 8 ♒	M 8 🏹 45	M 8 ♑
S 9 ♓	D 9 🏹	D 9 ♑
S 10 ♓	M 10 ♑	F 10 ♒
M 11 🏹 41	D 11 ♑	S 11 ♒
D 12 🏹	F 12 ♒	S 12 ♓
M 13 🏹	S 13 ♒)	M 13 ♓) 50
D 14 ♑)	S 14 ♒	D 14 ♓
F 15 ♑	M 15 ♓ 46	M 15 ♈
S 16 ♒	D 16 ♓	D 16 ♈
S 17 ♒	M 17 ♈	F 17 ♉
M 18 ♒ 42	D 18 ♈	S 18 ♉
D 19 ♓	F 19 ♈	S 19 ♉
M 20 ♓	S 20 ♉	M 20 ♊ 51
D 21 ♈	S 21 ♉ ○ 18.24	D 21 ♊ ○ 09.09
F 22 ♈	M 22 ♊ 47	M 22 🦀
S 23 ♈ ○ 02.36	D 23 ♊	D 23 🦀
S 24 ♉	M 24 ♊	F 24 🦁
M 25 ♉ 43	D 25 🦀	S 25 🦁 1. Weihnachtsfeiertag
D 26 ♊ Österr. Nationalfeiertag	F 26 🦀	S 26 ♍ 2. Weihnachtsfeiertag
M 27 ♊	S 27 🦁	M 27 ♍ 52
D 28 🦀	S 28 🦁 (	D 28 ♒ (
F 29 🦀	M 29 ♍ 48	M 29 ♒
S 30 🦀 (	D 30 ♍	D 30 ♓
S 31 🦁		F 31 ♓

🏹 Schütze ♒ Wassermann) zun. Mond (abn. Mond Sommerzeiten
♑ Steinbock ♓ Fische ○ Vollmond ● Neumond nicht berücksichtigt

Januar	Februar	März
S 1 ♏ Neujahr	D 1 ♌	D 1 ♌
S 2 ♍	M 2 ♌	M 2 ♍
M 3 ♍ **1**	D 3 ♍ ● 03.32	D 3 ♍
D 4 ♌ ● 10.04	F 4 ♍	F 4 ♎ ● 21.47
M 5 ♌	S 5 ♎	S 5 ♎
D 6 ♍	S 6 ♎	S 6 ♎
F 7 ♍	M 7 ♈ **6**	M 7 ♈ **10**
S 8 ♍	D 8 ♈	D 8 ♈
S 9 ♎	M 9 ♈	M 9 ♉
M 10 ♎ **2**	D 10 ♉	D 10 ♉
D 11 ♈	F 11 ♉ ☽	F 11 ♉
M 12 ♈ ☽	S 12 ♊	S 12 ♊
D 13 ♈	S 13 ♊	S 13 ♊ ☽
F 14 ♉	M 14 ♊ **7**	M 14 ♋ **11**
S 15 ♉	D 15 ♋	D 15 ♋
S 16 ♊	M 16 ♋	M 16 ♌
M 17 ♊ **3**	D 17 ♌	D 17 ♌
D 18 ♋	F 18 ♌ ○ 09.37	F 18 ♍
M 19 ♋ ○ 21.23	S 19 ♍	S 19 ♍ ○ 19.11
D 20 ♌	S 20 ♍	S 20 ♎
F 21 ♌	M 21 ♎ **8**	M 21 ♎ **12**
S 22 ♌	D 22 ♎	D 22 ♏
S 23 ♍	M 23 ♏	M 23 ♏
M 24 ♍ **4**	D 24 ♏	D 24 ♐
D 25 ♎	F 25 ♐ ☾	F 25 ♐
M 26 ♎ ☾	S 26 ♐	S 26 ♐ ☾
D 27 ♏	S 27 ♌	S 27 ♌
F 28 ♏	M 28 ♌ **9**	M 28 ♌ **13**
S 29 ♐		D 29 ♍
S 30 ♐		M 30 ♍
M 31 ♌ **5**		D 31 ♎

2011 ♈ Widder ♊ Zwillinge ♌ Löwe ♎ Waage
♉ Stier ♋ Krebs ♍ Jungfrau ♏ Skorpion

April			Mai			Juni		
F	1		S	1	Maifeiertag	M	1	● 22.04
S	2		M	2	18	D	2	
S	3	● 15.33	D	3	● 07.52	F	3	
M	4	14	M	4		S	4	
D	5		D	5		S	5	
M	6		F	6		M	6	23
D	7		S	7		D	7	
F	8		S	8		M	8	
S	9		M	9	19	D	9	)
S	10		D	10		F	10	
M	11	) 15	M	11		S	11	
D	12		D	12	)	S	12	Pfingsten
M	13		F	13		M	13	Pfingstmontag 24
D	14		S	14		D	14	
F	15		S	15		M	15	○ 21.15
S	16		M	16	20	D	16	
S	17		D	17	○ 12.10	F	17	
M	18	○ 03.45 16	M	18		S	18	
D	19		D	19		S	19	
M	20		F	20		M	20	25
D	21		S	21		D	21	
F	22	Karfreitag	S	22		M	22	
S	23		M	23	21	D	23	(
S	24	Ostern	D	24	(	F	24	
M	25	Ostermontag 17	M	25		S	25	
D	26		D	26		S	26	
M	27		F	27		M	27	26
D	28		S	28		D	28	
F	29		S	29		M	29	
S	30		M	30	22	D	30	
			D	31				

Schütze   Wassermann   ) zun. Mond   (abn. Mond   Sommerzeiten
Steinbock   Fische   ○ Vollmond   ● Neumond   nicht berücksichtigt

Juli	August	September
F 1 Krebs ● 09.55	M 1 Löwe — Schweizer Nationalfeiertag — 31	D 1 Waage
S 2 Krebs	D 2 Jungfrau	F 2 Skorpion
S 3 Löwe	M 3 Jungfrau	S 3 Skorpion
M 4 Löwe 27	D 4 Waage	S 4 Schütze)
D 5 Löwe	F 5 Waage	M 5 Schütze 36
M 6 Jungfrau	S 6 Skorpion)	D 6 Schütze
D 7 Jungfrau	S 7 Skorpion	M 7 Steinbock
F 8 Waage)	M 8 Schütze 32	D 8 Steinbock
S 9 Waage	D 9 Schütze	F 9 Wassermann
S 10 Skorpion	M 10 Steinbock	S 10 Wassermann
M 11 Skorpion 28	D 11 Steinbock	S 11 Fische
D 12 Schütze	F 12 Steinbock	M 12 Fische ○ 10.28 37
M 13 Schütze	S 13 Wassermann ○ 19.59	D 13 Fische
D 14 Steinbock	S 14 Wassermann	M 14 Widder
F 15 Steinbock ○ 07.41	M 15 Fische 33	D 15 Widder
S 16 Wassermann	D 16 Fische	F 16 Stier
S 17 Wassermann	M 17 Fische	S 17 Stier
M 18 Wassermann 29	D 18 Widder	S 18 Stier
D 19 Fische	F 19 Widder	M 19 Zwillinge 38
M 20 Fische	S 20 Stier	D 20 Zwillinge (
D 21 Widder	S 21 Stier (	M 21 Krebs
F 22 Widder	M 22 Stier 34	D 22 Krebs
S 23 Widder (	D 23 Zwillinge	F 23 Krebs
S 24 Stier	M 24 Zwillinge	S 24 Löwe
M 25 Stier 30	D 25 Krebs	S 25 Löwe
D 26 Zwillinge	F 26 Krebs	M 26 Jungfrau 39
M 27 Zwillinge	S 27 Löwe	D 27 Jungfrau ● 12.10
D 28 Zwillinge	S 28 Löwe	M 28 Waage
F 29 Krebs	M 29 Jungfrau ● 04.05 35	D 29 Waage
S 30 Krebs ● 19.41	D 30 Jungfrau	F 30 Skorpion
S 31 Löwe	M 31 Waage	

2011

Widder	Zwillinge	Löwe	Waage
Stier	Krebs	Jungfrau	Skorpion

Oktober	November	Dezember
S 1	D 1	D 1
S 2	M 2 ☽	F 2 ☽
M 3 Tag der Dt. Einheit 40	D 3	S 3
D 4 ☽	F 4	S 4
M 5	S 5	M 5 49
D 6	S 6	D 6
F 7	M 7 45	M 7
S 8	D 8	D 8
S 9	M 9	F 9
M 10 41	D 10 ○ 21.17	S 10 ○ 15.37
D 11	F 11	S 11
M 12 ○ 03.07	S 12	M 12 50
D 13	S 13	D 13
F 14	M 14 46	M 14
S 15	D 15	D 15
S 16	M 16	F 16
M 17 42	D 17	S 17
D 18	F 18 ☾	S 18 ☾
M 19	S 19	M 19 51
D 20 ☾	S 20	D 20
F 21	M 21 47	M 21
S 22	D 22	D 22
S 23	M 23	F 23
M 24 43	D 24	S 24 ● 19.07
D 25	F 25 ● 07.11	S 25 1. Weihnachtsfeiertag
M 26 ● 20.57 Österr. Nationalfeiertag	S 26	M 26 2. Weihnachtsfeiertag 52
D 27	S 27	D 27
F 28	M 28 48	M 28
S 29	D 29	D 29
S 30	M 30	F 30
M 31 44		S 31

Schütze   Wassermann   ☽ zun. Mond   ☾ abn. Mond   Sommerzeiten
Steinbock   Fische   ○ Vollmond   ● Neumond   nicht berücksichtigt

Januar	Februar	März
S 1 ♈ ☽ Neujahr	M 1 ♉	D 1 ♊ ☽
M 2 ♈ 1	D 2 ♊	F 2 ♊
D 3 ♉	F 3 ♊	S 3 ♋
M 4 ♉	S 4 ♋	S 4 ♋
D 5 ♊	S 5 ♋	M 5 ♌ 10
F 6 ♊	M 6 ♋ 6	D 6 ♌
S 7 ♊	D 7 ♌ ○ 22.54	M 7 ♍
S 8 ♋	M 8 ♌	D 8 ♍ ○ 10.38
M 9 ♋ ○ 8.30 2	D 9 ♍	F 9 ♎
D 10 ♌	F 10 ♍	S 10 ♎
M 11 ♌	S 11 ♎	S 11 ♏
D 12 ♍	S 12 ♎	M 12 ♏ 11
F 13 ♍	M 13 ♏ 7	D 13 ♐
S 14 ♍	D 14 ♏ ☾	M 14 ♐
S 15 ♎	M 15 ♐	D 15 ♑ ☾
M 16 ♎ ☾ 3	D 16 ♐	F 16 ♑
D 17 ♏	F 17 ♑	S 17 ♑
M 18 ♏	S 18 ♑	S 18 ♒
D 19 ♐	S 19 ♒	M 19 ♒ 12
F 20 ♐	M 20 ♒ 8	D 20 ♓
S 21 ♑	D 21 ♒ ● 23.34	M 21 ♓
S 22 ♑	M 22 ♓	D 22 ♈ ● 15.36
M 23 ♒ ● 8.39 4	D 23 ♓	F 23 ♈
D 24 ♒	F 24 ♈	S 24 ♈
M 25 ♓	S 25 ♈	S 25 ♉
D 26 ♓	S 26 ♈	M 26 ♉ 13
F 27 ♓	M 27 ♉ 9	D 27 ♊
S 28 ♈	D 28 ♉	M 28 ♊
S 29 ♈	M 29 ♊	D 29 ♊
M 30 ♉ 5		F 30 ♋ ☽
D 31 ♉ ☽		S 31 ♋

2012

♈ Widder	♊ Zwillinge	♌ Löwe	♎ Waage
♉ Stier	♋ Krebs	♍ Jungfrau	♏ Skorpion

April		Mai		Juni	
S 1		D 1 Maifeiertag		F 1	
M 2	14	M 2		S 2	
D 3		D 3		S 3	
M 4		F 4		M 4 ○ 12.12	23
D 5		S 5		D 5	
F 6 ○ 20.17 Karfreitag		S 6 ○ 4.34		M 6	
S 7		M 7	19	D 7	
S 8 Ostern		D 8		F 8	
M 9 Ostermontag	15	M 9		S 9	
D 10		D 10		S 10	
M 11		F 11		M 11 (	24
D 12		S 12 (		D 12	
F 13 (		S 13		M 13	
S 14		M 14	20	D 14	
S 15		D 15		F 15	
M 16	16	M 16		S 16	
D 17		D 17		S 17	
M 18		F 18		M 18	25
D 19		S 19		D 19 ● 16.01	
F 20		S 20		M 20	
S 21 ● 8.18		M 21 ● 0.46	21	D 21	
S 22		D 22		F 22	
M 23	17	M 23		S 23	
D 24		D 24		S 24	
M 25		F 25		M 25	26
D 26		S 26		D 26	
F 27		S 27 Pfingsten		M 27)	
S 28		M 28) Pfingstmontag	22	D 28	
S 29)		D 29		F 29	
M 30	18	M 30		S 30	
		D 31			

Schütze Wassermann) zun. Mond (abn. Mond Sommerzeiten
Steinbock Fische ○ Vollmond ● Neumond nicht berücksichtigt

Juli		August		September	
S 1		M 1 🦀 Schweizer Nationalfeiertag		S 1	
M 2	27	D 2 O 4.26		S 2	
D 3 O 19.52		F 3		M 3	36
M 4		S 4		D 4	
D 5		S 5		M 5	
F 6		M 6		D 6	
S 7		D 7		F 7	
S 8		M 8		S 8 (	
M 9	28	D 9 (		S 9	
D 10		F 10		M 10	37
M 11 (		S 11		D 11	
D 12		S 12		M 12	
F 13		M 13	33	D 13	
S 14		D 14		F 14	
S 15		M 15		S 15	
M 16	29	D 16		S 16 ● 3.10	
D 17		F 17 ● 16.54		M 17	38
M 18		S 18		D 18	
D 19 ● 5.23		S 19		M 19	
F 20		M 20	34	D 20	
S 21		D 21		F 21	
S 22		M 22		S 22)	
M 23	30	D 23		S 23	
D 24		F 24)		M 24	39
M 25		S 25		D 25	
D 26)		S 26		M 26	
F 27		M 27	35	D 27	
S 28		D 28		F 28	
S 29		M 29		S 29	
M 30	31	D 30		S 30 O 4.18	
D 31		F 31 O 14.56			

2012

🐏 Widder   👫 Zwillinge   🦁 Löwe   ⚖ Waage
🐂 Stier   🦀 Krebs   ♍ Jungfrau   🦂 Skorpion

Oktober	November	Dezember
M 1 ♐ 40	D 1 ♐	S 1 ♑
D 2 ♐	F 2 ♐	S 2 ♑
M 3 ♐ Tag der Dt. Einheit	S 3 ♑	M 3 ♒ 49
D 4 ♐	S 4 ♑	D 4 ♒
F 5 ♐	M 5 ♑	M 5 ♒
S 6 ♐	D 6 ♒	D 6 ♓ ☾
S 7 ♑	M 7 ♒ ☾	F 7 ♓
M 8 ♑ ☾ 41	D 8 ♓	S 8 ♓
D 9 ♑	F 9 ♓	S 9 ♓
M 10 ♒	S 10 ♓	M 10 ♈ 50
D 11 ♒	S 11 ♓	D 11 ♈
F 12 ♓	M 12 ♈ 46	M 12 ♐
S 13 ♓	D 13 ♈ ● 23.07	D 13 ♐ ● 9.41
S 14 ♓	M 14 ♐	F 14 ♑
M 15 ♓ ● 13.02 42	D 15 ♐	S 15 ♑
D 16 ♈	F 16 ♑	S 16 ♒
M 17 ♈	S 17 ♑	M 17 ♒ 51
D 18 ♐	S 18 ♑	D 18 ♓
F 19 ♐	M 19 ♒ 47	M 19 ♓
S 20 ♑	D 20 ♒ ☽	D 20 ♈ ☽
S 21 ♑	M 21 ♓	F 21 ♈
M 22 ♒ ☽ 43	D 22 ♓	S 22 ♈
D 23 ♒	F 23 ♈	S 23 ♐
M 24 ♓	S 24 ♈	M 24 ♐ 52
D 25 ♓	S 25 ♈	D 25 ♐ 1. Weihnachtsfeiertag
F 26 ♓ Österr. Nationalfeiertag	M 26 ♐ 48	M 26 ♐ 2. Weihnachtsfeiertag
S 27 ♈	D 27 ♐	D 27 ♐
S 28 ♈	M 28 ♐ ○ 15.45	F 28 ♑ ○ 11.19
M 29 ♐ ○ 20.50 44	D 29 ♐	S 29 ♑
D 30 ♐	F 30 ♐	S 30 ♒
M 31 ♐		M 31 ♒ 53

♐ Schütze   ♒ Wassermann   ☽ zun. Mond   ☾ abn. Mond   Sommerzeiten
♑ Steinbock   ♓ Fische   ○ Vollmond   ● Neumond   nicht berücksichtigt

Januar			Februar			März		
D	1 ♌ Neujahr	1	F	1 ♎		F	1 ♎	
M	2 ♍		S	2 ♎		S	2 ♏	
D	3 ♍		S	3 ♏ ☾		S	3 ♏	
F	4 ♎		M	4 ♏	6	M	4 ♐ ☾	10
S	5 ♎ ☾		D	5 ♐		D	5 ♐	
S	6 ♏		M	6 ♐		M	6 ♑	
M	7 ♏	2	D	7 ♑		D	7 ♑	
D	8 ♐		F	8 ♑		F	8 ♒	
M	9 ♐		S	9 ♒		S	9 ♒	
D	10 ♑		S	10 ♒ ● 8.19		S	10 ♓	
F	11 ♑ ● 20.43		M	11 ♓	7	M	11 ♓ ● 20.50	11
S	12 ♒		D	12 ♓		D	12 ♓	
S	13 ♒		M	13 ♈		M	13 ♈	
M	14 ♓	3	D	14 ♈		D	14 ♈	
D	15 ♓		F	15 ♉		F	15 ♉	
M	16 ♓		S	16 ♉		S	16 ♉	
D	17 ♈		S	17 ♉ ☽		S	17 ♊	
F	18 ♈		M	18 ♊	8	M	18 ♊	12
S	19 ♉ ☽		D	19 ♊		D	19 ♊ ☽	
S	20 ♉		M	20 ♋		M	20 ♋	
M	21 ♉	4	D	21 ♋		D	21 ♋	
D	22 ♊		F	22 ♋		F	22 ♌	
M	23 ♊		S	23 ♌		S	23 ♌	
D	24 ♋		S	24 ♌		S	24 ♌	
F	25 ♋		M	25 ♍ ○ 21.26	9	M	25 ♍	13
S	26 ♋		D	26 ♍		D	26 ♍	
S	27 ♌ ○ 5.37		M	27 ♍		M	27 ♎ ○ 10.28	
M	28 ♌	5	D	28 ♎		D	28 ♎	
D	29 ♍					F	29 ♏ Karfreitag	
M	30 ♍					S	30 ♏	
D	31 ♎					S	31 ♐ Ostern	

2013

♈ Widder	♊ Zwillinge	♌ Löwe	♎ Waage
♉ Stier	♋ Krebs	♍ Jungfrau	♏ Skorpion

April		Mai		Juni	
M 1 Ostermontag	14	M 1 Maifeiertag		S 1	
D 2		D 2 (		S 2	
M 3 (		F 3		M 3	23
D 4		S 4		D 4	
F 5		S 5		M 5	
S 6		M 6	19	D 6	
S 7		D 7		F 7	
M 8	15	M 8		S 8 ● 16.56	
D 9		D 9		S 9	
M 10 ● 10.35		F 10 ● 1.28		M 10	24
D 11		S 11		D 11	
F 12		S 12		M 12	
S 13		M 13	20	D 13	
S 14		D 14		F 14	
M 15	16	M 15		S 15	
D 16		D 16		S 16)	
M 17		F 17		M 17	25
D 18)		S 18)		D 18	
F 19		S 19 Pfingsten		M 19	
S 20		M 20 Pfingstmontag	21	D 20	
S 21		D 21		F 21	
M 22	17	M 22		S 22	
D 23		D 23		S 23 ○ 12.31	
M 24		F 24		M 24	26
D 25 ○ 20.56		S 25 ○ 5.23		D 25	
F 26		S 26		M 26	
S 27		M 27	22	D 27	
S 28		D 28		F 28	
M 29	18	M 29		S 29	
D 30		D 30		S 30 (	
		F 31 (			

Schütze Wassermann) zun. Mond (abn. Mond Sommerzeiten
Steinbock Fische ○ Vollmond ● Neumond nicht berücksichtigt

Juli	August	September
M 1 ♈ 27	D 1 ♊ Schweizer Nationalfeiertag	S 1 ♋
D 2 ♉	F 2 ♊	M 2 ♌ 36
M 3 ♉	S 3 ♋	D 3 ♌
D 4 ♊	S 4 ♋	M 4 ♍
F 5 ♊	M 5 ♋ 32	D 5 ♍ ● 12.35
S 6 ♊	D 6 ♌ ● 22.50	F 6 ♍
S 7 ♋	M 7 ♌	S 7 ♎
M 8 ♋ ● 8.14 28	D 8 ♍	S 8 ♎
D 9 ♌	F 9 ♍	M 9 ♏ 37
M 10 ♌	S 10 ♍	D 10 ♏
D 11 ♌	S 11 ♎	M 11 ♐
F 12 ♍	M 12 ♎ 33	D 12 ♐ ☽
S 13 ♍	D 13 ♏	F 13 ♑
S 14 ♎	M 14 ♏ ☽	S 14 ♑
M 15 ♎ 29	D 15 ♐	S 15 ♑
D 16 ♎ ☽	F 16 ♐	M 16 ♒ 38
M 17 ♏	S 17 ♑	D 17 ♒
D 18 ♏	S 18 ♑	M 18 ♓
F 19 ♐	M 19 ♒ 34	D 19 ♓ ○ 12.11
S 20 ♐	D 20 ♒	F 20 ♈
S 21 ♑	M 21 ♓ ○ 2.44	S 21 ♈
M 22 ♑ ○ 19.16 30	D 22 ♓	S 22 ♉
D 23 ♒	F 23 ♈	M 23 ♉ 39
M 24 ♒	S 24 ♈	D 24 ♊
D 25 ♓	S 25 ♈	M 25 ♊
F 26 ♓	M 26 ♉ 35	D 26 ♊
S 27 ♈	D 27 ♉	F 27 ♋ ☾
S 28 ♈	M 28 ♊ ☾	S 28 ♋
M 29 ♉ ☾ 31	D 29 ♊	S 29 ♌
D 30 ♉	F 30 ♊	M 30 ♌ 40
M 31 ♉	S 31 ♋	

2013

♈ Widder	♊ Zwillinge	♌ Löwe	♎ Waage
♉ Stier	♋ Krebs	♍ Jungfrau	♏ Skorpion

Oktober		November		Dezember	
D 1		F 1		S 1	
M 2		S 2		M 2	49
D 3 Tag der Dt. Einheit		S 3 ● 13.49		D 3 ● 1.21	
F 4		M 4	45	M 4	
S 5 ● 1.34		D 5		D 5	
S 6		M 6		F 6	
M 7	41	D 7		S 7	
D 8		F 8		S 8	
M 9		S 9		M 9 ☽	50
D 10		S 10 ☽		D 10	
F 11		M 11	46	M 11	
S 12 ☽		D 12		D 12	
S 13		M 13		F 13	
M 14	42	D 14		S 14	
D 15		F 15		S 15	
M 16		S 16		M 16	51
D 17		S 17 ○ 16.15		D 17 ○ 10.28	
F 18		M 18	47	M 18	
S 19 ○ 0.36		D 19		D 19	
S 20		M 20		F 20	
M 21	43	D 21		S 21	
D 22		F 22		S 22	
M 23		S 23		M 23	52
D 24		S 24		D 24	
F 25		M 25 ☾	48	M 25 ☾ 1. Weihnachtsfeiertag	
S 26 Österr. Nationalfeiertag		D 26		D 26 2. Weihnachtsfeiertag	
S 27 ☾		M 27		F 27	
M 28	44	D 28		S 28	
D 29		F 29		S 29	
M 30		S 30		M 30	53
D 31				D 31	

Schütze Wassermann ☽ zun. Mond ☾ abn. Mond Sommerzeiten
Steinbock Fische ○ Vollmond ● Neumond nicht berücksichtigt

Januar

	Tag	Zeichen	Mond / Notiz	KW
M	1	Steinbock	● 12.13 Neujahr	1
D	2	Steinbock		
F	3	Wassermann		
S	4	Wassermann		
S	5	Fische		
M	6	Fische		2
D	7	Widder		
M	8	Widder	☽	
D	9	Widder		
F	10	Stier		
S	11	Stier		
S	12	Zwillinge		
M	13	Zwillinge		3
D	14	Zwillinge		
M	15	Krebs		
D	16	Krebs	○ 5.51	
F	17	Löwe		
S	18	Löwe		
S	19	Löwe		
M	20	Jungfrau		4
D	21	Jungfrau		
M	22	Waage		
D	23	Waage		
F	24	Skorpion	(	
S	25	Skorpion		
S	26	Skorpion		
M	27	Schütze		5
D	28	Schütze		
M	29	Steinbock		
D	30	Steinbock	● 22.36	
F	31	Wassermann		

Februar

	Tag	Zeichen	Mond / Notiz	KW
S	1	Fische		
S	2	Fische		
M	3	Widder		6
D	4	Widder		
M	5	Widder		
D	6	Stier	☽	
F	7	Stier		
S	8	Zwillinge		
S	9	Zwillinge		
M	10	Zwillinge		7
D	11	Krebs		
M	12	Krebs		
D	13	Löwe		
F	14	Löwe		
S	15	Löwe	○ 0.53	
S	16	Jungfrau		
M	17	Jungfrau		8
D	18	Waage		
M	19	Waage		
D	20	Waage		
F	21	Skorpion		
S	22	Skorpion	(	
S	23	Schütze		
M	24	Schütze		9
D	25	Steinbock		
M	26	Steinbock		
D	27	Wassermann		
F	28	Wassermann		

März

	Tag	Zeichen	Mond / Notiz	KW
S	1	Fische	● 9.02	
S	2	Fische		
M	3	Widder		10
D	4	Widder		
M	5	Stier		
D	6	Stier		
F	7	Stier		
S	8	Zwillinge	☽	
S	9	Zwillinge		
M	10	Krebs		11
D	11	Krebs		
M	12	Krebs		
D	13	Löwe		
F	14	Löwe		
S	15	Löwe		
S	16	Jungfrau	○ 18.06	
M	17	Jungfrau		12
D	18	Waage		
M	19	Waage		
D	20	Skorpion		
F	21	Skorpion		
S	22	Schütze		
S	23	Schütze		
M	24	Steinbock	(	13
D	25	Steinbock		
M	26	Wassermann		
D	27	Wassermann		
F	28	Wassermann		
S	29	Fische		
S	30	Fische	● 19.47	
M	31	Widder		14

2014

Widder	Zwillinge	Löwe	Waage
Stier	Krebs	Jungfrau	Skorpion

April		Mai		Juni	
D 1 ⬛		D 1 ♈ Maifeiertag		S 1 ♉	
M 2 ♈		F 2 ♈		M 2 ♉	23
D 3 ♈		S 3 ♈		D 3 ♊	
F 4 ♈		S 4 ♉		M 4 ♊	
S 5 ♈		M 5 ♉	19	D 5 ♋ ☽	
S 6 ♉		D 6 ♊		F 6 ♋	
M 7 ♉ ☽	15	M 7 ♊ ☽		S 7 ♋	
D 8 ♉		D 8 ♊		S 8 ♌ Pfingsten	
M 9 ♊		F 9 ♋		M 9 ♌ Pfingstmontag	24
D 10 ♊		S 10 ♋		D 10 ♍	
F 11 ♋		S 11 ♌		M 11 ♍	
S 12 ♋		M 12 ♌	20	D 12 ♐	
S 13 ♋		D 13 ♌		F 13 ♐ ○ 5.09	
M 14 ♌	16	M 14 ♍ ○ 20.13		S 14 ♑	
D 15 ♌ ○ 8.38		D 15 ♍		S 15 ♑	
M 16 ♍		F 16 ♐		M 16 ♒	25
D 17 ♍		S 17 ♐		D 17 ♒	
F 18 ♐ Karfreitag		S 18 ♑		M 18 ♓	
S 19 ♐		M 19 ♑	21	D 19 ♓ ☾	
S 20 ♐ Ostern		D 20 ♒		F 20 ♑	
M 21 ♑ Ostermontag	17	M 21 ♒ ☾		S 21 ♑	
D 22 ♑ ☾		D 22 ♓		S 22 ♑	
M 23 ♒		F 23 ♓		M 23 ♈	26
D 24 ♒		S 24 ♑		D 24 ♈	
F 25 ♓		S 25 ♑		M 25 ♈	
S 26 ♓		M 26 ♈	22	D 26 ♈	
S 27 ♑		D 27 ♈		F 27 ♉ ● 9.10	
M 28 ♑	18	M 28 ♈ ● 19.41		S 28 ♉	
D 29 ♈ ● 7.18		D 29 ♈		S 29 ♉	
M 30 ♈		F 30 ♈		M 30 ♊	27
		S 31 ♉			

♐ Schütze   ♒ Wassermann   ☽ zun. Mond   ☾ abn. Mond   Sommerzeiten
♑ Steinbock   ♓ Fische   ○ Vollmond   ● Neumond   nicht berücksichtigt

Juli	August	September
D 1 ♌	F 1 ♎ Schweizer Nationalfeiertag	M 1 ♏ 36
M 2 ♌	S 2 ♎	D 2 ♐ ☽
D 3 ♌	S 3 ♎	M 3 ♐
F 4 ♌	M 4 ♏ ☽ 32	D 4 ♑
S 5 ♎ ☽	D 5 ♏	F 5 ♑
S 6 ♎	M 6 ♐	S 6 ♑
M 7 ♏ 28	D 7 ♐	S 7 ♒
D 8 ♏	F 8 ♑	M 8 ♒ 37
M 9 ♏	S 9 ♑	D 9 ♓ ○ 2.37
D 10 ♐	S 10 ♒ ○ 19.07	M 10 ♓
F 11 ♐	M 11 ♒ 33	D 11 ♈
S 12 ♑ ○ 12.23	D 12 ♓	F 12 ♈
S 13 ♑	M 13 ♓	S 13 ♉
M 14 ♒ 29	D 14 ♈	S 14 ♉
D 15 ♒	F 15 ♈	M 15 ♊ 38
M 16 ♓	S 16 ♉	D 16 ♊ ☾
D 17 ♓	S 17 ♉ ☾	M 17 ♋
F 18 ♈	M 18 ♊ 34	D 18 ♋
S 19 ♈ ☾	D 19 ♊	F 19 ♋
S 20 ♉	M 20 ♊	S 20 ♌
M 21 ♉ 30	D 21 ♋	S 21 ♌
D 22 ♊	F 22 ♋	M 22 ♍ 39
M 23 ♊	S 23 ♌	D 23 ♍
D 24 ♊	S 24 ♌	M 24 ♍ ● 7.12
F 25 ♋	M 25 ♌ ● 15.12 35	D 25 ♎
S 26 ♋ ● 23.41	D 26 ♍	F 26 ♎
S 27 ♌	M 27 ♍	S 27 ♏
M 28 ♌ 31	D 28 ♎	S 28 ♏
D 29 ♌	F 29 ♎	M 29 ♐ 40
M 30 ♍	S 30 ♎	D 30 ♐
D 31 ♍	S 31 ♏	

2014 — ♈ Widder · ♊ Zwillinge · ♌ Löwe · ♎ Waage · ♉ Stier · ♋ Krebs · ♍ Jungfrau · ♏ Skorpion

Oktober		November		Dezember	
M 1 Schütze ☽		S 1 Wassermann		M 1 Fische	49
D 2 Steinbock		S 2 Fische		D 2	
F 3 Steinbock Tag der Dt. Einheit		M 3 Fische	45	M 3	
S 4 Wassermann		D 4		D 4	
S 5 Wassermann		M 5		F 5	
M 6 Fische	41	D 6 ○ 23.23		S 6 ○ 13.29	
D 7 Fische		F 7		S 7	
M 8 ○ 11.54		S 8		M 8	50
D 9		S 9		D 9	
F 10		M 10	46	M 10	
S 11		D 11		D 11	
S 12		M 12		F 12	
M 13	42	D 13		S 13	
D 14		F 14 ☾		S 14 ☾	
M 15 ☾		S 15		M 15	51
D 16		S 16		D 16	
F 17		M 17	47	M 17	
S 18		D 18		D 18	
S 19		M 19		F 19	
M 20	43	D 20		S 20	
D 21		F 21		S 21	
M 22		S 22 ● 13.27		M 22 ● 2.34	52
D 23 ● 22.55		S 23		D 23	
F 24		M 24	48	M 24	
S 25		D 25		D 25 1. Weihnachtsfeiertag	
S 26 Österr. Nationalfeiertag		M 26		F 26 2. Weihnachtsfeiertag	
M 27	44	D 27		S 27	
D 28		F 28		S 28 ☽	
M 29		S 29 ☽		M 29	53
D 30		S 30		D 30	
F 31 ☽				M 31	

Schütze   Wassermann   ☽ zun. Mond   ☾ abn. Mond   Sommerzeiten
Steinbock   Fische   ○ Vollmond   ● Neumond   nicht berücksichtigt

Über die Autoren

Johanna Paungger und Thomas Poppe haben als Erste das Wissen um den Einfluss des Mondes wieder entdeckt. Ihre Bücher und Kalender sind Bestseller und dienen immer mehr Menschen Jahr für Jahr als verlässliche Wegweiser.

Johanna Paungger wuchs in engster Vertrautheit mit den Mond- und Naturrhythmen auf. Ihr Großvater ließ sie teilhaben an seinem immensen Wissen um eine gesunde Lebensführung und Vitalität bis ins hohe Alter.

Thomas Poppe, Autor und Übersetzer, beschäftigt sich seit vielen Jahren mit den Einflüssen der Mondrhythmen auf den Alltag.

Gemeinsam schrieben sie die Longseller »Vom richtigen Zeitpunkt«, »Aus eigener Kraft« und »Alles erlaubt!«, die eine Renaissance des Gesundheitsbewusstseins einläuteten und unzählige praktische Tipps für den Lebensalltag bereitstellen. Darüber hinaus haben sie ein umfangreiches Kalenderprogramm entwickelt, das Tag für Tag die Erkenntnisse des Mondwissens praktisch umsetzt. Neben ausgedehnter Vortragstätigkeit im gesamten deutschsprachigen Raum betreiben die Autoren auch einen kleinen Versand mit selbst entwickelten und zum richtigen Zeitpunkt hergestellten Produkten.

Register

A

Abbeizen 162
Abnehmen 33
Abstillen 89f., 299
Aderlass 346f., 375
Adventszeit 323
Akupressur 57
Allergie 47, 59, 80, 168, 179, 195, 298
Alpha-/Omega-Typen 112f., 117
Amalgamplomben 49f.
Apfelessig 193
Arthroskopie 70
Arzneimittelindustrie 47, 62, 343
Ärzte 47, 342
Aufforsten 215
Augengymnastik 37
Augenringe 71f., 98

B

Baby 39ff., 80, 90, 157f., 167, 219, 288, 297ff.
Bach-Blüten 54ff., 378
Baumschnitt 253, 258ff.
Baumwurzeln entfernen 232
Beinwellsalbe 70, 184
Besenreiser 70
Bestimmung von Voll- und Neu-mond 161, 302
Bienen 98, 230f.
Bio-Diesel 240

Bio-Produkte 68, 81, 150, 325
Biorhythmus 77, 287, 290f., 295, 320f., 325
Birkensaftkur 138f.
Blatttage 29, 152, 171, 176, 178, 184, 207, 216, 223, 235, 237, 251, 253
Blumenwiese 238
Blumenzwiebeln 231
Blütentage 29, 178, 184, 197, 211, 232f.
Bonsai 201
Brennholz einlagern 245
Brennnesseln 75, 90f., 93, 207f., 243f., 383
Brot backen 197f.
– Hefeteig 197
– Sauerteig 198
Brunnen 225
Buchenholzasche 127ff., 173, 182, 256
Bügeln 176, 186
Butter 67, 98, 108

C

Chirurg 38, 51
Christbäume 209f., *siehe auch* Weih-nachtsbäume

D

Dauerwellen 132, 144f., 383
Dispersionsfarben 149, 229

Düngemittel 22, 27, 212, 217f., 260
Düngen 219f., 224f., 241
Duschen 44, 141, 319

E

Eier färben 152
Einfrieren 151
Einladung, geistige 345f.
Einlagern von Gemüse 192
Eisenmangel 73, 84, 248
Eiweiß, tierisches 49, 68f., 73, 89, 91,
  99, 127, 142f., 298, 325
Elektrosmog 180f.
Entfernen von Körperhaaren
  125
Entsaften 188
Epilieren 125
Erdkeller 190
Erdstrahlen 182
Erdtage 29, 53, 88
Erfahrung, persönliche 281, 285,
  344
Ernährung 47
–, gesunde 86, 99, 101, 120, 135, 160,
  322
–, falsche 114, 127, 135, 338
–, fettarme 142
Ernährungsgewohnheiten ändern
  85f., 99, 376
Ernährungstypen 33, 49, 60, 73, 76f.,
  80f., 91, 104, 108, 111, 115, 127, 130,
  139, 142, 185, 288, 292, 297, 325,
  374
Ernten 24, 165, 187

F

Farben 295, 306f., 378
Fasten 75f.
Fett, tierisches 67, 98
Fett-weg-Spritzen 141f.
Feuertage 29, 245
Fingernägel 129
Fische 29, 35f., 53, 56, 64f., 91f., 94f.,
  132, 136, 140, 145, 152, 164, 168,
  171ff., 176, 178ff., 184, 190f., 198,
  200f., 206f., 216, 222f., 225f., 228f.,
  235ff., 239,. 244f., 246f., 249ff., 252f.,
  254ff., 258, 283, 286, 298
Flecken entfernen 179f.
Fleisch 143, 219, 376
Fliegenplage 178
Fruchttage 29, 152, 184f., 192, 199,
  211f., 216, 224, 233f., 247, 249f., 252
Frühjahrskur 90
Fußreflexzonenmassage 6f., 130

G

Gartenboden, harter 246f.
Gärung 153, 190, 193, 212
Geldangelegenheiten 312
Gemüse aufwärmen 185
Genmanipulation 27f., 62
Geranien 228
– überwintern 226f.
Gesichtspackung 137
Gesundheitswesen 47, 300
Getränke 41f., 60f.
Gießen 171, 176, 200f., 205ff., 223, 250
Glauben, christlicher 304f., 336, 339

Grasschnitt 220, 251
Grundtabelle 29
Grundwasser 219, 224

H

Haare färben 128, 145
– schneiden 128, 132, 140, 383, 386
– waschen 132, 136f., 141
Haarkur 138
Hackschnitzelheizung 236
Haltbarkeit der Lebensmittel
165
Hausbau (Öko-) 188f., 300, 386
Haushalt 22, 378
Hausputz 149
Hausstauballergie 65
Haustiere 156, 163, 177, 183, 222,
379
Hautkrebs 134
Hecken 244f.
Heilkräuter 22, 24, 62f.
Heimwerken 150
Herbstlaub 241
Hochbeete 250
Hochzeit 307
Holz (-arbeiten) 150, 171f., 181f.,
230., 239, 379, 386
Holz (-wirtschaft) 22, 208f., 214,
379
Holzböden 173
Homöopathie 50, 54f., 82, 93
– Grundregeln 55f.
Hufpflege 254
Hühneraugen 35f., 94f.

I

Impfen 39f., 156

J

Jäten 212, 215
Joghurt 189
Johanniskraut 239, 286
Jungfrau 29, 53f., 125, 128, 132, 144,
153, 155, 168, 171, 184, 187f., 190f.,
193, 195, 200f., 212, 214, 222f.,
226ff., 229, 231f., 233, 236, 236, 245,
249, 298

K

Kaffee 44, 69, 73, 78, 97f., 114
Kaiserschnitt 40f.
Kalkfarben 149f., 229
Kartoffeln 221, 246, 255
Katzenhaare 183
Kaufentscheidungen 213f., 219
Kieferimplantate 66f.
Kindergarten 287
Kleidung wegräumen 161f.
Klimaerwärmung 213
Knoblauch 86f., 110, 185, 257
Knochenschwund 142ff., 249
Kochen 119, 160
Kohlenhydrate 68
Kompost 220, 224, 241ff.
Krankenkassen 47, 57
Kräuter 175f., 208, 323
–spirale 235
Krebs 29, 53, 65, 125, 132f., 136, 150,
152f., 162, 164, 167f., 170ff., 176,

178ff., 184, 187, 190f., 198, 200f.,
206f., 216, 222f., 225f., 228f., 235ff.,
244f., 247f., 249ff., 252f., 254, 256,
258, 283, 286, 298
Kübelpflanzen 228f.
Kupfermangel 73, 84, 249
Kupferwerkzeuge 84f., 239, 248, 376

L

Landwirtschaft 22, 27f., 217, 300,
378
Lernen 290, 295, 320f., 324
Lichttage 29, 62, 137, 145, 168, 172,
199
Liebe 57, 160, 209, 337, 342, 344f.
Locken 140, 144
Löwe 29, 36, 62, 82f., 92, 125, 128,
132f., 140f., 144f., 150, 152f., 161f.,
167, 170, 172, 187f., 190ff., 195,
198f., 205, 207, 211, 216, 222, 224,
233, 236, 239, 245, 247, 249f., 251f.,
283, 292, 296, 386
Löwenzahn 79, 207f., 238
–kur 79f., 91
Lüften 191
Lufttage 29, 145, 161, 173, 283
Lymphdrainagen 53, 72

M

Mandel (-operation) 83f., 100f.
Marmelade einkochen 187, 193f.
Maschinen und Autos 175
Massagen 52, 129f., 298
Medikamente 24

Mehl 45f., 79f., 80, 127, 325
Migräne 42, 64, 91, 109 Gründe 43ff.
Milch (-produkte) 44, 48f., 66ff., 73,
80, 82, 84, 97f., 105, 143, 169, 298,
321, 374
Milchschorf 82, 298
Mond, aufsteigender, absteigender
314f.
Mondgymnastik 47, 375f.
Mondkur 33f., 375
Müdigkeit nach dem Essen 49, 80,
109, 143
Mundgeruch 110, 127

N

Nägel, eingewachsene 35f., 94
Näharbeiten 170
Nahrungsmittelunverträglichkeit 48,
374, 381
Narben 22, 41, 54, 131
Narkose 83
Nasenhaare 125, 138
Naturgarten 221
Neumond 33, 75, 86f., 92, 159, 161,
171, 175, 222, 247, 288, 293, 318f.,
326f.

O

Obstbäume 216, 224
– schneiden 247
Ohrenschmerzen 58
Operationen 22, 24, 32, 38, 51f., 66,
82f., 161, 374, 384, 387
– Not- 32

P

Parodontose 126f.
Permanent Make-up 131f.
Pestizide 22, 27, 58, 212, 217f., 260
Pflanzensamen 205, 252
Prostata 95f.

R

Rasen 205ff., 239, 283, 385
– mähen 251
Rasieren 137
Rauchen aufgeben 293f.
Rauchgeruch, hartnäckiger 168
Regenwürmer 231, 234, 242
Reiseproviant 322
Reiseübelkeit 323
Renovieren 229
Restaurieren 162
Rheuma 88f., 93
Roh-Rohrzucker 45, 169
Rosenquarze 73, 155, 181f., 319
Rückenschmerzen 79, 376
Rutengeher 92, 177, 226, 319

S

Salz 154
Sauber werden 291
Sauerkraut 153, 190, 193
Schädlinge 22, 27, 171, 206, 212, 218, 245, 381
Schädlingsbekämpfung 171
Schilddrüse 93
Schimmel 22, 191f., 245
Schlafplatz 72, 92, 177, 289, 292

Schlafstörung 288f.
Schnuller 296f.
Schokolade 42f., 98f., 109
Schönheitsoperationen 54, 131
Schuhe 166
Schule 289, 294, 320, 323
Schuppenflechte 81
Schütze 29, 36, 71, 133, 152, 159, 161, 171f., 187f., 191f., 195, 198f., 211f., 216, 222, 224, 233, 235f., 245, 247, 249f., 252, 283
Schwanger werden 292, 311
Schwangerschaftsstreifen 134f.
Seele 337f.
Sehschwäche 36f.
Sexualität 96, 303
Silber reinigen 194
Skorpion 29, 53f., 57, 65, 125, 150, 152, 163f., 168, 171ff., 176, 178ff., 183f., 190ff., 198, 200f., 206f., 216, 223, 225f., 228f., 235ff., 244f., 247, 250f., 252f., 256, 258, 283, 292
So spricht die Seele durch die Füße (Ingeborg Steiner) 58, 130
Sonnenallergie 134
Sonnenbrand 61f., 133
Sonnenschutz 133f.
Spitzwegerich 207f.
Stall ausmisten 222
Steinbock 29, 53, 70f., 88, 93, 124f., 130f., 133, 145, 148, 150, 153, 166, 171f., 176, 185, 189, 215, 223, 230, 238, 245, 254
Steinplatten reinigen 256

Sternenuhr 25

Stich-Augenblick (-Minute) 328, 330

Stier 29, 49f., 53, 60f., 66, 83, 88, 93, 127, 131, 171, 223, 245, 299

Strahlenquellen 72, 77, 289

Sturmschäden im Wald 214

Südhalbkugel 313

Süßigkeiten 91, 98f., 295, 321, 324

Symptombeseitigung 26, 47, 343

T

Tage fürs Übersiedeln 167, 176ff.

Tee kochen 74f.

Teppich reinigen 196

Tierarzt 163, 374

Tomaten 178, 206, 233, 250, 252

Trinken 34, 41f., 45f., 60, 86, 91

Trinkwasser 164, 219

U

Übergang von einem Zeichen zum anderen 328, 330f.

Übergewichtsepidemien 106

Umbau 229

Umsetzen 380, *siehe auch* Umtopfen

Umtopfen 171, 200f., 223, 229

Umweltgifte 150

Unkraut 126, 215f., 218, 237f., 256, 384

–bekämpfung 63, 171, 207f., 212

Ursache von Krankheiten 341f., 344f.

Ursachenforschung 26, 343, 345

V

Vertikutieren 234

Vollmond 33, 40, 59f., 75, 87, 89, 157, 164, 17, 184, 210, 216, 219f., 225, 237, 242, 245, 288, 296, 317ff., 326f., 379, 382, 38

W

Waage 29, 53f., 57, 62, 135, 137, 152, 161, 168, 172f., 178, 184, 197, 199, 211, 232f., 236, 239, 283

Walnüsse 249f.

Wärmetage 29, 161, 168, 172, 222, 283

Warzen 86ff.

Wäsche waschen 65, 150, 164, 179, 199, 298f.

Waschmittel 22, 164, 179, 298

Wasserbelebung 155

Wassergeheimnisse 326

Wassermann 29, 53, 62, 71, 125, 137, 152, 161, 166, 168, 172f., 178, 184, 197, 199, 211, 233, 236, 283, 296

Wassertage 29, 53, 65, 145, 164, 172f., 179, 190, 206f., 215, 223, 226, 228f., 236, 245, 247, 250, 252, 283

Weihnachtsbäume 379, *siehe auch* Christbäume

Weihnachtsplätzchen 169

Weihnachtsstress 317

Weinbau 211

Wetterregeln 158f.

Widder 29, 36, 49f, 57, 60, 64, 66, 91, 127, 131f., 135, 138f., 152, 161, 172,